Découvrez l'histoire par les archives de presse

CATALOGUE ANNUEL

DE LA

LIBRAIRIE FRANÇAISE

PARIS. — IMPRIMERIE DE J. CLAYE

RUE SAINT-BENOIT, 7.

CATALOGUE ANNUEL

DE LA

LIBRAIRIE FRANÇAISE

PUBLIÉ

PAR C. REINWALD

LIBRAIRE-COMMISSIONNAIRE

Troisième Année. — 1860

PARIS

C. REINWALD, 15, RUE DES SAINTS-PÈRES

—

Janvier 1861

AVANT-PROPOS

En publiant le troisième volume de mon *Catalogue annuel de la Librairie française*, je n'ai pas besoin de répéter les observations que j'ai faites en tête des premiers volumes sur la pensée qui a présidé à ce travail. Il me suffit d'assurer que la rédaction de ce volume est en tout conforme à celle des deux premiers. Mon collaborateur, M. *Otto Lorenz*, y a mis les mêmes soins qu'à celle des précédentes années. Le nouveau volume a dû nécessairement profiter de l'expérience acquise par la publication des premiers : car, en bibliographie comme en bien des choses, c'est souvent le seul, le plus certain bénéfice du travail et de la persévérance.

Le succès qui a accueilli le premier volume a encore grandi à la publication de l'année 1859, et j'ai tout lieu d'espérer que la circulation de cette troisième année sera encore plus étendue que celle des deux premières, car les demandes que j'ai en main m'ont permis d'en augmenter le tirage.

Je remercie sincèrement mes correspondants et amis de l'appui qu'ils ont prêté à cette utile entreprise; et je ne puis passer sous silence que l'honorable Rédacteur de la *Bibliographie de la France* a signalé à plusieurs reprises dans les colonnes de sa Chronique l'importance de mon Catalogue pour les Libraires, ce qui a sans doute contribué au succès de ce recueil.

Je n'ai pas cru nécessaire de joindre à la présente année du Catalogue la liste détaillée des Périodiques qui a été publiée à la suite de mon dernier volume. Les changements survenus dans cette branche de notre littérature n'ont pas été bien nombreux dans le courant de cette année, et comme les acquéreurs de mon *Catalogue annuel* le conservent sans doute, il leur est facile de recourir, au besoin, au volume de 1859.

Je me propose pourtant de publier une nouvelle liste des Périodiques dans le courant de l'été de 1861, laquelle sera fournie gratis à tous mes correspondants ainsi qu'aux acquéreurs du présent Catalogue.

Les travaux de rédaction de mon Catalogue ne permettent

pas de répit, aussi ceux de l'année 1861 sont-ils déjà com-
mencés. Je puis donc assurer que la mise en vente du prochain volume aura lieu avec l'exactitude accoutumée vers le
milieu de janvier de 1862.

C. REINWALD.

Paris, le 1er janvier 1861.

CATALOGUE ANNUEL

DE LA

LIBRAIRIE FRANÇAISE

1860

A

A bas Rigolboche! sans portrait ni vignette. In-32. *Librairie théâtrale.* 1 fr.

A bas le quartier latin! A propos de toutes les brochures. In-32. *Marpon.* 75 c.

A bas les hommes! par une femme éclaboussée. In-32. *Ibid.* 50 c.

Abbadie, Antoine d'. — Géodésie d'une partie de la haute Éthiopie, revue et rédigée par Rodolphe Radau. 1er fascicule. In-4. *B. Duprat.* 20 fr.
> L'ouvrage sera complété par le 2e fascicule qui contiendra les planches.

Abd-el-Kader, empereur d'Arabie. In-8. *Dentu.* 50 c.

Abelous, le pasteur L. D. — Les Catacombes de Rome, suivi de : Souvenirs de Rome, par un voyageur anglais. In-12. (Strasbourg) *Grassart.* 1 fr. 50 c.

—— Les Jeunes martyrs de la réformation. In-12. *Ibid.* 1 fr. 50 c.

—— Récits populaires : Le Major Gruber. — Le Galérien. In-12. *Ibid.* 1 fr. 50 c.

Aboilard, Charles. — Notes et observations pratiques sur le drainage. In-8. *Chez l'auteur, 11, rue du Cloître Saint-Honoré.* 50 c.

Abou-Bekr-Ibn-Bedr, — Le Nâcéri. — Voy. *Nâcéri.*

About, Edmond. — La Nouvelle carte d'Europe. In-8. *Dentu.* 1 fr.

—— La Prusse en 1860. In-8. *Ibid.* 1 fr.

—— Rome contemporaine. In-8. *Michel Lévy frères.* 5 fr.

—— et Em. de **Najac.** — Le capitaine Bitterlin; comédie en 1 acte, en prose. (Théâtre du Gymnase). In-12. *Ibid.* 1 fr.

Abraham, Émile. — Voy. *Potier et Abraham.*

Achard, Amédée. — La Famille Guillemot. In-12. *Hachette et C*e. 2 fr.

—— Les Séductions. — Marguerite de Thieulay. — Clémentine Aubernin. In-12. *Ibid.* 2 fr.

Acquer, Charles d'. — Le Bois de Boulogne. — Voy. *Bois.*

Adams. — Recueil de sculptures gothiques, dessinées et gravées à l'eau-forte d'après les plus beaux monuments construits en France depuis le XIe jusqu'au XVe siècle. In-4. T. II. Livr. 2 à 6. *Morel et Cⁱᵉ.*   Chaque livr., 6 fr.
Ce volume sera complet en 12 livraisons.

Adams, le Rev. — La Patrie du vieillard (Old Man's Home.) Traduit de l'anglais sur la 8e édition. In-18. *Grassart.*   40 c.

Adenis, Jules. — Voy. *Plouvier et Adenis.*

Adhémar, le comte A. d'. — Traité pratique de la construction des chemins de fer à chevaux, tramways ou chemins de fer américains. Nouvelle édition. In-8. *E. Lacroix.*   4 fr.

Adhémar, J. — Révolutions de la mer. Déluges périodiques. 2e édit. 2 vol. in-8, avec planche. *Ibid.*   8 fr.

—— Traité de perspective linéaire. 3e édition, revue et augmentée. In-8, avec atlas in-folio de 81 planches. *Ibid.*   32 fr.

—— Traité de géométrie descriptive. 4e édition, revue et augmentée. In-8, avec atlas in-folio de 103 planches. *Ibid.*   20 fr.

—— Traité de la coupe des pierres. 6e édition. In-8, avec atlas in-folio de 86 planches. *Ibid.*   32 fr.

Agenda agricole, par C. Chabert. Année 1860. In-16. (Strasbourg.) *Vᵉ Berger-Levrault et fils.*   3 fr. 50 c.

—— médical pour 1860. In-24. *P. Asselin.*   1 fr. 75 c.

Agnus, E. — Guide de l'acheteur en gros et Almanach annuaire des fabricants et des commissionnaires en marchandises de Paris et du département de la Seine. Édition de 1860. 6e année. In-18. *Cosse et Marchal.* 4 fr. 50 c.

Ahn, Fr. — Nouvelle méthode pratique et facile pour apprendre la langue italienne, 1er cours. In-12. (Cologne.) *Firmin Didot frères.*   1 fr.

Aillaud, P. E. — Les Bienfaits du libre échange prouvés par l'absurde. In-8. *Guillaumin et Cⁱᵉ.*   1 fr.

Aimard, Gustave. — Balle-Franche. In-12. *Amyot.*   3 fr. 50 c.

—— Curumilla. In-12. *Ibid.*   3 fr. 50 c.

—— L'Éclaireur. In-12. *Ibid.*   3 fr. 50 c.

—— La Fièvre d'or. In-12. *Ibid.*   3 fr. 50 c.

—— La Grande flibuste. In-12. *Ibid.*   3 fr. 50 c.

Aimé-Martin, L. —Éducation des mères de famille, ou De la civilisation du genre humain par les femmes. Ouvrage couronné par l'Académie française. 7e édition. 2 vol. in-12. *Charpentier.*   7 fr.

Aire, d'. — Voy. *Lavallière, Réflexions sur la miséricorde de Dieu.*

Alaux, J. E. — La Raison. Essai sur l'avenir de la philosophie. In-12. *Didier et Cⁱᵉ.*   3 fr. 50 c.

Albanès (d'), **Havard** et **J. Perron.** — Condamnation par les faits du pouvoir temporel des papes. In-8. *Dentu.*   1 fr.

Albert, V. — Essai sur la création, sur les forces qui régissent la matière et sur les destinées de l'homme. In-12. (Tournai.) *Lethielleux.*   2 fr.

Album (l'). — Recueil de dessins, tableaux et statues, d'après les ouvrages des meilleurs artistes, français et étrangers, photographiés par M. Bingham; publié avec notices sous la direction de M. L. Martinet. Livr. 3 à 5. In-4. *Bingham, 58, rue de La Rochefoucauld.* Prix de chaque livraison, 20 fr.
L'ouvrage formera 10 livraisons, qui contiendront chacune 10 photographies.

Album-Mosaïque. 7e série : L'Étincelle, par E. de Limagne. In-4 avec 24 gravures sur acier. *H. Mandeville.* .   Broché, 24 fr. Relié, 32 fr.

Album vendéen. Illustration des histoires de la Vendée militaire. Livr. 18 à 25 (fin). In-folio. (Angers.) *Allouard.*   Prix de chaque livraison, 6 fr.

Alcime, esquisses du ciel ; par M. D. L. C. D. B. In-12. *Cherbuliez.*   3 fr.

Alexandre, Ch. — Les Grands maîtres, poésies. In-12. *Libr. nouvelle.*   2 fr.

Alexandre II et l'entrevue de Varsovie. In-8. *Denlu.*   1 fr.

Alishan, le P. Léon M. D. — Le Haygh ; sa période et sa fête. Discours prononcé le 11 août 1859 à la 25e distribution annuelle des prix du collège arménien. In-8. (Imprimerie Impériale) *A. Franck.*   1 fr. 50 c.

Alix, l'abbé C. — Étude théologique sur le pouvoir temporel du pape. In-8. *Adr. Le Clère et Cª.*   1 fr.

Alla, P. — Manuel pratique des tribunaux militaires, précédé d'un Dictionnaire sur l'organisation, la compétence et la procédure des tribunaux militaires. In-8. *Tanera.*   8 fr.

Allan Kardec. — Le Livre des esprits, contenant les principes de la doctrine spirite, etc., selon l'enseignement donné par les esprits supérieurs à l'aide de divers médiums. 2e édition, entièrement refondue et considérablement augmentée. In-8. *Didier et Cª.*   6 fr.

—— Le même. 3e édition. In-12. *Ibid.*   3 fr. 50 c.

Allemagne (l') et l'annexion de la Savoie. Traduit de l'allemand. In-8. (Bruxelles.) *A. Bohné.*   1 fr.

Alliance (l') anglaise ou l'alliance russe. Gr. in-8. *E. Denlu.*   1 fr.

Alliez, l'abbé. — Les Iles de Lérins, Cannes et les rivages environnants. In-8. (Draguignan, *Sièyes.*) *Didier et Cª.* .   8 fr.

Allut, P. — Les Routiers au XIVe siècle. — Les Tard-venus et la bataille de Brignais. In-8. (Lyon, *Scheuring.*) *A. Durand.*   15 fr.

Almanach de l'agriculteur praticien pour 1861. 5e année. In-24. *Goin.* 50 c.

—— annuaire des bâtiments, des travaux publics et de l'industrie, à l'usage de MM. les architectes, ingénieurs, vérificateurs, métreurs, entrepreneurs, etc, par P. F. Sageret. Édition 1860, 30e année de la publication. In-18. *E. Lacroix.*   4 fr. 50 c.

—— de la Bourse pour 1861. 6e année. Contenant la revue financière de l'année, etc. In-16. *Collignon.*   50 c.

—— de la Chanson. 1861. In-16. *Pagnerre.*   50 c.

—— chantant, choix des plus jolies chansons françaises, illustrées par Télory. 1861. In-16. *Delarue.*   50 c.

—— du Charivari. Texte par Louis Huart, Clément Caraguel, etc.; illustré par Cham, Daumier, Ed. Beaumont, Maurisset. 1861. 2e année. In-16. *Pagnerre.*   50 c.

—— manuel du chasseur, contenant la chasse au chien d'arrêt, la vénerie, etc. Publié par Robert Duchêne. Illustré par Henry Emy. In-16. *Delarue.* 50 c.

—— chronométrique. La loupe de l'horloger, pour 1861. 4e année ; par L. Borsendorff, horloger. In-18. *Martinon.*   75 c.

—— du clergé. — Voy. *France ecclésiastique.*

—— comique, pittoresque, drôlatique, critique et charivarique, pour 1861; illustré par Cham et Darjou, 20e année. In-16. *Pagnerre.*   50 c.

—— du commerce. — Voy. *Annuaire.*

Almanach de la cour, de la ville et des départements, pour 1860. In-32, avec 4 portraits. *Magnin, Blanchard et C°.*   2 fr.

—— manuel de la cuisinière, contenant les recettes les plus nouvelles et les plus simples pour la cuisine, etc. In-16. *Delarue.*   50 c.

—— du cultivateur; par les rédacteurs de la Maison rustique du dix-neuvième siècle. 17ᵉ année. 1861. Orné de 68 grav. In-16. *Libr. agricole.* 50 c.

—— des dames et des demoiselles pour 1861. In-16. *Pagnerre.*   50 c.

—— manuel de la danse; par Polkarius; précédé d'une histoire anecdotique, théorique et comique de la danse ancienne et moderne, par O. de Soltz. In-16. *Delarue.*   50 c.

—— illustré des deux mondes; par Oscar Comettant. 1861. 3ᵉ année. In-12. *Pagnerre.*   75 c.

—— encyclopédique récréatif et populaire pour 1861. In-16. *Roret.*   50 c.

—— du Figaro. 1861. 6ᵉ année. In-8. *Pagnerre.*   50 c.

—— de France; publié par la Société nationale. Année 1861. 29ᵉ année. In-16. *Ibid.*   50 c.

—— du fumeur et du priseur. 1861. In-16. *Ibid.*   50 c.

—— des gloires nationales. 1861. In-16. *Collignon.*   50 c.

—— de Gotha. Annuaire diplomatique et statistique pour l'année 1861. 98ᵉ année. In-32. (Gotha.) *Klincksieck.*   6 fr.

—— homœopathique, ou Annuaire général de la doctrine hanemanienne; par MM. Catellan frères. 1860. In-12. *Baillière et fils.*   3 fr. 50 c.

—— artistique et historique des horlogers, etc., par Claudius Saunier. 1861. 3ᵉ année. In-18. *Chez l'auteur, 19, rue Neuve-des-Petits-Champs.* 50 c.

—— annuaire de l'Illustration. 18ᵉ année. 1861. Grand in-8, illustré de 80 gravures. *A. Marc et C°.*   1 fr.

—— d'illustrations modernes. 1861. 3ᵉ année de la seconde série. In-4, avec 66 grav. *Pagnerre.*   75 c.

—— impérial pour 1860. 162ᵉ année. In-8. *Guyot et Scribe.*   10 fr. 50 c.

—— impérial (petit), illustré de vignettes par Horace Vernet, Beaucé et Bertall. 1861. 14ᵉ année. In-16. *Pagnerre.*   50 c.

—— israélite. — Voy. *Annuaire parisien.*

—— du jardinier; par les rédacteurs de la Maison rustique du xixᵉ siècle. 18ᵉ année. 1861. Orné de 69 grav. In-16. *Librairie agricole.*   50 c.

—— du jardinier fleuriste pour 1861, suivi de notes sur le jardin potager. 8ᵉ année. In-18. *Goin.*   50 c.

—— des jeux de cartes, billard, échecs, dominos, etc., mis en ordre par Bonneveine. In-16. *Delarue.*   50 c.

—— des jeux de société, contenant l'explication des plus beaux jeux admis dans les familles comme récréation, etc. In-16. *Ibid.*   50 c.

—— de la littérature, du théâtre et des beaux-arts, précédé d'une histoire littéraire et dramatique de l'année, par M. Jules Janin. Illustré de vignettes et portraits. 1861. 9ᵉ année. In-8. *Pagnerre.*   75 c.

—— du Magasin pittoresque. 1861. 14ᵉ année. In-12. *Au bureau du Magasin pittoresque.*   50 c.

—— manuel du magicien des salons, contenant l'explication de tous les nouveaux tours de magie blanche; par M. Delion, précédé d'une préface par Jules Rostaing. In-16, avec 100 figures. *Delarue.*   50 c.

—— du marin et de la France maritime pour 1861. 24ᵉ année. In-16. *Pagnerre.*   50 c.

Almanach de la Mère Gigogne, almanach des petits enfants. 1861. 11° année. In-16. *Pagnerre.* . 50 c.

——— du Monde illustré. 1861. 3ᵉ année. In-12. *Librairie Nouvelle.* 50 c.

——— du Musée des Familles. Année 1861. In-12. *Au bureau du Musée des Familles.* 50 c.

——— musical pour 1861 ; par Moléri et Oscar Comettant. 8° année. In-8. *Collignon.* 50 c.

——— de Napoléon. 1861. 13ᵉ année. In-16. *Ibid.* 50 c.

——— de l'oracle des dames et des demoiselles, conseiller intime donnant les réponses à toutes les questions sur les événements de la vie. In-16. *Delarue.* . 50 c.

——— parisien pour 1861, 2ᵉ année ; par Fernand Desnoyers. In-16. *Pick.* 50 c.

——— pour rire, texte par Henri Monnier, Moléri, Henri Rochefort, etc., illustré par Cham. 1861. 12ᵉ année. In-16. *Pagnerre.* 50 c.

——— pour tous, pittoresque et amusant, pour 1861. 3ᵉ année. In-16. *Tralin.* 50 c.

——— prophétique, pittoresque et utile pour 1861, publié par un neveu de Nostradamus. 21ᵉ année. In-16. *Pagnerre.* 50 c.

——— religieux. Étrennes catholiques pour l'an de grâce 1861. 6ᵉ année. In-16. *Collignon.* 50 c.

——— royal officiel du royaume de Belgique, publié depuis 1840 par H. Tarlier, en exécution d'un arrêté du Roi. Année 1860. Gr. in-8. (Bruxelles, *H. Tarlier.*) 10 fr.

——— des salons pour 1861. Illustr. par Pierdon. 4ᵉ ann. In-4. *Pagnerre.* 1 fr.

——— manuel de la santé ; médecin de soi-même, contenant des notions sur les maladies en général, etc., suivi d'un traité des maladies de l'âme, par le chanoine Clavel. In-16. *Delarue.* . 50 c.

——— de l'Univers illustré pour l'année 1861. 3ᵉ ann. In-8. *Lévy frères.* 50 c.

——— des victoires de Napoléon III : Nice et Savoie, Afrique, Chine, Syrie, etc. In-16. *Delarue.* 50 c.

——— du Voleur, illustré. 4ᵉ année. 1861. In-8. *Pagnerre.* 50 c.

Altenheym, Mᵐᵉ d' (Gabrielle Soumet). — Les Fauteuils illustres ou Quarante études littéraires, faisant suite aux Quatre siècles littéraires. In-8, avec 4 grav. *E. Ducrocq.* Broché, 4 fr. ; relié, 5 fr. 50 c.

——— Le même ouvrage. Édition in-12. *Ibid.* 2 fr.

Alvin, L. — L'Enfance de Jésus, tableaux flamands, poëme tiré des compositions de Jérôme Wierix. Avec 14 planches et une notice biographique sur les trois frères Wierix, graveurs du xvıᵉ siècle. In-8. *Aubry.* 10 fr.

Amador de los Rios, don José. — Études historiques, politiques et littéraires sur les Juifs d'Espagne ; traduites pour la première fois en français, par J. G. Magnabal. In-8. *A. Durand.* 7 fr. 50 c.

Amail, Victor. — Manuel des alliages d'or et d'argent, des ors de couleur et de leurs soudures, de la fonte d'or et d'argent, de la mise en couleur pour le bijou d'or. In-8. *Chez l'auteur, 186, rue Saint-Martin.* 4 fr. 50 c.

——— Manuel des matières d'or et d'argent. Comptes-faits en grammes et décigrammes. In-4. *Ibid.* . 5 fr.

Ambassade (une) à la cour de Louis XIV. — Voy. *Bibliothèque russe.*

Amé. — Étude économique sur les tarifs de douanes. 2ᵉ édition, revue et augmentée. In-8. (Bordeaux.) *Guillaumin et Cᵒ.* 6 fr.

Amiel, Fréd. — La Cloche de Schiller. — Voy. *Schiller.*

Amies (les) de pension. Nouvelle, traduite de l'anglais. Gr. in-8, avec grav. *Lethielleux*.   1 fr. 20 c.
> Musée moral et littéraire.

Amigues, Jules. — Voy. *Balbo, Histoire d'Italie*.

Amiot, A. — Applications de la géométrie élémentaire, rédigées d'après le nouveau programme de l'enseignement scientifique des lycées. 3ᵉ édit. augmentée. In-8, avec 2 pl. *Dezobry, Magdeleine et Cᵉ*.   2 fr. 50 c.

Amour (l'); par un catholique. In-42. *Victor Palmé*.   2 fr.

Amouroux. — Voy. *Armengaud et Amouroux*.

Ampère, J. J. — Promenade en Amérique. États-Unis, Cuba, Mexique. 3ᵉ édition, entièrement revue. 2 vol. in-8. *Michel Lévy frères*.   12 fr.

Amsler, Th. — Schinznach et les dartres humides. In-8. (Aarau, *Sauerlaender*.)   1 fr. 25 c.

Amyot. — Belles actions des enfants. Livre de lecture pour les écoles. Extrait des rapports annuels faits à l'assemblée générale de la Société pour l'instruction élémentaire. In-18. *Larousse et Boyer*.   50 c.

Anastasii Sinaitæ opera. — Voy. *Patrologiæ cursus completus*.

Ancelet, le docteur E. — Des végétations vulvo-anales des femmes enceintes. In-8. *F. Savy*.   50 c.

Ancelot. — Vie de Chateaubriand. Illustré par Philippoteaux. Grand in-8. *De Vresse*.   6 fr.

Ancelot (Mᵐᵉ). — Une faute irréparable. 2 vol. in-8. *Cadot*.   15 fr.

Anciens poëtes (les) de la France, publiés sous les auspices de S. Exc. M. le ministre de l'instruction publique et des cultes, et sous la direction de M. F. Guessard. In-46 (format elzévirien). *F. Vieweg*.
> Prix de chaque volume, relié toile, 5 fr.

Doon de Maience. — Chanson de geste, publiée pour la première fois d'après les manuscrits de Montpellier et de Paris, par M. A. Pey. 1 volume.

Gaufrey. — Chanson de geste, publiée pour la première fois d'après le manuscrit unique de Montpellier, par MM. F. Guessard et P. Chabaille. 1 volume.

Fierabras. — Chanson de geste, publiée d'après les manuscrits de Paris, de Rome et de Londres, par A. Krœber et G. Servois. — *Parise la Duchesse*, chanson de geste. 2ᵉ édition, revue d'après le manuscrit unique de Paris, par F. Guessard et L. Larchey. 1 vol.

Huon de Bordeaux. — Chanson de geste, publiée pour la première fois d'après les manuscrits de Tours, de Paris et de Turin, par F. Guessard et C. Grandmaison. 1 vol.
> Le 1ᵉʳ volume de la collection des anciens poëtes de la France, contenant : Gui de Bourgogne; — Otinel; — Floovant, a paru en 1859. Il faisait partie de la Bibliothèque elzévirienne. — Voy. *Catalogue annuel, 1859*, page 22.

Ancillon, Joseph. — Recueil journalier de ce qui s'est passé de plus mémorable dans la cité de Metz, pays Messin, et aux environs, de 1656 à 1674, publié par F. M. Chabert. In-8. (Metz, *Rousseau-Pallez*.) *A. Aubry*.–5 fr.

Anderdon, le docteur. — Antoine de Bonneval, ou Paris au temps de saint Vincent de Paul; traduit de l'anglais. In-42. *Lethielleux*.   2 fr. 50 c.

Andrade, le docteur A. d'. — Essai sur le traitement des fistules vésicovaginales par le procédé américain, modifié par M. Bozeman. In-4. *Leclerc*.   2 fr. 50 c.

Andreæ Cretensis opera. — Voy. *Patrologiæ cursus completus.*

Andrieu, Jules. — Chiromancie. Études sur la main, le crâne, la face. In-32, avec fig. *J. Taride.* 1 fr.

Ane (l') et les trois voleurs, proverbe garibaldien en un acte et en vile prose. In-8. *Poulet-Malassis.* 50 c.
  Théâtre des marionnettes italiennes.

Anglemont, Edouard d'. — Roses de Noël. (Poésies.) In-8. *Dentu.* 5 fr.

Anna-Marie. — Les Sœurs des anges. — La Fille de Jephté. — La Samaritaine. — La Chananéenne. — Semeï la chrétienne. — L'Ame exilée. In-12. *Douniol.* 2 fr. 50 c.

Annales de l'Observatoire impérial de Paris, publiées par. U. J. Le Verrier. T. V. In-4. *Mallet-Bachelier.* 27 fr.

—— de l'Observatoire impérial de Paris, publiées par U. J. Le Verrier. Observations. T. XII. In-4. *Ibid.* 40 fr.
  T. I et II des Observations ont paru en 1858 et 1859. Les T. III à XI ne sont pas encore publiés.

Anne, Théodore. — Le Cordonnier de la rue de la Lune. 4 vol. in-8. *De Potter.* 30 fr.

—— Voy. aussi : *Mazas et Anne, Histoire de l'ordre de Saint Louis.*

Annexion de la Savoie et du comté de Nice. In-8. *Dentu.* 1 fr.

Annuaire de l'administration française pour l'année 1860, faisant suite au Dictionnaire de l'administration française, par Maurice Block. In-12. *Ve Berger-Levrault et fils.* Broché, 4 fr.; rel., 5 fr.

—— de l'Algérie et des colonies. 1860. In-8. *Challamel aîné.* 6 fr.

—— almanach du commerce, de l'industrie, de la magistrature et de l'administration, ou Almanach des 500,000 adresses de Paris, des départements et des pays étrangers (Didot-Bottin). 63e année de la publication. 1860. Grand in-8. *Firmin Didot frères.* Broché, 14 fr.; relié, 17 fr.

—— des artistes et des amateurs, publié par M. Paul Lacroix, avec la collaboration de MM. W. Bürger, P. Cheron, Faucheux, Halévy, Horsin-Déon, A. Houssaye, P. Mantz, H. Martin, etc. 1860. In-8, avec gravures. *Ve J. Renouard.* 5 fr.

—— de l'Association de secours mutuels des artistes dramatiques, fondée en 1840 par le baron Taylor, 21e année. 1860. In-8. *68, rue de Bondy.* 2 fr.

—— pour l'an 1861, publié par le Bureau des longitudes. In-18. *Mallet-Bachelier.* 1 fr.

—— officiel des chemins de fer, publié par l'administration de l'imprimerie centrale des chemins de fer et rédigé par M. Petit de Coupray. Année 1860. In-12. avec carte. *Chaix et Ce.* Relié, 6 fr.

—— du corps de l'intendance, du corps des équipages militaires, établis sur les documents du ministère de la guerre. 1860. Grand in-8. *Victor Rozier.* 8 fr. 50 c.

—— spécial du corps de santé de l'armée de terre, établi sur les documents du ministère de la guerre. 1860. Grand in-8. *Ibid.* 8 fr. 50 c.

—— du Cosmos. Manuel de la science. 2e année. In-16, avec une carte. *Tremblay.* 2 fr.
  La 1re année a paru en 1859 sous le titre : *Moigno, Manuel de la science.* 2 vol. In-16. 3 fr.

—— des Deux Mondes. Histoire générale des divers États. T. IX. 1858-1859. Grand in-8. *Au bureau de la Revue des Deux Mondes.* 12 fr.
  Cet Annuaire est donné gratis aux abonnés de la Revue des Deux Mondes pour l'année 1859.

Annuaire diplomatique de l'empire français pour l'année 1860, publié d'après les documents communiqués par le ministère des affaires étrangères, et les renseignements authentiques les plus récents. 3e année. Grand in-16. *Ve Berger-Levrault et fils.* Relié, 4 fr.

———— des eaux minérales et des bains de mer de la France et de l'étranger, publié par la Gazette des eaux. 2e année. 1860. In-18. *Au bureau de la Gazette des eaux.* 1 fr. 50 c.

———— de l'économie politique et de la statistique pour 1860, par MM. Maurice Block et Guillaumin. 17e année. In-24. *Guillaumin et Ce.* 5 fr.

———— encyclopédique. Politique, économie sociale, statistique, administration, sciences, littérature, beaux-arts, agriculture, commerce, industrie. Publié par les directeurs de l'Encyclopédie du XIXe siècle. 1859-1860. Gr. in-8. *Au bureau de l'Encyclopédie, 6, rue Neuve de l'Université.* 10 fr.

———— des familles et le Médecin des eaux. Guide pratique des connaissances indispensables, publié par le Courrier des familles. 5e année. 1860. In-12. *Au bureau du Courrier des familles.* 2 fr. 50 c.

———— forestier. Année 1860. Publié par les Annales forestières. In-8. *Au bureau des Annales.* 2 fr. 50 c.

———— de la France agricole, publié sous la direction du Crédit départemental, Claudon et Ce, par Émile Cardon. In-8. *Au bureau de la France agricole.* 4 fr.

———— historique pour l'année 1860, publié par la Société de l'histoire de France, 24e année. In-18. *Ve Jules Renouard.* 3 fr.

———— de l'industrie, du commerce et de la banque en Belgique, rédigé d'après des documents et des renseignements officiels. 4e année. 1860. In-12. (Bruxelles, *H. Tarlier.*) 5 fr.

———— de l'Institut des provinces, des sociétés savantes et des congrès scientifiques. IIe série. 2e vol. (12e vol. de la collection.) 1860. In-8. (Caen, *Hardel.) Derache.* 5 fr.

———— de l'instruction publique, pour l'année 1860, rédigé et publié par Jules Delalain. In-12. *Delalain.* 3 fr.

———— Le même. Supplément: Les Nouvelles Académies d'Aix et de Chambéry. In-12. *Ibid.* 25 c.

———— international du crédit public pour 1860. par J. E. Horn. 2e année. In-12. *Guillaumin et Ce.* 5 fr.

———— de la Librairie, de l'Imprimerie, de la Papeterie et des professions qui concourent à la publication des œuvres de la littérature, des sciences et des arts. Année 1860. 1re partie. France et colonies. In-12. *Au Cercle de la librairie.* Prix de l'ouvrage complet, 5 fr.

  La 2e et dernière partie contiendra les pays étrangers.

———— des lignes télégraphiques, suivi des décrets et arrêtés concernant les fonctionnaires et agents; par Vallée. 2e année. Situation au 1er novembre 1859. In-8. *Chez l'auteur, 182, rue de Grenelle Saint-Germain.* 6 fr.

———— de littérature médicale étrangère, pour 1860. Résumé des travaux de médecine pratique les plus remarquables publiés à l'étranger pendant l'année 1860. Traduit de l'anglais, de l'allemand, du hollandais, de l'italien et de l'espagnol, par le Dr L. Noirot. 4e année. In-18. *V. Masson.* 3 fr. 50 c.

———— des marées des côtes de France pour l'an 1861, publié au dépôt de la marine, par A. M. R. Chazallon et L. Gaussin. In-18. *Ledoyen.* 1 fr.

———— de la marine. 1860. In-8. *Ibid.* 2 fr.

———— médical et pharmaceutique de la France, par le Dr Félix Roubaud. 12e année. 1860. In-12. *Baillière et fils.* 4 fr.

Annuaire de médecine et de chirurgie pratiques, pour l'an 1860. Résumé des travaux pratiques les plus importants publiés en France et à l'étranger, pendant l'année 1859, par le Dr A. Jamain et A. Wahu. 15e année. In-32. *Germer Baillière.*   1 fr. 25 c.

—— militaire de l'empire français pour l'année 1860, publié sur les documents communiqués par le ministre de la guerre. In-12. *Ve Berger-Levrault et fils.*   6 fr.

—— militaire officiel (belge), publié sur les documents fournis par le département de la guerre pour 1860. In-8. (Bruxelles, *Demanet.*)   2 fr.

—— de la noblesse de Belgique, publié par le baron Isidore de Stein d'Altonstein. 14e année. 1860. In-12, avec portrait et figures. (Bruxelles, *A. Decq.*)   5 fr.

—— de la noblesse de France et des maisons souveraines de l'Europe, publié par M. Borel d'Hauterive. 1860. 17e année. In-12, avec 4 gravures. *E. Dentu.*   Avec planches noires, 5 fr.; coloriées, 8 fr.

—— oriental et américain, publié avec le concours et sous les auspices de la Société d'ethnographie américaine et orientale, par Léon de Rosny. In-12. *Challamel aîné.*   3 fr.

—— parisien du culte israélite pour 5621 A. M. (du 17 septembre 1860 au 4 septembre 1861), contenant la statistique des consistoires et administrations de France et d'Algérie, histoire, contes, littérature; publié par A. Ben Baruch Créhange. 11e année. In-32. *Librairie israélite, rue Notre-Dame de Nazareth.*   1 fr.

—— des postes de l'empire français, ou Manuel du service de la poste aux lettres, à l'usage des commerçants, des hommes d'affaires, etc. 1860. In-8. *A l'hôtel des Postes.*   2 fr.

—— général des sciences médicales, par A. Cavasse. 2e année. 1858. In-12. *A. Delahaye.*   5 fr.

—— de la Société archéologique de la province de Constantine. 1858–1859. In-8, avec 17 planches. (Constantine.) *Challamel aîné.*   4 fr.

—— de la Société philotechnique. Année 1859. Tome 21. In-18. *Fontaine.*   2 fr.

—— statistique et historique belge, par A. Scheler. 7e année. 1860. In-12. (Bruxelles, *A. Schnée.*)   4 fr.

Les années précédentes ont paru sous le titre : *Almanach.*

—— de thérapeutique, de matière médicale, de pharmacie et de toxicologie pour 1860, par A. Bouchardat. 20e année. In-32. *Germer Baillière.*   1 fr. 25 c.

—— des vétérinaires pour 1860. 3e année. Publié par Vincent Mazurkiewicz. In-18. *P. Asselin.*   1 fr. 75 c.

Anossow, T. — Voy. *Lermontow, le Démon.*

Anot de Maizière. — Cromwell, protecteur de la république anglaise; tragédie en cinq actes et en vers. In-8. *Hachette et Ce.*   2 fr.

—— et **Evelart.** — Exercices sur la composition littéraire en français. 2e édition, revue et augmentée, par E. Réaume. In-12. *Ibid.*   3 fr.

A notre saint-père le pape; par un curé. In-8. *Librairie nouvelle.*   1 fr.

Anselme, H. d'. — Le Monde païen, ou De la mythologie universelle en tant que dépravation aux mille formes de la vérité successivement enseignée par la tradition primitive, le Pentateuque et l'Évangile. T. II. Cosmogonie et théogonie. In-8. (Avignon, *Seguin aîné.*) *Palmé.*   8 fr.

¹ T. I, 1re partie, 1858, 5 fr. — 2e partie, 1859. 3 fr.

Anthonis, Mathieu. — Livre des frets ou tables pour le calcul des frets stipulés en monnaies, mesures et poids anglais. Petit in-folio. (Le Havre, *Lemale.*) *Guillaumin et C°.*　　　　10 fr.

Aponte, Lorenzo d'. — Mémoires. — Voy. *Mémoires.*

Apôtre (l') missionnaire évangélisant toutes les classes de la société et parlant à tous, aux hommes surtout, le langage de la foi, de la raison et du cœur, par un ecclésiastique. Tome 1er. Les classes pauvres et ouvrières. In-12. *Au bureau de la Tribune sacrée.*　　　　3 fr.

Appay, Camille. — Voy. *Delmare et Appay.*

Appel aux catholiques; exposé des droits de la papauté. Gr. in-8. (Bruxelles.) *Dentu.*　　　　1 fr. 25 c.

Apraxin, Mme Julie. — Voy. *Nixarpa.*

Aram, D. — Dictionnaire abrégé arménien-turc-français. In-32. *Chez l'auteur, 40, rue Bonaparte.*　　　　5 fr.

Aran, le Dr F. A. — Leçons cliniques sur les maladies de l'utérus et de ses annexes, recueillies par le Dr A. Gauchet et revues par l'auteur. 3e partie. In-8. *P. Asselin.*　　　　5 fr.
1re partie : 1858, 4 fr. — 2e partie, 1859, 4 fr. — Prix de l'ouvrage complet : 13 fr.

Araquy, E. d'. — Galienne. In-12. *Hachette et C°.*　　　　1 fr.

Arbois de Jubainville, H. d'. — Histoire de Bar-sur-Aube sous les comtes de Champagne, 1077-1284, avec la collaboration de M. L. Pigeotte. In-8, avec planches. (Bar-sur-Aube.) *A. Durand.*　　　　7 fr. 50 c.
—— Voy. aussi : *Dieulin, Guide des curés.*

Archiac, A. d'. — Histoire des progrès de la géologie, de 1834 à 1859, publié par la Société géologique de France, sous les auspices de M. le ministre de l'instruction publique. Tome VIII. Formation triasique. In-8. *F. Savy.* 8 fr.
Pour les volumes antérieurs, voy *Catalogue annuel*, 1858, page 8.

Archives de la commission des monuments historiques, publiées par ordre de S. Exc. M. Achille Fould, ministre d'État. Livraison 55 à 66. In-fol. *Gide.*　　　　Prix de chaque livraison, 5 fr.

Ardouin, B. — Études sur l'histoire d'Haïti. Tome IX et X. In-8. *Dezobry, Magdeleine et C°.*　　　　Prix de chaque volume, 6 fr.

Arena. — Meygra entrepriza catoliqui imperatoris, quado de anno Dñi mille cccccxxxvi veniebat, per Prouensa bene corrossatus impostam predere Fran-a cum villis de Prouensa propter grossas et menutas getes reiobire, avec cette indication : Gallus regnat, Gallus regnavit, Gallus regnabit. Nouvelle édition, entièrement conforme à l'édition originale de 1537, précédée d'une notice bibliographique et littéraire, par Norbert Bonafous. In-16. (Aix, *Makaire.*)　　　　2 fr. 50 c.
Bibliothèque provençale.

Arendts, le Dr Carl. — Éléments d'histoire naturelle et de technologie, à l'usage de la jeunesse. Ouvrage composé de 33 tableaux présentant 388 gravures sur bois, avec le texte explicatif. Traduit de l'allemand par le Dr P. Royer. Gr. in-8. (Bruxelles, *A. Schnée.*)　　　　5 fr.

Argenson, le marquis d'. — Journal. — Voy. *Journal.*

Aristophane. — Traduction nouvelle avec une introduction et des notes par C. Poyard. In-12. *Hachette et C°.*　　　　3 fr. 50 c.

Armengaud aîné. — Traité théorique et pratique des moteurs à vapeur. T. I. In-4, avec un atlas de 25 pl. *Chez l'auteur, 45, rue Saint-Sébastien.* 25 fr.
L'ouvrage aura 2 volumes. — Continuation de l'ouvrage : *Traité des moteurs hydrauliques*, publié en 1859.

Armengaud aîné, **Armengaud** jeune et **Amouroux**. — Nouveau cours raisonné de dessin industriel, appliqué principalement à la mécanique et à l'architecture. Gr. in-8, avec atlas in-folio. *E. Lacroix.*   25 fr.

Armorial général du Lyonnais, Forez et Beaujolais, comprenant les armoiries des villes, des corporations, des familles nobles et bourgeoises actuellement existantes ou éteintes, des archevêques, des gouverneurs et des principaux fonctionnaires publics de ces provinces, le tout composé de 2,080 blasons dessinés et d'environ 3,000 notices héraldiques et généalogiques. In-4, avec 130 pages de blasons. (Lyon, *Brun et C*.)   35 fr.

———— national de France, recueil complet des armes des villes et provinces du territoire français; réuni pour la première fois, dessiné et gravé par H. Traversier, avec des notices descriptives et historiques par Léon Vaïsse. Précédé d'un aperçu de l'histoire, d'un traité de l'art et d'un dictionnaire des termes du blason. 5ᵉ série. In-4, avec 6 pl. *Dumoulin.*

Avec grav. noires, 10 fr., color. 17 fr.

Ouvrage terminé. — Les 4 premières séries ont été publiées de 1842 à 1847. — Prix des 5 séries ensemble : avec gravures noires, 80 fr ; coloriées, 150 fr.

Arnaud (de l'Ariége). — L'Indépendance du pape et les droits des peuples. In-8. *Dentu.*   4 fr.

———— La papauté temporelle et la nationalité italienne. In-8. *Ibid.*   14 fr.

Arnouilb. — De l'institution contractuelle dans l'ancien droit français et d'après le code Napoléon. In-8. *Durand.*   2 fr.

Extrait de la Revue historique de droit français et étranger.

Arnoux, C. — De la nécessité d'apporter des économies dans la construction des chemins de fer, et des moyens de les obtenir. In-8, avec 5 pl. *E. Lacroix.*   3 fr.

Arnoux, V. — Recueil de problèmes sur les nombres entiers, les nombres décimaux, les fractions, les règles de trois simples, etc. In-12. (Metz, *Alcan.*) *Larousse et Boyer.*   2 fr.

———— Le même. Solutions. *Ibid.*   60 c.

Arntz, E. R. N. — Cours de droit civil français, comprenant l'explication des lois qui ont modifié la législation civile en Belgique. T. Iᵉʳ, 1ʳᵉ partie. In-8. (Bruxelles.) *Durand.*   4 fr.

Arrien. — Le Périple de la mer Noire. — Voy. *Chotard.*

Art (l') de gagner à la Bourse sans risquer sa fortune; par M. J. M. In-12. *Castel.*   2 fr.

Asselineau, Charles. — L'Enfer du bibliophile. In-18. *Tardieu.*   1 fr.

———— Voy. aussi : *Souvenirs de Mᵐᵉ de Caylus.*

Assier, Alexandre. — Légendes, curiosités et traditions de la Champagne et de la Brie. In-8. (Troyes.) *Aubry.*   5 fr.

Assolant, Alfred. — Brancas. — Les Amours de Quaterquem. In-12. *Hachette et C*.   2 fr.

———— La mort de Roland, fantaisie épique. In-12. *Ibid.*   2 fr.

———— Histoire fantastique du célèbre Pierrot, écrite par le magicien Alcofribas, traduite du sogdien. In-12. *Michel Lévy frères.*   4 fr.

Astruc, Zacharie. — Beaux-arts. Le salon intime, exposition au boulevard des Italiens, avec une préface extraordinaire, et une eau-forte de Carolus Duran. In-12. *Poulet-Malassis.*   1 fr.

Athènes moderne, ou Description abrégée de la capitale de la Grèce, suivie du tableau des départs des bateaux à vapeur, du rapport entre les monnaies grecques et les monnaies étrangères, du tarif des voitures, etc. In-8. (Athènes.) *A. Durand.*   3 fr.

> Texte grec moderne et français.

Aubanel, Téodor. — La Miougrano entreduberto, avec la traduction littérale en regard. In-12. (Avignon, *Roumanille.*) *Tardieu.* 3 fr. 50 c.

Auberive, Charles. — Voyage d'un curieux dans Paris. In-12. *Sarlit.* 1 fr.

—— Voyage en Grèce. In-12. *Ibid.* 1 fr.

Aubert, le P. C. — Premières leçons d'arithmétique décimale, suivies d'un grand nombre de problèmes. Servant d'introduction aux leçons théoriques et pratiques du même auteur. In-12. *V° Poussielgue-Rusand.* 1 fr. 50 c.

Aubineau, Léon. — Notice sur M. Desgenettes, curé de Notre-Dame des Victoires. In-18. *Douniol.* 50 c.

—— Les serviteurs de Dieu. 2ᵉ édit. 2 vol. in-12. *Lethielleux.* 5 fr.

Aubry, C. — Voy. *Zachariæ, Cours de droit civil français.*

Aubryet, Xavier. — Les Jugements nouveaux. Philosophie de quelques œuvres. In-12. *Librairie nouvelle.* 3 fr.

Auburtin, le Dʳ Ernest. — Recherches cliniques sur le rhumatisme articulaire aigu. Anatomie pathologique, diagnostic, symptômes. In-8. *Adr. Delahaye.* 3 fr. 50 c.

Audelange, le baron d'. — Voy. *Hautecour.*

Audiffret, L. D. — Entre deux paravents. Théâtre des salons de famille. Pièces pour hommes et pour femmes. Pièces pour hommes seulement. Grand in-8. *Dentu.* 4 fr.

Audiganne. — Les Populations ouvrières et les Industries de la France. Études comparatives sur le régime et les ressources des différentes industries, sur l'état moral et matériel des ouvriers dans chaque branche de travail, et les institutions qui les concernent. 2ᵉ édit. entièrement refondue. 2 vol. in-8. *Capelle.* 15 fr.

Audot, L. E. — La cuisinière de la campagne et de la ville, ou Nouvelle cuisine économique. 40ᵉ édit., mise au courant du progrès annuel. In-12, avec 300 fig. dans le texte. *Audot.* 3 fr.

Aufauvre, Amédée. — Troyes et ses environs; Guide historique et topographique. Établissements publics, biographiques, monuments civils et religieux, etc. In-12, avec plan et 7 grav. (Troyes, *Bouquot.*) *Schulz et Thuillié.* 2 fr.

Augé, Lazare. — Philosophie de la religion, ou solution des problèmes de l'existence de Dieu et de l'immortalité de l'homme. In-8. *Durand.* 7 fr.

Auger de Beaulieu, H. et G. de Charnal. — Puisque des rois épousaient des bergères.... pièce en trois actes mêlée de chant. (Théâtre des Folies-Dramatiques.) Grand in-8. *Mifliez.* 50 c.

Augier, Émile. — L'Aventurière, comédie en quatre actes, en vers. (Théâtre-Français.) In-12. *Michel Lévy frères.* 1 fr. 50 c.

Augoyat, le colonel. — Aperçu historique sur les fortifications, les ingénieurs, et sur le corps du génie en France. 2ᵉ édition revue, corrigée et augmentée. T. Iᵉʳ. Sur les fortifications et les ingénieurs. In-8. *Tanera.* 6 fr.

> L'ouvrage aura 2 volumes. — La 1ʳᵉ édition du T. I a paru en 1859.

Augustin, saint. — Les Confessions, précédées de sa vie, par S. Possidius, évêque de Calame, son disciple et son ami. Traduction nouvelle, par L. Moreau. 6ᵉ édition. In-8. *Gaume frères et Duprey.* 7 fr.

Aulagnier, le Dr F. M. A. — Des remèdes réputés spécifiques contre la goutte, des moyens à mettre en usage pour prévenir le retour des accès, et coup d'œil sur le colchique et ses préparations comme auxiliaires du traitement, suivi de nombreuses observations pratiques. 2e édit. In-12. *Dentu.*   3 fr.

Aunet, Mme Léonie d'. — Un mariage en province. 3e édition. In-12. *Hachette et Ce.*   2 fr.

Aure, d'. — Encore la question chevaline. In-8. *Dumaine.*   1 fr. 50 c.

—— Voy. aussi : *Question chevaline.*

Aurevilly, J. Barbey d'. — Voy. *Barbey d'Aurevilly.*

Ausone de Chancel. — Première algérienne, poésie. In-8 (Alger.) *Challamel aîné.*   1 fr.

Aux mères, à leurs filles et aux jeunes femmes du monde. Appréciations des danses et des bals d'aujourd'hui, au point de vue moral et chrétien. In-18. *Josse.*   2 fr.

Auzias-Turenne, le docteur. — Communication sur le traitement de la blennorrhagie et de la blennorrhée, faite à la Société médicale du Panthéon le 10 août 1859. In-8. *Louis Leclerc.*   50 c.

Auzoux, le docteur. — Insuffisance des chevaux forts et légers, du cheval de guerre et de luxe. Possibilité de l'obtenir en créant dans chaque département et dans les régiments de cavalerie des écoles d'éleveurs. In-8. *Dumaine.*   1 fr.

Aveline, A. d'. — Le Coffret aux belles histoires, traduit de l'allemand et de l'anglais. 2 vol. in-16. (Bruxelles, *Ph. Hen.*)   3 fr.

Avenel, J. d'. — Le Pape prince italien; réponse à la brochure : Les Papes princes italiens. In-8. *Lecoffre et Ce.*   30 c.

Avenel, Paul. — Le Roi de Paris, roman historique. In-12. *Amyot.*   3 fr. 50 c.

—— et Amédée de **Jallais.** — Les Chasseurs de pigeons, vaudeville en trois actes. (Théâtre des Folies-Dramatiques.) Grand in-8. *Barbré.*   20 c.

Aventures (les) de Kamrup, texte hindoustani, romanisé d'après l'édition de M. Garcin de Tassy, par M. l'abbé Bertrand. In-8. *B. Duprat.*   3 fr.

   Texte hindoustan imprimé en caractères romains.

Avocat, Henri. — Mon oncle le puriste, vaudeville en un acte. (Théâtre des Délassements-Comiques.) In-12. *Tresse.*   50 c.

Azeglio, Massimo d'. — La Politique et le droit chrétien au point de vue de la question italienne. In-8. *Dentu.*   3 fr.

Azémar, le baron d'. — Avenir de la cavalerie. Son rôle dans les batailles, suivi d'un projet de création de zouaves montés. In-8. *Leneveu.*   1 fr.

—— Avenir de la cavalerie. Examen technique des ouvrages publiés sur l'ordonnance du 6 décembre 1829. Tactique des trois armes dans l'esprit de la nouvelle guerre. 3 vol. in-8. *Leneveu.*   10 fr. 50 c.

B

Babaud-Laribière, L. — Utilité d'un chemin de fer de Nantes à Limoges. In-8. *Michel Lévy frères.*   1 fr.

Babinet. — Études et lectures sur les sciences d'observation et leurs applications pratiques. 6e volume. In-12. *Mallet-Bachelier.*   2 fr. 50 c.

Babou, Hippolyte. — Lettres satiriques et critiques, avec un défi au lecteur. In-12. *Poulet-Malassis.* 3 fr.

Bach. — Calcul des éclipses de soleil par la méthode des projections. In-8, avec 3 planches. *Mallet-Bachelier.* 2 fr.

Baecker, Louis de. — Grammaire comparée des langues de la France. (Flamand, allemand, celto-breton, basque, provençal, espagnol, italien, français, comparés au sanscrit.) In-8. *Blériot.* 6 fr.

Baedeker, K. — L'Allemagne et quelques parties des pays limitrophes jusqu'à Strasbourg, Metz, Luxembourg, Copenhague, Cracovie, Buda-Pesth, Milan, etc.— Manuel du voyageur. In-12, avec cartes et plans. (Coblentz.) *A. Bohné.* Cartonné, 10 fr.

———— Paris. Guide pratique du voyageur, traduit d'après la 3e édition de l'ouvrage allemand. Avec additions et corrections. In-12, avec cartes et plans. *A. Bohné.* Broché, 4 fr. ; relié, 4 fr. 50 c.

Bahier, J. L. — Nouveaux conseils moraux et agricoles aux cultivateurs bretons. In-12. (Saint-Brieuc, *Prud'homme.*) 1 fr. 25 c.

Bailleux, Louis. — Le Pâtissier moderne, ou Traité élémentaire et pratique de la pâtisserie française au xixe siècle. 3e édition, revue, corrigée et augmentée. Grand in-8, avec 38 pl. *Chez l'auteur, 2, rue Buffault.* 10 fr.

Baillon, H. — Recherches organogéniques sur la fleur femelle des conifères. Mémoire présenté à l'Académie des sciences dans sa séance du 30 avril 1860. In-8, avec 2 planches. *Masson et fils.* 3 fr.

Bailly, Ch. — Un mot sur la vie à bon marché. In-8. *Dentu.* 1 fr.

Bailly, Jules. — L'Empire. — A Napoléon III (vers). In-8. *Dentu.* 50 c.

———— Dix-neuvième siècle. Autrefois. Maintenant. Italie. Une nuit à Rome Napoléon III. (Vers.) In-8. *Ibid.* 50 c.

Balbo, le comte César. — Histoire d'Italie depuis les origines jusqu'à nos jours, traduite sur le texte de la 14e édition italienne, et continuée jusqu'en 1860, par Jules Amigues. 2 vol. in-12. *Librairie nouvelle.* 6 fr.

———— De la destruction du pouvoir temporel des papes. In-8. *Douniol.* 80 c.

Balesta, Henri. — Absinthe et absintheurs. In-32. *Marpon.* 50 c.

Ballande, H.— Une prière à notre saint-père le pape (vers). In-8. *Dentu.* 1 fr.

Balleydier, Alphonse. — Veillées du presbytère. In-12. *J. Vermot.* 2 fr.

Balmès, Jacques. — Art d'arriver au vrai, philosophie pratique : traduit de l'espagnol par Édouard Manec, avec une préface de Mme Blanche-Raffin. 5e édition, revue et considérablement augmentée. In-12. *Vaton.* 3 fr.

———— Le Protestantisme comparé au Catholicisme dans ses rapports avec la civilisation européenne. 6e édition ; revue et corrigée avec soin, et augmentée d'une introduction par A. de Blanche-Raffin. 3 vol. in-12, avec portrait. *Ibid.* 10 fr.

Banville, Théodore de. — La Mer de Nice. Lettres à un ami. In-12. *Poulet-Malassis.* 2 fr.

Barandeguy-Dupont. — Béranger devant ses accusateurs. In-16. *Ledoyen.* 40 c.

Barante, de. — Voy. *Schiller, Œuvres dramatiques.*

Barbara, Charles. — Mes petites-maisons. — Esquisse de la vie d'un virtuose. — Le Major Whittington. — Romanzoff. — L'Homme qui nourrit des papillons. — Irma Gilquin. In-12. *Hachette et Cⁱᵉ.* 2 fr.

Barbet de Jouy, Henri. — Étude sur les fontes du Primatice. in-8. *V° Jules Renouard.* 3 fr.

Barbey d'Aurevilly, J. — Les Prophètes du passé. — J. de Maistre. — De Bonald. — Chateaubriand. — Lamennais. In-12. *Librairie nouvelle.* 3 fr.

Barbier, Jules, et Michel **Carré**. — Philémon et Baucis, opéra-comique en trois actes, musique de Charles Gounod. (Théâtre-Lyrique.) In-12. *Michel Lévy frères.* 1 fr.

——— Voy. aussi : *Carré et Barbier.*

Barbier de Montault, l'abbé X. — Peintures claustrales des monastères de Rome. In-8. *Blériot.* 1 fr. 50 c.

Bard, le chevalier Joseph. — De la question liturgique par rapport à la sainte église de Lyon. In-8. (Lyon, *Brun.*) 1 fr. 25 c.

Bardes bretons (les), poëmes du vi° siècle, traduits pour la première fois en français avec le texte en regard revu sur les manuscrits, et accompagnés d'un fac-simile : par le vicomte Hersart de La Villemarqué. Nouvelle édition. In-8. *Didier et C°.* 7 fr.

Bardy, Gustave. — Ordre souverain des hospitaliers réformés de Saint-Jean, Jérusalem, Rhodes et Malte. Circulaire aux adhérents à sa réforme. In-8. *Challamel ainé.* 1 fr.

Bardy, Henri. — Enguerrand de Coucy et les Grands Bretons. Épisode de l'histoire d'Alsace (1368-1375). In-8. (Saint-Dié.) *Didron.* 1 fr. 50 c.

Barghon-Fort-Rion. — Mémoires de Madame Élisabeth. — Voy. *Mémoires.*

Bargilliat, le capitaine J. A. — Notes sur le droit commercial maritime. In-8. (Saint-Nazaire, *Richier.*) 1 fr.

Barla de Nice, J. B. — Descriptions et figures de quatre espèces de champignons. In-4. (Jena, *Frommann.*) 2 fr. 50 c.

Barnet, J. — L'Histoire de la Pucelle d'Orléans. — Voy. *Fronton du Duc.*

Baron, A. — Œuvres complètes. T. 4 et 5 contenant Mélanges en prose et en vers. In-12. (Bruxelles, *A. Jamar.*) Prix de chaque volume, 2 fr.

Baron, F. D. — Traité théorique et pratique de la fabrication des draps unis et nouveautés, accompagné de 15 planches. In-4. *Roret.* 15 fr.

Barral, J. A. — Drainage. — Irrigations. — Engrais liquides. 2° édition. Tome IV et dernier. In-12. *Librairie agricole.* Prix des 4 vol., 25 fr.

Barrau, Th. H. — Choix gradué de cinquante sortes d'écritures pour exercer les enfants à la lecture des manuscrits. Nouvelle édition, entièrement refondue. In-8. *Hachette et C°.* 1 fr. 50 c.

——— Livre de morale pratique, ou Choix de préceptes et de beaux exemples destiné à la lecture courante dans les écoles et les familles. Nouvelle édition, revue par l'auteur. In-12. *Hachette et C°.* 1 fr. 50 c.

Barré, Louis. — Voy. *Rabelais, œuvres.*

Barreme, le vicomte Hélion de. — Voy. *Hélion.*

Barrère, l'abbé. — Le général de Tartas et récit de ses expéditions militaires en Afrique, d'après sa correspondance et d'après le témoignage des documents officiels et de plusieurs de ses compagnons d'armes. In-12. (Agen, *Chairou.*) *Dumaine.* 2 fr.

Barrier, F. — Observations et remarques sur la rupture de l'ankylose et de la hanche. 2° Mémoire. In-8. *Baillière et fils.* 75 c.

Barrier, F. — Traité pratique des maladies de l'enfance, fondé sur de nombreuses observations cliniques. 3ᵉ édition, revue et augmentée. 2 vol. in-8. *Chamerot*. 18 fr.

Barrière, F. — Bibliothèque des Mémoires. — Voy. *Bibliothèque*.

Barrière, Théodore. — Le feu au couvent, comédie en un acte, en prose. (Théâtre-Français.) In-12. *Michel Lévy frères*. 4 fr.

—— et Ernest **Capendu**. — Les Faux bonshommes, comédie en quatre actes. Nouvelle édition. In-12. *Ibid*. 2 fr.

Barrins, de. — Nouveau manuel de législation usuelle en matière commerciale, administrative, pénale, rurale, judiciaire, etc. In-12. *Pick*. 4 fr.

Barruel, G. — Traité de chimie technique appliquée aux arts et à l'industrie, à la pharmacie et à l'agriculture. T. V, consacré à la chimie organique générale. In-8, avec figures. *Firmin Didot frères*. 7 fr.
L'ouvrage aura 7 volumes.

Barth, le docteur Henri. — Voyages et découvertes dans l'Afrique septentrionale et centrale, pendant les années 1849 à 1855. Trad. de l'allemand par Paul Ithier. Seule édition autorisée par l'auteur et l'éditeur, enrichie de gravures, d'une carte et du portrait de l'auteur. T. I à III. In-8. (Bruxelles.) *A. Bohné*. Prix de chaque volume, 6 fr.
L'ouvrage formera 4 volumes.

Barth et Henri **Roger**, les professeurs. — Traité pratique d'auscultation, suivi d'un précis de percussion. 5ᵉ édition, revue et augmentée. In-12. *P. Asselin*. 6 fr.

Barthel, Napoléon. — Religion scientifique de l'humanité. In-8. (Bruxelles; *chez l'auteur, rue St-Philippe, 33.*) 3 fr.

Barthélemy. — Voyage du jeune Anacharsis en Grèce dans le milieu du IVᵉ siècle avant l'ère vulgaire. 3 vol. in-12. *Hachette et Cⁱᵉ*. 6 fr.

Barthélemy, Edouard de. — Étude sur la vie de Jeanne-Françoise Frémyot, baronne de Rabutin-Chantal, dame de Bourbilly, fondatrice de l'ordre de la Visitation Sainte-Marie. In-8. *Lecoffre et Cⁱᵉ*. 2 fr.
Voy. aussi : *Lettres de la sainte mère Frémyot*.

—— Les Princes de la maison royale de Savoie. In-12. *Poulet-Malassis et de Broise*. 2 fr.

—— Voy. aussi : *Galerie des portraits de mademoiselle de Montpensier*.

Bartholony, F. — Simple exposé de quelques idées financières et industrielles. In-8. *H. Plon*. 2 fr.

Basilii Seleuciensis opera. — Voy. *Patrologiæ cursus completus*.

Basin. — Charles VII et Louis XI. — Voy. *Dufresne de Beaucourt*.

Bassanville, Mᵐᵉ la comtesse de. — Les aventures d'une épingle, ou Trois siècles de l'histoire de France. Gr. in-8, avec 12 gravures à deux teintes. *E. Ducrocq*. Broché, 6 fr.; relié, 9 fr.

—— Nouvelles cosmopolites. Mœurs, coutumes de divers peuples de l'Europe. Grand in-8 avec 12 dessins à deux teintes, par MM. Anatole Bureau et Eugène Lejeune. *Ibid*. Broché, 7 fr. ; relié, 10 fr.

Basterot, le vicomte de. — De Québec à Lima ; Journal d'un voyage dans les deux Amériques en 1858 et 1859. In-12. *Hachette et Cⁱᵉ*. 2 fr.

Bataille, Charles. — Le mouvement italien. Victor Emmanuel et Garibaldi. In-8. *Dentu*. 4 fr.

Bauchet, le docteur L. J. — Des lésions traumatiques de l'encéphale. Thèse pour l'agrégation, présentée à la Faculté de médecine de Paris. In-8. *Adrien Delahaye.*   3 fr.

Baudelaire, Charles. — Les Paradis artificiels, opium et haschisch. In-12. *Poulet-Malassis.*   3 fr.

Baudet, Jean. — Traité d'apiculture pratique mis à la portée de tous les apiculteurs, et augmenté de nouvelles méthodes et observations. In-12, avec 12 pl. (Lyon.) *F. Savy.*   3 fr. 50 c.

Baudicour, Louis de. — La France en Syrie. In-8. *Dentu.*   1 fr.

Baudouin, J. — Exposé du nouveau procédé médical de multipuncture, appelé stylopathie, appliqué à la guérison des maladies aiguës et chroniques, telles que goutte, rhumatisme, névralgie, etc. In-12. *Chez l'auteur,* 77, boulevard de Sébastopol.   1 fr.

Baudouin et de **Mazincourt.** — Le Bon Conseiller en affaires, manuel de la législation pratique. Nouvelle et grande édition, revue, corrigée et augmentée, conforme aux lois, décrets et règlements promulgués jusqu'à ce jour par S. M. l'empereur Napoléon III. In-12. *Pick.*   3 fr. 50 c.

Baudoz, A. — Voy. *Histoire de la guerre d'Espagne avec le Maroc.*

Baudrillart, H. — Des rapports de la morale et de l'économie politique. Cours professé au Collége de France. In-8. *Guillaumin et Ce.*   7 fr. 50 c.

———— Voy. aussi : *Smith, Théorie des sentiments moraux.*

Bautain, l'abbé. — La Chrétienne de nos jours, lettres spirituelles. 2e partie : L'Age mûr et la vieillesse. In-12. *Hachette et Ce.*   3 fr. 50 c.

———— La Chrétienne de nos jours. 3e partie : Une conversion, précédée d'une préface. In-12. *Ibid.*   1 fr.

    La 1re partie : *la Jeune Fille et la Jeune Femme*, a paru en 1859. 1 vol. in-12 3 fr. 50 c.

———— La Conscience, ou la Règle des actions humaines. In-8. *Didier et Ce.*   7 fr.

———— Philosophie des lois au point de vue chrétien. In-8. *Didier.*   7 fr.

———— Le même. 2e édition. In-12. *Ibid.*   3 fr. 50 c.

Bautier, A. — Tableau analytique de la flore parisienne d'après la méthode adoptée dans la flore française de MM. Lamarck et de Candolle. 9e édition, revue et corrigée. In-12. *P. Asselin.*   4 fr.

Bavoux, Évariste et A. F... — Voltaire à Ferney. — Sa correspondance avec la duchesse de Saxe-Gotha, suivie de notes historiques entièrement inédites. In-8. *Didier et Ce.*   7 fr.

Bayard, J. F. — Théâtre, précédé d'une notice par Eugène Scribe. T. 12 et dernier. In-12. *Hachette et Ce.*   3 fr. 50 c.

Bazancourt, le baron de. — La Campagne d'Italie en 1859, chroniques de la guerre. T. 2e. Avec le plan du champ de bataille de Solferino et la carte générale des opérations militaires. In-8. *Amyot.*   6 fr.

    Prix de l'ouvrage complet en 2 vol., 12 fr. — T. I a paru en 1859 — Une édition en 2 vol. in-18 a été également publiée, mais étant destinée spécialement pour l'armée, elle ne se vend pas au public.

Bazin, le docteur. — Leçons théoriques et cliniques sur les affections cutanées de nature arthritique et dartreuse considérées en elles-mêmes et dans leurs rapports avec les éruptions scrofuleuses, parasitaires et syphilitiques. Rédigées et publiées par Lucien Sergent. In-8. *A. Delahaye.*   5 fr.

Bazincourt, E. P. de. — Le Véritable conseiller en affaires, nouveau manuel complet de législation usuelle et pratique pour faire ses affaires soi-même avec sûreté dans toutes les circonstances de la vie. Nouvelle et grande édition. In-12. *Pick.*   Broché, 3 fr. 50 c. ; cart., 4 fr.

Beach Lawrence, William. — Voy. *Lawrence*.

Beauchesne, A. de. — Le Livre des jeunes mères. (Poésies.) In-12.
H. Plon.　　4 fr.

La 1re édition a paru en 1838. — 1 vol. in-8. *Ibid.* 8 fr.

Beaucourt, G. Dufresne de. — Voy. *Dufresne de Beaucourt*.

Beaugrand, le docteur E. — La Médecine domestique et la pharmacie
usuelle, 2e édition revue et augmentée. In-12. *Hachette et Ce.*　　2 fr.

Beaulieu, Auger de. — Voy. *Auger de Beaulieu*.

Beaumier, A. — Histoire des souverains de Maghreb. — Voy. *Roudh-el-
Kartas*.

Beaumont, Élie de. — Éloge historique de Beautemps-Beaupré. — Voy.
Mémoires de l'Académie des sciences, T. 30.

Beaumont-Vassy, le vicomte de. — Garibaldi et l'avenir, étude politique.
In-8. *Amyot.*　　4 fr.

Beaurepaire, Ch. de. — Les États de Normandie sous la domination anglaise.
In-8. *A. Durand.*　　4 fr.

Extrait du Recueil de la Société libre de l'Eure.

Beauvalet, Alfred. — Nos rapports avec l'Angleterre, ce qu'elle fut, ce qu'elle
est. In-8. *Dentu.*　　3 fr.

Beauvoir, Hiver de. — Voy. *Hiver de Beauvoir*.

Beauvoir, Roger de. — Le pauvre Diable. In-12. *Michel Lévy frères.*　　1 fr.

—————— Les Soirées du Lido. In-12. *Ibid.*　　1 fr.

—————— Le Chevalier de Saint-Georges. In-4. *Ibid.*　　90 c.

—————— Les Mystères de l'île Saint-Louis. In-4. *Lécrivain et Toubon.*　　50 c.

Beauvois, E. — Découvertes des Scandinaves. — Voy. *Découvertes*.

Beavplan, le chevalier de. — Description de l'Vkranie depvis les confins de
la Moscovie jvsqu'avx limites de la Transylvanie. Nouvelle édition, publiée
par le prince Avgvstin Galitzin. In-16. *Techener.*　　10 fr.

Bécel, l'abbé J. M. — Souvenir du pèlerinage de Sainte-Anne d'Auray.
In-18. *Adr. Le Clère et Ce.*　　50 c.

Béchade, Henri. — La Chasse en Algérie. In-12. *Michel Lévy frères.*　　1 fr.

Béchard, Ferd. — Droit municipal dans l'antiquité. In-8. *Durand.*　　8 fr.

Béchard, Frédéric. — Les Existences déclassées. Un Voyage en zigzag autour du monde. La Princesse Ruolz. Un chapitre de l'histoire des naufrages.
Le Pays d'anomalie. Le Club des habits râpes. In-12. *Libr. nouvelle.*　　2 fr.

Beckensteiner, C. — Études sur l'électricité. Nouvelle méthode pour son
emploi médical. 2e édit. T. 1 et 2. In-8, avec planches. (Lyon.) *Baillière
et fils.*　　12 fr. 50 c.

La 1re édition a paru en 1852.

Beckwourth le Chasseur. Scènes de la vie sauvage en Amérique. Traduit de
l'anglo-américain par Noblet. In-12. *Dentu.*　　3 fr. 50 c.

Bécot, Joseph. — De l'organisation de la justice répressive aux principales
époques historiques. In-8. *Durand.*　　5 fr.

Becq de Fouquières, L. — Drames et comédies. In-12. *H. Plon.*　　3 fr. 50 c.

Etude sur l'Œdipe. — Pauline Salvina. — Les Illusions de l'amour. — Les Exilés. — La
Comédie de mort. — La Comédie céleste.

Becquerel, A. — Traité des applications de l'électricité à la thérapeutique médicale et chirurgicale. Avec 15 figures intercalées dans le texte. 2e édit., revue et considérablement augmentée. In-8. *Germer Baillière.* 7 fr.

La 1re édition a paru en 1857. 1 vol. in-8. *Ibid.* 5 fr.

—— Recherches sur les causes de l'électricité. — Voy. *Mémoires de l'Académie des sciences.* T. 27.

Bédarride, J. — Droit commercial, commentaire du code de commerce. Livre II. Du commerce maritime. T. 5. In-8. *A. Durand.* 8 fr.

Prix de l'ouvrage complet en 5 volumes, 40 fr. — Les T. I à IV ont paru en 1859.

—— Les Juifs en France, en Italie et en Espagne, recherches sur leur état depuis leur dispersion jusqu'à nos jours, sous le rapport de la législation, de la littérature et du commerce. 2e édition, revue et corrigée. In-8. *Michel Lévy frères.* 7 fr. 50 c.

La première édition a paru en 1859.

Bedeau, Hippolyte et Pierre **Bureau.** — La Fête d'un vieux garçon, vaudeville en un acte. (Théâtre des Folies-Dramatiques.) In-8. *Barbré.* 60 c.

Bedford, Gummings. — Maladies des femmes. Leçons cliniques. Traduit de l'anglais sur la 4e édit., et suivi d'un commentaire alphabétique, par le Dr Paul Gentil. In-8. (Bruxelles, *Méline, Cans et Ce.*) *P. Asselin.* 10 fr.

Beecher-Stowe, Mme Harriet. — Voy. *Stowe.*

Beets, Nicolas. — Voy. *Hildebrand.*

Bégin, L. J. — Études sur le service de santé militaire en France, son passé, son présent, son avenir. Nouv. édit. augmentée. In-8. *Vict. Rozier.* 5 fr.

' Bibliothèque de l'officier de santé militaire.

Béhagnon, Ch. — Mémoire sur l'enseignement de la lecture, ou recherche du mode qui doit conduire le plus facilement, le plus sûrement à la lecture. In-8. *Dezobry, Magdeleine et Ce.* 1 fr.

Belamy, Th. — Rome; nouveaux souvenirs. 2 vol. in-12. *J. Vermot.* 4 fr.

Bélet, l'abbé P. — Voy. *Sailer, Théologie pastorale.*

Belèze, G. — Le livre des ménages. Nouveau manuel d'économie domestique. In-12. *Hachette et Ce.* 3 fr.

Belgiojoso, Mme la princesse Christine Trivulce de. — Histoire de la maison de Savoie. In-8. *Michel Lévy frères.* 7 fr. 50 c.

Belgique (la) devant l'empire français. In-12. (Bruxelles, *Rozez.*) 50 c.

Belgique (la) et l'Europe, ou la Frontière du Rhin. In-8. (Liége, *Desoer.*) 1 fr.

Bell, Georges. — Le Miroir de Cagliostro (hypnotisme). In-18. *Librairie nouvelle.* 1 fr.

—— Scènes de la vie de château. In-12. *Michel Lévy frères.* 1 fr.

—— Voyage en Chine du capitaine Montfort, avec un résumé historique des événements des dix dernières années. In-12. *Librairie nouvelle.* 3 fr.

Bellecombe, André de. — Histoire universelle ; 2e partie : Histoire générale politique, religieuse et militaire. Tomes 5 et 6. In-8. *Furne et Ce.*
Prix de chaque volume, 5 fr.

Bellel, J. G. — Les Vosges. Vingt dessins d'après nature, lithographiés par J. Laurens. Texte descriptif, par Théophile Gautier. In-fo, avec 20 planches. *Morel et Ce.* 50 fr.

Bellemare, Alexandre. — Grammaire arabe (idiome d'Algérie), à l'usage de l'armée et des employés civils de l'Algérie. Ouvrage publié avec l'approbation de M. le ministre de la guerre sur le rapport d'une commission spéciale, et adopté par l'Université. 4ᵉ édit. In-8. *Challamel.*   3 fr. 50 c.

Bellier de la Chavignerie, Émile. — Recherches sur Mˡˡᵉ Anne-Renée Strésor, membre de l'ancienne Académie royale de peinture et de sculpture, 1654-1713. In-8. *Dentu.*   1 fr.

Extrait de la Revue universelle des arts.

Belloc, A. — Code de l'opérateur photographe. In-18. *Leiber.*   1 fr.

Extrait de l'Annuaire du Cosmos.

Bellot, Philippe. — Vœux et conseils de saison. — La Civilisation de notre siècle, la tâche qui lui est imposée, poëme. Suivi de l'Homme à l'école de la vie, ou l'Immortalité de l'âme, petit poëme du même auteur. In-8. *Ledoyen.*   50 c.

Belloy, le marquis de. — Les Toqués. In-12. *Michel Lévy frères.*   3 fr.

Belot, Adolphe. — La Vengeance du mari, drame en trois actes. (Théâtre de l'Odéon.) In-12. *Librairie Nouvelle.*   1 fr. 50 c.

Bénard, l'abbé. — Examen à l'usage du clergé. In-12. (Nancy, *Vagner.*) *Palmé.*   1 fr.

Bénard, Louis. — Voy. *Hautefeuille et Bénard.*

Bénard, Th. — Dictionnaire classique universel français, historique, biographique, mythologique, géographique, etc. In-12. *Belin.*   2 fr. 60 c.

Bengy-Puyvallée, C. A. de. — Mémoire sur la culture du pêcher. 2ᵉ édit. In-12. avec 3 pl. *Librairie agricole.*   3 fr. 50 c.

Benoid, Jules. — Études et parallèles des mots, ou Revue abrégée, morale, politique, historique et comparative des temps. In-8. (Gannat, *Bourroux.*) *Hachette et Cᵒ.*   5 fr.

Benoît, E. — Visites de Madame Marguerite. In-12. *Lethielleux.* 1 fr. 20 c.

Bentzien, J. D. — Lettre aux conseils généraux de France en 1860, précédée d'une pétition à l'empereur, et suivie d'un extrait du Journal de la Société de la morale chrétienne relatif à un projet de rédaction d'un Code pénal modèle applicable à l'Europe entière. In-8. *Grassart.*   60 c.

Béranger. — Correspondance; recueillie par Paul Boiteau. T. III et IV. In-8. *Perrotin.*   Prix de chaque volume, 6 fr.

Prix de l'ouvrage complet en 4 volumes : 24 fr. — T. I et II ont paru en 1859.

——— Œuvres posthumes. Édition illustrée. 2 vol. in-8 avec 24 gravures sur acier. *Ibid.*   24 fr.

Contenant : Dernières chansons, 1834 à 1851, illustrées de 14 grav. d'après A. de Lemud, 1 vol. — Ma Biographie, avec un appendice et des notes et 8 grav. 1 vol. — Les gravures pour cette édition se vendent aussi séparement en 12 livraisons au prix de 1 fr. chacune.

Berbrugger, Adrien. — Le Pégnon d'Alger, ou les Origines du gouvernement turc en Algérie. In-8. *Challamel aîné.*   2 fr. 50 c.

Berger de Xivrey, J. — Tradition française d'une confédération de l'Italie. Rapprochement historique (1609-1859). In-8. (Imprimerie impériale). *Ledoyen.*   4 fr.

——— Lien des questions d'Orient et d'Italie. In-8. *Dentu.*   2 fr.

Bergmann, Fr. G. — Les Gètes, ou la Filiation généalogique des Scythes aux Gètes et des Gètes aux Germains et aux Scandinaves, démontrée par l'histoire des migrations de ces peuples et par la continuation organique des phénomènes de leur état social, moral, intellectuel et religieux. In-8. (Strasbourg.) *Jung-Treuttel.*   5 fr.

Bergson, J. — Compte rendu : Livre I du Code Napoléon; régime foncier et réforme de la procédure criminelle en Allemagne; propriété littéraire; droit public et administratif de l'Angleterre. Gr. in-8. (Berlin, *Behr.*)   2 fr.

Berluc-Pérussis, le chevalier. — Les Distractions. — Voy. *Rambot.*

Bernard, Joseph. — Les soirées de M. Jean, ou la Morale du sens commun. Grand in-8. *Perrotin.*   7 fr. 50 c.

Bernard, V. — Voy. *Siraudin, Saint-Yves et Bernard.*

Bernard-Durand, M. et Mme. — Méthode et Instruction pratique pour l'extinction progressive de la gattine et autres maladies constitutionnelles et héréditaires qui peuvent frapper le ver à soie. In-8. *F. Savy.*   1 fr. 50 c.

Bernardi, le chevalier A. C. — Monographie des genres Galatea et Fischeria, avec figures dessinées et lithographiées d'après nature, par Eugène Levasseur, coloriées par Mme Ve Delarue, retouchées avec soin au pinceau par l'auteur. In-4 avec 10 pl. *Baillière et fils.*   30 fr.
    Extrait du Journal de Conchyliologie.

Bernardin, le P. — La Communion de Marie, mère de Dieu; ouvrage revu, corrigé et augmenté par le P. Félix Simounet. In-8. *Lecoffre.* 1 fr. 20 c.

Bernhard, Carl. — Chronique du temps d'Erik de Poméranie; traduit du danois, par Mlle R. Du Puget. In-16. *Mlle Du Puget.*   3 fr. 50 c.

Bernutz, Gustave, et Ernest Goupil. — Clinique médicale sur les maladies des femmes. T. I. In-8, avec fig. dans le texte. *Chamerot.*   8 fr.
    L'ouvrage aura 2 volumes.

Berode, François. — Manuel de connaissances usuelles commerciales, judiciaires et civiles, offert aux juges de paix, administrateurs, notaires. négociants, géomètres, experts et propriétaires. In-8. (Arras, *Courtin.*) 3 fr. 50 c.

Béron, Pierre. — Atlas météorologique, représentant les faits terrestres et atmosphériques. In-4, avec 12 planches in-fol. *Mallet-Bachelier.*   16 fr.

Berquin. — L'Ami des enfants et des adolescents, illustré de nombreuses vignettes par G. Staal. In-12. *Garnier frères:*   5 fr.

Berriat Saint-Prix, Ch. — Mazas, étude sur l'emprisonnement individuel. In-8. *Cosse et Marchal.*   1 fr.

Berryer. — Le Ministère public et le barreau. — Voy. *Ministère.*

Berseaux, l'abbé. — L'Évangile et le siècle, nouvelles grandes questions. In-12. (Nancy, *Bordes frères.*)   2 fr.

Bertet, Adolphe. — La Savoie dans la balance politique de l'Europe. In-8. (Grenoble.) *Dentu.*   1 fr.

Berthault, A. — Introduction à l'histoire des sources du droit français (principales questions controversées). In-12. (Caen.) *Marescq aîné.* 3 fr. 50 c.

Berthe, le pasteur E. — Origine de la réforme en Normandie. (Église de Luneray.) Discours prononcé à l'occasion du jubilé, le 29 mai 1859. In-8. *Grassart.*   50 c.

Berthelot, Marcellin. — Chimie organique fondée sur la synthèse. 2 vol. in-8. *Mallet-Bachelier.*   20 fr.

Bertherand, le Dr A. — Campagne d'Italie de 1859. Lettres médico-chirurgicales écrites du grand quartier général de l'armée. In-8. (Alger.) *Baillière et fils.*   3 fr. 50 c.

Berthet, Élie. — La Bastide rouge. In-12. *Librairie Nouvelle.*   1 fr.

——— Le dernier Irlandais. In-12. *Ibid.*   1 fr.

Berthet, Élie. — Le Douanier de mer. 5 vol. in-8. *De Potter*.   37 fr. 50 c.

—— Une Maison de Paris. In-12. *Cadot*.   1 fr.

—— Le Spectre de Châtillon. In-12. *Hachette et C°*.   2 fr.

Berthuel, l'abbé J. B. E. — Lettres à Théotime, ou l'Hérésie religieuse, politique et sociale du XIXe siècle. In-8. *Repos*.   1 fr.

Bertin, l'abbé J. L. — De la liberté considérée dans ses rapports avec le christianisme. 2e édition. In-8. *Ibid*.   1 fr. 25 c

Bertin, le Dr Émile, et Paul **Cazalis de Fondouce**. — De la Méthode et de l'Espèce en histoire naturelle. Travail présenté à l'Académie des sciences et lettres de Montpellier, le 4 juin 1860. In-18. *Masson et fils*.   1 fr. 50 c.

Bertou, le comte de. — Le Mont Hor, le Tombeau d'Aaron, Cadès. Étude sur l'itinéraire des israélites dans le désert. Grand in-8 avec 5 planches et 1 carte. *B. Duprat*.   12 fr.

Bertrand, l'abbé. — Les Aventures de Kamrup. — Voy. *Aventures*.

Bertrand, C. — Enseignement professionnel. Essai sur le lait, considéré au point de vue de sa puissance nutritive et de sa valeur réelle. In-8. (Grenoble, *Prudhomme*.)   1 fr. 25 c.

Bertrand, L. D. Émile. — Le Dix-neuvième siècle et l'Avenir. Haute synthèse universelle du monde physique, politique, moral, philosophique, religieux et social, expliquant la loi des révolutions et la marche du progrès dans les âges passés et dans toutes les civilisations de l'antiquité et des temps modernes, etc. In-12. *Librairie Nouvelle*.   8 fr.

Bertrand, l'abbé Isid. — Les Causeries d'un solitaire. Journalistes et journaux. Livraison 1re. In-12. *Douniol*.   1 fr.

Bertrand, Th. — Cours d'études commerciales. Correspondance commerciale, recueil de modèles de lettres de commerce à l'usage des écoles professionnelles et primaires. In-12. *J. Delalain*.   1 fr. 50 c.

Bertrand, l'abbé Victorien. — Roman contre les romans. In-12. *Dillet*. 2 fr.

Berty, Adolphe. — La Renaissance monumentale en France. Spécimens de composition et d'ornementation architectoniques, empruntés aux edifices construits depuis le règne de Charles VIII jusqu'à celui de Louis XIV. Liv. 23 à 33. In-4. *Gide*.

     Prix de chaque livraison, 1 fr. 75 c.; sur papier de Chine, 2 fr. 50 c.

     L'ouvrage comprendra 200 planches qui seront publiées en 100 livraisons.

Besnard, le capitaine. — Armée de réserve. Organisation militaire des sapeurs-pompiers de France. Projet dédié et adressé le 24 juin 1860 à S. M. Napoléon III. In-8. (Chartres.) *Dentu*.   1 fr.

Bésnier, le docteur H. E. — Des étranglements internes de l'intestin. Anatomie pathologique, diagnostic, traitement. In-8. *Coccoz*.   4 fr. 50 c.

Besqueut. — Questions économiques. Les fers en 1860. In-8. *Dentu*.   1 fr.

Besse des Larzes. — Fondements du spiritualisme. In-12. *Dezobry, Magdeleine et C°*.   75 c.

—— Les Voix du Rhône, satires et méditations, drames et comédies. In-12. (Lyon, *Méra*.) *Dentu*.   1 fr.

Besset, Félicien. — Le général marquis de Pimodan. In-8. *Ibid*.   1 fr.

Beulé. — Fouilles à Carthage, aux frais et sous la direction de M. Beulé. In-4, avec 6 planches gravées. (Imprimerie impériale.) *Friedrich Klincksieck*.   15 fr.

Beyle, Henri. — Voy. *Stendhal.*

Biagio Miraglio. — Voy. *Miraglio.*

Biberstein Kazimirski, A. de. — Voy. *Kazimirski.*

Bibliotheca Scriptorum Græcorum. — Texte grec avec traduction latine. Gr. in-8. *Firmin Didot frères.*

    T. 50. — Fragmenta philosophorum græcorum collegit, recensuit, vertit, annotationibus et prolegomenis illustravit, indicibus instruxit Fr. Guil. Aug. Mullachius. — Poeseos philosophicæ cæterorumque ante Socratem philosophorum quæ supersunt.   15 fr.

Bibliothèque bleue. — Réimpression des romans de chevalerie des XIIᵉ, XIIIᵉ, XIVᵉ, XVᵉ et XVIᵉ siècles, faite sur les meilleurs textes, par une société de gens de lettres, sous la direction de M. Alfred Delvau. In-4. *Lécrivain et Toubon.*   Prix de chaque livraison, 50 c.

    Liv. 17. Le Chevalier de l'Ardente-Épée. 7ᵉ série des Amadis de Gaule.
    — 18. La princesse de Trébizonde.
    — 19. Buzano le Nain.
    — 20 Zirfée l'enchanteresse.
    — 21. Berthe aux grands pieds.—Aucassin et Nicolette.—Alboufaris, père des cavaliers.
    — 22. La reine Genièvre

Bibliothèque complète des sous-officiers et caporaux d'infanterie. (Juillet 1860.) In-18, avec 26 pl. *Dumaine.*   Cart., 3 fr.

Bibliothèque des Mémoires pendant le XVIIIᵉ siècle, avec avant-propos et notices, par M. F. Barrière. In-12. *Didot.*   Prix de chaque volume, 3 fr.

    T. 23, 24. — Souvenirs de vingt ans de séjour à Berlin, par Dieudonné Thiébault. 2 vol.

Bibliothèque russe. — Nouvelle série. In-18. *A. Franck.*

    T. 1, 2. — Mémoires historiques, politiques et militaires sur la Russie, depuis l'année 1727 jusqu'à 1744, par le général de Manstein. Nouvelle édition, collationnée sur le manuscrit original corrigé par la main de Voltaire. 2 vol.   8 fr.

    T. 3. — La Religion des Moscovites en 1525, par Jean Faber. — Une ambassade russe à la cour de Louis XIV.   2 fr. 50 c.

Bibliothèque utile. — In-32. *Dubuisson et Cⁱᵉ.* Prix de chaque volume, 50 c.

    Vol. 6. *Pelletan,* Eugène. — Décadence de la monarchie française.
    — 10. *Pichat,* Laurent. — L'Art et les artistes en France.
    — 11. *Brothier,* Léon. — Histoire de la terre.
    — 12. *Sanson,* A. — Les Principaux faits de la chimie.
    — 13. *Turck,* le docteur Léopold. — Médecine populaire, ou Premiers soins à donner aux malades et aux blessés en l'absence du médecin.
    — 14. *Morin.* — Principes de la loi civile.
    — 15. *Fillias,* Achille. — L'Algérie ancienne et nouvelle.
    — 16. *Ott,* A. — Histoire ancienne. L'Inde et la Chine.
    — 17. *Catalan,* Eugène. — Notions d'astronomie.

    Les vol. 1 à 5 et 7 à 9 ont été publiés en 1859 Ils portent les titres suivants : Vol. 1 et 2. *Buchez,* Histoire de la formation de la nationalité française. 2 vol — Vol. 3. *Morin,* La France au moyen âge. — Vol. 4 et 5. *Bastide,* Les guerres de religion en France 2 vol.— Vol. 7. *Morand,* Introduction à l'étude des sciences physiques — Vol. 8. *Cruveilhier,* Eléments d'hygiène générale. — Vol. 9. *Corbon,* De l'enseignement professionnel.

Bidaut, J. N. — De la santé et du bonheur possible dans ce monde. 2ᵉ édition, revue et beaucoup augmentée. In-18. *Dentu.*   60 c.

Bignan, A. —'Les Beautés de la Pharsale. — Voy. *Lucain.*

Bignon, Henri. — Le Pape et ses défenseurs. Réponse à la lettre de Mᵍʳ Dupanloup, en date du 4 février 1860. (Vers.) In-8. *Dentu.*   50 c.

Bigoni, le R. P. Ange. — Pieuses élévations de l'âme à Dieu. Trad. sur la 20e édition italienne, par les PP. Edmond de Pauw et Pascal-Marie. In-32. *Lethielleux.* 80 c.

Bigorie de Laschamps, F. — Michel de Montaigne; sa vie, ses œuvres et son temps. 2e édition, augmentée de documents authentiques inédits et de la littérature de Montaigne en elle-même, dans ses rapports avec les lettres, etc. In-12. *Firmin Didot frères.* 3 fr. 50 c.

Billet, Mme A. F. — Les Grandes Dates de l'histoire depuis Jésus-Christ jusqu'à nos jours, memento chronologique à l'usage des classes. In-8. (Noyon.) *Fouraut.* 75 c.

Billot, Frédéric. — Deuxième lettre à sir Kinglake, membre du parlement anglais (Chambre des communes). In-8. *Dentu.* 1 fr.

Bingham. — Album. — Voy. *Album.*

Binkhorst van den Binkhorst, J. T. — Esquisse géologique et paléontologique des couches crétacées du Limbourg, et plus spécialement de la craie *tuffeau,* avec carte géologique, coupes, plan horizontal des carrières de Saint-Pierre. 1re partie. In-8, avec planches et une carte. (Bruxelles, *C. Muquardt.*) 10 fr.

Biographie générale (Nouvelle), depuis les temps les plus reculés jusqu'à nos jours, avec les renseignements bibliographiques et l'indication des sources à consulter, publiée sous la direction de M. le docteur Hoefer. T. 31. (Leu-Louis Napoléon.) T. 32. (Louise-Malde). In-8. *Firmin Didot frères.* Prix de chaque volume, 3 fr. 50 c.
L'ouvrage sera publié en 45 volumes.

Biographie universelle (Michaud) ancienne et moderne. Nouvelle édition, revue, corrigée, considérablement augmentée d'articles omis ou nouveaux, et continuée jusqu'à nos jours. Ouvrage rédigé par une société de gens de lettres et de savants. T. 25 (Loa-Mac). T. 26 (Mad-Mar). T. 27 (Mar-Meo). Gr. in-8. *Mme Desplaces.* Prix de chaque volume, 12 fr. 50 c.
Cette édition sera publiée en 40 ou 42 volumes.

Bizet. — Réponse à Satan, par l'irrévérend père Bizet. In-8. (Alger.) *Challamel aîné.* 50 c.
Voyez aussi : *Callamand, lettre de Satan.*

Blaes, J. B. — Mémoires anonymes, etc. — Voy. *Collection de Mémoires.*

Blanc, Albert. — Correspondance de Joseph de Maistre. — Voy. *Correspondance.*

Blanc, Charles. — Histoire des peintres de toutes les écoles, depuis la Renaissance jusqu'à nos jours, avec illustrations. Livraison 284 à 310. In-4. *Ve J. Renouard.* Prix de chaque livraison, 1 fr.
Voy. aussi : *Mercuri, costumes historiques.*

Blanc, François. — Des valeurs étrangères en France. In-8. *Dentu.* 1 fr.

Blanc, H. — Éléments de statistique. — Voy. *Boudin et Blanc.*

Blanc, J. — Le Pape et point de Congrès. Lettre à l'auteur anonyme de l'opuscule intitulé : Le Pape et le Congrès. In-8. (Montpellier.) *Dentu.* 50 c.

Blanc, Louis. — Le parti républicain et l'amnistie. In-12. (Bruxelles, *J. Rozez.*) 1 fr. 50 c.

Blanc, l'abbé P. S. — Cours d'histoire ecclésiastique à l'usage des séminaires. 3e édition, revue et corrigée par l'auteur. T. 2 et dernier. In-8. *Lecoffre et Ce.* Prix des deux volumes, 15 fr.

Blanc, l'abbé Ph. — Vie de saint Camille de Lellis, fondateur de l'ordre des clercs réguliers, ministres des infirmes; composée d'après les documents authentiques, les nombreuses biographies du saint écrites en italien, en espagnol et en anglais, et précédée d'une préface de l'abbé Mullois. In-12. *Périsse frères.*   3 fr. 20 c.

Blanchard, A. — Abécédaire des enfants, illustré. In-12. *Fontency et Peltier.*   Avec fig. noires, 60 c.; color., 1 fr.

Blanchard, Émile. — Organisation du règne animal. Livraisons 27 à 30. In-4. *Baillière et fils.*   Prix de chaque livraison, 6 fr.

Blanchecotte, Mᵐᵉ. — Nouvelles poésies. In-12. *Perrotin.*   2 fr. 50 c.

Blanchet, F. — Le Faust de Gœthe expliqué d'après les principaux commentateurs allemands. In-12. (Strasbourg.) *Dentu.*   2 fr.

Blanquet, Albert. — La Giralda de Séville. In-12. *Lécrivain et Toubon.* 1 fr.

——— Le même. In-4. *Ibid.*   70 c.

——— Le Parc aux cerfs. 5 vol. in-8. *Cadot.*   37 fr. 50 c.

——— Le Roi d'Italie, roman historique. Nouvelle édition. In-12. *Librairie Nouvelle.*   2 fr.

Blanqui. — Histoire de l'économie politique en Europe depuis les anciens jusqu'à nos jours, suivie d'une bibliographie raisonnée des principaux ouvrages d'économie politique. 4ᵉ édition, revue et annotée. 2 vol. in-12. *Guillaumin et Cⁱ.*   6 fr.

Blaze, Elzéar. — Le Chasseur conteur, ou les Chroniques de la chasse, contenant des histoires, des contes, des anecdotes, et par-ci par-là, quelques hâbleries sur la chasse, depuis Charlemagne jusqu'à nos jours. 2ʳ édition. In-12. *Tresse.*   3 fr. 50 c.

Blignières, de. — Premières notions de grammaire française, extraites des Eléments de grammaire française. In-12. *Vᵉ J. Renouard.*   75 c.

Blignières, Célestin de. — La Vraie liberté, conséquence nécessaire de la séparation des pouvoirs temporel et spirituel. In-8. *Dentu.*   1 fr.

Bloch, S. — Méditations bibliques, pensées religieuses et morales, discours et commentaires sur le Pentateuque, divisé en cinquante-quatre lectures sabbatiques (Sidroth), à l'usage de l'étude et du culte. In-8. *Librairie israélite, 9, rue Notre-Dame-de-Nazareth.*   4 fr.

Block, Maurice. — Statistique de la France comparée avec les autres États de l'Europe. 2 vol. in-8. *Amyot.*   18 fr.

——— Voy. aussi : *Annuaire de l'administration. — Annuaire de l'économie politique. — Damaschino, Traité des magasins généraux.*

Blondin, F. — Voy. *Stahl, œuvres.*

Blou, Alexandre. — La Sœur de lait, ou Amour ou désespoir, roman. T. 1ᵉʳ. In-12. (Vernon, *Aubin-Hunebelle.*)   3 fr.

Blum, Ernest. — Voy. *Flan et Blum.*

Bluteau, l'abbé V. — Catéchisme catholique, d'après saint Thomas d'Aquin, disposé suivant le plan du catéchisme du concile de Trente, à l'usage des catéchistes, des institutions religieuses et des fidèles, avec un choix de nombreux traits historiques. 2ᵉ édition, revue et corrigée. T. 4ᵉ. In-12. *Victor Sarlit.*   Prix de l'ouvrage complet en 4 volumes, 14 fr.

Bobœuf, P. A. F. — Gare à nos vaisseaux! In-8. *Dentu.*   1 fr.

Bocage, Paul. — Les Puritains de Paris. 5 vol. in-8. *A. Cadot.* 37 fr. 50 c.

——— La Duchesse de Mauves. 4 vol. in-8. *Ibid.*   30 fr.

Boccace. — Contes, traduits par A. Sabatier de Castres. Nouvelle édition, revue et corrigée. In-12. *Garnier frères.* 2 fr. 50 c.

Bock, Franz. — Les Trésors sacrés de Cologne, objets d'arts du moyen âge conservés dans les églises et dans les sacristies de cette ville. Traduit de l'allemand. Grand in-8. Livraison 4 à 6. *Morel et C*.

Prix de chaque livraison, 3 fr.

L'ouvrage sera publié en 12 livraisons composées chacune de 4 planches gravées, imprimées à teinte, et de 8 ou 16 pages de texte. Le nombre des exemplaires tirés n'étant que de 300, le prix de l'ouvrage, aussitôt complet, sera porté à 45 fr.

Bodin, Mme Camille. — Alice de Lostange. In-12. *Arnauld de Vresse.* 4 fr.

———— La Cour d'assises. In-12. *Ibid.* 4 fr.

Bodin, J. — Petit questionnaire agricole pour les écoles primaires, rédigé d'après le vœu de la Société d'agriculture. In-18. (Rennes.) *A. Goin,* 60 c.

Boeck, W. — Traité de la radesyge (syphilis tertiaire). In-8. (Christiania.) *A. Franck.* 3 fr.

————et D. C. **Danielssen.** — Recueil d'observations sur les maladies de la peau. Livr. 2e. In-folio avec 4 pl. (Christiania.) *Ibid.* 15 fr.

Texte danois et français.

Boenninghausen, le D^r. — Voy. *Perrussel, Guide du médecin.*

Boigeol, Louis. — La Filature de coton en France et en Angleterre. 1re étude. Les machines. 2e étude. Les cotons. 2 cahiers in-8. (Strasbourg.) *Ve Berger-Levrault et fils.* 2 fr. 50 c.

Boileau-Despréaux. — Œuvres complètes. Nouvelle édition, conforme au texte donné par Berriat Saint-Prix, avec les notes de tous les commentateurs, publiée par Paul Chéron, précédée d'une notice sur la vie et les ouvrages de Boileau par C. A. Sainte-Beuve, de l'Académie française, et suivie du Bolæana, d'un extrait de La Harpe, etc. Gr. in-8 avec 7 gravures. *Garnier frères.* 12 fr. 50 c.

———— Œuvres. Nouvelle édition, conforme au texte donné par M. Berriat Saint-Prix, précédée d'une notice sur la vie et les ouvrages de Boileau, par C. A. Sainte-Beuve. In-12. *Ibid.* 2 fr.

Boileux, J. M. — Commentaire sur le Code Napoléon. 6e édition, corrigée et considérablement augmentée. Tome 7. In-8. *Marescq aîné.* 7 fr. 50 c.

Prix de l'ouvrage complet en 7 vol. : 52 fr. 50 c.

Boinvilliers, Édouard. — Les Tarifs de chemins de fer dans la nouvelle politique commerciale de la France. In-8. *Hachette et Ce.* 4 fr. 50 c.

Extrait de la Revue contemporaine.

Bois (le) de Boulogne architectural. Recueil des embellissements exécutés dans son enceinte et à ses abords sous la direction de M. Alphand et Davioud, mesurés et dessinés par Ch. d'Acquer, et reproduits par la chromolithographie. Petit in-folio avec 32 pl. *Caudrillier.* 45 fr.

Boismont, le Dr Brierre de. — Voy. *Brierre de Boismont.*

Boisseaux, Henri. — Mam'selle Pénélope, opéra-comique en un acte, musique de M. Th. de Lajarte. (Théâtre-Lyrique.) In-12. *Barbré.* 4 fr.

Boissière, Charles. — Éloge de l'ennui, dédié à l'Académie française. In-18. *Dentu.* 4 fr.

Boissieu, Alphonse de. — De l'excommunication. Article publié dans la Gazette de Lyon du 26 mars et augmenté de plusieurs notes. In-8. (Lyon.) *Pélagaud et Ce.* 50 c.

Boitard. — Manuel du jardinier. — Voy. *Bréant et Boitard.*

Boiteau, Paul. — L'équité de M. Pelletan. In-8. *Perrotin*.　　50 c.

—— De l'enseignement populaire de la musique. 2ᵉ édit. In-8. *Ibid*.　4 fr.

—— État de la France en 1789. In-8. *Ibid*.　　6 fr.

—— Lettre à M. Renan, de l'Académie des inscriptions et belles-lettres, sur son article du Journal des Débats du 17 décembre 1859, relatif à Béranger. In-8. *Ibid*.　　50 c.

—— Voy. aussi : *Béranger, Correspondance*.

Boland, A. — Traité pratique de boulangerie. Ouvrage dédié à la boulangerie de Paris. In-8 avec planche. *E. Lacroix*.　　5 fr.

Bolle, R. — Souvenirs de l'oncle William, histoire d'une famille naufragée. In-12. *Meyrueis et Cᵉ*.　　1 fr. 50 c.

Bolliet, J. G. — La Fédération des peuples. In-8. *Dentu*.　　75 c.

Bombonnel le tueur de panthères. Ses chasses écrites par lui-même. In-12. *Hachette et Cᵉ*.　　2 fr.

Bonafous, Robert. — Voy. *Arena, Meygra entrepriza*.

Bonaventure, saint. — Les Six ailes du Séraphin, ou Traité sur les principales vertus nécessaires à un bon supérieur. Traduit par le R. P. Possoz. In-32. *Lethielleux*.　　50 c.

Bondilh, H. — Patriotisme israélite. Lettre à M. Crémieux. In-8. (Marseille, *Arnau Cadet*.)　　75 c.

Boniface, Joseph. — La Belgique indépendante. In-12. (Bruxelles, *Van Meenen et Cᵉ*.)　　75 c.

Bonn, A. William. — Trésor de la langue anglaise et de sa prononciation. 1ʳᵉ partie. Prononciation et éléments de la grammaire. 2ᵉ série. Explication de la loi poly-syllabique. In-8. *Amyot*.　　4 fr.

> La 1ʳᵉ série de la 1ʳᵉ partie a paru en 1859. 1 vol in-8, 3 fr. — L'ouvrage se composera de 3 parties. — La 2ᵉ partie (grammaire et syntaxe), et la 3ᵉ partie (auteurs anglais et français) sont sous presse.

—— Même ouvrage. Clef. 1ʳᵉ partie. 1ʳᵉ série. In-8. *Ibid*.　　2 fr.

—— Même ouvrage. Clef. 1ʳᵉ partie. 2ᵉ série. In-8. *Ibid*.　2 fr. 50 c.

Bonnafont, le Dʳ J. P. — Traité théorique et pratique des maladies de l'oreille et des organes de l'audition. Avec 22 fig. intercalées dans le texte. In-8. *Baillière et fils*.　　9 fr.

Bonnard, Camille. — Voy. *Mercuri, Costumes historiques*.

Bonne foi et papauté. In-8. *Lagny frères*.　　50 c.

Bonneau, Alex. — Les Turcs et la civilisation. In-8. *Dentu*.　1 fr.

—— Les Turcs et les nationalités. In-8. *Ibid*.　　1 fr.

Bonnechose, Émile de. — Réformateurs avant la réforme. xviᵉ siècle. Jean Hus, Gerson et le concile de Constance. 3ᵉ édition. 2 vol. in-12. *Cherbuliez*.　　6 fr.

Bonnechose, Louis de. — Dernière légende de la Vendée. In-18. *Dentu*.　1 fr.

Bonnet, A. — Nouvelles méthodes de traitement des maladies articulaires. 2ᵉ édit., revue et augmentée d'une notice historique, par le docteur J. Garin, d'un recueil d'observations sur la rupture de l'ankylose. In-8, avec 17 planches. *Baillière et fils*.　　4 fr. 50 c.

> ——, 1ʳᵉ édition, 1859. In-8. *Ibid*. 3 fr.

Bonnetain, Joanny. — La voix des mondes. Dieu, le monde physique, l'humanité et le christianisme. T. Iᵉʳ. In-8. *9, rue Cassette*.　6 fr. 50 c.

Bonnin, Th. — Antiquités gallo-romaines des Eburoviques, publiées d'après les recherches et les fouilles dirigées par M. Th. Bonnin. In-4, avec 86 planches. *Dumoulin.*   50 fr.

Bontemps, G. — Concentration. Avenir de l'industrie, du commerce et de l'agriculture. In-8. *Dentu.*   1 fr.

Bordet, Henri. — Revue de dix ans, 1850-1860. Grand in-8. *Ibid.*   1 fr.

—— Les livres des miracles de Grégoire de Tours. — Voy. *Grégoire.*   .

—— Voy. aussi : *Grégoire, Histoire ecclésiast. des Francs.*

Bordier, H., et Ed. **Charton.** — Histoire de France. T. 2e et dernier. In-8. *Au bureau du Magasin pittoresque.*   7 fr. 50 c.

Bordoni, le R. P. — Discours sur divers sujets de la morale chrétienne, prononcés à Turin devant les membres de la confrérie pour la bonne mort. Traduit de l'italien. In-12. T. I. et II. (Bruxelles, *H. Goemaere.*)   4 fr.
L'ouvrage aura 12 volumes.

Bordot, Anatole. — Les Fleurs qui parlent. In-12. *Vermot.*   2 fr.

—— Histoires et nouvelles. In-8. *Lefèvre.*   Broché, 4 fr. Relié, 5 fr.

Borel d'Hauterive. — Annuaire de la noblesse. — Voy. *Annuaire.*

Borie, Victor. — Les douze mois. Calendrier agricole. In-8 , avec 80 grav. *Librairie agricole.*   3 fr. 50 c.

Borrel, le pasteur A. — Étude biblique sur les œuvres visibles de la création, contenant l'explication familière des usages orientaux, des expressions allégoriques et des passages obscurs qui se rapportent à ces matières. In-12. (Toulouse.) *Grassart.*   2 fr.

Borsendorff. — La loupe de l'horloger. — Voy. *Almanach chronométrique.*

Bossu, le Dr Antonin. — Agenda-formulaire des médecins praticiens, et carnet de poche (1860.) In-16. *Chez l'auteur, 31, rue de Seine.*   3 fr.

Bossuet. — Oraisons funèbres et sermons choisis. Nouvelle édition, illustrée de douze gravures sur acier. Grand in-8, avec 12 gravures. *Garnier frères.*   18 fr.

Bost, Ad. — Code formulaire des élections municipales et des assemblées des conseils municipaux, d'après la loi du 5 mai 1855. 2e édit. , mise au courant de la jurisprudence jusqu'au 1er janvier 1860. In-8. *Chez l'auteur, 12, rue des Saints-Pères.*   2 fr. 50 c.

—— Encyclopédie du contentieux administratif et judiciaire des conseils de fabrique et des communautés religieuses. 1re livraison. In-8. *Périsse frères.*   2 fr. 50 c.
L'ouvrage sera publié en 4 livraisons et formera 1 volume. Prix de chaque livraison, 2 fr 50 c. Après la publication entière, le prix du volume sera porté à 12 fr.

Boucasse père, D. — Prompte formation des arbres fruitiers. Application au pêcher. In-8. (La Rochelle.) *Ve Bouchard-Huzard.*   1 fr. 75 c.

Bouchard, Louis. — Traité des constructions rurales et de leur disposition, ou des maisons d'habitation à l'usage des cultivateurs, des logements pour les animaux domestiques, etc. 2e partie (ou 3e et dernière livraison de l'ouvrage). Grand in-8. avec figures. *Ibid.*   Gratis pour les souscripteurs.
Les 2 premières livraisons ont paru en 1838 et 1839, et formaient la 1re partie de l'ouvrage. Chaque livraison se payait 12 fr., et les souscripteurs avaient droit à la 2e partie. — Le prix de l'ouvrage complet est porté maintenant à 25 fr.

Bouchardat, A. — Nouveau formulaire magistral. 10e édition, entièrement refondue. In-18. *Germer Baillière.*   3 fr. 50 c.

—— Annuaire thérapeutique. — Voy. *Annuaire.*

Bouché, A. — Notice sur un nouveau système de tables trigonométriques; suite de la notice sur un nouveau système de tables de logarithmes à cinq décimales. In-8, avec 2 tableaux. *Mallet-Bachelier.*   1 fr. 50 c.

—— Recherches sur l'attraction moléculaire. Suite: Agent et matière. In-8. *Ibid.*   50 c.

Bouché de Vitray, le Dr. — Voy. *Desmartis et Bouché de Vitray.*

Boucher, Ph. — Les Biens inaperçus. Discours publié à la demande du conseil presbytéral de l'Église réformée de Mulhouse. In-8. *Meyrueis et Cᵉ.*   60 c.

Boucher de Perthes. — De la femme dans l'état social, de son travail et de sa rémunération. Discours prononcé à la Société impériale d'émulation d'Abbeville. In-8. (Abbeville.) *Derache.*   1 fr. 25 c.

—— De l'homme antédiluvien et de ses œuvres. In-8, avec 2 pl. (Abbeville.) *Ibid.*   1 fr. 50 c.

Bouchot. — Récits tirés des histoires d'Hérodote. — Voy. *Hérodote.*

Bouchut, E. — Leçons cliniques sur les maladies de l'enfance, faites à l'hôpital Sainte-Eugénie. In-8. *Chez l'auteur, 15, quai Malaquais.*   3 fr.

Boucoiran, L. — Monographie de la fontaine de Nîmes, histoire et description des jardins et monuments qu'elle renferme. In-8, avec 17 grav. (Nîmes, *Ballivet.*)   5 fr.

Boudet, F. — Voy. *Boutron et Boudet.*

Boudin, J. C. M. et H. Blanc. — Éléments de statistique et de géographie générales. In-12. *H. Plon.*   2 fr.

Boudon, Raoul. — L'Isthme de Suez et la Question d'Orient. Politique de l'Angleterre et de la Russie. Traité du 15 juillet 1840. In-8. *Dentu.*   1 fr.

Bougeant, le R. P. — Exposition de la doctrine chrétienne. Nouv. édit., revue, corrigée et augmentée par un ancien professeur de théologie. 2 vol. In-8. *A. Bray.*   8 fr.

Bougy, Alfred de. — Voyage dans la Suisse française et le Chablais, avec une carte. Les lacs de Genève (Léman), de Neuchâtel, de Bienne et de Morat. — Opuscules posthumes de J. J. Rousseau et lettres inédites de Mᵐᵉ de Warens. In-12, avec carte. *Poulet-Malassis.*   3 fr.

Bouhier de l'Écluse. — Le Pape et l'Italie. Lettre à MM. de Falloux, de Valmy, Arnaud (de l'Ariége), et à tous les auteurs connus et inconnus de projets de solution du sens dessus dessous italien. In-8. *Ledoyen.*   1 fr.

Bouhours, le R. P. — Consolations spirituelles, ou Paroles tirées de l'Écriture sainte, pour servir de consolation aux personnes qui souffrent. Ouvrage posthume. In-32. *Palmé.*   60 c.

Bouillaud, le professeur. — Discours sur le vitalisme et l'organisme et sur les rapports des sciences physiques en général avec la médecine. Discours prononcé à l'Académie impériale de médecine (17 juillet 1860.) In-8. *Baillière et fils.*   1 fr. 50 c.
   Extrait du Bulletin de l'Académie impériale de médecine.

Bouillet, N. — Les Ennéades de Plotin. — Voy. *Plotin.*

Boulanger, E. — Étude sur la novation en matière d'enregistrement, précédée d'une introduction historique, et du développement de la doctrine romaine sur la novation. In-8. (Bar-le-Duc.) *A. Durand.*   3 fr.

Boulmier, Joseph. — Corrigé des exercices sur les premiers éléments de la grammaire grecque de Fréd. Dübner. In-8. *Hachette et Cᵉ.*   1 fr.

Boulogne. — La Morale dans l'histoire naturelle. Considérations sur les animaux. Discours prononcés aux réunions de l'Œuvre de Saint-François-Régis. In-12. *Lethielleux.*   2 fr. 50 c.

Bouniol, Bathild. — Les Combats de la vie, 4° et dernière série : Les Deux héritages. In-12. *Bray.*   2 fr.

—— A l'ombre du drapeau, épisodes de la vie militaire. 2° édition, soigneusement revue et complétée. In-12. *Ibid.*   2 fr.

—— Le Peintre, poëme, suivi de notes et commentaires. In-18. *Ibid.* 1 fr.

Bouquet, Ch. — Voy. *Briot et Bouquet.*

Bourassé, l'abbé J. J. — La Terre sainte. Voyage dans l'Arabie Pétrée, la Judée, la Samarie, la Galilée et la Syrie. Gr. in-8, avec 32 gravures sur bois d'après Karl Girardet. (Tours, *Mame et C°.*)   12 fr.

—— Vie de M. Martin de Tours. — Voy. *Péan-Gatineau.*

Bourbourg, l'abbé Brasseur de. — Voy. *Brasseur de Bourbourg.*

Bourdeille, le marquis de. — La Vérité sur la question romaine. In-8. *Ledoyen.*   50 c.

Bourdon, le docteur Isidore. — Précis d'hydrologie médicale, ou les Eaux minérales de la France dans un ordre alphabétique. In-12. *Baillière et fils.*   3 fr.

—— Notions d'hygiène pratique. 2° édition. In-12. *Hachette et C°.* 1 fr. 50 c.

Bourdon, Mme. (Mathilde Froment.) — L'Anneau de paille; petit drame. In-18. *Putois-Cretté.*   20 c.

—— La Charité; légendes. In-12. *Bray.*   2 fr.

—— Marcia. Histoire des premiers temps du christianisme. In-12. *Putois-Cretté.*   1 fr. 50 c.

—— Pulchérie. In-12. *Ibid.*   1 fr. 50 c.

—— Quelques heures de solitude. In-12. *Ibid.*   1 fr. 50 c.

Bourgeois, l'abbé Alphonse. — La Pomme de discorde ou le Pape roi. In-8. *Lethielleux.*   75 c.

Bourgeois, Anicet et Ferdinand **Dugué.** — Le Cheval fantôme, légende du temps de la guerre de l'Indépendance, en 5 actes et 10 tableaux. Grand in-8. *Barbré.*   30 c.

—— et E. **Labiche.** — L'École des Arthur, comédie-vaudeville en deux actes. (Théâtre des Variétés.) In-4. *Michel Lévy frères.*   20 c.

Bourgeois, le docteur J. — Traité pratique de la pustule maligne et de l'œdème malin, ou deux formes du charbon externe chez l'homme. In-8. *Baillière et fils.*   4 fr. 50 c.

Bourgeois, le docteur L. X. — Les Passions dans leurs rapports avec la santé et les maladies. L'Amour. In-12. *Ibid.*   1 fr. 50 c.

Bourgeoisie (la) et l'Empire. In-8. *Dentu.*   1 fr.

Bourget, J. — Théorie élémentaire des approximations numériques. In-12. *Blériot.*   1 fr. 75 c.

Bourgogne, duc de. — Projets de gouvernement. — Voy. *Projets.*

Bourguignat, J. R. — Malacologie terrestre de l'île du Château d'If, près de Marseille. In-8, avec 2 pl. *Baillière et fils.*   7 fr.

—— Filum Ariadneum. Methodus Conchyliologicus denominationis sine quo chaos. In-8. *Ibid.*   8 fr.

Bourguignon, A. — Nouveau guide usuel du propriétaire et du locataire ou fermier, contenant les règles et les formules des baux à loyer, à ferme et à cheptel, la loi sur l'expropriation pour cause d'utilité publique et la solution de toutes les difficultés qui peuvent survenir entre les propriétaires et les locataires ou fermiers. In-12. *Garnier frères.* 2 fr.

Bourquard, l'abbé A. L. C. — Essai sur la méthode dans les sciences théologiques. In-8. *Lecoffre et Cⁱᵉ.* 5 fr.

Bourrousse de Laffore, P. L. de. — Des taches de la cornée et des moyens de les faire disparaître. In-8. *Au Bureau du Moniteur des sciences médicales.* 2 fr.

Bourse (la) est un marché libre? In-8. *Dentu.* 1 fr.

Bousset, Pacifique. — Fables et poésies diverses. In-12. (Dinan, *chez l'auteur.*) 1 fr. 20 c.

Boussingault. — Agronomie, chimie agricole et physiologie. 2ᵉ édition, revue et considérablement augmentée. T. Iᵉʳ. In-8, avec 2 pl. *Mallet-Bachelier.* 5 fr.

Bouteiller, E. de. — Histoire de Franz de Sickingen, chevalier allemand du XVIᵉ siècle. In-8, avec 4 planches. (Metz, *Rousseau-Pallez.*) *Aubry.* 10 fr.

Boutron et F. **Boudet**. — Hydrotimétrie. Nouvelle méthode pour déterminer les proportions des matières en dissolution dans les eaux de sources et de rivières. In-8. *Masson et fils.* 2 fr. 50 c.

Bouttier, l'abbé. — Les Trois religions jugées par un maquignon. In-12. *Vᵉ Poussielgue-Rusand.* 1 fr.

Bouvier, le pasteur A. — Sermons. In-12. (Genève.) *J. Cherbuliez.* 3 fr. 50 c.

Bouyer, A. C. — Grand alphabet impérial. Anecdotes et récits historiques. In-4. *Courcier.* Avec grav. noires, 5 fr. 50 c.; color., 8 fr.

—— Jean Pacot en Chine. Illustré de 8 gravures par Bertrand. In-8. *Ibid.* Avec gravures noires, 3 fr.; color., 4 fr.

—— et R. de **Lassalle**. — La Tante Ursule. Contes et historiettes. Illustré de 8 gravures. In-8. *Ibid.* Avec grav. noires, 3 fr. 50 c.; color., 5 fr.

Boverat, Ch. — Voy. *Chaigneau et Boverat.*

Bovet, Félix. — Le Comte de Zinzendorf. 2 vol. in-8. *Grassart.* 7 fr.

Boyer de Sainte-Suzanne, de. — Recrutement. Tirage au sort et révision. In-8. *Paul Dupont.* 7 fr. 50 c.

Brachet, Achille. — Simples préliminaires sur la restauration du microscope catadioptrique à miroirs objectifs métalliques à très-grandes ouvertures. In-8. *Duprat.* 50 c.

Braff, P. — Principes d'administration communale, mis en harmonie avec la nouvelle instruction générale du ministère des finances, en date du 20 juin 1859. 2 vol. in-12. *A. Durand.* 8 fr.

Brainne, Charles. — Baigneuses et buveurs d'eau. Baden-Baden. In-12. *F. Amyot.* 2 fr.

—— Les Saisons de Bade. (Extrait de l'ouvrage précédent.) In-12. *Ibid.* 1 fr.

Brandner, Émile de. — Répertoire général des décisions judiciaires et administratives rendues en Belgique depuis 1848 jusqu'en 1855. Livr. 5 et 6. In-8. (Bruxelles, *Bruylant Christophe et Cⁱᵉ.*) Prix de chaque livr., 3 fr.

Brantôme, le seigneur de. — Vies des dames galantes. Nouvelle édition, revue et corrigée sur l'édition de 1740, avec des remarques historiques et critiques. In-12. *Garnier frères.* 3 fr. 50 c.

Branville, P. de. — Cours élémentaire d'arithmétique. In-12. *Ve Maire-Nyon*. 2 fr.

Brasseur, A. J. — Enseignement de la vraie doctrine du magnétisme, les principes expliqués d'après les effets. Mémoire adressé à l'Académie des sciences. In-12. *Chez l'auteur, 35, rue Pigalle.* 30 c.

Brasseur, H. — Manuel d'économie politique. T. Ier. Gr. in-8. (Bruxelles.) *A. Bohné.* 7 fr. 50 c.

Brasseur de Bourbourg, l'abbé. — Histoire du patrimoine de saint Pierre depuis les temps apostoliques jusqu'à nos jours. In-8 avec le portrait de Pie IX. *Putois-Cretté.* 3 fr. 50 c.

Bratkowski, Stanislas. — Gmina i Szkola Wiejska w polsce po zniesieniu panszczyny. In-8. *Chez l'auteur, 4, impasse Boursault.* 2 fr.

La commune et l'école de campagne en Pologne après la cessation du servage.

Bravard, Raoul. — L'Honneur des femmes. In-12. *Michel Lévy frères.* 1 fr.

Bray, Mme Marie de. — L'Ange du pardon, ou Henriette de Tezan. Épisode de la maison de Saint-Cyr. In-12. *Sarlit.* 1 fr.

Bréant, Victor et **Boitard**. — Manuel illustré du jardinier fleuriste, ou Traité de la culture des fleurs et arbustes d'agrément. Nouvelle édition, illustrée de gravures coloriées. In-12. *Delarue.* 5 fr.

Brem, Adolphe de. — Chroniques et légendes de la Vendée militaire, précédées d'une introduction de M. Eugène de La Gournerie. 1re et 2e série. In-12. (Nantes, *Forest.*) 3 fr.

Brentano, Clément. — Vie de Notre-Seigneur Jésus-Christ, d'après les visions de la sœur Anne-Catherine Emmerich, religieuse augustine du couvent de Dulmen, précédée d'une introduction. Tomes II à VI. (Fin.) In-16. *Lethielleux.* Prix de chaque volume, 2 fr.

—— Vie de la sainte Vierge, d'après les méditations de la sœur Anne-Catherine Emmerich, religieuse augustine du couvent de Dulmen. Traduction nouvelle, mise en harmonie avec la vie de Notre-Seigneur. In-16. *Ibid.* 2 fr.

Bresciani, A. — Edmond. Scènes de la vie populaire à Rome. Traduction exclusivement autorisée et approuvée par l'auteur. In-12. (Tournai.) *Lethielleux.* 2 fr. 50 c.

—— Lorenzo ou le Conscrit, suivi de Don Giovanni. In-12. *Ibid.* 2 fr. 50 c.

—— La République romaine, se rattachant à Lionello et faisant suite au Juif de Verone. Traduction exclusivement autorisée et approuvée par l'auteur. In-12. (Tournai.) *Ibid.* 2 fr.

Bresse. — Cours de mécanique appliquée, professé à l'École impériale des ponts et chaussées. 2e partie. Hydraulique. In-8, avec planche. *Mallet-Bachelier.* 8 fr.

Ouvrage terminé. — La 1re partie, contenant : Résistance des matériaux et stabilité des constructions, a paru en 1859. 1 vol in-8. 8 fr.

Breteuil, Jules. — Le Cuisinier européen. Ouvrage contenant les meilleures recettes des cuisines françaises et étrangères. In-12. *Garnier frères.* 5 fr.

Bretonneau, Henri. — Les Épreuves de la vie au point de vue chrétien. Nouvelle édition, revue et considérablement augmentée. In-12. *Bray.* 3 fr.

Brevard, F. — Les Sinistres en mer rendus dix fois moins fréquents par l'emploi d'un système de sauvetage entièrement nouveau. Ouvrage mis à la portée de tout le monde. In-8. (Grenoble, *Prudhomme.*) 2 fr. 50 c.

Brialmont, le capitaine A. — Système de défense de l'Angleterre. Observations critiques sur le rapport de la commission d'enquête nommée en 1859. In-8. *Tanera.* 1 fr. 25 c.

Bride, Charles. — Le Vignole du serrurier; cours de dessin linéaire appliqué à la serrurerie et à la construction en fer. In-4 oblong avec 48 pl. *Th. Lefèvre.* 8 fr.

Brierre de Boismont, le D^r. — Recherches sur l'unité du genre humain, au point de vue de l'éducation et des croisements pour l'amélioration des races. In-8. *Baillière et fils.* 1 fr. 50 c.

—— Études médico-légales sur la perversion des facultés morales et affectives dans la période prodromique de la paralysie générale. Lu à l'Institut de France (Académie des sciences), le lundi 24 septembre 1860. In-8. *Ibid.* 75 c.

Extrait des Annales d'hygiène publique.

Briffaut, l'abbé. — Histoire de la ville de Fayl-Billot et notices sur les villages du canton. In-8 avec 1 plan et 6 grav. (Besançon, *Outhenin-Chalandre fils.*) 4 fr.

Brignole-Sales, le marquis A. de. — Des droits temporels du pape. Considérations sur la question romaine. In-8. *A. Vaton.* 1 fr.

Briot, Ch. — Cours de cosmographie, ou Eléments d'astronomie, comprenant les matières du programme officiel pour l'enseignement des lycées et l'admission aux écoles militaires. 3e édition augmentée. In-8. *Dunod.* 5 fr.

—— Eléments de géométrie conformes aux programmes de l'enseignement scientifique dans les lycées. Théorie. 4e édition. In-8. *Hachette et Ce.* 5 fr.

—— et Cl. **Bouquet.** — Leçons de géométrie analytique. 3e édition, entièrement refondue. 1re partie. Géométrie plane. In-8. *Dezobry, Magdeleine et Ce.* Prix pour les 2 parties, 7 fr. 50 c.

Brisebarre, Edouard et Eugène **Nus.** — Les Drames de la vie. 1re et 2e série. 2 vol. in-12. *Librairie Nouvelle.* 4 fr.

—— —— Les Portiers, scènes de la vie parisienne. (Théâtre des Variétés. In-12. *Ibid.* 1 fr.

Broca, Paul. — Etudes sur les animaux ressuscitants. Rapport lu à la Société de biologie les 17 et 24 mars 1860, au nom d'une commission composée de MM. Balbiani, Berthelot, Brown-Séquard, Dareste, Guillemin, Charles Robin. In-8 avec pl. *Ad. Delahays.* 3 fr.

Brocard, Alfred. — Le Bois de Vincennes. Histoire, amours et drames; l'Asile impérial, les embellissements. — Clara Dellys. — Benedict Hauller. In-12. *Ledoyen.* 1 fr.

Brodin-Collet, Aug. —Voy. *Revue générale des trois expositions.*

Brœckaert, Joseph. — Saint Jean Chrysostome. Panégyrique de saint Ignace d'Antioche et des saints Juventin et Maximin. In-8. (Bruxelles, *H. Goemaere.*) 1 fr.

Broglie, le prince Albert de. — L'Eglise et l'empire romain au IVe siècle. 1re partie. Règne de Constantin. 3e édition, revue et augmentée. 2 vol. in-8. *Didier et Ce.* 14 fr.

2e partie : Constance et Julien. 2 vol in-8. 1859 *Ibid.* 14 fr.

—— La Lettre impériale et la situation. In-8. *Douniol.* 80 c.

Extrait du Correspondant

—— Questions de religion et d'histoire. 2 vol. in-8. *M. Lévy frères.* 15 fr.

—— Etudes contemporaines. Une réforme administrative en Afrique. In-12. *Dumineray.* 2 fr.

Brohan, Mlle Augustine. — Qui femme a guerre a. Comédie en un acte et en prose. (Théâtre Français.) Nouv. édit. In-12. *Librairie nouvelle.* 1 fr.

Brosset, M. — Les Ruines d'Ani, capitale de l'Arménie sous les rois Bagratides aux Xe et XIe siècles. Histoire et description. 1re partie. Grand in-4 avec atlas. (Saint-Pétersbourg.) *L. Voss, à Leipzig.* 15 fr.

Brot, Alphonse. — La Sirène de Paris. In-4. *Lécrivain et Toubon.* 50 c.

Brothier, Léon. — Histoire de la terre. — Voy. *Bibliothèque utile.*

Brouard, E. — Agriculture théorique et pratique à l'usage des écoles, ouvrage dédié aux comices agricoles du centre de la France. In-18. *E. Ducrocq.* 90 c.

Brougham, lord. — Education universitaire. Discours prononcé le jour de son installation comme chancelier de l'Université d'Edimbourg (18 mai 1860), traduit par Alexandre Pey. In-8. *Dentu.* 1 fr.

—— Recherches sur la lumière. — Voy. *Mémoires de l'Académie des sciences.* T. 27.

Brun, Auguste. — Nouvelles vaudoises. In-12. *Chez l'auteur, 45, rue St-Germain-l'Auxerrois.* 2 fr.

Brun, A. F. — Traité pratique des opérations sur le terrain, comprenant les tracés et les nivellements nécessaires à la construction des chemins de fer, routes et canaux. In-8. avec 21 planches. *E. Noblet.* 4 fr. 50 c.

Brunet, Jacques-Charles. — Manuel du libraire et de l'amateur de livres. Cinquième édition originale, entièrement refondue et augmentée d'un tiers par l'auteur. Tome I, 1re et 2e partie (A-Chytræus). In-8. *Firmin Didot frères.* Prix de chaque partie, 10 fr.

> L'ouvrage entier formera 6 gros vol , et sera publié en 12 parties. Les 10 premières parties seront payées à raison de 10 fr. chacune Les 11e et 12e parties, qui complèteront l'ouvrage, seront données gratis Le prix de 100 fr. pour les souscripteurs n'a été maintenu que jusqu'au 31 décembre 1860 Il est depuis porté à 120 fr. — 100 exemplaires ont été tirés sur grand papier verge, dit de Hollande, Prix : 200 fr.

Brunet, (de Bordeaux). — Dictionnaire de bibliologie. — Voy. *Migne, Troisième Encyclopédie théologique.*

Buez, le docteur A. — Du Cancer et de sa curabilité. In-8, avec 4 planches. *Baillière et fils.* 3 fr.

Buffon. — Correspondance inédite de Buffon, à laquelle ont été réunies les lettres publiées jusqu'à ce jour; recueillie et annotée par M. Henri Nadault de Buffon, son arrière-petit-neveu. 2 vol. In-8. *Hachette et Ce.* 16 fr.

—— Œuvres de Buffon, avec les suppléments de Lacépède, Cuvier, Réaumur enrichies d'histoires et d'anecdotes empruntées aux voyageurs français et anglais, par M. Morin. Édit. illustrée. 4 vol. in-12. *Vermot.* 12 fr.

—— Les mêmes. 2 vol. in-8. *Ibid.* Avec grav. noires 11 fr., color. 17 fr.

Bulard. — Notice sur l'éclipse totale de soleil du 18 juillet 1860, visible en Espagne et en Algérie. In-8, avec carte. (Alger.) *Challamel.* 1 fr. 25 c.

Bulau, Frédéric. — Personnages énigmatiques; histoires mystérieuses; événements peu ou mal connus. Traduit de l'allemand, par W. Duckett. T. 1er. In-12. *Poulet-Malassis.* 3 fr. 50 c.

> L'ouvrage formera 3 volumes.

Bulgarin, Th. — Iwan Wuishigin, ou le Gil Blas russe, roman moral et satirique; traduit du russe par J. P. Crouzet. 2e édition, revue et corrigée. In-12. *Repos.* 3 fr. 50 c.

Bulwer Lyttob, Sir Ed. — Qu'en fera-t-il? Roman anglais, traduit avec l'autorisation de l'auteur par Amédée Pichot. 2 vol. in-12. *Hachette et Ce.* 5 fr.

Bunyan, J. — Le Voyage du chrétien vers l'éternité bienheureuse, où l'on voit représentés, sous diverses images, les différents états, les progrès et l'heureuse fin d'une âme chrétienne qui cherche Dieu en Jesus-Christ. Nouvelle édition, illustrée. In-18, avec 9 grav. *Grassart.* · 1 fr. 50 c.

Burat, Amédée. — Le Matériel des houillères en France et en Belgique. Description des appareils, machines et constructions employés pour exploiter la houille. In-8, avec atlas in-folio de 77 pl. *Noblet.* 60 fr.

Bureau, Pierre. — Voy. *Bedeau et Bureau.* ·

Burgaud des Marets. — In p'tit pilot d'Achet (sauve le raspec de la compagnie) qui sont reinséq' neissut et qu'in nommé Bourgau, de Jarnat, fait prasan conte quarante sous à sés cher bons amit les Saintonjoais peur leu peurmié de l'an 1860. In-16. *Firmin Didot frères.* 2 fr.

    Ouvrage écrit en patois saintongeais.

Burger, W. — Musées de Hollande. Tome 2. Musée van der Hoop, à Amsterdam, et musée de Rotterdam. Suite et complement aux musées d'Amsterdam et de La Haye. In-12. *V° J. Renouard.* 3 fr. 50 c.

    Tome I. *Musées d'Amsterdam et de La Haye.* 1858. 1 vol. in-12. *Ibid.* 3 fr 50.

Burges, William. — Iconographie de la Ragione, grande salle de l'hôtel de ville de Padoue. In-4, avec 2 planches. *Didron.* 3 fr.

Burggraeve, le docteur. — Amélioration de l'espèce humaine ; avec un frontispice et le fac-simile d'une lettre de M. Flourens. In-12. (Gand.) *Albessard et Bérard.* 3 fr. 50 c.

—— Les appareils ouatés, ou nouveau système de déligation pour les fractures, les entorses, les luxations, les contusions, les arthropathies, etc. Avec des planches gravées d'après nature sur des épreuves photographiées. In-fol., avec 20 planches. (Bruxelles.) *Baillière et fils.* 70 fr.

—— Chirurgie théorique et pratique contenant : la Pathologie chirurgicale, la pathologie descriptive, les pansements et les opérations, etc. Avec planches. Grand in-8. *Ibid.* 12 fr.

Burgos, D. A. de. — Manual de agrologia. Con 40 láminas en el texto. In-12. *Rosa et Bouret.* Relié, 4 fr.

Burguy, S. — Les Préludes, poésies ; avec une introduction par M. Ch. de Franciosi. In-8. (Lille, *Lévy.*) 2 fr.

Burin du Buisson, A. M. B. — Traité de l'action thérapeutique du perchlorure de fer. In-8. *Victor Rozier.* 5 fr.

Bury, Aug. — Traité de la législation des mines, des minières, des usines et des carrières en Belgique et en France ; ou commentaire théorique et pratique de la loi du 21 avril 1810 et des lois et règlements qui s'y rattachent. 2 vol. in-8. (Liége, *Renard.*) *F. Savy.* 18 fr.

Busserolle, Mme E. de. — Recherches historiques sur Fécamp et sur quelques-uns des anciens châteaux et seigneurs du pays de Caux. In-16. (Fécamp ; *Huc.*) 1 fr. 50 c.

Bussy, Ch. de. — Étude historique et politique sur les anciens partis. In-8. *Lebigre-Duquesne.* 1 fr.

—— Histoire des excommuniés, depuis les temps les plus reculés jusqu'à nos jours. In-32. *Ibid.* 1 fr.

—— Les Philosophes convertis ; étude de mœurs au xixe siècle. In-12. *Blériot.* 3 fr.

—— Sauvons le pape. In-12. *Sempé.* 1 fr.

Butret, le baron de. — Taille raisonnée des arbres fruitiers et autres opérations relatives à leur culture. 20ᵉ édition, augmentée, avec 4 planches. In-12. *Vᵉ Bouchard-Huzard*.   2 fr.

Byron. — Manfred, poemat Lorda Byrona, przekład wolny na wiersz Polski przez Michała Chodźke Wydanie. Ozdobne z rycinami. Traduction en polonais. In-8. *Librairie Polonaise*.   10 fr.

C

Caballero, Fernan. — Une croisade au xixᵉ siècle. — Les Dettes acquittées, nouvelle traduite de l'Espagnol avec une introduction (lettres écrites de Madrid pendant la campagne de Maroc), par Antoine de Latour. In-12. *Douniol*.   1 fr.

—— La Gaviota. Traduit de l'Espagnol, par Alphonse Gillard. In-12. (Bruxelles.) *Dentu*.   2 fr. 50 c.

Cabanes, Hippolyte. — La Levée des prohibitions et le département du Nord. In-12. (Lille, *Minart*.)   1 fr. 50 c.

Caboche, Charles. — Voy. *Mémoires de Marguerite de Valois*.

Cabrye, E. — Du droit de rétention (Droit romain. Ancien droit français. Droit actuel); Mémoire qui a obtenu la première médaille d'or au concours de doctorat de 1859 à la Faculté de droit de Rennes. In-8. (Rennes.) *Durand*.   3 fr.

Cacqueray, G. de. — Recherches historiques sur la théorie du rapport. In-8. *A. Durand*.   1 fr.
> Extrait de la Revue historique du droit français et étranger.

Cadoudal, G. de. — Faits et récits contemporains. Nouveau recueil anecdotique. In-12. *Victor Sarlit*.   1 fr. 25 c.

—— Voyez aussi : *Leclère d'Aubigny, Ribodeau*.

Cæremoniale episcoporum prolegomenis et commentariis illustratum cura et studio Josephi Catalani, presbyteri congregationis oratorii Sancti Hieronymi caritatis. Editio secunda, emendata et plurimis additamentis locupletata. Tomus I. In-4. *A. Jouby*.   50 fr.
> L'ouvrage formera deux beaux volumes in-4 avec toutes les gravures qui se trouvent dans l'édition in-fol., reproduites en harmonie avec le format actuel et imprimées dans le texte. — Après la publication du T II, le prix de l'ouvrage sera augmenté.

Caffin. — Des droits de propriété des communes et des sections de communes sur les biens communaux, de la mise en valeur de ces biens, de l'emploi de leurs prix de locations et de ventes. In-8. *A. Durand*.   3 fr.

Cagniard, l'abbé X. — Nouveaux Chemins de la croix, ou Douze méthodes pour faire le Chemin de la croix. In-12. *Périsse frères*.   80 c.

Cahagnet, L. A. — Méditations d'un penseur, ou Mélanges de philosophie et de spiritualisme, d'appréciations, d'aspirations et de déceptions. 2 vol. In-12. *Germer Baillière*.   10 fr.

Cahours, Auguste. — Traité de Chimie générale élémentaire. Leçons professées à l'École centrale des arts et manufactures. 2ᵉ édition. 3 vol. in-12. *Mallet-Bachelier*.   12 fr.

Caillaud, l'abbé. — Manuel des dispenses à l'usage du curé, du confesseur et de l'official. 2ᵉ édit., revue et corrigée par l'auteur. In-8. *Gauguet*. 6 fr.

Caillette de l'Hervilliers, Edmond. — Le Dernier siége de Pierrefonds; étude d'histoire et d'art militaires, accompagnée d'un plan du château de Pierrefonds, dressé par M. Émile Leblanc. In-8. *Durand.* 2 fr.

Extrait du Spectateur militaire.

Calendrier officiel des courses de chevaux, 1859, publié sous les auspices de la Société d'encouragement pour l'amélioration des races de chevaux en France, d'après les documents fournis par ladite Société et par l'administration des haras, par le secrétaire de la Société d'encouragement (Jockey-Club). In-12. *Au secrétariat du Jockey-Club.* 12 fr.

Callamand, A. — Lettre de Satan, trouvée à la porte du temple protestant d'Alger, à l'adresse du R. P. Bizet. In-8. (Alger.) *Challamel ainé.* 50 c.

Voy. aussi : *Bizet réponse.*

Calland, Henri. — La Comète de 1858. In-8. *Ledoyen.* 60 c.

Callaud, A. — Essai sur les piles servant au développement de l'électricité. In-8, avec 1 planche. (Lille.) *E. Lacroix.* 1 fr. 50 c.

Calliat, Victor. — Parallèle des maisons de Paris. Nouvelle période de 1850 à 1860. Livraison 1 à 4. In-fol. *Bance.* Prix de chaque livraison, 5 fr.

L'ouvrage sera publié en 20 livraisons, qui renfermeront 120 planches — Les souscripteurs s'engagent pour l'ouvrage entier.

Calvin, Jehan. — Commentaires sur le livre des pseaumes avec table fort ample des principaux points traitez és commentaires. 2 volumes. Grand in-8. *Meyrueis et Ce.* 12 fr. 50 c.

Cambrelin, le capitaine A. L. — Camp retranché d'Anvers. Considérations critiques sur le système de défense de la Belgique, adopté en 1859. In-8. (Bruxelles.) *Tanera.* 4 fr.

Campagnes du feld-maréchal comte Radetzky dans le nord de l'Italie en 1848-1849, par un ancien officier supérieur des gardes impériales russes. Nouvelle édition. Gr. in-8. (Leipzig, *Brockhaus.*) 12 fr.

Campan, Ch. A. — La Question de l'or en Belgique. In-8. (Bruxelles, *A. Decq.*) 1 fr. 50 c.

Campiche, G. — Voy. *Pictet, Matériaux pour la paléontologie suisse.*

Canal interocéanique par l'isthme du Darien, Nouvelle-Grenade (Amérique du Sud). Canalisation par la colonisation. In-8, avec 6 pl. *France.* 8 fr.

Canron, Augustin. — Le Palais des papes à Avignon. Notice historique et archeologique. In-8. (Avignon, *Aubanel frères.*) 50 c.

Cantù, César. — Histoire des Italiens, traduite sous les yeux de l'auteur, par Armand Lacombe, d'après la 2e édition italienne. T. IV à VII. In-8. *Firmin Didot frères.* Prix de chaque volume, 5 fr.

L'ouvrage aura 12 volumes.

Capefigue. — Agnès Sorel et la chevalerie. In-12. *Amyot.* 3 fr. 50 c.

—— Diane de Poitiers. In-12. *Ibid.* 3 fr. 50 c.

Ces deux volumes font partie de la collection : *Les Reines de la main gauche.* — Les volumes précédents sont : *Madame de Pompadour,* 1 vol. 1858. *Madame Du Barry,* 1 vol. 1858. *Mademoiselle de La Vallière.* 1 vol 1859. *Gabrielle d'Estrées.* 1 vol 1859.

—— Histoire des grandes opérations financières, banques, bourses, emprunts, compagnies industrielles, etc. T. IV. Compagnies industrielles et commerciales; canaux, ponts, chemins de fer, crédits foncier et mobilier, depuis le moyen âge jusqu'à nos jours. In-8. *Amyot.* 7 fr.

Pour les T. 1 à 3 de l'ouvrage, voy. *Catalogue annuel, 1858,* page 38.

Capendu, Ernest. — Le Capitaine La Chesnaye. 11 vol. in-8. *Cadot.* 82 fr. 50 c.

—— Le même. 5 vol. in-12. *Ibid.* 17 fr. 50 c.

Capendu, Ernest. — Les Colonnes d'Hercule. In-12. *Cadot.*   1 fr.

—— Les Mystificateurs. In-12. *Ibid.*   1 fr.

—— Les Rascals. 4 vol. in-8. *Ibid.*   30 fr.

—— Le même. 2 vol. in-12. *Ibid.*   7 fr.

—— Voy. aussi : *Barrière et Capendu.*

Caraman, comte de. — Voy. *Riquet.*

Cardon, Émile. — Étude sur l'agriculture et la colonisation de l'Algérie.
In-12. *E. Lacroix.*   1 fr. 50 c.

—— Biographies contemporaines. Algérie et colonies. T. Ier. 1re livraison.
L'Émir Abd-el-Kader. In-8. *Au bureau de l'Algérie agricole, 31, rue
de Beaune.*   50 c.

—— Annuaire de la France agricole. — Voy. *Annuaire.*

Carion, l'abbé A. — Enseignement méthodique de la versification française,
avec des sujets d'exercices gradués. In-12. *Lethielleux.*   1 fr. 25 c.

—— Traité élémentaire de logique, ou l'Art de penser, appliqué à la composition littéraire et à la conduite de la vie. In-18. *Ibid.*   1 fr. 50 c.

Cariot, l'abbé. — Étude des fleurs. — Voy. *Chirat.*

Carle, Henri. —Alliance religieuse universelle. Essai sur les moyens de rap-
procher toutes les croyances, toutes les doctrines, et de les ramener à
l'unité, à l'aide des sentiments universels inhérents au cœur humain, etc.
In-8. *Chez l'auteur, 2, rue de l'École-de-Médecine.*   2 fr.

Carlén, Mme Émilie. — La Tour de la Vierge. Traduit par O'Squarr. T. I.
In-32. (Bruxelles, *Lebègue.*)   1 fr. 25 c.

Carlier, Auguste. — Le Mariage aux États-Unis. In-12. *Hachette et Ce.* 2 fr.

Carlier, J. J. — Les Institutions sociales étudiées dans les édifices religieux.
In-8. *Didron.*   3 fr.

Carmagnolle, l'abbé Justinien. — Nouvelle réfutation de l'Émile de J. J.
Rousseau. In-8. (La Moure, près Garde-Freinet [Var], *chez l'auteur.*) 7 fr.

—— Voy. aussi : *Thomas d'Aquin.*

Carnandet, J. — Géographie historique, industrielle et statistique du département de la Haute-Marne. In-12. (Chaumont, *Simonnot.*)   3 fr. 50 c.

Carnel, l'abbé D. — Les Sociétés de rhétorique et leurs représentations dramatiques chez les Flamands de France. In-8. *Aubry.*   2 fr. 50 c.
     Extrait des Annales du Comité flamand de France.

Caron A. et L. A. **Sorlin.** — Les Rois catholiques, ou l'Espagne sous Ferdinand et Isabelle (1474-1515). In-8. *Desloges.*   2 fr.

Caron, E. — Premières lectures du jeune âge, ou Récits familiers sur les premières connaissances les plus propres à développer l'intelligence des enfants. In-18. *Sarlit.*   50 c.

Carpentier, Mlle Émilie. — Cent et un petits contes pour les enfants. In-16.
Vermot.   Avec fig. noires, 1 fr. 50 c. ; color., 2 fr.

—— La Ménagerie des enfants. In-16. *Ibid.*
     Avec fig. noires, 1 fr. 50 c.; color., 2 fr.

—— Les Souvenirs de mon grand-père, contes et nouvelles dédiés à la jeunesse. In-4. *Ibid.*   Avec fig. noires, 8 fr. ; color., 15 fr.

Carpentier, l'abbé N. J. — Dictionnaire du bon langage, contenant les difficultés de la langue française, les règles et les fautes de prononciation, etc.
In-12. (Liége, *Grandmont-Donders.*)   2 fr. 50 c.

Carra de Vaux. — Étude historique sur la question romaine. In-8. *Au bureau de la Revue catholique.* 50 c.

Carré, Michel et Jules **Barbier.** — Fidelio, opéra en 3 actes. Musique de Beethoven. (Théâtre Lyrique.) In-12. *Michel Lévy frères.* 1 fr.

—— Voy. aussi : *Barbier et Carré,* et *Cormon et Carré.*

Carrière, E. A. — Entretiens familiers sur l'horticulture. Généralités. In-12. *Chez l'auteur, 53, rue de Buffon.* 3 fr. 50 c.

Carrière, le docteur Ed. — Les Cures de petit-lait et de raisin en Allemagne et en Suisse, dans le traitement des maladies chroniques, et en particulier dans les névroses, les troubles fonctionnels des organes digestifs, les pléthores, etc. In-8. *Masson et fils.* 4 fr. 50 c.

Carron, l'abbé P. — La Religion catholique exposée brièvement et simplement. In-12. *Douniol.* 1 fr. 25 c.

Carteron, Édouard. — Voy. *Complément de l'Encyclopédie moderne.*

Cartier, E. — La Question romaine. — Voy. *Question.*

Cartigny, Lambert. — Echos du cœur, mélanges. In-8. *Chez l'auteur, 10, rue du 29 juillet.* 1 fr. 50 c.

Cartulare monasterii Beatorum Petri et Pauli, de Domina Cluniacensis ordinis Gratianopolitani diœcesis; exscriptum ex antiquo codice manuscripto pergameno quod est in potestate nobilis domini Du Bouchet, regii historiographi, Parisiis commorantis in vico Tramusino. A. D. 1679. Grand in-8, avec 5 planches et une carte. (Lyon, *Scheuring et C°.*) 30 fr.

Casalis, E. — Les Bassoutos, ou Vingt-trois années de séjour et d'observations au sud de l'Afrique. In-8 avec cartes et grav. *Meyrueis et C°.* 5 fr.
Nouvelle bibliothèque des familles.

Casanova, A. M. — Voy. *Pichat et Casanova.*

Casanova de Seingalt. — Mémoires. — Voy. *Mémoires.*

Casati, C. — Le Réveil de la question d'Orient. — Une solution nouvelle. In-8. *Dentu.* 1 fr.

Cassagnac, Granier de. — Voy. *Granier de Cassagnac.*

Castaing, Alphonse. — Le Cantique des cantiques, ou l'Amour et la poésie dans l'antiquité sacrée. In-8. *Challamel aîné,* 1 fr.
Extrait de la Revue orientale et américaine.

Castan, A. — Voy. *Delacroix et Castan.*

Castellan, T. — Le Roi des albums, grand magasin d'images. In-4. *Au bureau du Journal amusant.* 8 fr.

Castelnau, Albert. — La Renaissance en Italie. — Zanzara. 2 vol. in-12. (Bruxelles.) *A. Bohné.* 7 fr.

Castelnau, le comte Francis. — Expédition dans les cinq parties centrales de l'Amérique du Sud, par ordre du gouvernement français, pendant les années 1843 à 1847, sous la direction du comte Francis de Castelnau. VI° partie. Botanique ou Chloris Andina. Livraison 12 et 13. In-4. *P. Bertrand.*
Prix de chaque livraison, 12 fr. 50 c.
Voy. *Catalogue annuel, 1859, page 39.*

Castelnau, H, de. — Essai physiologique sur la législation. Premier essai. De l'interdiction des aliénés, mémoire lu à l'Académie de médecine de Paris dans les séances du 12 juillet et du 13 août 1859. Gr. in-8. *Durand.* 7 fr.

Castermans, Auguste. — Parallèle des maisons de Bruxelles et des principales villes de Belgique, construites depuis 1830 jusqu'à nos jours, représentées en plans, élevations, coupes, détails intérieurs et extérieurs. 2ᵉ série. Liv. 7 et 8. In-fol. (Liége.) *E. Noblet.* Prix de chaque livraison, 3 fr.

La 2ᵉ série formera 24 livraisons. — La 1ʳᵉ série a été publiée en 20 livraisons du prix de 4 fr. chacune, et coûte maintenant 100 fr.

Castets, J. — Voyage poétique de LL. MM. II. à Saint-Sauveur (Hautes-Pyrénées), précédé de la revue de l'armée d'Italie, le 14 août 1859; dédié aux populations pyrénéennes. In-8. (Tarbes, *Perrot-Prat.*)   3 fr.

Castille, Hippolyte. — L'Excommunication. In-8. *Dentu.*   1 fr.

—— Histoire de soixante ans. — La Révolution (1789-1800). T. III. In-8 avec 4 portraits. *Poulet-Malassis.*   5 fr.

L'ouvrage se composera de 10 volumes et de 40 portraits. — T. I et II ont paru en 1859.

—— Napoléon III et le Clergé. Grand in-8. *Dentu.*   1 fr.

—— Le Pape et l'Encyclique. In-8. *Ibid.*   1 fr.

—— Portraits historiques au dix-neuvième siècle. Deuxième série. In-32. *Dentu.*   Prix de chaque livraison, 50 c.

Livr. 19. Mazzini; — 20 François-Joseph, empereur d'Autriche; — 21. Leopold, roi des Belges; — 22 Mgr Dupanloup, evêque d'Orléans; — 23. Le vicomte de La Gueronnière; — 24. M. Achille Fould; — 25. M. Rouland; — 26. Le cardinal Antonelli; — 27. Le general de Pimodan.

Castro, J. E. J. — L'Hygiène dans la nourriture et dans la gymnastique. In-12. *Au bureau du Moniteur de la Toilette.*   50 c.

Catalan, Eug. — Traité élémentaire des séries. In-8. *Leiber et Faraguet.* 5 fr.

—— Notions d'astronomie. — Voy. *Bibliothèque utile.*

Catalogue des végétaux et graines disponibles et mis en vente par les pépinières centrales du gouvernement au Hamma (près Alger) pendant l'automne 1859 et le printemps 1860. (Signé: A. Hardy, directeur de la pépinière centrale.) In-8. (Alger.) *Challamel.*   2 fr.

Catellan frères. — Voy. *Almanach homœopathique.*

Catulle. — Poésies complètes. Nouvelle traduction en vers français, par A. Canel. In-12. (Rouen, *Lebrument.*)   Pap. ordin., 4 fr.; pap. vergé, 5 fr.

—— **Tibulle et Properce.** — Traduction de la collection Panckoucke, par MM. Heguin de Guerle, A. Valatour et J. Genouille. Nouvelle édition, très-soigneusement revue par M. A. Valatour. In-12. *Garnier frères.* 3 fr. 50 c.

Cauquil, le docteur. — Études économiques sur l'Algérie. Administration, colonisation, cantonnement des indigènes. In-8. (Oran.) *Challamel.* 2 fr.

Causes célèbres illustrées. Livraison 14 à 18 (ou T. III, livr. 4 et 5; et T. IV, livr. 1 à 3). In-4. *Lebrun et Cᵉ.* Prix de chaque livraison, 1 fr. 25 c.

Cauvin, J. — Les Anglais réformateurs de notre saint-père le pape. Satire politique. In-8. (Alger.) *Challamel.*   50 c.

Cauvin, Thomas. — Documents relatifs à l'histoire des corporations d'arts et métiers du diocèse du Mans, rassemblés par Thomas Cauvin et publiés par l'abbé Lochet. In-12. (Le Mans, *Monnoyer.*)   5 fr.

Cavalcade historique représentant l'entrée du roi Henri IV dans la ville de Chartres, lorsqu'il vint s'y faire sacrer roi de France. (Fête de bienfaisance, 15 mars 1860.) Petit in-8. (Chartres, *Petrot-Garnier.*)   60 c.

Cavasse, A. — Annuaire des sciences médicales. — Voy. *Annuaire.*

Cavos, Albert. — Reconstruction du grand théâtre de Moscou dit Petrowski. Notice descriptive accompagnée de 20 magnifiques planches en noir, teintées, ornementées et en chromolithographie. Dédié à S. M. Alexandre II, empereur de toutes les Russies. Grand in-fol. *Daziaro.*   50 fr.

Cayla, J. M. — Pape et Empereur. In-8. *Dentu.*   1 fr.
  Voy. aussi : *Mathieu, Un mot sur la brochure.*

Caylus, le comte de. — Vie inédite de Watteau. — Voy. *Goncourt, Watteau.*

Caylus, Mme de. — Souvenirs. — Voy. *Souvenirs.*

Cazalis de Fondouce. — Voy. *Bertin et Cazalis de Fondouce.*

——— Voy. *Serres et Cazalis de Fondouce.*

Cazenave, le docteur Édouard. — De l'action thérapeutique des Eaux-
  Bonnes dans la phthisie pulmonaire, mémoire présenté à la Société médicale d'hydrologie, séance du 5 mars 1860. In-8. *P. Asselin.*   2 fr.

Cazeneuve, Jean-Michel. — Deuxième mémoire justificatif de l'innocence du
  frère Léotade, des écoles chrétiennes de Toulouse, condamné aux travaux
  forcés à perpétuité par la Cour d'assises de la Haute-Garonne, le 4 avril
  1848, comme auteur du viol et du meurtre de Cécile Combettes ; décédé
  au bagne de Toulon le 26 janvier 1850 ; adressé au sénat avec le premier
  mémoire. In-8. (Toulouse, *chez l'auteur.*) *Dentu.*   2 fr. 50 c.

Ceillier, le R. P. dom Rémy. — Histoire générale des auteurs sacrés et ecclésiastiques. Nouvelle édition, soigneusement revue, corrigée, complétée
  et terminée par une table générale des matières. Tome 3 à 6. Grand in-8.
  L. Vivès.   Prix de chaque volume, 10 fr.
      T. I et II ont paru en 1858 et 1859. — Les souscripteurs s'engagent pour l'ouvrage com-
    plet en 15 volumes.

Celliez, Mme A. — Les Impératrices. France, Russie, Autriche, Brésil. Ouvrage illustré de 16 dessins à deux teintes, par J. Telory et H. Grenier.
  Grand in-8. *Ducrocq.*   Broché, 12 fr. ; relié, 17 fr.

——— Les Reines de France. 4e édit., revue et améliorée. Gr. in-8. *Ibid.* 12 fr.

Celse. — Traité de la médecine, en huit livres. Traduction nouvelle, par
  M. des Étangs, docteur en médecine. Grand in-8, avec figures. *Firmin
  Didot frères.*   5 fr.

Cénac Moncaut. — Voy. *Moncaut.*

Censier, J. — Manuel du commerçant. Nouveau livre d'arithmétique et de
  comptabilité commerciale. In-8. *E. Lacroix.*   1 fr. 50 c.

Ce que disent les fleurs ; contes et allégories, par une jeune fille. In-12. *Librairie évangélique.*   1 fr.

Ces Dames. Portraits de Malakoff, de Zou-Zou, de Risette, photographiés
  par Pierre Petit. 2e édition. In-32. *Dentu.*   1 fr. 50 c.

Césena, Amédée de. — L'Italie confédérée. Histoire politique, militaire et
  pittoresque de la campagne de 1859. Édition illustrée de gravures sur
  acier, de types militaires des différents corps des armées française, sarde
  et autrichienne, dessinés par Ch. Vernier ; des plans de Vérone, de Man-
  toue et de Venise, etc., et d'une carte du nord de l'Italie, dressée par
  Vuillemin. Livraison 29 à 80. (Fin.) Gr. in-8. *Garnier frères.*
                                       Prix de chaque livraison, 30 c.
      L'ouvrage complet forme 4 vol. gr. in-8. Prix, 24 fr — Les vol. 2 et 3, contenant le récit
    de la véritable campagne, ont été publiés séparément, réunis en un seul volume, sous le
    titre :

——— Campagne de Piémont et de Lombardie. Illustrée de gravures sur
  acier d'après Winterhalter, gravées par Ferdinand Delannoy et Wilmann.
  Grand in-8. *Ibid.*   20 fr.

Cesena, Sébastien Rhéal de. — Voy. *Rhéal.*

Cézard, Alph. — Le traité de commerce et la législation douanière. In-8.
  Dentu.   1 fr.

Chabaille, P. — Gaufrey, chanson de geste. — Voy. *Anciens poètes.*

Chabat, Pierre. — Bâtiments de chemins de fer. — Embarcadères. — Plans de gares. — Stations. — Abris.— Maisons-de garde. — Remises de locomotives. — Halles à marchandises. — Remises de voitures. — Ateliers. — Réservoirs, etc. Avec planches gravées par Jules Pencl. Livraison 1 à 12. In-fol. *Morel et Cⁱ.* Prix de chaque livraison, 3 fr.

L'ouvrage sera publié en 20 livraisons. — La dernière contiendra le texte explicatif.

Chabert, C. — Agenda agricole. — Voy. *Agenda.*

Chabert, l'abbé C. — Les visions d'Isaïe. — Voy. *Visions.*

Chabert, F. M. — Recueil journalier. — Voy. *Ancillon.*

Chabreuil, Mᵐᵉ de. — Jeux et exercices des jeunes filles. Ouvrage illustré de 55 vignettes par Fath. 2ᵉ édition, revue, corrigée et augmentée. In-16. *Hachette et Cⁱ.* 2 fr.

Chabrillan, Comtesse de. — Est-il fou ? In-12. *Librairie Nouvelle.* 2 fr.

Chadeuil, Gustave. — Les Mystères du Palais (Mémoires d'un petit bossu). In-18. *Dentu.* 2 fr.

Chaigneau, Th. et Ch. Boverat. — A quoi tient l'amour ! vaudeville en 1 acte. (Théâtre des Folies-Dramatiques.) In-8. *Barbré.* 60 c.

Challamel, Augustin. — Histoire anecdotique de la Fronde, 1643 à 1653. In-12. *Librairie Nouvelle,* 2 fr.

———— Histoire du Piémont et de la maison de Savoie. In-4. *Havard.* 50 c.

———— Histoire inédite des papes depuis saint Pierre jusqu'à nos jours. In-4, avec portrait. *Ibid.* 50 c.

Challoner. — Le Jardin de l'âme, ou Choix des méditations pour tous les dimanches et les principales fêtes de l'année. Ouvrage traduit de l'anglais par l'abbé Bourdy. In-32. (Vannes, *Lamarzelle.*) 1 fr. 50 c.

Chalon. — Dandréa le Penseur, mystère en vers, en deux journées et sept tableaux. In-18. *Hubert, 74, boulevard de Strasbourg.* 1 fr.

Chamfort. — Pensées, maximes, anecdotes, dialogues, précédés de l'histoire de Chamfort; par P. J. Stahl. Nouvelle édition, revue et augmentée, contenant des pensées complétement inédites et suivie des lettres de Mirabeau à Chamfort. In-12. *Michel Lévy frères.* 3 fr.

Champagnac, Gustave de. — Étude sur la propriété littéraire et artistique; précédée d'une lettre de M. le vicomte A. de La Guéronnière. In-12. *Dentu.* 2 fr.

Champagny, le comte Franz de. — De la puissance des mots dans la question Italienne. In-8. *Douniol.* 80 c.

Champeau, le R.P. — L'Art de méditer, ou Diverses méthodes pour en faciliter la pratique même à ceux qui disent ne savoir et ne pouvoir. In-12. *Sarlit.* 2 fr.

Champfleury. — La Mascarade de la vie parisienne. In-12. *Librairie Nouvelle.* 3 fr.

———— Monsieur de Boisdhyver. Avec 4 eaux-fortes dessinées et gravées par Amand Gautier. In-12. *Poulet-Malassis.* 2 fr.

———— Œuvres nouvelles. La Succession Le Camus. Frontispice dessiné et gravé par Boivin. In-12. *Ibid.* 2 fr.

———— Richard Wagner. In-8. *Librairie Nouvelle.* 40 c.

———— Voy. aussi : *Chansons populaires des provinces de France.*

Champion, Maurice. — Les Inondations en France depuis le vi^e siècle jusqu'à nos jours. Tome II. In-8. *Dunod.* 10 fr.

> T. I. 1858. *Ibid.* 1 vol. in-8. 10 fr. — L'ouvrage aura 3 volumes.

Champollion-Figeac, Aimé. — Les Archives départementales de France. Manuel de l'archiviste des préfectures, des mairies et des hospices; contenant les lois, décrets, ordonnances, règlements, circulaires et instructions relatifs au service des archives; des renseignements pratiques pour leur exécution et pour la rédaction des inventaires, et précédé d'une introduction historique sur les archives publiques anciennes et modernes. In-8. *P. Dupont.* 9 fr.

—— Droits et usages concernant les travaux de construction publics ou privés sous la troisième race des rois de France; palais, châteaux, cathédrales, églises, forteresses, hospices, prisons, etc. (De l'an 987 à l'an 1380.) Grand in-8. *Leleux.* 15 fr.

> Extrait de la Revue archéologique.

—— Monographie du palais de Fontainebleau. — Voy. *Pfnor.*

Chansons populaires des provinces de France. Notices par Champfleury, accompagnement de piano par J.B. Wekerlin. Illustrations par MM. Bida, Bracquemond, Catenacci, Courbet, Faivre, Flameng, Français, etc. — Noëls. Chansons de mai. Ballades. Chansons de métiers. Rondes. Chansons de mariées. Grand in-8. *Lécrivain et Toubon.* 12 fr.

> Chants et chansons populaires de la France, 3 vol., et chansons populaires des provinces de France, 1 vol ; ensemble les 4 vol., 40 fr.

Chantepie, Edmond. — La Figure féminine au xixe siècle. L'esprit de la dot. In-12. *Amyot.* 3 fr. 50 c.

Chantrel, J. — Histoire populaire des papes. T. 1 à 5. In-18. *Dillet.*
Prix de chaque volume, 1 fr.

> T. I. Saint Pierre et les temps apostoliques (1er siècle). — T II. Les Papes des Catacombes (11e et 111e siècles). — T. III. Saint Sylvestre et l'arianisme (1ve siècle) — T. IV. Saint Léon le Grand et les barbares (ve siècle) — T. V Saint Grégoire le Grand et la conversion des barbares (v1e siècle). — L'ouvrage aura 24 volumes.

—— Nouveau cours d'histoire universelle. Tome 2. Histoire ancienne. 2e partie. Histoire romaine. In-12. *Putois-Cretté.* 2 fr. 25 c.

—— Le même. T. 3. Histoire du moyen âge. 1re partie. In-12. *Ibid.* 2 fr. 25 c.

—— La Royauté pontificale devant l'histoire. In-12. *Dillet.* 2 fr.

—— Lizzie Maitland. — Voy. *Lizzie.*

—— Encyclopédie catholique. — Voy. *Supplément.*

Chapitre II, où l'on demande une réforme à la Bourse. In-8. *Dentu.* 1 fr.

Chapsal. — Voy. *Noel et Chapsal.*

Chapuis, A. — La Lune. — Voy. *Lecouturier et Chapuis.*

Charcot, J. M. — De la pneumonie chronique. Thèse présentée au concours pour l'agrégation (section de médecine et de médecine légale) et soutenue à la Faculté de médecine de Paris. In-8, avec 1 planche. *A. Delahays.* 2 fr.

Chardhall, Luc. — La Ferme aux loups. 3 vol in-8. *A. Cadot.* 22 fr. 50 c.

Charles VI, drame en trois actes, à l'usage des jeunes gens; par M. l'abbé L..., professeur de belles-lettres. In-12. (Bordeaux, *Chaumas.*) 1 fr.

Charmasson de Puylaval, A. — Eaux de Saint-Sauveur, leurs spécialités. Maladies des femmes. Maladies nerveuses. In-8. *Baillière et fils.* 3 fr.

Charnal, G. de. — Voy. *Auger de Beaulieu et Charnal.*

Charpentier, le Dr D. — Observations de maladies des articulations, suites de goutte, de rhumatisme et de violences extérieures, traitées par les boues thermo-minérales sulfureuses de Saint-Amand. In-8. *J. Masson.* 1 fr. 50 c.

Charpentier. — Étude sur Salluste. — Voy. *Salluste.*

—— Étude sur Sénèque. — Voy. *Senèque.*

Charpignon, le Dr Jules. — Rapports du magnétisme avec la jurisprudence et la medecine légale. In-8. *Durand.*   1 fr. 50 c.

Charrière, E. — Négociations de la France dans le Levant. — Voy. *Documents inédits sur l'Histoire de France.*

Charton, Ed. — Voy. *Bordier et Charton.*

Chasles. — Les Trois livres de porismes d'Euclide, rétablis pour la première fois d'après la notice et les lemmes de Pappus, et conformément au sentiment de R. Simson sur la forme des énoncés de ces propositions. In-8. *Mallet-Bachelier.*   10 fr.

Chassant, Alph. et P. J. **Delbarre.** — Dictionnaire de sigillographie pratique contenant toutes les notions propres à faciliter l'étude et l'interprétation des sceaux du moyen âge. In-12 avec 16 planches. *Dumoulin.*   8 fr.

Chassin, Charles-Louis. — Le poëte de la révolution hongroise. Alexandre Petoefi. In-12. *Pagnerre.*   3 fr. 50 c.

—— Voy. aussi : *Iranyi et Chassin.*

Chasteau, Paul. — Une existence orageuse, avec préface par Alfred Driou. In-12. *Dentu.*   2 fr.

Chastellux, de. — Le Territoire du département de la Moselle, histoire et statistique. In-4. (Metz, *Malines.*)   12 fr.

Chateau, L. J. — L'Agriculture rationnelle. 1re partie. Théorie générale des lois de la nature. In-8, avec 2 planches. *E. Lacroix.*   1 fr.

Chateaubriand. — Œuvres complètes. Nouvelle édition, précédée d'une étude littéraire sur Chateaubriand, par M. Sainte-Beuve. T. IX. Etudes historiques. T. X. Histoire de France. — Les Quatre Stuarts. — Vie de Rancé. In-8. *Garnier frères.*   Prix de chaque volume, 5 fr.
    Édition en 12 volumes. — Voy. *Catalogue annuel,* 1859, page 43.

—— Œuvres complètes. T. V. Romans et poésies diverses. T. VI. Essai sur la littérature anglaise. Le Paradis perdu et Poëmes traduits de l'anglais. In-8. *Furne et Ce.*   Prix de chaque volume, 5 fr.
    Édition en 10 volumes. — Voy. *Catalogue annuel,* 1859, page 43.

—— Études historiques. Voyage en Amérique. Édition revue. *Vermot.* In-8, 5 fr. 50 c. In-12, 2 fr.

—— Les Martyrs. Essai sur la littérature anglaise. Édition revue. *Ibid.* In-8, 5 fr. 50 c. In-12. 2 fr.

—— Mémoires d'outre-tombe. Nouvelle édition. Tome 1 à 3. In-8. *Dufour, Mulat et Boulanger.*   Prix de chaque volume, 5 fr.
    Les Mémoires d'outre-tombe formeront 6 forts volumes.

—— Voy. aussi : *Clergeau, Chateaubriand,* et : *Sainte-Beuve, Chateaubriand.*

Châtelet, C. — Crimes et délits de l'Angleterre contre la France, ou l'Angleterre jugée par elle-même. In-8. (Lyon, *Girard et Josserand.*)   75 c.

Châtillon, Auguste de. — A la Grand'pinte (poésies). Avec une préface de Théophile Gautier. 2e édit., très-augmentée. In-12. *Poulet-Malassis.* 2 fr.

Chatin. — Sur l'iodisme constitutionnel, ou la saturation iodique. Discours prononcé à l'Académie impériale de médecine, le 10 avril 1860. In-8. *Baillière et fils.*   1 fr. 25 c.
    Extrait du Bulletin de l'Académie impériale de médecine.

Chaudron, L. — Moyen d'extraction permettant de réduire la section des puits sur une grande partie de leur profondeur, et application d'une machine à action directe, sans molette, construite par MM. Pirotte et C⁰. In-4, avec 2 planches. (*Liége.*) *E. Lacroix.* 3 fr. 50 c.

Chaumont, Alfred de. — Les Rayons d'or de la vie des enfants, ou les Joyeux anniversaires des fêtes de la famille. In-8. *Fonteney et Peltier.* Rel., 9 fr.

Chaumont, L. — Voy. *Petitcolin et Chaumont.*

Chautard, J. — Les Foudres du Vatican. In-8. *Dentu.* 1 fr.

—— Guelfes et gibelins. Lettre à propos de la brochure de Mgr l'évêque d'Orléans. In-8. *Ledoyen.* 75 c.

—— Voy. aussi : *Feré et Chautard.*

Chauveau, Adolphe. — Code d'instruction administrative, suivi d'un formulaire annoté de tous les actes d'instruction administrative ; ouvrage faisant suite aux lois de la procédure civile, à la compétence administrative et au formulaire de procédure civile. 2ᵉ édition. T. Iᵉʳ. In-8. *Cosse et Marchal.* Prix de l'ouvrage complet en deux vol., 12 fr.

Chauveau, Louis. — L'Institution des agents de change, son origine, ses luttes, ses développements. In-8. *Dentu.* 1 fr.

Chauvet, le docteur N. M. — L'Avenir de l'homœopathie. Lettres à M. le docteur Bretonneau. In-8. *Baillière et fils.* 6 fr.

Chauvin, le docteur Achille. — Des néoplasmes au point de vue du cancer. Considérations anatomo-pathologiques. In-8. (Montpellier, *Boehm et fils.*) 2 fr. 50 c.

Chauvin, Vict. — La brochure d'un paysan du Danube. In-8. *Dentu.* 1 fr.

Chavannes, Felix. — Le Quêteur du Léman, pour des œuvres de charité. (Poésies.) In-18. (Geneve.) *Cherbuliez.* 1 fr. 50 c.

Chazallon, A. M. R. —Annuaire des marées. — Voy. *Annuaire.*

Chazelles, le comte A. de. — Étude sur le système colonial. In-8. *Guillaumin et C⁰.* 5 fr.

Chemin de Rome (le), s'il vous plaît ? In-12. (Lyon.) *Amyot.* 10 fr.

Par Edouard Delessert.

Chemins (les) à roulettes ou la question des chemins de fer vicinaux résolue par un nouveau mode de locomotion individuelle et populaire de l'invention du docteur J. Juge. In-8. *F. Savy.* 2 fr.

Chenu, le docteur J. C. — Manuel de conchyliologie et de paléontologie conchyliologique. T. I, 2ᵉ partie. Grand in-8. *Masson et fils.* 12 fr. 50 c.

L'ouvrage se composera de deux volumes du prix de 25 fr. chacun. — Chaque volume est publié en deux parties. — La 1ʳᵉ partie du T. I a paru en 1859.

Cherbuliez, Victor. — A propos d'un cheval. Causeries athéniennes. Gr. in-8. (Genève.) *Cherbuliez.* 6 fr.

Chergé, Ch. de. — Lettres d'un paysan gentilhomme sur la loi du 28 mai 1858, et le decret du 8 janvier 1859, relatifs aux noms et titres nobiliaires. In-8. (Poitiers.) *Dumoulin.* 2 fr.

Chéron, Paul. — Voy. *Boileau, Œuvres.*

Chérot, E. — La Bourgeoisie et l'Empire. In-8. *Dentu.* 1 fr.

Chéruel. — Journal d'Olivier Lefèvre d'Ormesson. — Voy. *Documents inédits sur l'histoire de France.*

—— Voy. aussi : *Mémoires de Mˡˡᵉ de Montpensier.*

Chesnel, l'abbé François. — Méditations à l'usage des communautés religieuses pour tous les jours de l'année, ou le Pain quotidien de l'âme pieuse. 4 vol. in-12. *Pélagaud et C*. 10 fr.

Chevallier, A. — Essai sur la possibilité de recueillir les matières fécales, les eaux vaines, les urines de Paris avec utilité pour la salubrité et avantage pour la ville et pour l'agriculture. In-8. *Baillière et fils.* 1 fr. 25 c.

Chevojon, l'abbé. — Le Manuel de la jeune fille chrétienne. In-16. *J. L. Lesort.* 2 fr.

Chevrier, Edmond. — Le Général Joubert. Étude sur sa vie, fragments de sa correspondance inédite. In-8. (Bourg, *Martin-Bottier.*) 3 fr. 50 c.

Chine contemporaine (la), d'après les travaux les plus récents. Traduction de l'allemand, par A. J. Du Bosch. 2 vol. in-12. (Bruxelles.) *A. Bohné.* 7 fr.

Chirat, Ludovic. — Étude des fleurs. Botanique élémentaire descriptive et usuelle, simplifiée pour la jeunesse et les familles. Troisième édit., revue et augmentée par l'abbé Cariot. 3 vol. in-12. (Lyon.) *F. Savy.* 14 fr.

Chivot H. et A. **Duru.** — Les Splendeurs de Fil d'acier, pièce en trois actes, précédée de : la Nuit du 27 septembre, prologue. (Théâtre des Folies-Dramatiques). In-12. *Librairie nouvelle.* 1 fr.

Choffé, F. — La Papauté aux abois, ou le christianisme vengé. In-8. (Stuttgard, *Aue.*) 1 fr. 50 c.

Choler, A. — Voy. *Labiche et Choler.*

—— Voy. *Michel et Choler.*

—— Voy. *Siraudin, Delacour et Choler.*

Cholet, Victor. — L'Homme et la source, fable politique. In-8. *Garnier frères.* 75 c.

Chotard, Henri. — Le Périple de la mer Noire par Arrien. Thèse présentée à la Faculté des lettres de Paris. In-8. *A. Durand.* 4 fr.

Choulette, S. — Observations pratiques de chimie, de pharmacie et de médecine légale. 1er fascicule. In-18. *Germer Baillière.* 1 fr. 50 c.

Chovin de Die, dit François. — Le Conseiller des compagnons. In-12. *Dutertre.* 2 fr.

Chrétien (le) devant Dieu. Recueil de méditations et de prières. Traduit librement par Frédéric Lods, pasteur. In-12. *Ve Berger-Levrault et fils.* 3 fr.

Christian, P. — L'Ange Wehrda, ou le sacrement de Mariage. In-32. *Josse.* 60 c.

—— Les Cœurs brisés, ou le sacrement de Pénitence. In-32. *Ibid.* 60 c.

—— La Crosse et le Glaive, ou le sacrement de l'Ordre. In-32. *Ibid.* 60 c.

—— L'Écho des Catacombes, ou le sacrement de Confirmation. In-32. *Ibid.* 60 c.

—— La Forêt-vierge, ou le sacrement de l'Extrême-Onction. In-32. *Ibid.* 60 c.

—— Une Page de ma vie, ou le Sacrement de l'Eucharistie. In-32. *Ibid.* 60 c.

—— Les Fleurs du ciel. Édition illustrée par 18 aquarelles composées et dessinées par Cl. Giappori, imprimées en lithochromies par Hangard-Maugé. In-4. *Hangard-Maugé.* 75 fr.

Chronicon paschale. — Voy. *Patrologiæ cursus completus.*

Chronique du roi Françoys. — Voy. *Cronique.*

Chroniques judiciaires. — Le Docteur noir Vriès. Exercice illégal de la médecine. — Affaire Giblain, agent de change. In-4. *G. Havard.* 50 c.

—— John Brown. Condamnation à mort. — Un mariage forcé aux îles Wallis. — Assassinat de la fille du président Geffrard. — Combat entre Italiens et Autrichiens, à Marseille. In-4. *Ibid.* 50 c.

—— Affaire Lemoine, accusation d'infanticide, enfant brûlé. — Affaire Defert, tortures exercées sur une jeune fille par ses père et mère. — Léonie Chéreau, enfant volé. In-4. *Ibid.* 50 c.

Chroniques de Yolande de France, duchesse de Savoie, sœur de Louis XI. Documents inédits, recueillis et mis en ordre par Léon Ménabréa. In-8. . *Chamerot.* 7 fr.

   Tiré à très-petit nombre.

Cibrario, le chev. L. — Précis historique des ordres religieux et militaires de . Saint-Lazare et de Saint-Maurice, avant et après leur réunion. Traduit de l'italien, par Humbert-Ferrand. In-8, avec 4 pl. (Lyon.) *Aubry.* 10 fr.

Cinti-Damoreau, Mⁿᵉ. — Nouvelle méthode de chant, à l'usage des jeunes personnes. Introduction à sa méthode d'artiste. (Développement progressif de la voix.) Grand in-8, avec musique. *Heugel et Cᵉ.* 8 fr.

Civiale, le Dʳ. — Traité pratique sur les maladies des organes génito-urinaires. 3ᵉ édit., considérablement augmentée. T. III. Maladies du corps de la vessie. In-8. *Baillière et fils.* 8 fr.

   Prix de l'ouvrage complet en 3 volumes, 24 fr. — T. I et II ont paru en 1858.

—— Nouvelles recherches sur la fièvre et quelques phlegmasies spéciales qu'on conserve dans les maladies des organes génito-urinaires, en particulier pendant leur traitement. In-8. *Ibid.* 2 fr. 50 c.

Claessens, P. — Raison et révélation. Exposition sommaire de quelques notions et de principes généraux d'une philosophie catholique. In-8. (Malines, *Van Velsen.*) 3 fr.

Clair, Ém. — La Légion d'honneur. — Voy. *Légion.*

Clairaut. — Éléments de géométrie. Nouvelle édition, publiée conformément aux indications des derniers programmes, sans autre changement que la substitution des nouvelles mesures aux anciennes, par M. Saigey. In-12. *Hachette et Cᵉ.* 2 fr.

Clairville et Eugène **Moreau.** — Quel drôle de monde! vaudeville en un acte. (Théâtre des Variétés.) In-8. *Beck.* 60 c.

—— **Pol Mercier** et Léon **Morand.** — Un troupier qui suit les bonnes, comédie-vaudeville en trois actes. (Théâtre des Variétés.) In-12. *Librairie Nouvelle.* 4 fr.

—— **Siraudin** et Lambert **Thiboust.** — La Fille du diable, vaudeville fantastique en cinq actes et huit tableaux. Musique de MM. Nargeot et Camille Schubert. (Théâtre des Variétés.) In-12. *Ibid.* 4 fr. 50 c.

—— Voy. aussi : *Cogniard et Clairville.*

Claparède, Édouard et Johannes **Lachmann.** — Étude sur les infusoires et les rhizopodes. T. I, 1ʳᵉ et 2ᵉ partie. In-4, avec 24 pl. (Genève.) *Baillière et fils.* Prix de chaque partie, 20 fr.

   Le T. I sera complet en 3 livraisons.

Clarinval, le capitaine E. — Expériences sur le marteau pilon à canne et à ressort de M. Schmerber et sur la dureté des corps. In-8 avec 2 planches. *Corréard.* 4 fr.

Clariond. — Philosophie chrétienne. La Loi d'amour. In-12. *Desloges.* 4 fr.

Clarisse-Anna, Mᵐᵉ. — L'Émeraude de Grenade, conte. In-12. *Ledoyen.* 50 c.

Clater, Francis. — Le Chasseur-médecin, ou Traité complet sur les maladies du chien, traduit de l'anglais sur la 27ᵉ édition. 3ᵉ édition française, corrigée et augmentée par Mariot-Didieux. In-12. *E. Lacroix.* 2 fr.

Claudel, J. — Formules, tables et renseignements pratiques ; aide-mémoire des ingénieurs, des architectes, etc. 5ᵉ édition, revue et considérablement augmentée. In-8, avec 3 planches. *Dunod.* 12 fr. 50 c.

Claveau, Anatole. — Nouvelles contemporaines : Un neveu entre deux oncles. — Monsieur Aristide. — Une famille éteinte. — Le Charlatan. In-12. *Hachette et Cᵉ.* 2 fr.

Clavel, le Dʳ. — Les Races humaines et leur part dans la civilisation. In-8. *Poulet-Malassis.* 5 fr.

Clayc, Louis. — Les Talismans de la beauté. In-12. *Chez l'auteur, 317, rue Saint-Denis.* 1 fr.

Clegg, Samuel. — Traité pratique de la fabrication et de la distribution du gaz d'éclairage et de chauffage. Traduit de l'anglais et annoté par Ed. Servier. In-4 avec 144 fig. et un atlas in-4 de 28 pl. *E. Lacroix.* 40 fr.

Clémence Robert. — Voy. *Robert.*

Clément, Félix. — Histoire générale de la musique religieuse. In-8. *Ad. Le Clère et Cᵉ.* 8 fr.

Clément, Jules. — Manuel des familles et des ménages, recueil complet de recettes, secrets et formules, etc. In-18. (Sens, *Clément.*) 2 fr.

———— Le Vétérinaire. Ouvrage pratique pour le traitement des maladies des bestiaux. In-12. *Ibid.* 1 fr. 50 c.

Clément, Pierre. — Voy. *Lavallière, Réflexions sur la miséricorde.*

Clément de la Chave. — Siamora la druidesse, ou le Spiritualisme au XVᵉ siècle. In-12. *Vannier.* 2 fr.

Cléon. Épisode de l'église d'Alexandrie au IIIᵉ siècle. Traduit librement de l'anglais. In-12. *Meyrueis et Cⁱᵉ.* 4 fr. 50 c.

Clerc, le président. — Étude complète sur Alaise. — Alaise n'est pas l'Alesia de César. In-8. (Besançon, *Turbergue.*) 2 fr. 50 c.

Clergeau, l'abbé. — Chateaubriand : sa vie publique et intime ; ses œuvres. Étude historique et biographique, suivie d'une Réplique à M. Sainte-Beuve sur son livre : Chateaubriand et son groupe littéraire sous l'empire. In-8. *Dufour, Mulat et Cᵉ.* 2 fr. 75 c.

Clermont, G. de. — Voy. *Helfferich et Clermont.*

Coalition (la). In-8. *Dentu.* 1 fr.

———— intérieure (la), en vers. In-8. *Ibid.* 50 c.

Cobourg. — Fables nouvelles. In-12. *A. Delahays.* 2 fr.

Cocheris, H. — Le Blason des couleurs. — Voy. *Sicile.*

Cochet, l'abbé. — Quelques particularités relatives à la sépulture chrétienne au moyen âge. In-8. *Blériot.* 75 c.
  Extrait de la Revue de l'art chrétien.

Cochin, Augustin. — La Question italienne et l'opinion catholique en France. Précédé d'une lettre du R. P. Lacordaire. In-8. *Douniol.* 80 c.
  Extrait du Correspondant.

Cockerill, John. — Portefeuille. — Voy. *Portefeuille.*

Cocquerel, A. — L'Algérie. Une solution. Octobre 1860. In-8. (Alger.) *Challamel aîné.* 50 c.

Coffinet, l'abbé. — Trésor de Saint-Etienne, insigne et royale église collégiale de Troyes. In-4, avec 2 planches.' *Vict. Didron.* 3 fr.

Cognat, l'abbé. — Polémique religieuse. Quelques pièces pour servir à l'histoire des controverses de ce temps. In-12. *Didier et C*. 3 fr. 50 c.

Cogniard, Th. et **Clairville**. — La Grande marée, mystification en deux actes mêlée de chants. (Théâtre des Variétés.) In-4. *Barbré.* 20 c.

———— ———— Sans queue ni tête, revue à l'envers; on commencera par la fin, trois actes et huit tableaux. (Théâtre des Variétés.) In-12. *Michel Lévy frères.* 1 fr.

———— et H. **Crémieux**. — Le Pied de mouton, grande féerie-revue-ballet en 21 tableaux, imitée de Martainville. (Théâtre de la Porte-Saint-Martin.) Gr. in-8. *Barbré.* 40 c.

Cohen, Henry. — Description historique des monnaies frappées sous l'empire romain, communément appelées médailles impériales. T. III. Gr. in-8 avec 19 planches. *Rollin.* 20 fr.

L'ouvrage aura cinq ou six volumes. — T. I et II ont paru en 1859.

Col, Théophile. — Fleurs de jeunesse, poésies légères. In-8. (Saint-Etienne, *Montagny.*) 2 fr.

Colani, T. — Sermons. 2e recueil. 2e édition. Grand in-12. (Strasbourg, *Treuttel et Wurtz.*) *Cherbuliez.* 3 fr. 50 c.

———— Nouveaux sermons. In-12. *Ibid.* 3 fr. 50 c.

Colin. — Tarif des ouvrages de menuiserie à façon, selon le système métrique. 4e édition, revue, corrigée et augmentée de sous-détails. In-4. *Chez l'auteur, 20, rue de l'Empereur.* 5 fr.

Collavecchia, César. — L'influence de la poésie moderne en Italie. In-12. *Castel.* 1 fr.

Collection des Mémoires relatifs à l'histoire de Belgique. In-8. (Bruxelles, *J. Heussner.*)

    T. VII. — Mémoires anonymes sur les troubles des Pays-Bas, 1565-1580, avec notices et annotations par J. B. Blaes. T. II. 7 fr. 50 c.

Collin, S. A. — Le Guide du propriétaire d'abeilles. 2e édition. In-12. (Nancy, *Vagner.*) *Goin.* 2 fr.

Colombey, Émile. — L'Esprit au théâtre. In-12. *Hachette et C*. 3 fr. 50 c.

Comberouse, Charles de. — Cours de mathématiques à l'usage des candidats à l'École centrale des arts et manufactures et de tous les élèves qui se destinent aux écoles du gouvernement. Tome Ier. Arithmétique. — Algèbre élémentaire. In-8. *Mallet-Bachelier.* 7 fr. 50 c.

Comettant, Oscar. — Histoire d'un inventeur au xviiie siècle. Adolphe Sax. Ses ouvrages et ses luttes. In-8, avec portrait. *Pagnerre.* 6 fr.

———— Voy. aussi : *Almanach des Deux-Mondes* et *Almanach musical*.

Commerson. — Petite Encyclopédie bouffonne, contenant les Pensées d'un emballeur, les Éphémérides et le Dictionnaire du Tintamarre, etc. In-32. *Passard.* 1 fr. 50 c.

———— et **Labourieu**. — Quatre femmes sur les bras, vaudeville en un acte. (Théâtre de la Gaîté.) In-8. *Mifliez.* 50 c.

Comnène, le prince Nicolas-Steph. — Les Deux grandes perturbations sociales recommencées en Orient et en Occident. vastes conspirations contre les catholiques, les nations civilisées et les indépendances de l'Europe centrale, manifestées en Italie et en Palestine. Grand in-8. *Douniol.* 1 fr. 50 c.

Compendium philosophicum ab ex-professore seminarii Nanceiencis redactum. In-8. (Nancy, *Vagner.*) 3 fr.

Complément de l'Encyclopédie moderne, dictionnaire abrégé des sciences, des lettres, des arts, de l'industrie, de l'agriculture et du commerce ; publié par MM. Firmin Didot frères, sous la direction de MM. Noël des Vergers et Léon Renier, et de M. Édouard Carteron. T. IX. (Marocain-Mycale.) Avec un cahier de 22 planches. *Firmin Didot frères.* 3 fr. 50 c.
Prix du cahier de planches, 1 fr. 50 c.

Complément de l'œuvre de 1830. — Établissements à créer dans les pays transatlantiques. Avenir du commerce et de l'industrie belges. In-8, avec une carte de l'Asie. (Bruxelles, *C. Muquardt.*) 2 fr. 50 c.

Comptes rendus des séances et mémoires de la Société de biologie. T. Ier de la 3e série. Année 1859. In-8, avec 11 planches. *Baillière et fils.* 7 fr.

Condom, de. — Voy. *Lavallière, Réflexions sur la miséricorde de Dieu.*

Conférence (la). In-8. *Dentu.* 1 fr.

Confession d'un catholique repoussé du confessionnal pour avoir protesté contre le nouveau dogme de l'immaculée Conception de la sainte Vierge, l'infaillibilité du pape, la souveraineté temporelle et les autres dogmes ultramontains hautement enseignés, quoique non encore décrétés. In-8. (Alger.) *Chamerot.* 1 fr.

Congnet, Henri. — Auteurs chrétiens en latin classique. Recueil propre à former les jeunes gens à la piété et à leur inspirer le goût d'une pure et élégante latinité. In-12. *Périsse frères.* 2 fr. 60 c.

—— Soldat et prêtre, ou le Modèle de la vie sacerdotale et militaire, dans le récit et l'exposé des actions et des sentiments de l'abbé Timothée Marprez. In-8. *Ibid.* 5 fr. 50 c.

Congrès (le) de 1860, par un Italien. In-8. (Bâle.) *Magnin, Blanchard et Ce.* 4 fr.

—— archéologique de France. Séances générales tenues à Périgueux et à Cambrai en 1858, par la Société française d'archéologie pour la conservation des monuments historiques. 25e session. In-8. (Caen, *Hardel.*) *Derache.* 10 fr.

—— scientifique de France. 26e session, tenue à Limoges en septembre 1859. T. Ier. In-8. (Limoges, *Chapoulaud frères.*) *Ibid.*
Prix pour les deux volumes, 16 fr.

Coninck, Frédéric de. — Deux lettres sur le maintien de la liturgie dans l'Église réformée française reconnue par l'État. In-8. (Le Havre.) *Grassart.* 50 c.

—— Les Synodes. In-8. (Le Havre.) *Ibid.* 50 c.

Connaissance (la) générale du bœuf. Études de zootechnie pratique sur les races bovines, avec un atlas de 83 planches ; par les auteurs de l'Encyclopédie pratique de l'agriculteur, publiée par F. Didot frères, fils et Ce, sous la direction de MM. L. Moll et Eug. Gayot. In-8, avec atlas. *Firmin Didot frères.* 15 fr.

Connaissance des temps ou des mouvements célestes, à l'usage des astronomes et des navigateurs, pour l'an 1862, publiée par le Bureau des longitudes, avec additions. In-8. *Mallet-Bachelier.* 7 fr. 50 c.
184e volume de la collection.

Conny, de. — Remarque sur une prétendue défense de la liturgie de Lyon (pour faire suite aux recherches sur l'abolition de la liturgie antique dans l'église de Lyon). In-12. *Lecoffre et Ce.* 1 fr. 75 c.

Conscience, Henri. — La Mère Job. — La Grâce de Dieu. — La Grand'mère. Traduction de Léon Wocquier. 2ᵉ édition. In-12. *Michel Lévy frères.* 1 fr.

—— Les Veillées flamandes. Traduction de Léon Wocquier. Nouvelle édition. In-12. *Ibid.* 1 fr.

Considérations sur les causes des succès de Napoléon III dans la dernière guerre d'Italie, avec quelques conséquences à en tirer pour la conduite des guerres futures. In-8. *Leneveu.* 1 fr.

Consolin, B. — Manuel du voilier, revu et publié par ordre de S. Exc. M. l'amiral Hamelin, ministre de la marine. Ouvrage approuvé pour l'instruction des élèves de l'École navale et pour celle des voiliers des arsenaux. Grand in-8, avec 11 planches. *Mallet-Bachelier.* 12 fr.

Constant, Alf. — Histoire naturelle des papillons, suivie de la chasse aux papillons et autres insectes. In-16, avec gravures. *Desloges.*

Avec figures noires, 3 fr.; color., 5 fr.

Consultation de MM. les bâtonniers de l'ordre des avocats du barreau de Paris, en réponse aux questions posées par M. le comte d'Haussonville, suivie des adhésions de MM. Odilon Barrot et Hébert, et de MM. les bâtonniers, membres du conseil de l'ordre et avocats des barreaux de départements. In-8. *Michel Lévy frères.* 1 fr.

Contant et Filippi. — Parallèle des principaux théâtres modernes de l'Europe et des machines théâtrales françaises, allemandes et anglaises. Dessins par Clément Contant. Texte par Joseph de Filippi. Livraison 5 à 34. (*Fin.*) Grand in-fol. *A. Lévy fils.* Prix de chaque livraison, 5 fr.

L'ouvrage complet forme 2 vol. in-folio avec 134 planches gravées. Prix, 160 fr. Sur grand papier, 200 fr.

Conte-Atxem. — Atlas géographique avec questionnaire. In-4. *Conte-Atxem.* 80 c.

Contrainte (la) par corps au XIXᵉ siècle. In-8. *Dentu.* 1 fr.

Coquerel père, Athanase. — L'Excommunication, sermon sur I Corinthiens, XI, 28, prononcé le 22 avril 1860, dans le temple de l'Oratoire. In-12. *Cherbuliez.* 50 c.

—— Observations pratiques sur la prédication. In-12. *Ibid.* 3 fr. 50 c.

Coquerel fils, Athanase. — La Saint-Barthélemy, extrait du Précis de l'histoire de l'Église réformée de Paris, publié dans la Nouvelle Revue de théologie. In-8. (Strasbourg.) *Ibid.* 75 c.

Corblet, l'abbé J. — Étude iconographique sur l'arbre de Jessé. In-8, avec 3 planches. *Blériot.* 2 fr.

—— De l'influence du protestantisme sur la philosophie, les lettres et les arts. In-8. (Arras, *Rousseau-Leroy.*) 1 fr.

Cordier, Alphonse. — Étude sur les industries du coton, du lin, de la soie et leurs dérivés dans la région Nord, précédée de quelques considérations économiques. In-8. *E. Lacroix.* 3 fr. 50 c.

Cordier, l'abbé Alphonse, — Martyrs et bourreaux de 1793. 2ᵉ édition. 3 vol. in-12. *Vivès.* 40 fr.

Cordier, Eugène. — Le Droit de famille aux Pyrénées. Baréges, Lovedan, Béarn et pays basques. In-8. *A. Durand.* 2 fr.

Extrait de la Revue historique du droit français et étranger.

Coré, F. — Guide commercial des constructeurs mécaniciens, des fabricants et des chefs d'industrie. In-8. *Firmin Didot frères.* 8 fr.

Cormon, E. et Michel **Carré**. — Le Château Trompette, opéra-comique en 3 actes. Musique de A. Gevaërt. (Théâtre de l'Opéra-Comique.) In-12. *Michel Lévy frères.* 1 fr.

Cornaro, Louis. — De la Sobriété. — Voy. *École de Salerne.*

Cornay, le docteur Joseph-Émile. — Mémoire sur les causes de la coloration des œufs des oiseaux et des parties organiques végétales et animales. In-8. *P. Asselin.* 1 fr. 25 c.

Cornelius à Lapide. — Commentaria in Scripturam sacram. Accurate recognovit ac notis illustravit Augustinus Crampon. T. IV, V, VI, VII, IX, XI, XII. Grand in-8. *L. Vivès.* Prix de chaque volume, 10 fr.

L'édition formera 22 vol. Les vol. 1 à 3 et 15 à 21 ont été publiés de 1857 à 1859. Les souscripteurs ne payeront que 20 volumes.

Cornet, l'abbé N. J. — Les Saintes reliques d'Aix-la-Chapelle. In-12. *Lethielleux.* 80 c.

Cornet-Paulus. — Dictionnaire géographique et statistique de toutes les villes et communes du département de la Marne. In-12. (Châlons-sur-Marne, *Laurent.*) 1 fr. 75 c.

Cornisset, Gustave. — Fables. In-12. *Librairie Nouvelle.* 1 fr.

Correspondance du prince Pierre Dolgoroukow avec le gouvernement russe. In-32. *A. Franck.* 50 c.

—— d'Alexandre de Humboldt avec Varnhagen von Ense, de 1827 à 1858, accompagnée d'extraits du journal de Varnhagen et des lettres adressées à de Humboldt par Varnhagen, LL. MM. les rois de Prusse et de Danemark, etc., etc. Traduction de l'allemand par Max. Sulzberger. In-12. (Bruxelles.) *A. Bohné.* 5 fr.

Une autre édition de ce livre a été publiée sous le titre : *Lettres d'Alexandre de Humboldt.* — Voy. cet article.

—— de V. Jacquemont avec sa famille et plusieurs de ses amis pendant son voyage dans l'Inde (1828-1832). 5e édition, accompagnée d'une carte nouvelle. 2 vol. in-12. *Garnier frères.* 7 fr.

—— diplomatique de Joseph de Maistre, 1811-1817, recueillie et publiée par Albert Blanc. 2 vol. in-8. *Michel Lévy frères.* 15 fr.

—— du duc de Mayenne, publiée sur le manuscrit de la bibliothèque de Reims, par E. Henry et Ch. Loriquet. T. Ier. In-8. *Didron.* 8 fr.

Documents inédits de la bibliothèque de Reims. Publication de l'Académie impériale de Reims. L'ouvrage aura 2 vol.

—— de Napoléon Ier, publiée par ordre de l'empereur Napoléon III. T. 3, 4 et 5. In-8. *H. Plon.* Prix de chaque volume, 6 fr.

La Correspondance formera environ 15 vol. Les T. I et II ont paru en 1858 et 1859.

Cortambert, E. — Tableau général de l'Amérique. Rapport sur les progrès de l'ethnographie et de la géographie en Amérique pendant les années 1858 et 1859. In-8. *Challamel aîné.* 1 fr. 50 c.

Extrait des Comptes rendus des séances de la Société d'ethnographie.

—— Voy. aussi : *Malte-Brun, Géographie universelle.*

Cosnac, le comte Jules de. — Question romaine. Croisade. In-8. *Douniol.* 80 c.

Costallat, le docteur Max. — Étiologie et prophylaxie de la pellagre. Communications adressées à M. le ministre de l'agriculture et du commerce, suivies du rapport du comité consultatif d'hygiène et de salubrité, par le docteur Amb. Tardieu, et de diverses pièces justificatives. In-8. *Baillière et fils.* 1 fr. 50 c.

Extrait des Annales d'hygiène publique et de médecine légale.

Coste, le professeur. — Histoire générale et particulière du développement des corps organisés, publiée sous les auspices du ministre de l'instruction publique. 4e fascicule. In-4, avec atlas in-fol. de 12 planches. *Masson et fils*. 52 fr.
Les 3 premières livraisons ont paru de 1848 à 1853. — Prix de chaque livraison, 52 fr.

Coste, A. — Notice historique et topographique sur la ville de Vieux-Brisach, avec plan de la ville de 1692. In-8, avec 3 pl. (Mulhouse, *Risler*.) 4 fr.

Coste, l'abbé S. de. — Le Diamant polyglotte en trois langues, grec, latin et français en regard, offert au clergé, aux maisons d'éducation et aux chrétiens instruits. In-18. *Vrayet de Surcy*. 4 fr.

Cotelle. — Cours de droit administratif appliqué aux travaux publics. 3e édition, présentant dans leur dernier état la législation et les règlements, la jurisprudence du Conseil d'État et des Cours, et la doctrine des auteurs. T. III. In-8. *Dunod*. 7 fr. 50 c.
L'ouvrage formera 4 volumes — Prix pour les souscripteurs, 25 fr.

Cotte, Narcisse. — Le Maroc contemporain. In-12. *Charpentier*. 3 fr. 50 c.

Cotteau, Gustave. — Études sur les Échinides fossiles du département de l'Yonne. Avec des figures de toutes les espèces, lithographiées d'après nature par M. E. Levasseur. Livraison 27 et 28. In-8. *J. B. Baillière et fils*. Prix de chaque livraison, 75 c.

—— et **Triger**. — Échinides du département de la Sarthe, avec figures dessinées et lithographiées d'après nature par M. E. Levasseur. Livraison 4 à 6. Gr. in-8. *Ibid.* Prix de chaque livraison, 7 fr. 50 c.
L'ouvrage sera publié en 7 ou 8 livraisons.

Cottière, E. de Jacob de la. — Voy. *Jacob*.

Couché. — Galerie du Palais-Royal. — Voy. *Galerie*.

Couder, C. — Formulaire de la comptabilité des percepteurs et receveurs de communes, hospices et établissements de bienfaisance, etc. In-8. *P. Dupont*. 8 fr.

Cougny, G. de. — Notice archéologique et historique sur le château de Chinon. In-8, avec 2 planches. (Chinon, *Challuau*.) 1 fr. 50 c.

Couleru. — Nouveau cours élémentaire de coloris et d'aquarelle, suivi de considérations sur la peinture orientale. Accompagné de sujets variés, dessinés par Julien, Hubert, Victor Adam, etc. In-4, avec 12 planches, dont 6 coloriées. *Monrocq frères*. 6 fr. 50 c.

Coulier. — Description générale des phares et fanaux et des principales remarques existant sur le littoral maritime du globe, à l'usage des navigateurs. 14e édition, augmentée. In-12. *Robiquet*. 4 fr.

Coulier, P. — Manuel pratique de microscopie appliquée à la médecine. Avec 12 planches dessinées et gravées par l'auteur. In-12. *Dezobry, Magdeleine et Ce*. 5 fr.

Coulin, l'abbé. — L'Année du pieux fidèle, ou Méditations sur les mystères et les principales vérités de la religion, suivant l'esprit de la liturgie catholique. T. XVII. Temps de Pentecôte. In-32. *Sarlit*. 1 fr. 80 c.

—— Les Méditations d'un prêtre; la grandeur et la dignité de son caractère, la sainteté et la sublimité de ses fonctions, l'excellence des vertus que l'Église exige de lui. In-12. *A. Jouby*. 3 fr.

Coup d'œil sur l'histoire de la maison d'Autriche et conséquences de la situation qu'elle occupe en Europe. In-8. *Dentu*. 50 c.

Coupry, H. — Lettre à S. M. l'empereur Napoléon III. Réflexions sur l'Algérie. In-8. (Alger.) *Challamel aîné*. 1 fr. 50 c.

Courcelle-Seneuil, J. G. — Tratado téorico y pratico de economia politica. Traducido por encargo de S. E. don Manuel Montt, presidente de la repu- blica de Chile, por J. Bello. 2 vol. in-8. *Guillaumin et Ce.*　　15 fr.

L'ouvrage français a paru en 1858 et 1859. Il forme également 2 vol. in-8. Prix : 15 fr.

Courcy, Alfred de. — Un nom. In-12. *Douniol.*　　2 fr. 50 c.

Courcy, Charles de. — Daniel Lambert, drame en cinq actes. (Théâtre de l'Odéon.) In-12. *Michel Lévy frères.*　　2 fr.

Courcy, Pol et Henri. — Notice sur Notre-Dame du Folgoët. In-12. (Saint-Brieuc, *Prud'homme.*)　　1 fr.

Courdaveaux, Victor. — Du beau dans la nature et dans l'art. In-8. (Troyes, *Bouquot.*) *Didier et Ce.*　　3 fr. 75 c.

Cournol, Hippolyte. — Voy. *Horace, Œuvres.*

———— Voy. *Virgile, Œuvres.*

Cousin-Despréaux. — Le Livre de la nature, ou l'Histoire naturelle, la physique et la chimie présentées à l'esprit et au cœur ; entièrement refondu et mis au niveau des connaissances actuelles, par M. Desdouits. 5e édition, revue, corrigée et augmentée. 4 vol. in-12. *Lecoffre et Ce.*　　6 fr.

Couturier de Vienne, F. A. — Paris moderne. Plan d'une ville modèle que l'auteur a appelée Novutopie. In-12. *Dentu.*　　3 fr. 50 c.

Créhange, A. Ben Baruch. — Annuaire. — Voy. *Annuaire parisien.*

Crellier, l'abbé H. J. — Le Livre de Job vengé des interprétations fausses et impies de M. Ernest Renan. In-8. *Douniol.*　　1 fr. 25 c.

Crémieux, Hector. — Ma tante dort, opéra-comique en un acte. Musique de Henri Caspers. (Théâtre de l'Opéra-Comique.) In-12. *Lib. Nouvelle.* 1 fr.

———— Orphée aux enfers, opéra bouffon en deux actes et quatre tableaux. Musique de Offenbach. Édition illustrée de 8 dessins par E. Morin. In-12. *Ibid.*　　1 fr. 50 c.

———— Voy. aussi : *Cogniard et Crémieux.*

Crépin, François. — Manuel de la Flore de Belgique. In-12. (Bruxelles, *Émile Tarlier.*)　　5 fr.

Crétineau-Joly, J. — Simples récits de notre temps. In-8. *H. Plon.* 6 fr.

Creuly, le général et Alfred Jacobs. — Géographie historique de la Gaule. Examen historique et topographique des lieux proposés pour représenter Uxellodunum. In-8, avec plan. *Durand.*　　3 fr.

Cri de guerre (le) des Prussiens. Pourquoi l'art de combattre l'armée française n'est pas celui de la battre. In-12. *Dentu.*　　1 fr.

Crisenoy, J. de. — Étude sur la situation économique des Antilles françaises. In-8. *Guillaumin et Ce.*　　2 fr.

Crociato in Egitto (il), opera in tre atti. Musica del signor Giacomo Meyerbeer. Avec traduction française. In-8. *Michel Lévy frères.*　　2 fr.

Crocq, J. — De la pénétration des particules solides à travers les tissus de l'économie animale. In-8. (Bruxelles, *Hayez.*)　　5 fr.

Mémoire couronné par l'Académie royale de Bruxelles.

Crom. — Buhé er Saent guet reflexioneu spirituel aveit peb dé-ag er blai jaqueit é breton dré en Eutru Crom, curé é Plunéret. In-8. (Vannes, *Lafolye.*)　　5 fr.

Vie des saints en langue bretonne.

Cronique du roi Françoys, premier de ce nom, publiée pour la première fois d'après un manuscrit de la Bibliothèque impériale, avec une introduction et des notes par Georges Guiffrey. In-8. Ve *Jules Renouard.*　　9 fr.

Crouzet, J. P. — Le Gil-Blas russe. — Voy. *Bulgarin*.

Cruice. — Philosophæmana, sive Hæresium omnium confutatio opus Origeni adscriptum e codice parisino productum recensuit, latine vertit notis variorum suisque intruxit, prolegomenis et indicibus auxit Patricius Cruice. In-8. *Firmin Didot frères.*   10 fr.

Cruvellié, le pasteur J. — Le Protestantisme. Discours prononcé à Montauban, dans le temple de Villebourbon, le 29 mai 1859, jour du 3e jubilé séculaire de la réformation française. In-8. *J. Cherbuliez.*   50 c.

——— A qui appartiennent les églises réformées de France, et comme quoi elles ont changé de religion depuis 1802. In-8. (Montauban, *Laforgue.*) *Ibid.*   50 c.

Cruysmans, Florent. — Des droits et obligations des armateurs vis-à-vis des assureurs sur corps. In-8. (Bruxelles.) *A. Bohné.*   2 fr. 50 c.

Cucheval-Clarigny. — Les budgets de la guerre et de la marine en France et en Angleterre. In-8. *Dentu.*   2 fr.

Curchod, H. — Essai théorique et pratique sur la cure de raisins étudiée plus spécialement à Vevey. In-8. (Vevey.) *Baillière et fils.*   2 fr. 50 c.

Curé (le) d'Ars, sa vie, sa mort, ses funérailles, son tombeau, son portrait; suivi d'une description de sa chambre à coucher. In-18, avec portrait. (Toulouse.) *Diard.*   50 c.

Curnieu, le baron de. — Leçons de science hippique générale, ou Traité complet de l'art de connaître, de gouverner et d'élever le cheval. 3e partie. In-8. *Dumaine.*   12 fr.
      Ouvrage terminé. — 1re partie, 1855, 12 fr. 2e partie, 1857, 12 fr.

Cuvier, G. — Éloges historiques, précédés de l'éloge de l'auteur, par M. Flourens. In-8. *Ducrocq.*   5 fr.

Cuvier, Othon. — Persécution de l'Église de Metz. — Voy. *Olry*.

Cuzent, G. —Iles de la Société. Tahiti. Considérations géologiques, météorologiques et botaniques sur l'île; état moral actuel des Tahitiens, traits caractéristiques de leurs mœurs; végétaux susceptibles de donner des produits utiles au commerce et à l'industrie, et de procurer des frets de retour aux navires; cultures et productions horticoles; catalogue de la flore de Tahiti; grammaire et petit dictionnaire tahitien. In-8, avec 3 cartes. (Rochefort.) *Masson et fils.*   3 fr. 50 c.

Czartoryski, le prince Adam. — Zywot J. U. Niemcewicza. In-8. *Librairie polonaise.*   12 fr.
            La vie de Niemcevicz.

Czermak, le Dr J. N. — Du laryngoscope et de son emploi en physiologie et en médecine. Édition française, publiée avec le concours de l'auteur, accompagnée de 2 planches gravées et de 31 figures intercalées dans le texte. In-8. *Baillière et fils.*   3 fr. 50 c.

D

Dabadie, F. — Récits et types américains. In-12. *Sartorius.*   3 fr. 50 c.

Daguin, P. A. — Traité élémentaire de physique théorique et expérimentale, avec les applications à la météorologie et aux arts industriels, à l'usage des facultés, des établissements d'enseignement secondaire et des écoles spéciales du gouvernement. T. III et dernier. In-8, avec figures. (Toulouse.) *Dezobry et Magdeleine.*   Gratis pour les souscripteurs.
      Prix de l'ouvrage complet, 21 fr. 50 c. — Les deux premiers volumes ont paru en 1855 e 1857. — L'ouvrage étant épuisé, une nouvelle édition est en préparation.

Daille, Léon. — De la force chimique d'insolubilité au point de vue inorganique. Thèse présentée à l'École de pharmacie de Paris. In-4. *P. Asselin.* 2 fr.

Daire, l'abbé. — Histoire civile, ecclésiastique et littéraire du doyenné de Picquigny, publiée d'après le manuscrit autographe, par M. J. Garnier. In-12. avec planche. (Amiens, *V° Herment.*) 1 fr. 25 c.

Dalloz aîné, D. et A. Dalloz. — Jurisprudence générale, ou Répertoire méthodique et alphabétique de doctrine et de jurisprudence, etc. Nouv. édit., considérablement augmentée et précédée d'un essai sur l'histoire du droit français, publiée avec la collaboration de plusieurs jurisconsultes. T. XXXIII. In-4. *Chez les auteurs, 19, rue de Lille.* 14 fr.
> L'édition aura 44 volumes. — Les vol. 1, 34, 42 et 44 ne sont pas encore publiés. — Voy. Catalogue annuel, 1858, page 55, et 1859, page 55.

—— —— Explication de la loi modificative du Code forestier, sanctionnée le 18 juin 1859, et promulguée le 19 novembre même année. Publiée avec la collaboration de M. Meaume. In-4. *Cosse et Marchal.* 2 fr. 50 c.
> Extrait de la jurisprudence générale de MM. Dalloz.

Dally, Eugène. — De l'état présent des doctrines médicales dans leurs rapports avec la philosophie et les sciences. In-8. *Masson et fils.* 1 fr.
> Extrait de la Presse scientifique des Deux-Mondes.

Daly, César. — L'Architecture privée au XIX° siècle, sous Napoléan III. Nouvelles maisons de Paris et des environs. Plans, élévations, coupes, détails de construction, de décoration et d'aménagement. Livraison 1 à 7. Petit in-folio. *Morel et C°.* Prix de chaque livraison, 3 fr. 75 c.
> L'ouvrage formera 2 volumes qui seront publiés chacun en 25 livraisons.

Damaschino, N. — Traité des magasins généraux (docks) et des ventes publiques de marchandises en gros, avec une introduction par Maurice Block. In-8. *Guillaumin et C°.* 5 fr.

Damiron. — Concours sur la philosophie de Leibnitz. Rapport au nom de la section. In-8. *Durand.* 1 fr. 50 c.
> Extrait du compte rendu de l'Académie des sciences morales et politiques.

Damoreau, Mme. — Voy. *Cinti-Damoreau.*

Dancel, F. — Préceptes fondés sur la chimie organique pour diminuer l'embonpoint sans altérer la santé. 4° édition, augmentée de beaucoup de faits de guérison. In-12. *Chez l'auteur, 24, rue Vintimille.* 5 fr.

Dangeau. — Journal du marquis de Dangeau, publié en entier pour la première fois, par E. Soulié et L. Dussieux, avec les additions inédites du duc de Saint-Simon, publiées par M. Feuillet de Conches. T. XVIII. In-8. *Firmin Didot frères.* 6 fr.
> L'ouvrage formera 19 volumes.

D'Anglemont, Ed. — Voy. *Anglemont.*

Danielssen, D. C. — Voy. *Boeck et Danielssen.*

Darboy, G. — Saint Thomas Becket. — Voy. *Gilles.*

Darby, J. N. — L'Église du Dieu vivant, ou la Maison de Dieu, le corps du Christ, et le baptême du Saint-Esprit. In-12. (Nîmes.) *Meyrueis et C°.* 75 c.

Darcel, Alfred. — Calice et patène de l'église de Saint-Jean-du-Doigt (Finistère.) In-4 avec planche. *Vict. Didron.* 3 fr.
> Extrait des Annales archéologiques. Tiré à 100 exemplaires.

Daremberg, le D^r Ch. — Voy. *École de Salerne.*

Dash, Mme la comtesse. — Les Amours de Bussy-Rabutin. In-4, avec vignettes. *Lécrivain et Toubon.* 1 fr. 50 c.

Dash, Mme la comtesse. — La Belle aux yeux d'or. 3 volumes in-8. *De Potter*. 22 fr. 50 c.

—— La Duchesse d'Éponnes. In-12. *Librairie nouvelle*. 1 fr.

—— Les Lions de Paris. In-12. *Dentu*. 3 fr.

—— Le Livre des Femmes. In-12. *Librairie Nouvelle*. 2 fr.

—— La Princesse Palatine. In-4. *Lécrivain et Toubon*. 50 c.

—— Le Salon du Diable. In-12. *Michel Lévy frères*. 1 fr.

Dauby, J. — Les Ouvriers; épisodes bruxellois populaires et anecdotiques. In-18. (Bruxelles, *F. Claassen*.) 1 fr. 50 c.

Daumas, le Dr Casimir. — Étude biographique et médicale des sources de Vichy. In-12. *Plon*. 2 fr.

Daunou. — Discours sur l'état des lettres au xiiie siècle; précédé d'une notice sur l'auteur, par M. Guérard. In-8. *Ducrocq*. 5 fr.

Davasse, le Dr Jules. — Études cliniques sur quelques médications nouvelles et en particulier sur l'emploi et les indications de la belladone dans le traitement de la passion iliaque. In-8. *Baillière et fils*. 2 fr. 50 c.

Daverne, A. L. — Des maladies contagieuses, précis théorique et pratique à l'usage des gens du monde. In-8. *Chez l'auteur, 26 bis, rue Neuve-Coquenard*. 2 fr.

David, le capitaine E. — Parties proportionnelles calculées de seconde en seconde pour la déclinaison du soleil, la déclinaison de la lune, son ascension droite, son passage au méridien, etc., etc.; plus une table pour faire le point. In-4. (Dinan.) *Mallet-Bachelier*. 5 fr.

Davons, A. — Voy. *Supersac et Davons*.

Dax, le vicomte Louis de. — Nouveaux souvenirs de chasse et de pêche dans le midi de la France. In-12, avec figures. *Dentu*. 3 fr. 50 c.
« *Souvenirs de mes chasses et pêches* », par le même, 1 vol. in-12. 1858. *Castel*. 2 fr. 50 c.

—— Encore un mot sur le Pape et le Congrès. In-8. *Dentu*. 50 c.

Dax, la vicomtesse de. — L'Amour et la Femme. In-18. *Ibid*. 2 fr.

Debacq. — Mon habit d'arlequin. T. 2. In-12. (Calais, *Leleux*.) 2 fr. 50 c.

Debay, A. — Hygiène alimentaire, histoire simplifiée de la digestion des aliments et des boissons, à l'usage des gens du monde. In-12. *Dentu*. 3 fr.

—— Hygiène des mains et des pieds, de la poitrine et de la taille, indiquant les moyens de redresser les vices de direction et de forme, de combattre les altérations des tissus et les diverses affections qui peuvent nuire à la beauté de ces organes. In-12. *Dentu*. 2 fr. 50 c.

Debeney, l'abbé. — Esprit du très-saint Rosaire. In-12. *Poussielgue-Rusand*. 2 fr.

Deberle, Alfred. — La Leçon de botanique, dialogue en un acte. In-18. *Larousse et Boyer*. 60 c.

Débuts (les) de la vie; par Mlle Hélène X... In-18. *Josse*. 1 fr.

Decaisne, J. — Le Jardin fruitier du Muséum, ou Iconographie de toutes les espèces et variétés d'arbres fruitiers cultivés dans cet établissement, avec leur description, leur histoire, leur synonymie, etc. Livraison 25 à 40. In-4. *Firmin Didot frères*. Prix de chaque livraison, 5 fr.

Dechamps, A. — L'empire et l'Angleterre. In-8. (Bruxelles, *H. Goemaere*.) 1 fr. 50 c.

Dechamps, V. — La question religieuse résolue par les faits, ou de la certitude en matière de religion. 2 vol. in-12. (Tournai.) *Lethielleux.* 5 fr.

Decby, Edouard. — Souvenirs d'un ancien militaire, études physiologiques. In-8. *Amyot.* 6 fr.

Declèves, l'abbé C. L. — Notre-Dame-de-Bonne-Espérance. Grand in-8, avec 4 gravures. (Tournai.) *Lethielleux.* 4 fr. 50 c.

**Découvertes des Scandinaves en Amérique du xe aux xiiie et xive siècles; fragments de sagas irlandaises, traduits pour la première fois en français, par E. Beauvois. In-8. *Challamel ainé.* 2 fr. 50 c.
Extrait de la Revue orientale et américaine.

Decrept, Louis. — Deux cœurs de femme. Épisode de l'histoire des Maures d'Espagne. In-18. (Abbeville.) *Derache.* 1 fr. 75 c.

Defays, F. — Mémoire sur l'encastelure. In-12, avec figures dans le texte. (Bruxelles, *Emile Tarlier.*) 75 c.

Défenseurs (les) du pouvoir temporel. Réponse à MM. Nettement, de Montalembert, Villemain, Messeigneurs les évêques d'Orléans, d'Arras, MM. de Sacy, de Falloux, et en général, aux défenseurs à tout prix du pouvoir temporel ; par un Lyonnais. In-8. *Dentu.* 1 fr.

Defontaine, Jules. — L'Espagne au xixe siècle. In-8. *Ibid.* 2 fr.

Defontaine-Coppée, Mme. — Chants de mai, ou les sanctuaires de la Belgique. 2e édition, augmentée, ornée de 4 gravures et de 7 morceaux de musique. Grand in-8. (Bruxelles, *F. Claassen.*) 4 fr. 50 c.

De Fresne, Mme la baronne. — Voy. *Fresne.*

Deheran, P. P. — Recherches sur l'emploi agricole des phosphates. In-8. *A. Goin.* 2 fr.

Deidier, l'abbé Xavier. — Le Mois du très-saint enfant Jésus, à l'usage des séminaristes et du clergé. In-32. *Bray.* 75 c.

—— Le Mois de saint Joseph, à l'usage des séminaires et du clergé. In-32. *Ibid.* 75 c.

Dejardin. — Routine de l'établissement des voûtes, ou Recueil de formules pratiques et de tables déterminant *à priori,* et d'une manière élémentaire, le tracé, les dimensions d'équilibre et le métrage des voûtes d'une espèce quelconque. Nouvelle édition. In-8, avec 6 planches. *Dunod.* 5 fr. 50 c.

Déjazet, Eugène. — Fanchette, opéra-comique en un acte. (Théâtre-Déjazet.) In-4. *Michel Lévy frères.* 20 c.

De La Barre du Parcq, Éd. — Histoire de l'art de la guerre avant l'usage de la poudre. In-8. *Tanera.* 7 fr. 50 c.

Delacour. — La Femme doit suivre son mari, comédie en un acte, en prose. (Théâtre du Vaudeville.) In-12. *Michel Lévy frères.* 1 fr.

—— et Léon **Morand.** — Un mari à la porte, opérette en un acte, musique de J. Offenbach. (Théâtre des Bouffes-Parisiens.) In-8. *Librairie théâtrale.* 30 c.

—— Voy. aussi : *Dormeuil, Thiboust et Delacour; — Labiche et Delacour; — Michel et Delacour; — Siraudin et Delacour.*

Delacroix, A. — Alaise et Séquanie. In-4, avec 4 cartes. (Besançon, *Bulle.*) *A. Durand.* 4 fr.

—— et A. **Castan.** — Guide de l'étranger à Besançon et en Franche-Comté, accompagné d'une carte du siége d'Alesia. In-12. *Ibid.* 2 fr. 50 c.

Delafosse. — Nouveau cours de minéralogie, contenant la description de toutes les espèces minérales avec leurs applications directes aux arts. T. 2e, avec la 3e livraison des planches. In-8. *Rorel.*

Avec planches noires, 9 fr. 50 c.

Forme la livraison 69e des Nouvelles suites à Buffon. — L'ouvrage sera complet en 3 volumes de texte et 4 livraisons de planches noires. Le tome 1 avec les deux premières livraisons de planches a paru en 1858.

De la Gérontocratie en Haïti. — In-8. *Dentu.* 3 fr.

Delagrange, l'abbé. — Le Miroir de la famille chrétienne. In-12. (Besançon.) *Vincent et Bourselet.* 3 fr.

Delalain, Jules. — Annuaire de l'instruction publique. — Voy. *Annuaire.*

Delalleau de Baïlliencourt, et **J. L. Sanis.** — Cours normal d'histoire sainte, renfermant un traité d'histoire sainte d'après la Bible, depuis l'origine du monde jusqu'à la venue de Jésus-Christ. In-18. *Plon.* 80 c.

———— Le même avec atlas. Texte en regard. In-4 oblong, avec 7 cartes. *Ibid.* 1 fr. 75 c.

De l'Allemagne avant le congrès. In-8. *Dentu.* 1 fr.

Delamarche, Olivier. — L'Aiguillée de fil. Carnets de voyage. Belgique. In-18. (Bône.) *Challamel aîné.* 3 fr. 50 c.

Delandre, A. — Traité pratique des douanes. 2e supplément. Année 1859. In-8. *Hachette et Cⁱᵉ.* 1 fr.

L'ouvrage a paru en 1853. 2 vol. in-8. 18 fr. — 1er supplément. Année 1858. In-8. 1 fr.

Delaporte, le Père A. — Bataille au bord du chemin, à l'époque d'une visite pastorale et d'une confirmation. In-18. *Douniol.* 1 fr.

———— Imitation de saint Vincent de Paul, ses maximes et ses exemples. — Lectures pratiques pour le mois de juillet. In-18. *Ibid.* 1 fr. 75 c.

Delaporte, Michel et **Poehr.** — Le Masque de velours, vaudeville en deux actes. (Théâtre des Folies-Dramatiques.) In-12. *Librairie Nouvelle.* 1 fr.

———— Voy. aussi : *Varin, Laurencin et Delaporte.*

De La Quérière, E. — Voy. *La Quérière.*

De la Rive, William. — Le Droit de la Suisse. In-8. (Genève.) *Cherbuliez.* 1 fr.

———— La Question de Savoie. In-8. *Ibid.* 1 fr.

Delaroa, Joseph. — Les Patenôtres d'un surnuméraire, conseils d'un grand-oncle. In-12. (Lyon, *Scheuring.*) *Aubry.* 3 fr.

De La Roque, Louis. — Voy. *La Roque.*

Delarue. — Des moyens à employer comme stimulants dans l'éducation privée et dans l'éducation publique. In-8. (Lyon, *Brun.*) *Dezobry, Magdeleine et Cⁱᵉ.* 1 fr.

Délassements (les) du foyer, ou Une page pour tous ; nouvelles, par MM. Édouard Laboulaye, Clovis Michaux, Émile Deschamps, Eugène Nyon, Louis Peillon, Mᵐᵉ d'Altenheym, etc. Ouvrage illustré de 16 dessins à deux teintes, par Telory et J. Grenier. Grand in-8. *E. Ducrocq.*

Broché, 12 fr. ; relié, 17 fr.

Delaunay, Ch. — Cours élémentaire d'astronomie, concordant avec les articles du programme officiel pour l'enseignement de la cosmographie dans les lycées. 3e édition. In-12, avec vignettes intercalées dans le texte. *Masson et fils.* 7 fr. 50 c.

Delbarre, P. J. — Voy. *Chassant et Delbarre.*

Delbet, Mme Zoé. — Correspondance d'une élève du Sacré-Cœur. In-12. *Douniol.*   3 fr.

Delbœuf, J. F. — Prolégomènes philosophiques de la géométrie, et solution des postulats, suivis de la traduction, par le même, d'une dissertation sur les principes de la géométrie, par Fréd. Ueberweg. In-8. (Bruxelles, *C. Muquardt.*)   4 fr.

Delbrück, Jules. — Les Récréations instructives sur les animaux, les arts et métiers, l'agriculture, l'industrie, les sciences et autres sujets variés, tirées de l'Éducation nouvelle, journal des mères et des enfants. Grand in-8. *Borrani.*   Broché, 12 fr.; relié, 15 fr.

Delcamp. — Les Quintessences orthographiques, ou Règles principales de l'orthographe présentées d'une manière nouvelle et propre à faciliter l'étude de cette science. L'orthographe de 40 à 60 leçons. Loto grammatical, 1re partie. Grand in-8. *Chez l'auteur, 155, rue Montmartre.*   3 fr.

Deleau, le docteur T. — Traité pratique sur les applications du perchlorure de fer en médecine. In-8. *Ad. Delahays.*   4 fr.

Delepierre, Octave. — Histoire littéraire des Fous. In-8. (Londres, *Trübner et Ce.*) *Techener.*   Relié, 8 fr.

Delessert, Édouard. — Le Chemin de Rome. — Voy. *Chemin.*

Delestre-Poirson, C. G. — Un ladre, récit d'un vieux professeur émérite. 2e édition. In-12. *Hachette et Ce.*   1 fr.
  La 1re édition a paru en 1859.

Delion. — Almanach du Magicien des salons. — Voy. *Almanach.*

Delisle, Léopold. — Lettre de l'abbé Haimon sur la construction de l'église de Saint-Pierre-sur-Dive, adressée en 1145 aux religieux de Tutbury (Angleterre), publiée pour la première fois. In-8. *A. Durand.*   2 fr.

—— Recherches sur l'ancienne bibliothèque de Corbie. In-8. *Ibid.*   2 fr.
  Mémoire lu à l'Académie des inscriptions et belles-lettres.

Delmare et Camille **Appay.** — Maître Cabochard, vaudeville en un acte. (Théâtre des Folies-Dramatiques.) In-8. *Mifliez.*   50 c.

Deloche, Maximien. — Du Principe des nationalités. In-8. *Guillaumin et Ce.*   3 fr.

Delord, Taxile. — Les Matinées littéraires. In-12. *Charpentier.*   3 fr. 50 c.

Deltuf, Paul. — Les Petits malheurs d'une jeune femme. In-12. *Michel Lévy frères.*   1 fr.
—— Mademoiselle Fruchet. In-12. (Bruxelles.) *Ibid.*   3 fr.
—— Adrienne. In-12. *Ibid.*   3 fr.

Delvau, Alfred. — Les Dessous de Paris, avec une eau-forte de Léopold Flameng. In-12. *Poulet-Malassis.*   2 fr.
—— Les Chimères. In-4. *Lécrivain et Toubon.*   50 c.
—— Voy. aussi : *Bibliothèque bleue.*

Delvigne, Gustave. — Notice historique sur l'expérimentation et l'adoption des armes rayées à projectiles allongés, suivie d'une instruction sur le maniement et le tir de ces armes. In-8, avec 4 planches. *Dumaine.*   2 fr.

Demanet, A. — Cours de construction. 2e édition, entièrement refondue et considérablement augmentée. T. I. 1er fascicule. Gr. in-8, avec 16 planches. *E. Lacroix.*   Prix de souscription pour l'ouvrage entier, 50 fr.
  L'ouvrage se composera de 2 volumes de texte, et d'un atlas de 60 à 65 planches gravées in-folio. — Aussitôt que le T. I sera entièrement publié, le prix sera porté à 60 fr.

Demangeat, Charles. — De la condition du fonds dotal en droit romain. Commentaire du titre digeste *De fundo dotale* (dix leçons faites au cours de 1860). In-8. *Marescq aîné.* 6 fr.

Demarquay. — Traité des tumeurs de l'orbite. In-8. *Masson et fils.* 7 fr.

—— et **Giraud-Teulon.** — Recherches sur l'hypnotisme ou sommeil nerveux, comprenant une série d'expériences instituées à la maison municipale de santé. In-8. *Baillière et fils.* 1 fr. 50 c.

Demersay, L. Alfred. — Histoire physique, économique et politique du Paraguay et des établissements des jésuites; accompagnée d'un atlas, de pièces justificatives et d'une bibliographie. T. Ier. Grand in-8. *Hachette et Ce.* 10 fr.

> L'ouvrage aura 2 volumes de texte. L'atlas, contenant 14 planches teintées et 2 cartes, sera publié en 4 livraisons.

Demeur, A. — Les Chemins de fer français en 1860. — Statuts des Compagnies. — Notices historiques. — Situations financières. In-12. (Bruxelles.) *Guillaumin et Ce.* 3 fr. 50 c.

—— Les Sociétés anonymes de Belgique en 1857. Collection complète des statuts collationnés sur les textes officiels, avec une introduction et des notes. Grand in-8. (Bruxelles.) *A. Durand.* 18 fr.

Demolombe, C. — Traité des successions. T. Ve et dernier. *Hachette et Ce.* 8 fr.

> Prix de l'ouvrage complet en 5 volumes, 40 fr. — Il fait partie d'un *Cours de Code Napoléon*, dont les volumes suivants sont publiés :
> *De la publication*, des effets et de l'application des lois en général; — De la jouissance et de la privation des droits civils; — Des actes de l'état civil; — Du domicile. 1 vol.
> *De l'absence.* 1 vol
> *Du mariage* et de la séparation de corps 2 vol.
> *De la paternité* et de sa filiation 1 vol.
> *De l'adoption* et de la tutelle officieuse; — De la puissance paternelle. 1 vol.
> *De la minorité*, de la tutelle et de l'émancipation ; — De la majorité, de l'interdiction et du conseil judiciaire; — Des individus placés dans un établissement d'aliénés 2 vol.
> *De la distinction des biens ;* — De la propriété, de l'usufruit, de l'usage et de l'habitation. 2 vol.
> *Traité des servitudes.* 2 vol.
> Prix de chaque volume : 8 fr.

Denis, le R. P. A. — Neuvaine en l'honneur de l'Immaculée Conception de Marie. In-32. (Tournai.) *Lethielleux.* 30 c.

Denis, Ferd. — La Légende de Cacahualt. — Voy. *Mangin, le Cacao.*

—— Voy. aussi : *Livre de prières.*

—— Voy. aussi : *Foë. Aventures de Robinson Crusoë.*

Denis, de Châteaugiron. — L'Anti-Proudhon. In-8. (Rennes, *M. Eon, 3, rue Bourbon.*) 5 fr.

Denizot, A. — De la législation et de la compétence en matière de cours d'eau, et de leur application à la dérivation de la Somme-Soude. In-8. *Marescq aîné.* 2 fr. 50 c.

Dennery, Adolphe. — L'Histoire d'un drapeau, grand drame militaire en douze tableaux. Musique de M. Adolphe de Groot. (Théâtre impérial du Cirque.) In-12. *Michel Lévy frères.* 1 fr.

—— et Ferd. **Dugué.** — Le Marchand de coco, drame en cinq actes. Musique de M. Al. Artus. (Théâtre de l'Ambigu-Comique.) In-12. *Ibid.* 1 fr.

Deplanck, Alexandre. — Fables et poésies diverses. 2e édition. T. I. In-12. (Lille, *Horemans.*) *Dentu.* 3 fr.

Deriége, Félix. — La Question des maris, études de mœurs contemporaines. 2 vol. in-8. *Chappe.* 15 fr.

Dernière légende de la Vendée. Louis de Bonnechose, page du roi Charles X. 2e édition. In-12. *Dentu.* 4 fr.

Dernière réponse aux évêques et à tous les avocats du pouvoir temporel du pape, par l'auteur de la brochure le Pape et son pouvoir temporel. In-8. *Denlu.*	60 c.

Deroyer, F. J. — Économie à l'usage de tout le monde. In-16. (Bruxelles.) *A. Bohné.*	2 fr.

Desains, P. — Leçons de physique. T. II. 1re section. In-12. *Dezobry, Magdeleine et Cᵉ.*	3 fr.

> T. I. 1857. *Ibid.* 6 fr.

Desarbres, Nerée. — Voy. *Duflot et Desarbres.*

Desbassayns de Richemont, le comte. — Un mot d'un laïque sur la brochure le Pape et le Congrès. In-8. *Lecoffre et Cᵉ.*	60 c.

Desbordes, Henri. — Manuel du vaudevilliste. — Voy. *Manuel.*

Desbordes-Valmore, Mᵐᵉ. — Poésies; nouvelle édition, augmentée et précédée d'une notice par M. Sainte-Beuve. In-12. *Charpentier.*	3 fr. 50 c.

Desbrières, Joseph. — Le Général de Lamoricière et la religion du Christ. (Vers.) In-8. *Denlu.*	50 c.

Descartes. — Œuvres. Nouvelle édition, collationnée sur les meilleurs textes et précédée d'une introduction par Jules Simon. In-12. *Charpentier.*	3 fr. 50 c.

—— Œuvres inédites, précédées d'une introduction sur la méthode, par le comte Foucher de Careil. 2ᵉ partie. In-8. *A. Durand.*	3 fr.

> La 1re partie a paru en 1859. 1 vol. in-8. *Ibid.* 5 fr.

Descauriet, Auguste. — Histoire des agrandissements de Paris. In-8. *F. Sartorius.*	5 fr.

Descendants (les) des Albigeois et des huguenots, ou Mémoires de la famille de Portal. In-8. *Meyrueis et Cᵉ.*	6 fr.

Deschamps, l'abbé A. — Le Bouddhisme et l'apologétique chrétienne. In-8. *Douniol.*	1 fr. 25 c.

Description des machines et procédés consignés dans les brevets d'invention dont la durée est expirée, et dans ceux dont la déchéance a été prononcée; publiée par les ordres de M. le ministre de l'agriculture, du commerce et des travaux publics. T. 91. In-4, avec planches. (Imprimerie impériale.) *Vᵉ Bouchard-Huzard.*	15 fr.

—— des machines et procédés pour lesquels des brevets d'invention on été pris sous le régime de la loi du 5 juillet 1844; publiée par les ordres de M. le ministre de l'agriculture, du commerce et des travaux publics. T. 33, 34 et 36. In-4, avec planches. *Ibid.* Prix de chaque volume, 15 fr.

—— des machines employées en Angleterre pour la filature des laines, comprenant le triage, le peignage, le cardage, l'étirage, la filature et la teinture, avec gravures. Traduit de l'anglais par Ferguson fils. In-8. (Amiens.) *E. Lacroix.*	1 fr. 25 c.

Descuret, le Dʳ J. B. F. — La Médecine des passions, ou les Passions considérées dans leurs rapports avec les maladies, les lois et la religion. 3ᵉ édition, revue, corrigée et augmentée. 2 vol. in-8. *Labé.*	12 fr.

Desdouits. — Voy. *Cousin-Despréaux, le Livre de la nature.*

Des échelles mobiles, dites Fahrkunst. Leur inventeur Hubert Sarton, de Liége. In-8. (Liége.) *E. Lacroix.*	60 c.

Des Essarts, Alfred. — La Gerbe. In-18. *Ad. Le Clère et Cᵉ.*	1 fr.

—— Récits historiques. In-12. *Ibid.*	1 fr.

—— Le Marché aux consciences. In-4. *Lécrivain et Toubon.*	50 c.

Des Etangs, le Dr A. — Études sur la mort volontaire. Du suicide politique en France depuis 1789 jusqu'à nos jours. In-8. *Masson et fils.* 7 fr. 50 c.

Des Garets, l'abbé. — Le Curé d'Ars et la Salette, suivi de divers documents. In-12. (Lyon, *Girard et Josserand.*) 1 fr. 50 c.

Deshayes, G. P. — Description des animaux sans vertèbres découverts dans le bassin de Paris, pour servir de supplément à la description des coquilles fossiles des environs de Paris, comprenant une revue générale de toutes les espèces actuellement connues. Livraison 19 et 20. (Fin du Tome Ier.) In-4. *Baillière et fils.* Prix de chaque livraison, 5 fr.

Des intérêts européens en Italie, ou Ce que peut vouloir la conférence de Varsovie; par un ancien diplomate. In-8. (Genève.) *Cherbuliez.* 1 fr.

Desjardins, Ernest. — Mémoire sur les dernières découvertes archéologiques faites dans la campagne de Rome, lu à l'Académie des inscriptions et belles-lettres dans sa séance du 21 octobre 1859. In-8. *P. Dupont.* 1 fr. 25 c.
Extrait de la Revue des Sociétés savantes.

Deslandes, Raimond et **Moreau.** — Une chasse à Saint-Germain, vaudeville en deux actes. (Théâtre des Variétés.) In-12. *Librairie théâtrale.* 1 fr.
——— Voy. aussi : *Labiche et Deslandes.*

Deslys, Charles. — Nos grisettes. In-4. *Lécrivain et Toubon.* 50 c.
——— La Marchande de plaisirs. 2 vol. in-8. *Cadot.* 15 fr.
——— Le Mesnil au Bois. — La Mère Jeanne. In-12. *Hachette et Ce.* 2 fr.
——— Sur la côte normande. In-12. *Librairie Nouvelle.* 2 fr.
——— Les Vêpres milanaises, ou les Vengeurs de l'Italie. In-4. *Lécrivain et Toubon.* 50 c.

Desmarie, Paul. — Mœurs italiennes, précédées d'une introduction sur le pouvoir temporel du pape, et suivies de considérations sur l'avenir de l'Italie. In-12. *Poulet-Malassis.* 2 fr.

Desmartis, le docteur Télèphe P., et Alphonse **Bouché de Vitray.** — Nouveau traitement du croup et des angines couenneuses. In-8. *Baillière et fils.* 1 fr. 50 c.

Desmaze, Charles. — Des Contraventions à Londres et de leur pénalité. In-8. *Michel Lévy frères.* 1 fr.
——— Le Parlement de Paris, son organisation, ses premiers présidents et procureurs généraux, avec une notice sur les autres parlements de France et le tableau de MM. les premiers présidents et procureurs généraux de la cour de Paris et les bâtonniers de l'ordre des avocats (1334-1860). 2e édition, revue et augmentée de documents inédits sur le traitement des magistrats. In-8. *Cosse et Marchal.* 7 fr. 50 c.
La 1re édition a paru en 1859. 1 vol. In-8. *Michel Lévy frères.* 5 fr.
——— Notice historique sur le traitement des magistrats. In-8. *Ibid.* 1 fr.
Extrait de l'ouvrage precedent.

Des Mousseaux, le chevalier Gougenot. — Voy. *Gougenot des Mousseaux.*

Desmousseaux de Givré. — Note sur la coulisse de Stephenson. In-8, avec planche. *E. Lacroix.* 1 fr.

Des Murs, O. — Traité général d'oologie ornithologique au point de vue de la classification. In-8. *Klincksieck.* 15 fr.

Desnos, L. A. — Description du barillet producteur de mouvement circulaire direct par la vapeur, et restituteur de calorique. In-8, avec 1 planche. (Nancy, *Desnos.*) *E. Lacroix.* 1 fr.

Desnoyers, Fernand. — Almanach parisien. — Voy. *Almanach.*

Desprez, Adrien. — Train de plaisir à travers le quartier latin. In-12. *Havard.* 2 fr.

Desroches. — Recueil des tarifs des douanes de l'Europe d'après les lois et règlements en vigueur, mis au courant jusqu'au 1er janvier 1860. Grand in-8. *Firmin Didot frères.* 15 fr.

> Contenant : les douanes françaises, l'association des douanes allemandes, les douanes anglaises, — de l'Autriche, — de la Belgique, — du Danemark, — de l'Espagne , — de la Grèce, — de l'empire ottoman, — des Pays-Bas, — de la Russie, — des États sardes, — de la Suède et de la Norwége, — de la Confédération suisse, — des villes hanséatiques , suivies des douanes de la Chine et des douanes des États-Unis d'Amérique.

—— Tarif des douanes de la France et de ses colonies, d'après les lois et règlements en vigueur, mis au courant jusqu'au 1er septembre 1860. Grand in-8. *Ibid.* 4 fr.

Dessirier, J. B. — Symétrie des constructions dans les villes. Innovation à ce sujet. In-8. *Dentu.* 50 c.

Des Vergers, Noël. — Essai sur Marc-Aurèle, d'après les monuments épigraphiques, précédé d'une notice sur le comte Bart. Borghesi. In-8. *Firmin Didot frères.* 4 fr.

—— Voy. aussi : *Complément de l'Encyclopédie moderne.*

Detcheverry, Arnaud. — Histoire des théâtres de Bordeaux depuis leur origine dans cette ville jusqu'à nos jours. In-8. (Bordeaux, *Delmas.*) 5 fr.

Deux annexions (les). — Gr. in-8. *A. Franck.* 1 fr.

Deux épées, par l'auteur de Napoléon III et sa politique en Italie. In-8. *Dentu.* 1 fr.

Deux jeunes filles lettrées (les). Roman chinois, traduit par Stanislas Julien. 2 vol. in-12. *Didier et Ce.* 7 fr.

Deux lois du monde, ou la Vraie religion sanctionnée par la création. In-12. *Dumoulin.* 2 fr.

Devaux, C. — Les Kebaïles du Djerdjera. Études nouvelles sur les pays vulgairement appeles la Grande-Kabylie. In-8. (Marseille.) *Challamel.* 4 fr.

Devay, F. — Nouvelles observations sur les dangers des mariages entre consanguins au point de vue sanitaire. Note lue à l'Académie impériale des sciences, belles-lettres et arts de Lyon. In-8. *Masson et fils.* 1 fr.

> Extrait de la Gazette hebdomadaire de médecine.

Develay, Victor. — La Bourgogne pendant les Cent-Jours, d'après les documents originaux et les traditions contemporaines. In-8, avec planche. *Corréard.* 5 fr.

Deville, Louis. — Excursions dans l'Inde. In-12. *Hachette et Co.* 3 fr. 50 c.

Devoille, A. — Eve de Mandre, chronique du XVIe siècle. In-12. *Vermot.* 2 fr.

—— Le Tour de France. 2e édition, revue et corrigée par l'auteur. In-12. *Ibid.* 2 fr.

Dewilkonski, Léon. — Je vais me marier en France, comédie en un acte. (Théâtre de Constantine.) In-8. *Challamel aîné.* 1 fr. 25 c.

Dhormoys, Paul. — Faire son chemin, comédie en cinq actes, en prose. (Théâtre Saint-Marcel.) In-12. *Librairie Nouvelle.* 1 fr. 50 c.

Dictionnaire encyclopédique de la théologie catholique, rédigé par les plus savants professeurs et docteurs en théologie de l'Allemagne catholique moderne; publié par les soins du docteur Wetzer et du docteur Welte. Traduit de l'allemand par J. Goschler. T. VII (Drusille-Épitre). T. VIII (Épitres-Flagellation). T. IX (Flaminius-Grande-Bretagne). T. X (Grande semaine-Hilaire). In-8. *Gaume frères.* Prix de chaque volume, 5 fr. 50 c.

> Le Dictionnaire sera publié en 25 volumes. — Les souscripteurs s'engagent pour l'ouvrage entier.

Dictionnaire français illustré et Encyclopédie universelle. Publication nouvelle, enrichie de 20,000 figures, dirigée par Dupiney de Vorepierre, et rédigée par une société de savants et de gens de lettres. Livraison 84 à 112 (ou livr. 3 à 31 du T. II). In-4. *M. Lévy frères.* Prix de chaque livr., 50 c.

Le Dictionnaire sera publié en 140 livraisons, qui formeront 2 volumes.

—— général des eaux minérales et d'hydrologie médicale, par MM. Durand-Fardel, Eugène Le Bret, J. Lefort, avec la collaboration de M. Jules François. Livr. 4 à 6. (Fin.). In-8. *Baillière et fils.*
Prix de chaque livraison, 3 fr.

L'ouvrage complet forme maintenant 2 volumes. Le prix est porté à 20 fr.

—— géographique et statistique de la Suisse, par Marc Lutz. Nouvelle édition, refondue et augmentée par A. de Sprecher. Traduit de l'allémand avec l'autorisation de l'auteur. Revu, pour ce qui concerne la Suisse romande, par J. L. Moratel. T. Ier. (A.-L.)-Gr. in-8. (Lausanne.) *Cherbuliez.* 9 fr.

—— politique; encyclopédie du langage et de la science politiques, rédigé par une réunion de députés, de publicistes et de journalistes. avec une introduction par Garnier-Pagès; publié par E. Duclerc et Pagnerre. 6e édition. Grand in-8. *Pagnerre.* 15 fr.

—— universel, théorique et pratique du commerce et de la navigation. Livraison 10 à 13 (Imp.-Nav.). Gr. in-8. *Guillaumin et Cie.*
Prix de chaque livraison, 3 fr.

L'ouvrage sera publié en 16 livraisons qui formeront 2 volumes et coûteront 50 fr. — Le prix de chaque livraison est de 3 fr.; la 5e exceptée qui coûte 5 fr.

Diday, le docteur P. — Défense des spécialités médicales contre le rapport de la Faculté de Médecine de Paris, qui les exclut de l'enseignement officiel. In-8. (Lyon.) *F. Savy.* 1 fr. 50 c.

—— Éloge historique du docteur A. Bonnet, lu à la séance publique annuelle de la Société, le 30 janvier 1860. In-8. (Lyon.) *Ibid.* 1 fr. 50 c.

Didier, Charles. — Les Nuits du Caire. In-12. *Hachette et Cie.* 3 fr. 50 c.

Didion, le général. — Traité de balistique. 2e édition, revue et augmentée. In-8, avec 6 planches. *Mallet-Bachelier.* 10 fr.

Didot, le docteur. — Note sur la nature et le traitement chirurgical de l'ophthalmie ou fluxion périodique du cheval. In-8. (Bruxelles. *H. Tircher.*) 50 c.

Diegerick, J. L. A. — Inventaire analytique et chronologique des chartes et documents appartenant aux archives de la ville d'Ypres. T. V. In-8. (Bruges, *Vandecasteele-Werbrouck.*) 4 fr.

Dieterlin, W. — Le livre de l'architecture. Livraison 7 à 10. (Liége, *C. Claassen.*) Prix de chaque livraison, 3 fr. 50 c.

Dieu, Th. et E. A. **Tarnier.** — Éléments d'algèbre, conformes aux programmes de l'enseignement scientifique dans les lycées. Nouvelle édition. 2 volumes. In-8. *Hachette et Cie.* 9 fr. 50 c.

Dieulin, l'abbé. — Le Guide des curés, du clergé et des ordres religieux, pour l'administration des paroisses et pour leurs rapports légaux avec les fabriques, les communes, etc. avec 250 figures servant de modèles d'églises, autels, confessionnaux, colonnes, monuments funèbres. 5e édit., revue, corrigée et augmentée, par M. d'Arbois de Jubainville. 2 vol. in-8. (Nancy, *Vagner.*) *Périsse frères.* 10 fr.

Dirks, le P. F. Servais. — Nouvelles et Légendes chrétiennes, précédées d'un discours sur la mission du littérateur. In-8. (Saint-Trond, *Van West-Pluymers.*) 2 fr.

Discours, messages et proclamations de l'empereur. In-8. *H. Plon.* 5 fr.

Discours, messages et proclamations de S. M. Napoléon III, empereur des Français. 1849-1860. In-8. (Mirecourt, *Humbert.*)   1 fr.

—— prononcé à la cérémonie des funérailles de S. A. I. Mgr le prince Jérôme Napoléon, le mardi, 3 juillet 1860, par Mgr l'évêque de Troyes. In-8. *Dentu.*   1 fr.

—— prononcé par Mgr l'évêque de Poitiers, le 11 octobre 1860, à l'occasion du service solennel pour les soldats de l'armée pontificale, qui ont succombé pendant la guerre. In-8. *Palmé.*   1 fr.

—— et instructions pastorales de Mgr l'évêque de Poitiers. T. III. In-8. (Poitiers.) *Ibid.*   6 fr.

       Les deux premiers volumes ont paru en 1858.

Disdéri. — Galerie des Contemporains. — Voy. *Galerie.*

Distribution de l'eau potable dans les fontaines publiques, les établissements industriels et les maisons particulières de Berlin. 25 planches grand in-f°, avec texte en français et en allemand. (Berlin.) *E. Lacroix.*   40 fr.

Documents inédits sur l'histoire de France, publiés par les soins du ministre de l'instruction publique. In-4. (Imprimerie impériale.) *Firmin Didot frères.*

     Journal d'Olivier Lefèvre d'Ormesson et extrait des mémoires d'André Lefèvre d'Ormesson, publiés par M. Chéruel. T. Ier. 1643-1650.   12 fr.

     Négociations de la France dans le Levant, ou Correspondances, mémoires et actes diplomatiques des ambassadeurs de France à Constantinople et des ambassadeurs, envoyés ou résidents à divers titres à Venise, Raguse, Rome, Malte et Jérusalem, en Turquie, Perse, Géorgie, Crimée, Syrie, Égypte, etc., et dans les États de Tunis, d'Alger et de Maroc; publiés pour la première fois par E. Charrière. T. IV.   12 fr.

Documents officiels sur la campagne d'Italie en 1859, suivis des éphémérides, et accompagnés de 4 plans. In-8. *Corréard.*   5 fr.

Documents et pièces authentiques laissés par Daniel Manin, président de la république de Venise; traduits sur les originaux et annotés par F. Planat de Lafaye. 2 vol. in-8. *Furne et Cie.*   12 fr.

Doering, le Dr Henri. — W. A. Mozart. Traduction de l'allemand, par C. Viel. In-12. (Bruxelles.) *A. Bohné.*   1 fr. 25 c.

Doisy, Martin. — L'Italie, l'Allemagne et le congrès. In-8. *Sempé.*   5 fr.

Dolbeau, F. — De l'emphysème traumatique. Thèse pour l'agrégation présentée à la Faculté de médecine de Paris. In-8. *Adr. Delahaye.*   2 fr.

Dolfus, J. — De la levée des prohibitions douanières. In-8. *Capelle.*   1 fr.

Dolgoroukow, le prince P. — La Vérité sur la Russie. In-8. *Franck.*   8 fr.

—— Voy. aussi : *Correspondance du prince Dolgoroukow.*

Dolivet, Ch. — Nouveaux comptes faits de Barême en francs et centimes, contenant la théorie des premières opérations de l'arithmétique, les comptes faits depuis 1 centime jusqu'à 500 francs la chose, etc. In-12. (Saintes. *Fontanier.*)   1 fr. 50 c.

—— Royan, La Rochelle. Fouras. Itinéraires des baigneurs, ou Guide d'un étranger dans la Charente-Inférieure. In-12, avec 4 gravures. (Saintes, *Ibid.*)   1 fr. 50 c.

Dollin du Fresnel, H. — Nouvelle Théorie sur l'action dominante qui anime le mécanisme de l'homme, sous le rapport de la respiration, de la digestion, des évacuations, de la circulation du sang, de la sensibilité nerveuse, etc. In-8. *Castel.*   1 fr.

Dollingen. — Galerie des contemporains. — Voy. *Galerie.*

Dombale, Henri de. — La Maison rustique française. Encyclopédie des campagnes à l'usage de la petite, de la moyenne et de la grande propriété. 2 vol. in-8. *Renault et C°.* 10 fr.

Dombasle, Mathieu de. — Calendrier du bon cultivateur, ou Manuel de l'agriculteur praticien. 10ᵉ édit., considérablement augmentée, publiée avec de nombreuses additions. par C. de Meixmoron-Dombasle. In-12, avec 5 planches. (Nancy.) *Vᵉ Bouchard-Huzard.* 4 fr. 75 c.

Domenech, l'abbé. — Manuscrit pictographique. — Voy. *Manuscrit.*

Doneaud, Alfred. — Notions élémentaires et méthodiques de géographie moderne à l'usage des écoles primaires, etc. In-18. *Fouraut.* 60 c.

Doon de Maïence, publié par A. Pey. — Voy. *Anciens poëtes de la France.*

D'Orbigny, Alcide. — Paléontologie française. Description des mollusques et rayonnés fossiles. Terrains crétacés, livraison 257 à 260. — Terrains jurassiques, livraison 109 et 110. In-8. *Masson et fils.*
Prix de chaque livraison, 1 fr. 25 c.

La publication qui avait été interrompue à la fin de 1857 par la mort de l'auteur, vient d'être reprise et provisoirement terminée. Elle forme deux parties : *Terrains crétacés*, 260 livraisons ou 8 volumes de texte et 6 atlas, avec 1,018 planches. Prix, 325 fr. — Et : *Terrains jurassiques*, 110 livraisons, ou 2 volumes de texte et 2 atlas, avec 432 planches. Prix, 140 fr.

Dormeuil père, **Lambert Thiboust** et **Delacour.** — L'Omelette du Niagara. Revue de l'année 1859, en trois actes et une infinité de tableaux. (Théâtre du Palais-Royal.) In-12. *Michel Lévy frères.* 60 c.

Dormont, A. — Marthe, simple histoire. In-12. *Librairie Nouvelle.* 2 fr.

Dorvault. — Revue pharmaceutique de 1859, supplément à l'Officine pour 1860. In-8. *P. Asselin.* 1 fr. 50 c.

Dottain, Ernest. — La Question suisse. Éclaircissements historiques. In-8. *Dentu.* 1 fr.

Douanier, le parfait. — Voy. *Parfait douanier.*

Doubeveyer, N. P. — N. T. S. P. le pape et ses pouvoirs. In-8. *Dentu.* 50 c.

—— A monseigneur Dupanloup. La papauté devant la religion et l'Italie. In-8. *Ibid.* 50 c.

Doublet, Victor. — L'École des vertus du jeune âge. Nouvelle bibliothèque morale. 22 vol. in-18. *Lamotte et Cᵉ.* Prix de chaque volume, 1 fr.

Doucet, Camille. — La Considération. Comédie en 4 actes, en vers. (Théâtre Français.) In-12. *Michel Lévy frères.* 2 fr.

Doucet, Louis. — Manuscrits de Pagès. — Voy. *Pagès.*

Douen, O. — Essai historique sur les églises réformées du département de l'Aisne, d'après des documents pour la plupart inédits, publié sous le patronage du consistoire de Saint-Quentin. Grand in-8. *Grassart.* 3 fr.
Extrait du Bulletin de la Société de l'histoire du protestantisme français.

Doumic, le Dʳ. — Voy. *Robert, Conférences de clinique chirurgicale.*

Doury, P. — La Rupture de l'alliance anglaise est-elle possible? In-8. *Dentu.* 1 fr.

Dozy, R. — Le Cid, d'après de nouveaux documents. Nouvelle édition. In-8. (Leyde.) *B. Duprat.* 10 fr.

—— Recherches sur l'histoire et la littérature de l'Espagne pendant le moyen âge. 2ᵉ édition, augmentée et refondue. 2 vol. in-8. *Ibid.* 24 fr.

Drasch, le Dʳ. — Les Maladies du foie et de la rate, d'après les observations faites dans les pays riverains du Bas-Danube. In-8. *Ad. Delahaye.* 1 fr. 50 c.

Drazewski, Josef. — Mogily Woli, poemat. In-8. *Librairie polonaise.* 2 fr.
  Mausolee de Wola, poëme.

Dreux-Brézé, le marquis de. — Quelques mots sur les tendances du temps
présent. In-8. *Valon.*   2 fr.

Drioux, l'abbé. — Précis de l'histoire de l'Église, depuis le commencement
jusqu'à nos jours. T. III. Moyen âge. In-12. *Belin.*   5 fr. 50 c.
  L'ouvrage aura 4 volumes. — T. I et II ont paru en 1859.

Drohojowska, Mme la comtesse, (née Simon de Latreiche).—Les Chrétiens en
Syrie. In-12. *Magnin, Blanchard et Ce.*   1 fr.

—— L'Hiver à la campagne. In-12. *Douniol.*   2 fr. 50 c.

—— Les Véritables fleurs de Mai, ou Marie glorifiée par les actes des saints.
Dédié à la jeunesse chrétienne. In-32. *Périsse frères.*   80 c.

—— Une saison à Nice, Chambéry et Savoie. In-12. *Douniol.*   1 fr.

Drouet, Henri. — Essai sur les mollusques terrestres et fluviatiles de la
Guyane française. In-8, avec 4 planches. *Baillière et fils.*   4 fr.

Dubeau, l'abbé. — L'Enfant trouvé et l'Algérie, ou Colonisation agricole de
l'Afrique française. In-8. *Chez l'auteur, 63, passage du Caire.*   2 fr.

Dubief, L. F. — Traité de la fabrication des liqueurs sans distillation, sans
fourneaux et sans feu. In-8. *E. Lacroix.*   2 fr. 50 c.

—— L'Immense trésor des marchands de vins en gros et en détail. Ouvrage
contenant les procédés expérimentés pour vieillir ou rajeunir les vins, en prévenir ou en corriger les altérations, reconnaitre leur force spiritueuse, etc.
In-12. *E. Lacroix.*   2 fr. 50 c.

Dübner, Fréd. — Lexique français-grec, à l'usage des classes élémentaires,
rédigé sur le plan du lexique français-latin, extrait du grand dictionnaire
de M. L. Quicherat. In-8. *Hachette et Ce.*   6 fr.

Dubois, A. — Manuel du malade à Vichy. In-12. *G. Baillière.* 2 fr. 50 c.

Dubois, Ch. F. — Les Lépidoptères de la Belgique, leurs chenilles et leurs
chrysalides, décrits et représentés en dessins originaux d'après nature.
Livr. 1 à 8. Grand in-8. (Bruxelles, *A. Schnée.*) Chaque livr., 2 fr. 50 c.
  L'ouvrage formera 3 volumes.

—— Planches coloriées des oiseaux de la Belgique et de leurs œufs. Gr.
in-8. Livraison 125-136. (Bruxelles, *C. Muquardt.*)
                            Prix de chaque livraison, 1 fr. 75 c.

Duboso de Pesquidoux. — Flavien, étude. In-12. *Lecoffre et Ce.*   2 fr.

Du Bosch, A. J. — La Chine contemporaine. — Voy. *Chine.*

Du Bouzet, Charles. — La Jeunesse de Catherine II. In-8. *Franck.*   2 fr.

Du Boys, Albert. — Histoire du droit criminel des peuples modernes considéré dans ses rapports avec les progrès de la civilisation, depuis la chute
de l'empire romain jusqu'au XIXe siècle. T. III. In-8. *Durand.* 7 fr. 50 c.
  T. I, 1854. T. II, 1858. — Prix de chaque volume, 7 fr. 50 c.

Dubreuil, A. — Manuel d'arboriculture des ingénieurs, plantations d'aligne-
ment, forestières et d'ornement; boisement des dunes, des talus, haies vives
des parcelles excédantes des chemins de fer. In-12, avec 234 fig. *Masson
et fils.*   3 fr. 50 c.

—— Voy. aussi : *Lefebvre et Dubreuil.*

Dubreuil, Ernest.—Les Mariages d'amour, comédie en cinq actes, en prose.
(Théâtre de l'Odéon.) In-12. *Barbré.*   2 fr.

Dubus, F. J. — Éphémérides maritimes à l'usage des marins du commerce et des candidats au grade de capitaine au long cours et de maître au cabotage, pour l'année 1862. 26ᵉ année. In-12. (Saint-Brieuc, *Prudhomme*.) *Robiquet*. 1 fr. 50 c.

Du Camp, Maxime. — Les Champs modernes. Nouvelle édition, revue et corrigée. In-12. *Librairie Nouvelle*. 2 fr.

—— Le Nil (Égypte et Nubie) ; avec une carte spéciale dressée par Sagansan. 2ᵉ édition. In-12. *Ibid.* 2 fr.

Ducange, Victor. — Agathe ou le Petit vieillard de Calais, et Thérèse ou l'Orpheline de Genève. In-4. *Lécrivain et Toubon*. 50 c.

Du Casse, A. — Mémoires du prince Eugène. — Voy. *Mémoires*.

Du Castera, J. — Napoléon III et sa politique en Italie. In-8. *Dentu*. 1 fr.

Duchêne, Robert. — Almanach du chasseur. — Voy. *Almanach*.

Duchinski, F. H. — Zasady dziejow polski innych krajow slowianskich, moskwy. In-8. *Librairie polonaise*. 4 fr.
 Bases des Annales de la Pologne et d'autres pays slaves, 2ᵉ partie.

Duclero, E. et **Pagnerre**. — Dictionnaire politique. — Voy. *Dictionnaire*.

Ducpetiaux, Ed. — De l'association dans ses rapports avec l'amélioration du sort de la classe ouvrière. In-8. (Bruxelles, *Hayez*.) 1 fr. 50 c.

Ducray-Duminil. — La Fontaine Sainte-Catherine. In-4. *Lécrivain et Toubon*. 50 c.

Dufaux. — Évocation des esprits. Histoire de Jeanne d'Arc, dictée par elle-même à Ermance Dufaux, âgée de 14 ans. 2ᵉ édition. In-12. *Ledoyen*. 3 fr.

Duffau. — Guide du constructeur. Prix applicables aux travaux des bâtiments exécutés à Bordeaux. In-8. (Bordeaux, *Gounouilhou*.) 7 fr.

Dufferin, lord. — Lettres écrites des régions polaires. Traduites de l'anglais avec l'autorisation de l'auteur par F. de Lanoye. Ouvrage illustré de 25 vignettes sur bois et accompagné de 3 cartes. Grand in-8. *Hachette et Cᵉ*. 10 fr.

Duflot, J. et Nérée **Desarbres**. — Deux hommes pour un placard, vaudeville en un acte. (Théâtre des Folies-Dramatiques.) In-12. *Librairie théâtrale*. 60 c.

Dufresne, E. J. — Éléments de la perception du droit d'enregistrement, comprenant des considérations générales sur cet impôt, et une refonte méthodique de la législation qui le régit le 1ᵉʳ janvier 1860. In-12. *Poulet-Malassis*. 3 fr.

Du Fresne de Beaucourt, G. — Charles VII et Louis XI, d'après Thomas Basin. In-8. A. *Durand*. 3 fr.

Dufriche-Desgenettes, Charles Éléonore. — Œuvres inédites, publiées sous la direction de M. l'abbé G. Desfossés. 4 vol. in-12. *Lévesque*. 16 fr.

Dugard, Louis. — Un mari à l'italienne, comédie en un acte, mêlée de couplets. (Théâtre du Vaudeville.) In-12. *Michel Lévy frères*. 60 c.

Dugué, Ferdinand. — Voy. *Bourgeois et Dugué* et *Dennery et Dugué*.

Du Hamel, le comte. — Venise. Complément de la question italienne. Grand in-8. *Dentu*. 1 fr.

—— L'Angleterre, la France et la guerre. In-8. *Ibid.* 1 fr.

Duhamel. — Éléments de calcul infinitésimal. 2ᵉ édition. Tome 1ᵉʳ. In-8, avec 6 planches. *Mallet-Bachelier*. Prix pour les 2 vol., 12 fr.

Du Hays, Charles. — Dictionnaire généalogique de la race pure, pour remonter à l'origine des chevaux et juments de pur sang anglais qui ont été introduits en France, et des individualités célèbres restées en Angleterre qui ont formé, illustré et conservé cette race. In-8. *Au bureau du Journal des Haras.*   10 fr.

Dumanoir et A. de **Keraniou**. — Jeanne qui pleure et Jeanne qui rit. Comédie en quatre actes, en prose. (Théâtre du Gymnase.) In-12. *Michel Lévy frères.*   2 fr.

Dumas, Alexandre. — Les Drames galants. — La Marquise d'Escoman. 2 vol. in-12. *Librairie Nouvelle.*   4 fr.

——— Les Louves de Machecoul. Grand in-8, avec 15 grav. *Dufour, Mulat et Boulanger.*   7 fr. 50 c.

——— Monsieur Coumbes. In-12. *Librairie Nouvelle.*   2 fr.

——— Œuvres complètes, Nouvelle édition. In-12. *Michel Lévy frères.*
Prix de chaque volume, 1 fr.

Les volumes suivants sont en vente :

Amaury 1 vol.	Georges 1 vol
Ange Pitou. 2 vol.	Histoire d'un casse-noisette. 1 vol.
L'Arabie heureuse, Souvenirs de voyage en Afrique et en Asie. 3 vol.	Les Louves de Machecoul. 1 vol.
Ascanio. 2 vol.	Ingénue. 2 vol.
Black 1 vol.	La Maison de glace 2 vol.
Un cadet de famille 3 vol.	Les Medicis 1 vol.
Le capitaine Richard. 1 vol.	Mémoires de Garibaldi. 2 vol.
Catherine Blum. 1 vol	Mémoires d'un médecin. Balsamo. 5 vol
Causeries 2 vol.	Le Meneur de Loups 1 vol
Cecile. 1 vol	Les Trois Mousquetaires. 2 vol.
Le Château d'Eppstein. 2 vol.	Olympe de Cleves. 3 vol
Le Chevalier d'Harmental. 2 vol	Le Pasteur d'Ashbourn 2 vol.
Le Chevalier de Maison-Rouge. 2 vol.	Le Père Gigogne, conte pour les enfants 2 vol.
Le Collier de la Reine. 3 vol.	Le Père La Ruine. 1 vol.
La Comtesse de Charny 6 vol	Les Quarante-cinq. 3 vol.
Les Deux Diane 2 vol.	La Reine Margot. 2 vol.
Les Drames de la Mer. 1 vol.	La Route de Varennes. 1 vol.
Une fille du Regent 1 vol.	La Tulipe noire. 1 vol
Gabriel Lambert 1 vol.	Une Vie d'Artiste 1 vol.

——— Œuvres complètes. Édition du Musée littéraire contemporain. In-4. *Ibid.*

Les ouvrages suivants sont en vente :

L'Arabie heureuse. 2 fr 10 c.	Une Fille du régent. 90 c
Amaury 90 c.	Mémoires de Garibaldi. 2 livr., 1 fr. 40 c.
Le Bâtard de Mauleon 2 fr.	Les Trois Mousquetaires. 1 fr. 65 c.
Charles le Téméraire. 4 fr. 50.	Le Père Gigogne. 1 fr. 50 c.
Le Chevalier d'Harmental. 1 fr. 50 c.	Les Quarante-Cinq 2 fr. 50 c.
Le Chevalier de Maison-Rouge. 1 fr. 50 c.	La Route de Varennes. 70 c.
Le Comte de Monte-Cristo 4 fi.	Le Vicomte de Bragelonne. 4 fr. 75 c.
La Comtesse de Salisbury. 1 fr. 50 c.	Une Vie d'Artiste. 70 c.
La Dame de Monsoreau. 2 fr. 50 c.	La Vie au Desert 1 fr. 50 c.
Les Drames de la Mer 70 c.	Vingt ans après 2 fr. 20 c.

——— De Paris à Astrakan. Nouvelles impressions de voyage. 2 vol. in-12. *Librairie Nouvelle.*   4 fr.

——— Sophie Printemps. In-12. *A. Cadot.*   1 fr.

——— L'Envers d'une conspiration, comédie en cinq actes, en prose (Théâtre du Vaudeville.) In-12. *Michel Lévy frères.*   2 fr.

——— Le Gentilhomme de la montagne, drame en cinq actes et huit tableaux. (Théâtre de la Porte-Saint-Martin.) In-12. *Ibid.*   2 fr.

——— et Alphonse **Karr**. — Le Nouveau magasin des enfants. 300 vignettes par Bertall et Laurent. — Histoire d'un casse-noisette. — Les Fées de la mer. In-8. *Hachette et Ce.*   10 fr.

——— et de **Leuven**. — Le Roman d'Elvire, opéra-comique en trois actes. Musique de Ambroise Thomas. (Théâtre de l'Opéra-Comique.) In-12. *Michel Lévy frères.*   1 fr.

Dumas (Alexandre), Roi de Naples. In-8. *Dentu.*   1 fr.

Dumas, Alejandro. — Angel Pitou, novela. 2 vol. in-12. *Rosa et Bouret.* 6 fr.

—— Ascanio, novela. 2 vol. in-12. *Ibid.*   6 fr.

—— La Condesa de Salisbury. Traduccion de don Evaristo Acuaviva y Galan. In-12. *Ibid.*   3 fr.

—— Mémorias de José Garibaldi. 2 vol. in-12. *Ibid.*   6 fr.

Dumax, l'abbé V. — Entretiens et conseils avant et après le catéchisme. In-12. *Palmé.*   1 fr. 50 c.

—— Récits anecdotiques sur Pie IX. In-12, avec portrait. *Ibid.* 1 fr. 50 c.

Dumé, le docteur V. — Traitement homœopathico-hydrothérapique, ou de l'emploi combiné de plusieurs méthodes curatives. Grand in-8. *Chez l'auteur, 24, rue de Luxembourg.*   1 fr.

Du Mège de Labaye, Alexandre. — Archéologie pyrénéenne; antiquités religieuses, historiques, militaires, artistiques, domestiques et sepulcrales d'une portion de la Narbonnaise et de l'Aquitaine, nommée plus tard Novempopulanie, ou Monuments authentiques de l'histoire du sud-ouest de la France, depuis les plus anciennes époques jusqu'au xiiie siècle. T. I. 3e partie. In-8. (Toulouse, *Delboy.*)   6 fr.

—— Le même. T. II. In-8. *Ibid.*   12 fr.

Voy. Catalogue annuel 1859, page 71.

Du Menil de Maricourt. — Dernières années de Louis XVI. — Voy. *Hue.*

Duméril, C. — Entomologie analytique. — Voy. *Mémoires de l'Académie des sciences.* T. XXXI.

Dumesnil, J. — Histoire des plus célèbres amateurs étrangers, espagnols, anglais, flamands, hollandais et allemands, et de leurs relations avec les artistes. T. IV. In.8. *Ve Jules Renouard.*   7 fr. 50 c.

Forme le T. V de l'ouvrage entier. — Les quatre premiers volumes sont · *Histoire des plus célèbres amateurs Italiens* 1 vol. 1853. 7 fr. 50 — *Histoire des plus célèbres amateurs français, etc. : Pierre-Jean Mariette (1694-1774).* 1 vol. 1856. 7 fr 50 c — *J. B. Colbert (1625-1683).* 1 vol 1858. 7 fr. 50 — *Louis-Georges Seroux d'Agincourt; Thomas-Aignan Desfriches (1715-1814).* 1 vol. 1858. 7 fr. 50 c.

Dumesnil, Robert. — Le Peintre-graveur français. Suite. — Voy. *Meaume, Recherches sur Jacques Callot.*

Dumesnil du Buisson, le comte. — La France et le congrès. In-8. *Dubuisson et Ce.*   1 fr.

Du Mesnil-Marigny, J. — Les Libre-échangistes et les protectionnistes conciliés, ou Solution analytique des questions économiques restées jusqu'ici à l'état de problème. In-8. *Guillaumin et Ce.*   5 fr.

Du Mesnil de Méricourt, René. — Lucie, épisode de l'histoire de Syracuse sous le règne de Dioclétien. In-8, avec gravures. (Tours, *Mame et Ce.*) Broché, 1 fr. 40 c.; cart., 1 fr. 80 c.

Bibliothèque des Écoles chrétiennes. 1re série.

Du Moncel, le vicomte Th. — Études des lois des courants électriques au point de vue des applications électriques. In-8. *Mallet-Bachelier.*   4 fr.

Suite à l'Exposé des applications de l'électricité. 3e série.

—— Mémoire sur les courants induits des machines magnéto-électriques. In-8. *E. Lacroix.*   1 fr. 50 c.

—— Recherches sur la non-homogénéité de l'étincelle d'induction. In-8, avec figures intercalées dans le texte. *Hachette et Ce.*   2 fr. 50 c.

Du Mousseaux, le baron. — L'Église, poëme en sept chants. In-8. *Dentu.* 1 fr.

Dumont. — Histoire de la ville de Saint-Mihiel. T. I et II. In-8. *Dorache.* Prix de l'ouvrage complet en 3 volumes, 25 fr.

Dumont, Mme Mélanie. — Le Chat Tout-en-velours. In-4. *Fonteney et Pellier*. 5 fr.

—— Le Trésor de la jeunesse. In-12. *Ibid.* Cart., 2 fr. 40 c.

Dumont, Th. — Guide pratique pour traiter et guérir soi-même sans mercure, copahu ni cubèbe, les maladies vénériennes ou contagieuses. In-18. *Chez l'auteur, 187, rue du Faubourg-Poissonnière.* 2 fr.

Dumont d'Urville. — Voy. *Histoire générale des voyages.*

Dumonteil, Louis. — Mademoiselle de Chaulieu, ou le Premier livre d'une femme auteur. In-12. *Victor Sarlit.* 1 fr.

—— Le Parfumeur millionnaire. In-12. *Ibid.* 1 fr.

Dumouchel et Lusson. — Premiers éléments d'algèbre, contenant plus de 300 exercices ou problèmes, avec les solutions raisonnées, à l'usage des élèves de la section des lettres et des cours annexes des lycées et des colléges, des petits séminaires, etc. In-12. *Dezobry et Magdeleine.* 1 fr. 50 c.

Dumoulin, Joseph. — Les Vendéens au Luxembourg, épisode de la révolution belge. In-12. (Bruxelles, *Michaux.*) 3 fr.

Dumoustier. — Voy. *Labiche et Dumoustier.*

Dunal, le docteur B. — Études médico-chirurgicales sur les déviations utérines. Ouvrage couronné par l'Académie des sciences et des lettres de Montpellier. (Concours de 1858.) In-8. *Masson et fils.* 3 fr. 50 c.

Dunand, Charles. — Les Soldats et les sœurs dans les hôpitaux de Constantinople, 1855. In-8. (Auxerre, *Boudin.*) 1 fr. 25 c.

Dunand, T. — Magnétisme. Somnambulisme. Hypnotisme. Considérations nouvelles sur le système nerveux, ses fonctions et ses maladies. In-8. *Ledoyen.* 1 fr.

Duncan Forbes. — Voy. *Nouveau manuel du jeu des échecs.*

D'une Église nationale en France, à l'occasion de la question romaine, par M. L. B. V. G. In-8. *Bray.* 1 fr. 25 c.

Dupanloup. — Oraison funèbre des volontaires catholiques de l'armée pontificale morts pour la défense du saint-siége, prononcée par Mgr l'évêque d'Orléans, dans sa cathédrale, le 9 octobre 1860. In-8. (Orléans.) *Lecoffre et Ce.* 60 c.

—— La Souveraineté pontificale selon le droit catholique et le droit européen. In-8. *Lecoffre et Ce.* 7 fr.

—— Voy. aussi : *Lettre.*

Dupanloup (Mgr), évêque d'Orléans; par Pierre et Paul. Avec portrait et autographe. In-32. *G. Havard.* 50 c.

Du Parcq, (É. de La Barre). — Voy. *De La Barre.*

Du Pays, A. J. — Itinéraire descriptif, historique, artistique et industriel de la Belgique. In-12, avec cartes et plans. *Hachette et Ce.* 10 fr.

Dupin aîné. — Libertés de l'Église gallicane. Manuel du droit public ecclésiastique français. In-12. *Plon.* 5 fr.
Voy. aussi : *Guillemin, Réplique.*

—— Mémoires. — Voy. *Mémoires.*

Dupin, Henri. — Cinq coups de sonnette. In-12. *Librairie nouvelle.* 1 fr.

Dupiney de Vorepierre. — Dictionnaire français. — Voy. *Dictionnaire.*

Du Placement des petits capitaux ; par M. le directeur du Messager de la charité. In-32. *Dillet.* . 50 c.

Duplessis, Paul. — Aventures mexicaines. In-12. *A. Cadot.* . 1 fr.

—— Les Grands jours d'Auvergne. 1re série. Maurevert. — 2e série : Raoul Sforzy. — 3e série : Diane d'Erlanges. — 4e série : Le Château de La Tremblais. 4 vol. in-12. *A. Cadot.* 4 fr.

Duponchel, Edmond. — 100,000 hommes en Algérie. Projet de colonisation militaire. Solution économique et pratique de la question algérienne; par un vieil Africain. In-8. *Challamel ainé.* 1 fr. 50 c.

Dupont, Paul. — Dictionnaire des formules, ou Mairie pratique, contenant les modèles de tous les actes d'administration municipale, avec des notes et des citations indiquant les lois, règlements et instructions auxquels ils se rapportent. 11e édition, entièrement refondue et augmentée de 400 formules. In-8. *P. Dupont.* 18 fr.

Dupont, Pierre. — Sur certains bruits de coalition. In-8. *Dentu.* 1 fr.

Dupont-White. — La Centralisation. Suite de : l'Individu et l'État. In-8. *Guillaumin et Cᵉ.* 6 fr.

Du Pouvoir temporel du Pape. Cas de conscience. In-8. (Lyon.) *Pélagaud et Cᵉ.* 1 fr. 25 c.

Du Pouvoir temporel du Pape. Essai sur l'origine et la formation de l'État de l'Église. In-8. *Dentu.* 2 fr.

Dupré. — Manuel du sapeur-pompier des communes rurales. In-12, avec figures. *E. Lacroix.* 1 fr.

Dupré. — Considérations cliniques sur les fluxions de poitrine de nature catharrale. Observations pour servir à leur histoire. In-8. (Montpellier, *Boehm et fils.*) 2 fr. 50 c.
    Extrait du Montpellier médical.

Dupré, A. — Essai de réforme grammaticale. In-12. *Chez l'auteur, 20, avenue de l'Observatoire.* 1 fr. 50 c.

Du Puget, Mᶫᶫᵉ. — Chronique du temps d'Érik. — Voy. *Bernhard.*

Dupuis, L. — 50 Leçons sur les éléments d'arithmétique et de calcul. In-12. *Dezobry, Magdeleine et Cᵉ.* 1 fr.

Dupuit, J. — La Liberté commerciale, son principe et ses conséquences. In-12. *Guillaumin et Cᵉ.* 3 fr.

Du Puynode, Gust. — Des Lois du travail et de la population. 2 vol. in-8. *Ibid.* 12 fr.

Duquesne, A. L. — De l'existence des congrégations religieuses en France et de leurs droits, à l'occasion du rapport présenté par M. le procureur général Dupin au sénat le 25 mai 1860. In-8. *Lebigre-Duquesne.* 1 fr. 20 c.

Durafour, Émile. — André le Saltimbanque, drame en quatre actes. (Théâtre Beaumarchais.) Grand in-8. *Huré.* 20 c.

Durand, l'abbé. — Manuel historique des ordres religieux. In-12. (Bourges.) *Gauguet.* 3 fr. 50 c.

Durand, Émile et Émile **Paultre.** — Code général des lois françaises, continué et mis au courant chaque année par un supplément paraissant après la session législative. Édition de 1861. 2 vol. grand in-8. *Cosse et Marchal.* Avec l'abonnement au supplément pour les années 1861, 1862 et 1863. 20 fr.
    Prix de l'abonnement seul au supplément pour cinq années 5 fr.

Durand, Louis Charles. — Histoire de la guerre d'Italie en 1859, d'après les documents officiels. 2 vol. in-18. *Vᵉ Desbleds.* 1 fr.

Durand-Fardel, le docteur Max. — Observations relatives au décret impérial du 28 janvier 1860 sur l'organisation de l'inspection médicale et la surveillance des sources et établissements d'eaux minérales naturelles. In-8. *Au Bureau de la Gazette des Eaux.*   1 fr.

—— Voy. aussi : *Dictionnaire général des eaux minérales.*

Durant, le docteur Léopold. — De la profession médicale et de la charité publique. In-8. (Bruxelles, *Tircher.*)   1 fr.

—— Hygiène sociale et privée. Manuel des pères de famille et des maîtres de pension. In-12. (Ibid.) *A. Bohné.*   2 fr.

Duranty. — Le Malheur d'Henriette Gérard. Avec quatre eaux-fortes d'Alphonse Legros. In-12. *Poulet-Malassis.*   3 fr.

Duroy, J. L. P. — Voy. *Lallemand, Perrin et Duroy.*

Duru, A. — Voy. *Chivot et Duru.*

Dussieux, L. — Les grands faits de l'histoire de France racontés par les contemporains ; choix de lectures à l'usage de la jeunesse et des gens du monde. T. Ier. In-8. *Firmin Didot frères.*   5 fr.
  L'ouvrage formera 8 ou 10 volumes.

—— Voy. aussi : *Journal du marquis de Dangeau.*

—— Voy. aussi : *Mémoires du duc de Luynes.*

Dussolier, Alcide. (Étienne Maurice.) — Ceci n'est pas un livre. In-12. *Poulet-Malassis.*   2 fr.

Du Temple, L. — Cours de machines à vapeur appliquées à la navigation fait à Brest aux mécaniciens de la marine impériale. Rédigé d'après le programme officiel. T. Ier. In-8, avec atlas de 13 planches grand in-4 oblong. *Arthus Bertrand.*   7 fr. 50 c.

—— Le même. T. IIe, avec un atlas de 23 planches.   13 fr. 50 c.

Dutertre et Vachette. — Les Pieds de Damoclès, folie-vaudeville en un acte. (Théâtre des Folies-Dramatiques.) In-4. *Barbré.*   60 c.

Duval, Achille. — Fables et poésies diverses. In-12. *Durandin.*   2 fr.

Du Val, Jacquelin. — Voy. *Jacquelin Du Val.*

Duval, Jules. — Gheel, ou Une colonie d'aliénés vivant en famille et en liberté. Étude sur le meilleur mode d'assistance et de traitement dans les maladies mentales. In-12. *Guillaumin et Cie.*   2 fr.

Duval, L. A. — Valdieu. In-12. *Dentu.*   3 fr.

Duvergier de Hauranne. — Histoire du gouvernement parlementaire en France, 1814-1848. Tome IV. In-8. *Michel Lévy frères.*   7 fr. 50 c.
  T. I et II. 1857. — T. III. 1859. — Prix de chaque volume, 7 fr. 50 c

Duvernet, Charles. — Un péché originel. In-12. *Librairie Nouvelle.*   3 fr.

Duvernois, Clément. —Le Couronnement de l'édifice. Liberté démocratique. In-8. *Dentu.*   1 fr.

—— L'Esprit et la lettre. Lettre à M. Guillemard, procureur général à Alger. In-12. (Alger.) *Challamel aîné.*   50 c.

—— Lettre à Mgr Pavy, évêque d'Alger. In-12. *Ibid.*   1 fr.

—— La Liberté de discussion. Lettre à M. Levert, préfet d'Alger. In-12. *Ibid.*   50 c.

—— Progrès ou Réaction. Lettre à M. P. Hébert. In-12. *Ibid.*   50 c.

—— La Réaction. Deuxième lettre à S. A. I. le Prince Napoléon, ancien ministre de l'Algérie. In-12. *Ibid.*   50 c.

Duveyrier-Melesville fils. — La Fosse aux Ours. — Miss Barclay. — La Confidente. — Les Souvenirs de théâtre. — Un Futur gendre. — Le Guet-apens. In-12. *Librairie Nouvelle.* 2 fr. 50 c.

E

Ebray, Théod. — Études géologiques sur le département de la Nièvre. Fascicule 3 à 10. In-8. *Baillière et fils.* Prix de chaque fascicule, 1 fr. 50 c.

Eckstein, le baron d'. — Sur les Sources de la cosmogonie de Sanchoniathon. In-8. (Imprimerie impériale.) *B. Duprat.* 6 fr.

École de Salerne (l'). Traduction en vers français par Ch. Meaux Saint-Marc, avec le texte latin en regard, précédée d'une introduction par le docteur Ch. Daremberg. — De la sobriété, conseils pour vivre longtemps; par Louis Cornaro, traduit de l'italien sur la dernière édition, par le même. In-12. *Baillière et fils.* 3 fr. 50 c.

Edgard Mortara. Dédié aux pères et aux mères de toutes les nations et de toutes les religions. In-8. *Dentu.* 1 fr.

Edianez, Anna. — Voy. *Fleuriot, Mlle.*

Édouard Blackford. Épisode de l'histoire d'Angleterre au XVIIIe siècle. Gr. in-8, avec gravure. *Lethielleux.* 1 fr. 20 c.
Musée moral et littéraire.

Edwards, H. Milne. — Voy. *Milne-Edwards.*

Église (l') et l'Apocalypse, ou Dix-neuf siècles d'existence de l'Église catholique sur la terre, prédit par l'apocalypse de saint Jean. In-12. (Tournai.) *Lethielleux.* 2 fr.

Église (l') et les institutions impériales, par un libre penseur catholique. In-8. *Dentu.* 2 fr.

Église (l') et les nationalités. Gr. in-8. *Ibid.* 1 fr.

Église (l') en Hongrie, par un ecclésiastique hongrois. In-8. *Ibid.* 1 fr.

Ehrmann, le docteur J. — Des effets produits sur l'encéphale par l'altération des vaisseaux artériels qui s'y distribuent (avec une statistique des cas de ligature de l'artère carotide). In-8. *Baillière et fils.* 2 fr. 50 c.

Eichhoff, F. G. — Poésie héroïque des Indiens, comparée à l'épopée grecque et romaine, avec analyse des poëmes nationaux de l'Inde, citations en français et imitations en vers latins. In-8. *Durand.* 6 fr.

Eimann, D. L. — Histoires bleues. Une épreuve de la fortune. In-4. *Lécrivain et Toubon.* 50 c.

El-Bekri. — Description de l'Afrique septentrionale. Traduite par Mac Guckin de Slane. In-8. (Imprimerie impériale.) *B. Duprat.* 7 fr. 50 c.
Extrait du Journal asiatique.

Eliakim. — Les Italiens, la politique et Rome. Introduction à l'Évangile primitif. In-8. (Amsterdam.) *Cherbuliez.* 1 fr.

——— L'Évangile primitif. In-8. *Ibid.* 3 fr.

Eliot, Georges. — Adam Bède. Traduit de l'anglais de F. d'Albert-Durade. 2 vol. in-12. (Genève.) *Dentu.* 7 fr.

Élisabeth de France. — Mémoires. — Voy. *Mémoires.*

Elleaume, le Dr Alfred Henri. — De la rétroversion utérine dans l'état de
grossesse. In-8. *Coccoz.*   2 fr. 50 c.
Mémoire couronné par l'Académie impériale de médecine.

Eloy, H. et J. **Guerrand**. — Marine marchande. — Des capitaines, maîtres et
patrons, ou Traité de leurs droits et obligations au point de vue commercial, civil, administratif et pénal, et dans leurs rapports avec les armateurs,
chargeurs et assureurs. T. I et II. In-8. *Guillaumin et Ce.*   18 fr.
L'ouvrage aura 3 volumes.

Elwall, Alfred. — Nouveau dictionnaire français-anglais, guide de l'élève, à
l'usage des établissements d'instruction publique. In-12. *J. Delalain.*
                                        Broché, 4 fr. ; rel. toile, 4 fr. 50 c.

Elwart, A. — Histoire de la Société des concerts du Conservatoire impérial
de musique, avec dessins, musique, plans, portraits, notices biographiques, etc. In-12. *Castel.*   3 fr. 50 c.

Emel, l'abbé. — Guide de mon pèlerinage, ou Prières et instructions pour
vivre et mourir saintement. Manuel complet de la confrérie de la Bonne-
Mort. In-32. (Tournai.) *Lethielleux.*   1 fr. 50 c.

Emmanuel, Charles. — Conférences astronomiques. Première conférence, précédée d'une lettre à l'Académie. In-12. *Leiber et Faraguet.*   1 fr. 50 c.

——— Notices astronomiques. 2e notice. Les déviations du pendule et le mouvement de la terre. In-12. *Librairie Nouvelle.*   60 c.

Emmerich, Anne-Catherine. — Vie de Jésus-Christ, et : Vie de la sainte
Vierge. — Voy. *Brentano.*

Empereur François-Joseph Ier (l') et l'Europe. Grand in-8. *Dentu.*   1 fr.

Empereur Napoléon III (l') en Algérie. In-8. *Challamel aîné.*   1 fr. 50 c.

Empire (l') des sources du soleil, ou le Japon ouvert. In-12. *Meyrueis.* 2 fr.
Nouvelle bibliothèque des familles.

Énault, Louis. — L'Amour en voyage. — Carine. — Rose. — La Bourgeoise
de Prague. In-12. *Hachette et Ce.*   2 fr.

——— Hermine. In-12. *Ibid.*   2 fr.

——— De la littérature des Indous. In-8. *Durand.*   3 fr.

——— L'Inde pittoresque. Illustrations par MM. Rouargue et Outhwaitte. Gr.
in-8, avec 21 grav., dont 4 coloriées. *Morizot.* Broché, 20 fr. ; relié, 26 fr.

Encyclique (l') et quelques appréciations dont elle a été l'objet. Lettre
de Mgr l'évêque de Nîmes au clergé de son diocèse. In-8. (Nîmes.) *E. Giraud.*   80 c.

Encyclopédie catholique, (Supplément.) — Voy. *Supplément.*

——— pratique de l'agriculteur, publiée par F. Didot frères, fils et Ce, sous
la direction de MM. L. Moll et Eug. Gayot. T. III. (Autriche-Bibacier.)
In-8, avec fig. dans le texte. *Firmin Didot frères.*   7 fr.

——— moderne, (Complément.) — Voy. *Complément.*

——— théologique (troisième et dernière.)   Voy. *Migne.*

Endrés, E. — Manuel du conducteur des ponts et chaussées, d'après le dernier programme officiel des examens. 3e édition. 2 vol. in-8, avec fig.
sur bois intercalées dans le texte. *Mallet-Bachelier.*   13 fr.

Enfant (l') sage à trois ans, avecque la semilitvde de l'enffant proudigue, publié d'après les manuscrits, par W. M. In-8. *A. Aubry.*   5 fr.
Brochure imprimée en gothique, avec titre rouge et noir, tirée à 50 exemplaires.

Enseignement télégraphique. Résumé des cours faits à l'administration des lignes télégraphiques. 1858-1859. Cours théorique et cours pratique. 2 vol. in-12. *Chaix et C°.* 4 fr.

Eram, le Dr Paul.—Quelques considérations sur les accouchements en Orient. In-8. *Chez l'auteur, 63, rue Monsieur-le-Prince.* 5 fr.

Erckmann-Chatrian. — Contes fantastiques. In-12. *Hachette et C°.* 2 fr.

—— Contes de la montagne. In-12. *Michel Lévy frères.* 3 fr.

Eschbach. — Le Droit musulman. — Voy. *Tornauw.*

Escodeca de Boisse, J. A. d'. — Les Alchimistes du xixe siècle, épître à Nicolas Flamel. La Comédie en vers, épître à un poëte inconnu. In-8. *Ledoyen.* 1 fr.

Espanet, Alexis. — Traité des basses-cours et de la petite culture. De l'éducation des poules, des dindes, des oies et des canards. In-12. *Goin.* 1 fr.

Esquiros, Alphonse et Adèle. — Une vie à deux. — La Course aux maris. — La Nouvelle Cendrillon. — L'Amour d'une jeune fille. — L'Échoppe du père Milou. In-4. *L'écrivain et Toubon.* 50 c.

Esquiros, Mme Adèle. — L'Amour. In-12. *E. Pick.* 1 fr.

—— Histoire d'une sous-maîtresse. In-18. *Ibid.* 1 fr.

Estourmel, le comte Joseph d'. — Derniers souvenirs. In-12. *Dentu.* 3 fr.

Étang, de l'. — Voy. *L'Étang.*

État du corps du génie, suivi des principales dispositions des lois, décrets, arrêtés et ordonnances concernant les officiers et les gardes du génie. 1860. In-8. *Ladrange.* 3 fr.

Étourneau. — Le général Washington et Mme la générale Washington ; biographies. In-12. *Grassart.* 4 fr. 50 c.

Étude sur la coupole du Panthéon de Rome. In-4, avec 3 planches. *E. Lacroix.* 3 fr.
 Signé : Antoine Rondelet.

Étude politique. M. le comte de Chambord. Correspondance. (1841-1859.) In-8. (Bruxelles, *A. Decq.)* 5 fr.

Étude politique et militaire sur la Chine, précédée de considérations sur l'industrie et le commerce extérieur de la Belgique et sur la nécessité pour elle de créer des établissements dans les pays transatlantiques. In-8, avec carte. *Tanera.* 4 fr.

Étudiants (les) et les femmes du quartier latin en 1860; par un étudiant. In-18. *Marpon.* 1 fr.
 Voyez aussi : *Réponse à la brochure, etc.*

Euclide. — Les trois livres de porismes. — Voy. *Chasles.*

Eugène, le prince. — Mémoires. — Voy. *Mémoires.*

Eusèbe. — L'École du scandale. — Ces Messieurs ! In-8. *Taride.* 1 fr.

Eusebii opera omnia. — Voy. *Patrologiæ cursus completus.*

Eustelle. — Recueil des écrits de Marie Eustelle, née à Saint-Palais de Saintes le 19 juin 1814, morte le 29 juin 1842. Nouvelle édition. 2 vol. in-12. *Lecoffre et C°.* 5 fr.

Évangiles (les Saints). Traduction du R. P. Lallemant, avec des notes et des réflexions tirées des Pères de l'Église et des principaux commentateurs ; par l'abbé Rembouillet. In-12. *A. Bray.* 2 fr.

Évelart. — Voy. *Anot de Mézières et Évelart.*

Évêque (l') d'Arras à l'auteur de la Brochure le Pape et le congrès. In-8. *Lecoffre et Ce.* 30 c.

Évêque (l') d'Orléans et la brochure; par un vrai catholique. In-8. *Dentu.* 1 fr.

Excursion (une) au Mont Blanc. 2e édition. In-8, avec 3 planches. (Genève, *Georg.*) *Magnin, Blanchard et Ce.* 1 fr.

Expériences sur la fabrication et l'épreuve de canons de fer, coulés à la fonderie du sud de Boston en 1844. In-8. *Corréard.* 3 fr.

—— faites à la fonderie du sud de Boston, pour déterminer la force transversale de diverses espèces de fer fondu, etc. In-8. *Ibid.* 3 fr.

—— faites pour déterminer la force de diverses espèces de fer fondu. In-8. *Ibid.* 3 fr.

—— faites pour déterminer l'effet produit sur la qualité du fer en canons par un refroidissement lent ou rapide de la coulée. In-8. *Ibid.* 2 fr.

—— faites sur la fabrication de canons en fer de 24 livres à la fonderie du sud de Boston. In-8. *Ibid.* 2 fr.

—— sur la fabrication de 100 obusiers en fer de 24 livres à la fonderie d'Alger à Boston. In-8. *Ibid.* 3 fr.

—— sur la fabrication de colombiades de 8 pouces coulées dans les ateliers du Fort-Pitt, le 4 août 1849. In-8, avec pl. *Ibid.* 3 fr.

—— sur la fabrication et l'épreuve à l'extrême de deux colombiades de 8 pouces et de deux de 10 pouces, une de chaque espèce ayant été fondue pleine et l'autre creuse. In-8, avec 3 pl. *Ibid.* 5 fr.

—— faites en 1850-1851 sur la fabrication de canons de 32 livres pour armement des côtes, coulés aux fonderies sud de Boston, de West-point et de Fort-Pitt. In-8, avec pl. *Ibid.* 5 fr.

—— faites avec l'appareil à mesurer les bases, appartenant à la commission de la carte d'Espagne. Traduit de l'espagnol par le capitaine A. Laussedat. Grand in-8, avec 23 tableaux et 7 pl. *Dumaine.* 12 fr.

Explication familière des principales vérités de la religion, à l'usage des enfants, augmentée de l'Explication familière des devoirs du dimanche. In-12. *A. Le Clère et Ce.* 1 fr. 50 c.

L'auteur du livre est Mme de Lamartine.

Eyma, Xavier. — Aventuriers et Corsaires. In-12. *Michel Lévy frères.* 1 fr.

—— Les Deux manoirs, suivi de l'Écheveau de laine. In-4. *Lécrivain et Toubon.* 50 c.

—— Excentricités américaines. In-32. (Bruxelles.) *Michel Lévy frères.* 1 fr.

—— Les femmes du Nouveau-Monde. In-12. *Ibid.* 1 fr.

—— Les Peaux rouges, scènes de la vie des Indiens. In-12. *Ibid.* 1 fr.

—— Le roi des Tropiques. In-12. *Ibid.* 1 fr.

—— Le Trône d'argent. In-12. *Ibid.* 1 fr.

—— Mademoiselle Topaze. In-4. *Lécrivain et Toubon.* 50 c.

Eyriès, Gustave. — Simart, statuaire, membre de l'Institut. Étude sur sa vie et sur son œuvre. Grand in-8, avec portrait. *Didier et Ce.* 7 fr.

F

Faber, le R. P. Fr. W. — Conférences spirituelles. In-12. *Bray.* 3 fr. 50 c.

—— Le Créateur et la créature, ou les Merveilles de l'amour divin. Traduit de l'anglais par M. l'abbé de Valette. 3e édition. In-12. *Ibid.* 3 fr. 50 c.

Faber, le R. P. F. W. — De la dévotion au pape. *Bray.* In-12.   30 c.

—— Le Précieux sang, ou le Prix de notre salut. In-12. *Ibid.*   3 fr. 50 c.

Faber, Jean. — La Religion des Moscovites. — Voy. *Bibliothèque russe.*

Faber, J. P. — Les Amis en vacances. In-12, avec grav. *Lethielleux.*   60 c.

—— Un voyage en Flandre. In-12, avec grav. *Ibid.*   60 c.

Fabiani, Horace. — Épisode de la charité en Algérie. In-8. (Alger.) *Challamel aîné.*   2 fr. 25 c.

Fabre, Adolphe. — Recherches historiques sur le pèlerinage des rois de France à Notre-Dame d'Embrun, précédées d'une notice sur Marcelin Fornier. In-8. avec grav. (Grenoble.) *Aubry.*   6 fr.

Fabre, V. — Théorie des voûtes élastiques et dilatables d'une application spéciale aux arcs métalliques. In-8, avec une planche. *Dunod.*   3 fr.

Falaise, Jean de. — Voy. *Jean de Falaise.*

Falix, l'abbé. — Décrets authentiques de la sacrée congrégation des rites. Traduits du latin par un prêtre du diocèse de Tournai, avec l'assentiment de l'auteur. In-12. (Tournai.) *Lethielleux.*   3 fr.

Falloux, le comte de. — Du devoir dans les circonstances actuelles. Question italienne. In-8. *Douniol.*   50 c.

—— Madame Swetchine, sa vie et ses œuvres. Nouvelle édition. 2 vol. in-8. *Didier et C*.   15 fr.

—— le même ouvrage. 2 vol. in-12. *Ibid.*   7 fr.

—— Antécédents et conséquences de la situation actuelle. In-8. *Douniol.*   1 fr.

Extrait du Correspondant.

—— Louis XVI. 4e édit. In-12. *A. Bray.*   3 fr. 50 c.

Fanfan, Tony. — Paris qui danse, études, types et mœurs. Dessins d'Alexandre Leclerc. Bal des Folies-Robert, contenant les mémoires de Gilles Robert. In-16. *Chez tous les libraires.*   50 c.

Fano, le D^r. — Voy. *Vidal de Cassis, Traité de pathologie.*

Farini, L. C. — Lettres sur les affaires d'Italie. In-8. *Dentu.*   3 fr.

Fauche, Hipp. — Œuvres de Kalidasa. — Voy. *Kalidasa.*

Faucheur, Théodore. — Voy. *Guénée et Faucheur.*

Faucon, Mlle Emma. — Grand alphabet mythologique, où l'Olympe en tableaux. Grand in-4. *Lefèvre.*   Cart. avec grav. noires, 5 fr., color. 7 fr.

—— Nouvel alphabet féerique. Choix de contes nouveaux. In-4. cart. *Ibid.* Avec grav. noires, 5 fr., color. 7 fr.

—— La fleur des zouaves. Illustré de 9 gravures. Petit in-4. *Courcier.* Avec grav. noires, 3 fr. 50; color. 5 fr.

—— Le petit cheval enchanté. Avec 6 grav. color. In-16. *Ibid.* 1 fr. 50 c.

—— Le Robinson américain. In-12. *Lefèvre.*   2 fr.

—— Voyage d'une jeune fille autour de sa chambre, nouvelle morale et instructive. In-12. *E. Maillet.*   75 c.

Faure, A. — Théorie de la spiritualité, ou Examen approfondi de la nature et de la substance pensante. In-8. (Gap, *Delaplace.*)   2 fr.

Fauré, J. — Analyse chimique et comparée des vins du département de la Gironde. Nouvelle édition. In-8. *E. Lacroix.*   3 fr. 50 c.

Favé, J. — Études critiques sur l'histoire d'Alexandre VI. In-12. (Saint-Brieuc.) *Valon.*   2 fr.

Fay, Paulin. — Dictionnaire géographique de la Nièvre, nomenclature des villes, villages, hameaux, châteaux, fermes, maisons isolées, cours d'eau, etc., précédé de la statistique générale de ce département. In-8. (Nevers, *J. M. Fay.*) 2 fr.

Fayant père. — Étude universelle du fou. 1re livraison. In-8. (Bordeaux, *Chaynes.*) 2 fr.

Feith, H. O. — Lettres de Gustave Adolphe. — Voy. *Gustave Adolphe.*

Féline, Adrien. — Exercices de lecture phonétique pour le premier âge. Conversation d'une petite fille avec sa maman. In-18. *Bourgeois.* 1 fr. 50 c.

Félix, le R. P. — Le Progrès par le Christianisme. Conférences de Notre-Dame de Paris. Année 1860. In-8. *A. Le Clère et Ce.* 3 fr. 50 c.

Femmes (les), de Shakespeare. Quarante-cinq magnifiques portraits gravés sur acier par les plus célèbres artistes de Londres, accompagnés de notices critiques et littéraires. Suivis de la Vie de Shakespeare, par M. de Pongerville. — Étude sur le même, par M. Villemain. 2 vol. grand in-8. *Eugène Pick.* 40 fr.

Féré, Octave. — La Comédienne amoureuse. In-4. *Lécrivain et Toubon.* 50 c.

—— La Cour des miracles sous Charles VI. In-4. *Ibid.* 1 fr. 90 c.

—— L'Épée maudite. In-8. (Rouen, *Haulard.*) 1 fr. 50 c.

—— Les Maçons de Saint-Ouen. In-8. *Ibid.* 1 fr. 50 c.

—— et J. **Chautard**. — Cardillac, l'Orfévre sanglant. In-4. *Havard.* 50 c.

—— et **Hyenne**. — Garibaldi. — Aventures, expéditions, voyages. Amérique, Rome, Piémont, Sicile. Naples. 1834-1860. In-4. *Ibid.* 5 fr. 20 c.
1re partie Amérique, 75 c. — 2e partie. Rome, 90 c. — 3e partie. Lombardie, 90 c. — 4e partie. Sicile, 90 c. — 5e partie. Naples, 1 fr. 40 c.

Ferguson fils. — Description des machines. — Voy. *Description.*

Fernand, Jacques. — Remember! Manin, Scheffer, Sévigné, Rose. — Martyr, Trois Grâces. — Souscription Lamartine 1860. — Le Remords d'une nation! Poésies. In-12. *Vanier.* 50 c.

Ferran, le D^r. — Considérations cliniques sur l'emploi médical des agents physiques. In-8. *Rozier.* 1 fr. 50 c.

Ferrari, Constant. — La Sicile et la maison de Savoie. In-8. *Dentu.* 1 fr.

Ferrari, Joseph. — L'annexion des Deux-Siciles. In-8. *Ibid.* 1 fr.

—— La Fédération italienne. Deux discours prononcés au parlement de Turin, dans les séances des 8 et 11 octobre 1860. (Traduit sur le texte du journal officiel.) In-8. *Ibid.* 1 fr.

—— Histoire de la Raison d'État. In-8. *Michel Lévy frères.* 7 fr. 50 c.

Ferrier, J. P. — Voyages en Perse, dans l'Afghanistan, le Béloutchistan et le Turkestan. 2 vol. in-8, avec portrait et carte. *Dentu.* 12 fr.

Fertiault, F. et Julie. — Le poëme des larmes. 2e édition, augmentée de pièces inédites; suivie d'un appendice et autres annexes, et précédée d'une introduction par Henri Bellot. In-12. *Curmer.* 3 fr. 50 c.

Fétis, F. J. — Biographie universelle des musiciens, ou Bibliographie générale de la musique. 2e édition, entièrement refondue et augmentée de plus de moitié. T. I. (A.-Bohrer.) Grand in-8. *Firmin Didot frères.* 8 fr.
L'ouvrage aura environ 10 vol. — La 1re édition a été publiée de 1833 à 1844, à Paris et à Bruxelles; elle formait 8 vol. in-8.

Feuchtersleben, le baron E. de. — Hygiène de l'âme; traduit de l'allemand sur la 20e édition, par le docteur Schlesinger-Rahier. 2e édition, précédée d'une étude biographique et littéraire. In-12. *Baillière et fils.* 2 fr.

Feugère, Léon. — Caractères et portraits littéraires du xvie siècle. 2e édition. 2 vol. in-12. *Didier et Ce*. 7 fr.

La 1re édition a paru en 1859. 2 vol. in-8. 14 fr.

—— Les femmes poëtes au xvie siècle. Étude suivie de : Mlle de Gournay. — Honoré d'Urfé. — Le maréchal de Montluc. — Guillaume Budé. — Pierre Ramus. In-8. *Ibid.* 7 fr.

Feuillet, Octave. — Le Cheveu blanc, comédie en un acte, en prose. (Théâtre du Gymnase.) In-12. *Michel Lévy frères*. 1 fr.

—— Rédemption, comédie en cinq actes et un prologue. (Théâtre du Vaudeville.) In-12. *Ibid.* 2 fr.

—— La Tentation, pièce en cinq actes et six tableaux. (Théâtre du Vaudeville.) In-12. *Ibid.* 2 fr.

Féval, Paul. — Alizia Pauli. In-12. *Librairie Nouvelle.* 1 fr.

—— Les Amours de Paris. 2 vol. in-12. *Michel Lévy frères.* 2 fr.

—— Le Berceau de Paris. In-12. *Librairie Nouvelle.* 1 fr.

—— Les Errants de nuit. In-4. *Lécrivain et Toubon.* 1 fr. 50 c.

—— Les Fanfarons du Roi. In-12. *Librairie Nouvelle.* 1 fr.

—— Le Jeu de la mort. 1re et 2e série. In-4. *Lécrivain et Toubon.* 1 fr.

—— Le Mal d'enfer. In-4. *Ibid.* 90 c.

—— Le Paradis des femmes. In-4. *Ibid.* 2 fr. 70 c.

—— Le Roi des gueux. 1re partie : le duc et le mendiant. 6 vol. in-8. *De Potter.* 45 fr.

—— Le même. 2e partie : la maison de Pilate. 7 vol. in-8. *Ibid.* 52 fr. 50 c.

—— La Tour du Diable. Le Château de Croïat. La Joute bretonne. In-4. *Lécrivain et Toubon.* 50 c.

Fèvre, l'abbé F. — Du gouvernement temporel de la Providence dans ses principes généraux et dans son application aux temps présents. 2 vol. in-12. (Nancy, *Bordes frères*.) 7 fr.

Fèvre, l'abbé Justin. — Du mystère de la souffrance, comme mystère de la vie, expliqué par le christianisme. In-12. *Vincent et Bourselet.* 3 fr.

Feydeau, Ernest. — Catherine d'Overmeire. Étude. 2 vol. in-12. *Dentu.* 6 fr.

—— Les quatre saisons. Esquisses d'après nature. 2e édition. In-12. *Amyot.* 3 fr. 50 c.

La 1re édition a paru en 1858. 1 vol. gr. in-8. *Didier et Co.* 3 fr.

—— Histoire des usages funèbres et des sépultures des peuples anciens. Livraisons 20 à 22. In-4. *Gide.* Prix de chaque livraison, 4 fr.

Fierabras, publié par Krœber et Servois. — Voy. *Anciens poètes.*

Figuier, Louis. — L'alchimie et les alchimistes. Essai historique et critique sur la philosophie hermétique. 3e édit. In-12. *Hachette et Ce.* 3 fr. 50 c.

—— L'Année scientifique et industrielle. 4e année. In-12. *Ibid* 3 fr. 50 c.

—— Histoire du merveilleux dans les temps modernes. T. III et IV. In-12. *Ibid.* Prix de chaque volume, 3 fr. 50 c.

T. III. Le Magnétisme animal — T. IV. Les Tables tournantes. — Les Médiums et les Esprits.

—— Les grandes inventions anciennes et modernes dans les sciences, l'industrie et les arts. Ouvrage illustré à l'usage de la jeunesse. Grand in-8. *Ibid.* 10 fr.

Figuier, Mme Louis. — Nouvelles languedociennes : les Fiancés de la Gardiole. — Le Franciman. In-12. *Ibid.* 4 fr.

Filachou, Joseph Émile. — Aperçus fondamentaux de philosophie mathématique. In-8. (Montpellier, Seguin.) *Durand.* 4 fr.

Filippi, J. de. — Parallèle des théâtres. — Voy. *Contant et Filippi.*

Fillias, A. — L'Espagne et le Maroc en 1860. In-12. *Poulet-Malassis.* 2 fr.
—— Histoire de la conquête et de la colonisation de l'Algérie (1830-1860). In-8. *Arnauld de Vresse.* 7 fr. 50 c.
—— L'Algérie ancienne et nouvelle. — Voy. *Bibliothèque utile.*

Fillieu, Charles. — Le Barde gaulois, drame en deux actes, en vers. (Théâtre Saint-Marcel.) In-12. *Michel Lévy frères.* 1 fr.

Filon. — L'Alliance anglaise au xviiie siècle, depuis la paix d'Utrecht jusqu'à la guerre de la succession d'Autriche. Mémoire lu à l'Académie des sciences morales et politiques. In-8. *Durand.* 1 fr. 25 c.

Fitau, A. — Questions algériennes. L'organisation du travail en Algérie. In-8. *Guillaumin et Ce.* 1 fr.

Fitz-Clarens, miss Maria. (Mme E. Foa.) — Petite mosaïque historique ; contes vrais, dédiés au jeune âge. In-12. *A. Bédelet.*
Avec gravures noires, 2 fr. ; color., 3 fr.

Fizelier, A. — Vie de Koutouzoff. — Voy. *Mikhaïlovsky.*

Flachat, Eugène. — De la traversée des Alpes par un chemin de fer. In-8. *E. Lacroix.* 2 fr.
—— De la traversée des Alpes par un chemin de fer. N° 2. Développements. — Étude de passage par le Simplon. In-8. *E. Noblet.* 5 fr.

Flan, Alexandre. — Un Père prodigue, parodie-vaudeville en un acte. In-8. *Mifliez.* 50 c.
—— et Ernest **Blum**. — L'Almanach comique, délassement comique en trois actes et 22 tableaux, précédé de : le Coucher du soleil, prologue en deux parties. (Théâtre des Délassements-Comiques.) In-8. *Librairie théâtrale.* 30 c.

Fléchet, Th. — L'Église et l'État, à propos de la question des sépultures. Réponse à M. J. B. Malou, évêque de Bruges. In-8. (Bruxelles, *Decq.*) 2 fr.

Fleuriot, Mlle Zénaïde. (Anna Édianez.)—Une famille bretonne, ouvrage dédié à l'adolescence. In-12. *Bray.* 3 fr.
—— Marquise et pêcheur. In-12. *Ibid.* 2 fr.

Fleurs des vieux poëtes liégeois (1550-1650), avec une introduction historique par N. Peetermans ; recueil publié et accompagné de notes biographiques, par H. Helbig. In-12. (Liége, *F. Renard.*) 3 fr. 50 c.

Flobert, A. — Voy. *Hase, Histoire de l'Église.*

Floquet, l'abbé. — Considérations sur la culture des abeilles. In-12. (Versailles.) *Goin.* 1 fr.

Florence, Eugène. — Histoire de Masaniello et son rôle dans l'insurrection de Naples en 1647. Résumé d'un ouvrage de M. le duc de Rivas. In-18. *Laisné.* 1 fr.

Flotte, le baron Gaston de. — Bévues parisiennes. Les journaux, les revues, les livres. In-18. (Marseille, *Camoin frères.*) *Dentu.* 3 fr.

Flourens, P. — De la longévité humaine et de la quantité de vie sur le globe. 4e édition, revue et augmentée. In-12. *Garnier frères.* 3 fr. 50 c.
—— De la raison, du génie et de la folie. In-12. *Ibid.* 3 fr. 50 c.
—— Éloge de M. Ducrotay de Blainville. — Voy. *Mémoires de l'Académie des sciences.* T. XXVII.

Flourens, P. — Voy. aussi : *Cuvier, Éloges historiques.*

Foa, Mme Eugénie. — Les Contes de ma bonne. In-12, avec 6 lithographies par A. Coppin, d'après L. Lassalle. *Magnin, Blanchard et Ce.*
Broché, 3 fr. ; relié, 5 fr.

—— Grandeur et adversité, enfance des femmes célèbres, contes historiques dédiés à la jeunesse. In-8, avec 8 gravures. *Bédelet.*
Avec grav. noires, 4 fr. 25 c. ; color., 5 fr. 50 c.

—— Mémoires d'une petite fille devenue grande. Keepsake enfantin. In-4, cart. avec lithographies par Coppin. *Magnin, Blanchard et Ce.*
Avec grav. noires, 8 fr. ; color., 10 fr.

—— Les Petits savants, contes historiques dédiés à la jeunesse. In-8, avec 8 gravures. *Bédelet.* Avec grav. noires, 4 fr. 25 c. ; color., 5 fr. 50 c.

—— Travail et célébrité, contes historiques dédiés à la jeunesse. In-8, avec 8 gravures *Ibid.* Avec grav. noires, 4 fr. 25 c. ; color., 5 fr. 50 c.

—— Six histoires de jeunes filles. In-12, avec 6 gravures. *Magnin, Blanchard et Ce.* 3 fr.
Voy. aussi : *Fitz-Clarens.*

Foë, Daniel de. — Aventures de Robinson Crusoé, suivies d'une notice sur les Selkirk et les Caraïbes, par Ferdinand Denis. Illustrations de Gavarni. In-8, avec 16 gravures. *Morizot.* 10 fr.

—— Aventures de Robinson Crusoé. Traduction nouvelle. Nouvelle édition, revue et corrigée par Anatole Bordot, illustrée de lithogr. par Hadamard. In-8. *J. Vermot.* Avec fig. noires, 5 fr. 50 c ; color., 8 fr. 50 c.

—— Le même. Édition in-12. *Ibid.* 2 fr.

Foerster, Ernest. — Monuments d'architecture, de sculpture et de peinture de l'Allemagne, depuis l'établissement du christianisme jusqu'aux temps modernes. Livr. 1 à 50. In-4. *Morel et Ce.* Chaque livraison, 1 fr. 50 c.
L'ouvrage sera publié en 200 livraisons. — Chaque livraison contient 2 planches gravées et une feuille de texte.

Foissac, le docteur P. — Hygiène philosophique de l'âme. In-8. *Baillière et fils.* 7 fr. 50 c.

Follin, E. — Examen de quelques nouveaux procédés opératoires pour le traitement des fistules vesico-vaginales (méthode américaine). In-8. *P. Asselin.* 2 fr.

Fond, Mlle Amélie. — L'Esclave russe. (En vers.) In-12. *Dentu.* 2 fr.

Fontaine de Resbecq, de. — Guide administratif et scolaire dans les facultés de médecine, les écoles supérieures de pharmacie et les écoles préparatoires du même ordre. In-12. *Masson et fils.* 3 fr.

Fontpertuis, Adalbert Frout de. — Voy. *Frout de Fontpertuis.*

Fonvielle, W. de. — La Croisade en Syrie. In-8. *Dentu.* 1 fr.

—— L'empereur en Algérie. In-8. *Ibid.* 1 fr.

Forest, Athanase. — Essais poétiques de philosophie religieuse. In-12. *Vanier.* 2 fr.

Forest, Jules. — La Vérité sur Lamartine. (Vers.) In-8. *De Vresse.* 1 fr.

Forestié neveu, E. — Biographie de Tarn-et-Garonne. Études historiques et bibliographiques. Ire série. In-8. (Montauban.) *Dumoulin.* 5 fr.

Forget, C. P. — Principes de thérapeutique générale et spéciale, ou Nouveaux éléments de l'art de guérir. In-8. *Baillière et fils.* 8 fr.

Forgues, E. — Histoire de Nelson, d'après les dépêches officielles et sa correspondance particulière. In-12. *Charpentier.* 3 fr. 50 c.

Forgues, E.—Originaux et beaux esprits de l'Angleterre contemporaine. 2 vol. in-12. *Charpentier*. 7 fr.

—— La Révolte des cipayes, épisodes et récits de la vie anglo-indienne. In-12. *Hachette et C°*. 3 fr. 50 c.

Forthomme, C. — Traité élémentaire de physique expérimentale et appliquée. 2 vol. in-12, avec 16 planches. *Baillière et fils*. 10 fr.

Forville, A. de. — Le Comte de Saint-Pol. In-12. *Michel Lévy frères*. 1 fr.

Forville, Valois de. — Voy. *Valois de Forville*.

Fos, Mme Maria de. — Dieu, c'est l'amour. In-16. *Dentu*. 1 fr. 50 c.

Foucher, Paul. — La Vie de plaisir. In-12. *Michel Lévy frères*. 1 fr.

Foucher de Carcil, le comte. — Voy. *Descartes, œuvres inédites*.

—— Voy. *Leibnitz, œuvres*.

Foudras, marquis de. — Les Gentilshommes chasseurs. In-12. *Cadot*. 1 fr.

—— Soudards et lovelaces. In-12. *Ibid*. 1 fr.

Foulc, J. — Discours sur l'importance des langues vivantes et sur l'avenir réservé à la langue anglaise. In-8. *Hachette et C°*. 1 fr.

Fouquières, Becq de. — Voy. *Becq de Fouquières*.

Fouré, l'abbé Stanislas. — Fleurs et fruits de la foi, ou Saints exemples et bons conseils. In-12. *Josse*. 5 fr.

Fourgeaud, A. — Physiologie des voyageurs du commerce, étude. In-12. *Dentu*. 2 fr.

—— Rome et Athènes. — Voy. *Rome*.

Fournier, le Dr Alfred. — De la contagion syphilitique. Grand in-8. *Adrien Delahaye*. 2 fr. 50 c.

—— Voy. aussi : *Ricord, Leçons sur le chancre*.

Fournier, Édouard. — Énigmes des rues de Paris. In-12. *Dentu*. 3 fr.

—— L'Esprit dans l'histoire. Recherches et curiosités sur les mots historiques. 2e édit., revue et considérablement augmentée. In-12. *Ibid*. 3 fr.

—— Titus et Bérénice, opérette-bouffe en un acte, musique de M. Léon Gastinel. (Théâtre des Bouffes-Parisiens.) In-12. *Librairie nouvelle*. 60 c.

—— Voy. aussi : *Pol Mercier et Fournier*.

Fournier, N. et **Meyer**.— Une voix du ciel, comédie en un acte. (Théâtre du Gymnase.) In-12. *Barbré*. 1 fr.

Fournival, Richard de. — Le Bestiaire d'amour, suivi de la Réponse de la dame, enrichi de 48 dessins gravés sur bois, publiés pour la première fois d'après le manuscrit de la bibliothèque impériale, par C. Hippeau. In-8. *Aubry*. 8 fr.

France (la) devant l'Europe, ou la Question des frontières. In-8. (Bruxelles, *Van Meenen et C°*.) 1 fr.

France ecclésiastique (la) ; almanach du clergé pour l'an de grâce 1860. In-18. *Plon*. 4 fr.

France (la) et le pape ; réponse à M. le comte de Montalembert. Grand in-8. *Dentu*. 1 fr.

France (la) en Syrie. Grand in-8. *Ibid*. 50 c.

Franciscains (les) à Bolbec, ou Notice sur la mission donnée à Bolbec par les RR. PP. franciscains à l'occasion du Jubilé et du Carême de 1858. In-18. (Rouen, *Fleury*.) *Douniol*. 1 fr. 25 c.

Franck, William. — Traité sur les vins du Médoc et les autres vins rouges et blancs du département de la Gironde. 4ᵉ édition, augmentée et accompagnée de 26 vues, etc. In-8. (Bordeaux.) *E. Lacroix.* 7 fr. 50 c.

Franclieu, le marquis de. — Production et consommation du blé. Grand in-8. *Dentu.* 1 fr.

François, Jules. — Voy. *Dictionnaire général des eaux minérales.*

François d'Assise. — Fioretti, ou Petites fleurs de saint François d'Assise. Traduites de l'italien sous la direction de M. Ch. Sainte-Foi. In-16. *Lethielleux.* 1 fr. 20 c.

François de Sales, saint. — Introduction à la vie dévote; revue par l'autheur avant son deceds et augmentée de la manière de dire devotement le chapelet et de bien servir la Vierge Marie. Nouvelle édition, revue et corrigée par M. Silvestre de Sacy. 2 vol. in-16. *Techener.* 12 fr.

Bibliothèque spirituelle publiée par M. de Sacy.

—— Introduction à la vie dévote. Nouvelle édition à l'usage de la jeunesse. In-32. (Tournai.) *Lethielleux.* 80 c.

Franconi, Victor. — L'Écuyer; cours d'équitation pratique. In-12. *Michel Lévy frères.* 3 fr.

Franklin, Alfred. — Histoire de la bibliothèque Mazarine, depuis sa fondation jusqu'à nos jours. In-8. *Aubry.* 6 fr.

Franklin, le docteur Jonathan. — La Vie des animaux. — Le Monde des métamorphoses. — Crustacés; insectes; vers; animaux rayonnés. In-12. *Hachette et Cᵉ.* 3 fr. 50 c.

—— Le même. — Reptiles; suivi d'une Introduction au monde des eaux. In-12. *Ibid.* 3 fr. 50 c.

—— Le même. — Poissons. — Mollusques. In-12. *Ibid.* 3 fr. 50 c.

Franquet, F. X. — Le Vaisseau patron. Solution du problème de l'organisation du personnel matelot de la marine française. In-8. *Corréard.* 4 fr.

Frantzia, Mᵐᵉ Marie. — Le Donjon du Maure, drame en cinq actes et neuf tableaux, dont un prologue. Grand in-8. *Mifliez.* 30 c.

Frary, le Dʳ. — De l'asthme et des affections nerveuses dans les organes de la respiration. In-8. *Chez l'auteur, 9, rue Le Pelletier.* 50 c.

Frédéric-Charles de Prusse, le prince. — L'Art de combattre l'armée française. In-12. *Dentu.* 1 fr.

Voy. aussi : *Cri de guerre des Prussiens.*

Fremaux, le docteur. — Recueil de recherches et d'observations pratiques sur le choléra-morbus, sous le rapport médical, et dans les différentes épidémies qui ont eu lieu depuis 1830. Ouvrage accompagné de planches coloriées. 1ʳᵉ livr. In-8. *Chez l'auteur, 41, rue de Bourgogne.* 2 fr. 50 c.

L'ouvrage formera 2 volumes in-8 divisés en 8 livraisons.

Fréminceau, le docteur H. — Chutes du rectum, traitement curatif par la méthode diorthosténosique. In-8. *Louis Leclerc.* 75 c.

Frémy, Arnould. — La Cousine Julie. 2ᵉ édition, revue et corrigée. In-12. *Charpentier.* 3 fr. 50 c.

—— Les mœurs de notre temps. In-12. *Librairie Nouvelle.* 3 fr.

Frémy, E. — Voy. *Pelouze et Frémy.*

Fréne, Mᵐᵉ Adrienne de. — Polichinelle en vacances. Illustré de 8 gravures par Bertrand. In-4. *Courcier.* Avec grav. noires, 5 fr. 50 c.; color., 8 fr.

Freppel, l'abbé. — Les Apologistes chrétiens au XIe siècle, cours d'éloquence sacrée fait à la Sorbonne pendant l'année 1858-1859. Saint Justin. In-8. *A. Bray*.   6 fr.

—— Le même. 2e série. Tatien, Hermias, Athénagore, Théophile d'Antioche, Méliton de Sardes, etc. In-8. *Ibid*.   6 fr.

Frère, Édouard. — Manuel du bibliographe normand, ou Dictionnaire historique et bibliographique. T. II, liv. 3e (Ner-Rog). Liv. 4e (Rog-Z). Gr. in-8. (Rouen, *A. Le Brument*.) *Aubry*.   Liv. 3e, 5 fr.; liv. 4e, 4 fr.
L'ouvrage est terminé; il forme 2 volumes, qui ont été publiés en 7 livraisons, au prix de souscription de 33 fr. — Le prix est porté maintenant à 36 fr

Fresne, Mme la baronne de. — De l'usage et de la politesse dans le monde. 4e édition, revue et augmentée. In-32. *Taride*.   50 c.

Fresneau, Armand. — De la constitution politique des États de l'Église. In-8. *Vaton*.   3 fr.

Fresquet, R. de. — Principes de l'expropriation pour cause d'utilité publique à Rome et à Constantinople jusqu'à l'époque de Justinien. In-8. *Durand*.   1 fr.
Extrait de la Revue historique du droit français et étranger.

Fresse-Montval, Alph. — Cours élémentaire d'histoire moderne, avec questionnaires et table des matières. In-12. *Sarlit*.   1 fr. 20 c.

Freund, le docteur Guill. — Grand dictionnaire de la langue latine sur un nouveau plan. Traduit de l'allemand en français, revu sur les textes et considérablement augmenté par N. Theil. Livraison 7e (ou 2e du T. II). In-4. *Firmin Didot frères*.   Prix de chaque livraison, 7 fr.
L'ouvrage formera 2 volumes, qui seront publiés en 12 livraisons.

Freycinet, Charles de. — De l'analyse infinitésimale, étude sur la métaphysique du haut calcul, avec figures intercalées dans le texte. In-8. *Mallet-Bachelier*.   6 fr.

Frignet, Ernest. — Traité des avaries communes et particulières suivant les diverses législations maritimes. T. II et dernier. In-8. *Franck*.
Prix de l'ouvrage complet en 2 volumes, 16 fr.
T. I a paru en 1859.

Frolois, le vicomte de Ludre. — Voy. *Ludre Frolois*.

Froment, Mathilde. — Voy. *Mme Bourdon*.

Fromentel, E. de. — Introduction à l'étude des éponges fossiles. In-4, avec 4 planches. (Caen.) *Baillière et fils*.   3 fr.
Extrait des Mémoires de la Société Linnéenne.

Fronton du Duc, le Père. — L'Histoire tragique de la Pucelle d'Orléans, représentée à Pont-à-Mousson, le VII septembre MDLXXX, devant Charles III, duc de Lorraine, et publiée en MDXXXI, par J. Barnet. In-8. *Benj. Duprat*.   10 fr.
Réimpression tirée à 105 exemplaires.

Frossard, le pasteur Émilien. — Le Manuel des chrétiens protestants. Simple exposition des croyances et des pratiques qui les caractérisent. In-12. *Grassart*.   1 fr. 50 c.

Frout de Fontpertuis, Adalbert. — Études de littérature étrangère. (Conscience, Scènes de la vie flamande. — Pouchkine, la Fille du capitaine. — Gogol, Tarass Boulba; Mémoires d'un fou; le Roi des gnomes.) In-8. (Le Puy, *Jacquet-Chauve*.)   2 fr.

—— Études sur les enfants assistés. In-8. *Guillaumin et Ce*.   4 fr.

Fuisseaux, de. — Législation industrielle. In-8. (Bruxelles, *Decq*.) 3 fr. 50 c.

G

Gaberel, J. — Les Suisses romands et les réfugiés de l'édit de Nantes. Lu à l'Académie des sciences morales et politiques, dans la séance du 16 juin 1860. In-8. *Cherbuliez.* 1 fr.

Gaboriau, Émile. — Les Cotillons célèbres. In-12. *Dentu.* 3 fr.

Gabourd, Amédée. — Histoire de France depuis les origines gauloises jusqu'à nos jours. T. XV et XVI. In-8. *Gaume frères.* Chaque volume, 5 fr.
L'ouvrage aura 20 volumes.

Gabriel, J., et Henri **Monnier.** — Le Roman chez la portière, folie-vaudeville en un acte. (Théâtre du Palais-Royal.) In-8. *Librairie théâtrale.* 1 fr.

Gaobard. — La Captivité de François Ier et le traité de Madrid. Étude historique lue à la séance publique de la Classe des lettres, le 11 mai 1860. In-8. (Bruxelles, *Muquardt.*) 2 fr.

Gaël, Mme A. — Souvenirs d'Algérie. — Quelques idées pratiques sur son défrichement, son assainissement, sa colonisation. In-8. *Dentu.* 1 fr.

Gafron. — Voy. *Prittwitz et Gafron.*

Gagarin, le Père.—De la réunion de l'Église orientale avec l'Église romaine. Discours prononcé le 27 janvier 1860, dans l'église Notre-Dame-des-Victoires, à l'occasion de la fête patronale de l'œuvre des écoles d'Orient. In-8. *Chez M. Peaucelle, 93, rue de Sèvres.* 50 c.

——— Réponse d'un Russe à un Russe. In-12. *E. Belin.* 1 fr. 10 c.

Gagne, avocat des fous. — L'Histoire des miracles, renfermant une dédicace en vers à Mme Gagne ; un préambule historique ; l'Histoire de ma mort ; les Mémoires de ma vie miraculeuse, et le Bonheur du crucifiement, etc. In-18. *Chez l'auteur, 38, rue Montpensier.* 1 fr.

Gailhabaud, Jules. — L'Art dans ses diverses branches chez tous les peuples et à toutes les époques, jusqu'en 1789. Livraison 1 à 7. Gr. in-4. *Chez l'auteur, 13, rue de Tournon.*
Prix de chaque livraison, 1 fr. 75 c. ; sur papier de Chine, 3 fr.
L'ouvrage paraîtra par livraisons, dont 36 formeront un volume.

Gaillard, de. — Questions italiennes. Voyage. — Histoire. — Politique. In-12. *Michel Lévy frères.* 3 fr.

Gaillard, J. — Bruges et le Franc, ou leur magistrature et leur noblesse, avec des données historiques et généalogiques sur chaque famille. Gr. in-8. Livr. 26 et 27. (Bruges, *Daveluy.*) Prix de chaque livraison, 1 fr. 50 c.

Gaillard, Romuald. — Comptabilité des lycées impériaux et des colléges communaux, recueil des lois, décrets, ordonnances, arrêtés, instructions ministérielles, etc., relatifs à l'administration économique des lycées et colléges communaux. In-8. *J. Delalain.* 8 fr.

Galembert, le comte de. — De la décoration des églises de campagne par la peinture murale. In-8. (Tours.) *Didron.* 1 fr. 25 c.

Galerie des contemporains. Texte sous la direction de Dollingen, avec portraits en pied photographiés par Disdéri. Livraisons 1 à 8. In-16. *Dollingen, 48, rue Vivienne.* Prix de chaque livraison, 1 fr. 75 c.
Livraison 1. Decamps. — 2. Mme Ristori. — 3. Halévy. — 4. Alph. Karr. — 5. Le général Pimodan. — 6. Le duc de Malakoff. — 7. Le card. Antonelli. — 8. Mme Madeleine Brohan.

Galerie du Palais-Royal, gravée d'après les tableaux des différentes écoles qui la composent, par Couché, ou sous sa direction, par Aliamet, Delaunay, Lemire, Massard, etc. Nouv. édit., publiée par H. Heims, avec texte nouveau. In-4. Livr. 16 à 32. *J. Tardieu.*   Prix de chaque livraison, 3 fr.
Chaque livraison contient 5 planches. — L'édition sera complète en 68 livraisons.

Galerie des portraits (la) de Mlle de Montpensier. Recueil des portraits et éloges en vers et en prose des seigneurs et dames les plus illustres de France, la plupart composés par eux-mêmes; dédiés à Son Altesse Royale Mademoiselle. Nouvelle édition, avec des notes, par M. Edouard de Barthélemy. In-8. *Didier et C°.*   7 fr. 50 c.

Galimard. — Les Grands artistes contemporains. — Aubry-Lecomte (Hyacinthe-Louis-Victor-Jean-Baptiste), dessinateur lithographe. 1797-1858. 2e édit. In-8. *Dentu.*   1 fr.

Galitzin, le prince Augustin.— Legationes alexandrinæ et ruthenica ad Clementem VIII, pont. max. pro unione et communione cum sede apostolica, anno Domini 1595, die 15 januarii et 23 decembris, nunc separatim excussæ. In-8. *B. Duprat.*   4 fr.

———— Quelques lettres inédites de Henri IV relatives aux affaires d'Italie. In-8. *Douniol.*   1 fr.
Extrait du Correspondant.

———— Voy. aussi : *Henri IV, lettres. — Beauplan, Description de l'Vkraine. — Témoignage d'un contemporain.*

Gallavardin, le D^r. — Voyage médical en Allemagne. 2e partie. In-8. *Baillière et fils.*   2 fr. 50 c.
La 1re partie a paru en 1858, sous le titre : *L'Enseignement clinique en Allemagne.* In-8. *Ibid.* 2 fr.

Gallicanisme (le) dans les circonstances présentes, par un membre de l'Alliance chrétienne universelle. In-8. *Ledoyen.*   50 c.

Gallois, Léonard. — Histoire de l'Inquisition. In-4. *G. Havard.*   50 c.

Gallois, N. —Agrandissement de la France. In-8. *Dentu.*   1 fr.

———— Histoire illustrée des théâtres de Paris, avec la biographie et le portrait des acteurs. 1re livraison : Odéon, Porte-Saint-Martin. Vaudeville. 2e livraison : Théâtre-Lyrique, Italiens, Gaîté. In-4. *Albessard et Bérard.*   Prix de chaque livraison, 1 fr.

Gally, J. M. — Le Spectre blanc en 1860. In-8. *Ledoyen.*   1 fr.

Galoppe d'Onquaire. — Les Vertueux de province, comédie en trois actes et en vers. (Théâtre de l'Odéon.) In-12. *Librairie nouvelle.*   1 fr. 50 c.

Galtier-Boissière. — De la Goutte, de sa nature, de ses causes et de son traitement préservatif, palliatif et curatif. In-4. *Masson et fils.*   3 fr. 50 c.

Gandar, E. — Les Andelys et Nicolas Poussin. In-8, avec gravure. (Caen.) Ve *J. Renouard.*   4 fr.
Extrait des Mémoires de l'Académie de Caen et de la Gazette des Beaux-Arts

Gandon, Antoine. — Les trente-deux Duels de Jean Gigon, histoire d'un enfant trouvé. In-12. *Librairie nouvelle.*   2 fr.

———— Le grand Godard. Histoire d'un homme fort. In-12. *Ibid.*   2 fr.

Ganot, A. — Traité de physique expérimentale et appliquée et de météorologie, suivi d'un recueil de problèmes avec solutions et illustré de 586 belles gravures sur bois intercalées dans le texte. 9e édit. In-12. *Chez l'auteur.*   7 fr.

Ganot, A.—Tratado elemental de física esperimental y aplicada y de meteorologia, con una selecta coleccion de problemas, adornado con 586 bellos grabados de madera intercalados en el testo; vertido al castellano y adicionado por A. Sanchez de Bustamante. Primera y única traduccion española conforme á la novena y última edicion francesa, aumentada con 18 nuevos grabados y las mas recientes tareas sobre la acustica, la luz y la electricidad. In-12. *Rosa y Bouret.* 14 fr.

Garden, le comte de. — Répertoire diplomatique. Annales du droit des gens et de la politique extérieure. T. I. 1re partie. In-8. *Claye.* 7 fr.

Garibaldi, Mémoires. — Voy. *Mémoires.*

——— Voy. aussi : *Dumas, Mémoires de Garibaldi.*

Garibaldi et ses hommes rouges. In-8, avec portrait. *Lebigre-Duquesne frères.* 1 fr. 25 c.

Garin, le docteur J. — Voy. *Bonnet, Nouvelles méthodes.*

Garnier, le docteur A. J. C. — Compte rendu des faits de diphthérie observés à l'hôpital Sainte-Eugénie dans le service de M. Barthez, pendant l'année 1859. In-4. *Ad. Delahaye.* 2 fr. 50 c.

Garnier, Éd. — Louis de Bourbon, évêque-prince de Liége (1455-1482.) In-8. *Dumoulin.* 3 fr.

Garnier, J. — Histoire du doyenné de Picquigny. — Voy. *Daire.*

Garnier, Joseph. — Traité d'économie politique, exposé didactique des principes et des applications de cette science et de l'organisation économique de la société. 4e édit., considérablement augmentée. In-12. *Guillaumin et Cе.* 4 fr. 50 c.

Garnier-Pagès. — Dictionnaire politique. — Voy. *Dictionnaire.*

Gaskell, Mmе. — Autour du sofa, roman anglais, traduit avec l'autorisation de l'auteur, par Mmе H. Loreau. In-12. *Hachette et Cе.* 2 fr.

Gasparin, le comte de. — Cours d'agriculture. T. VI. In-8. *Librairie agricole.* 7 fr. 50 c.

Prix de l'ouvrage complet en 6 volumes : 39 fr 50 c.

Gasparin, le comte Agénor de. — Le Bonheur, troisième série de discours prononcés à Genève. In-12. *Meyrueis et Cе.* 2 fr. 50 c.

Gastan, Auguste. — Origines de la commune de Besançon. In-8. (Besançon, *Bulle.*) 3 fr.

Extrait des Mémoires de la Société d'émulation du Doubs.

Gastineau, Benjamin. — Les Amours de Mirabeau et de la marquise de Monnier, suivi des lettres choisies de Mirabeau à la marquise. In-12. *Michel Lévy frères.* 3 fr.

——— Le Chemin de la Fortune. L'Orpheline de Waterloo. In-4. *Havard.* 50 c.

——— Le Voyage comique et orphéonique des trois mille Français à Londres. In-8. *Denlu.* 50 c.

Gaston de Flotte, le baron. — Voy. *Flotte.*

Gatineau, Péan. — Voy. *Péan Gatineau.*

Gauchet, le docteur A. — Leçons sur les maladies de l'utérus.—Voy. *Aran.*

Gaudriole (la) de 1860. Choix des meilleurs chansons, chansonnettes et morceaux d'opéra de nos célébrités contemporaines. In-32. *Bernardin-Béchet.* 1 fr. 25 c.

Gaufrey, publié par Guessard et Chabaille. — Voy. *Anciens poëtes.*

Gaugain. — Théorie des courants électriques. — Voy. *Ohm*.

Gaujot, le docteur. — Observation de deux cas de pustule maligne, suivie de quelques considérations sur cette affection. In-8. *Vict. Rozier*. 1 fr. 50 c.
Extrait du Recueil des Mémoires de Médecine, etc.

—— De l'uréthrotomie interne, observations recueillies à la clinique de M. le professeur Sédillot. In-8. *Ibid.*   3 fr.
Extrait du Recueil de Mémoires de médecine, etc.

Gaulle, Mme de. — Mois de Marie des familles. Fleurs symboliques offertes à Marie. In-18, avec 8 planches. *Desloges.*
Avec fig. noires, 1 fr. 50 c.; color., 2 fr. 50 c.

—— Nouvelles soirées d'une mère. In-12. *Adr. Le Clère et Ce.*   1 fr.

—— Théâtre des familles et des maisons d'éducation. In-12. *Vrayet de Surcy.*   1 fr. 40 c.

Gaume, Mgr. — Bethléem, ou l'École de l'enfant Jésus. Petites visites à la crèche, pour le temps de Noël, d'après saint Alphonse de Liguori. In-18, avec gravures. *Gaume frères.*   1 fr. 50 c.

—— Catéchisme de persévérance, ou Exposé historique, dogmatique, moral, liturgique, apologétique, philosophique et social de la religion depuis l'origine du monde jusqu'à nos jours. 8e édition, revue et augmentée de notes sur la géologie, et d'une table des matières. 8 vol. in-8. *Ibid.* 32 fr.

Gaussen, L. — Le Canon des saintes Écritures au double point de vue de la science et de la foi. 2 vol. in-8. (Lausanne.) *Cherbuliez.*   15 fr.

Gaussin, L. — Annuaire des marées. — Voy. *Annuaire*.

Gautier, Léon. — Définition catholique de l'histoire. In-12. *Palmé.*   1 fr.

—— Scènes et nouvelles catholiques. In-12. *Ibid.*   ·   2 fr.

Gautier, Théophile. — Mademoiselle de Maupin. Nouvelle édition, revue et corrigée. In-12. *Charpentier*.   3 fr. 50 c.

—— Nouvelles. 6e édition, revue et corrigée. In-12. *Ibid.*   3 fr. 50 c.

—— Les Vosges. — Voy. *Bellel*.

—— Voy. aussi : *Chatillon, à la Grand'pinte*.

Gavaret, J. — Télégraphie électrique. In-12. Avec figures dans le texte. *Masson et fils.*   7 fr.

Gavazzi. — Sermons du Père Gavazzi, chapelain de Garibaldi, suivis de l'ouverture des chambres à Gaëte et du départ de la police. Pièces macaroniques. Trad. de l'italien, par Félix Mornand, précédées d'une notice sur le P. Gavazzi. In-12. *Poulet-Malassis.*   2 fr.

Gavet, N. — Exercices sur la grammaire française. In-12. *P. Dupont.* 1 fr. 25 c.

—— Corrigé des exercices. In-12. *Ibid.*   1 fr. 25 c.

Gay, Charles. — Histoire d'une annexion. In-8. *Amyot.*   2 fr. 50 c.

Gayot, Eug. — Voy. *Connaissance générale du bœuf*.

—— Voy. *Encyclopédie pratique de l'agriculteur*.

Gebhart, Émile. — Histoire du sentiment poétique de la nature dans l'antiquité grecque et romaine. In-8. *Durand.*   3 fr.

—— De Varia Ulyssis apud veteres poetas persona. In-8. *Ibid.*   1 fr.

Gellée, A. — Précis d'analyses pour la recherche des altérations et falsifications des produits chimiques et pharmaceutiques. In-8. (Le Havre.) *L. Leclerc.*   .   4 fr.

Gemelli, C. et P. **Royer.** — Histoire de la Révolution belge de 1830. Grand in-8. (Bruxelles, *F. Claassen.*) *Sartorius.*   6 fr.

Général, Th. — Étude géographique et ethnographique sur les peuples qui avoisinent le cours inférieur du Rhône et de la Durance avant la conquête de la Gaule par les Romains, et recherches sur les villes de Vindalium et Acria et sur le passage du Rhône par Annibal. In-8. (Avignon, *Clément Saint-Just.*) *Techener.* 2 fr.

Geneviève, ou l'Enfant de la Providence, histoire traduite de l'anglais, avec une préface; par Mlle Julie Gouraud. In-18. *Douniol.* 1 fr. 50 c.

Genlis, Mme de. — Les Veillées du château, ou Cours de morale à l'usage des enfants. Nouvelle édition, illustrée de dessins par G. Staal. Grand in-8, avec 9 lithographies. *Garnier frères.* 10 fr.

———— Les Veillées du château. Nouvelle édition, revue et corrigée. In-8, avec 14 lithographies à deux teintes. *Morizot.* 8 fr.

Genouillac, H. Gourdon de. — Voy. *Gourdon de Genouillac.*

Genoux, Claude. — Le Percement des Alpes et la Savoie française. In-8. *Dentu.* 1 fr.

Gentil, le docteur Paul. — Maladies des femmes. — Voy. *Bedford.*

Genty, Ach. — Les Volontaires anglais. Coup d'œil sur le peuple et sur l'oligarchie anglaise. In-8. *Librairie française et étrangère, 3, quai Malaquais.* 30 c.

Geoffroy Saint-Hilaire, Isidore. — Histoire naturelle générale des règnes organiques, principalement étudiée chez l'homme et chez les animaux. T. III, 1re partie. In-8. *Masson et fils.* 4 fr.
Voy. *Catalogue annuel,* 1859, page 88.

George, J. — Nouveau dictionnaire classique de langue française, de géographie et d'histoire générale. Ouvrage destiné aux élèves de toutes les écoles et à toutes les personnes dont l'instruction n'a pas été complétement terminée. Livraisons 1 à 40. Grand in-8. *Librairie parisienne.*
Prix de chaque livraison, 30 c.
L'ouvrage formera 2 volumes, composés chacun de 50 livraisons.

Géradon, J. B. de. — Code des campagnards, ou Explication et conseils aux propriétaires fermiers et habitants des campagnes pour la direction de leurs intérêts et l'administration de leurs propriétés. In-12. (Liége.) *E. Lacroix.* 2 fr.

Gérard, Adolphe. — La Sicile et la prise de Palerme; odes. In-8. *Castel.* 50 c.

Gérard, Jules. — L'Afrique du Nord. Description, histoire, armée, populations, administration et colonisation, chasses. — Le Maroc. Illustrations de J. A. Beaucé. In-12. *Dentu.* 3 fr. 50 c.

———— Exploration du Sahara et du continent africain. In-8. *Ibid.* 1 fr.

Gérard, P. A. F. — Code civil expliqué par la jurisprudence des cours et tribunaux de Belgique et de l'étranger. Gr. in-8. (Bruxelles, *J. Rozez.*) 15 fr.

Gerbet, Mgr. — De la papauté, en réponse à l'écrit intitulé : Le Pape et le Congrès. In-8. *Gaume frères.* 1 fr. 25 c.

Gerdil, le cardinal. — Biographies des religieux barnabites. — Vie du B. Alexandre Sauli, barnabite, évêque d'Alérie et de Pavie, apôtre de la Corse. Avec une notice sur l'auteur. In-12. *Douniol.* 2 fr. 50 c.

Gerlach, A. J. A. — Fastes militaires des Indes orientales néerlandaises. Gr. in-8, avec cartes, portraits et planches. (Zalt-Bommel.) *Borrani.* 30 fr.

Germani opera omnia. — Voy. *Patrologiæ cursus completus.*

Gerstaecker, F. — Scènes de la vie californienne. Traduites de l'allemand par Gustave Revilliod. In-8. (Genève.) *Cherbuliez.* Cart., 6 fr.

Gervais, Ernest. — Les Croisades de saint Louis. In-8. *Lévy frères.*   6 fr.

—— Le Pape-roi. In-8. *Douniol.*   80 c.

Giacometti, Paul. — Élisabeth, reine d'Angleterre, drame historique en cinq actes. In-8. *Michel Lévy frères.*   1 fr. 50 c.
> Texte italien et français. Repertoire de Mme A. Ristori.

—— Bianca Maria Visconti, tragédie en cinq actes et en vers; expressément écrite pour Mme Adélaïde Ristori. Grand in-8. *Ibid.*   1 fr. 50 c.
> Texte italien et français. Repertoire de Mme A. Ristori.

Gibert, C. M. — Traité pratique des maladies de la peau et de la syphilis. 3e édition, entièrement refondue et représentant l'état actuel de la science. 2 vol. in-8. *Plon.*   12 fr.

Giffard, H. — Notice théorique et pratique sur l'injecteur automoteur, breveté, propre à l'alimentation des chaudières à vapeur et à l'élévation de l'eau. In-8, avec 2 planches. *Leiber.*   3 fr. 50 c.
> Voy. aussi : *Reech, Théorie.*

Gigot, le docteur Léon. — Recherches expérimentales sur la nature des émanations marécageuses, et sur les moyens d'empêcher leur formation et leur expansion dans l'air. In-8, avec 5 planches. *P. Asselin.*   2 fr.

—— De l'usage interne de quelques eaux minérales naturelles pendant les bains de mer comme moyen d'accroître et de compléter l'action de ces bains, etc. In-12. *Ibid.*   1 fr. 25 c.

Gigot-Suard, L. — Les Mystères du magnétisme animal et de la magie dévoilés, ou la Vérité sur le mesmérisme, le somnambulisme dit magnétique, et plusieurs phénomènes attribués à l'intervention des esprits, démontrée par l'hypnotisme. In-8. *Ibid.*   2 fr.

Gilbert, Émile. — La Dernière garde d'un interne, simple récit. In-12. *Albessard et Bérard.*   60 c.

Gilbert, Louis. — La Marbrerie : choix de dessins, représentant des travaux de marbrerie, monuments funéraires, cheminées, autels, dallages, etc. Livraisons 11 et 12. In-4. *Morel et Ce.*   Prix de chaque livr., 7 fr. 50 c.
> Ouvrage terminé. — Prix du volume complet : 90 fr.

Gilles, le Rév. J. A. — Saint Thomas Becket, archevêque de Cantorbéry et martyr, sa vie et ses lettres, d'après l'ouvrage anglais, précédées d'une introduction sur les principes engagés dans la lutte entre les pouvoirs, par M. G. Darboy. 2e édition. 2 vol. in-12. *Bray.*   7 fr.
> La 1re édition a paru en 1858. Elle formait 2 vol. in-8, du prix de 12 fr.

Gilles, Norbert. — Falsifications et autres défectuosités des principales substances médicamenteuses et alimentaires. In-12. (Bruxelles, *Tircher.*) 3 fr.

Gillis, Jules. — Tarif de la douane de Saint-Pétersbourg, avec indication des désignations nécessaires pour la rédaction des connaissements, arrangé en ordre alphabétique. In-8. (Saint-Pétersbourg.) *A. Franck.*   8 fr.

Giot, aîné. — La Poule aux œufs d'or pour d'aucuns, et la poule au pot pour tout le monde, au moyen d'un poulailler roulant. In-8. *Librairie agricole.*   60 c.

Giquel, E. — Traité élémentaire de trigonométrie rectiligne et sphérique, à l'usage des écoles d'hydrographie. In-8. (Havre, *Costey frères.*) 2 fr. 50 c.

Giraldès, J. A. C. — Recherches sur les kystes muqueux du sinus maxillaire. Mémoire couronné par l'Académie des sciences (1853, prix Montyon). 2e édition, avec quatre planches lithographiées. In-4. *Baillière et fils.* 2 fr.

Girard, Jules. — Essai sur Thucydide. In-12. *Charpentier.* 3 fr. 50 c.

Girard, Just. — Les Aventures d'un capitaine français, planteur au Texas, ancien réfugié du Champ-d'Asile. In-8, avec gravure. (Tours, *Mame et C*[e].) Broché, 1 fr. Cartonné, 1 fr. 25 c.
Bibliothèque des Écoles chrétiennes. 2e série.

—— Une Famille créole des îles Maurice et de la Réunion. In-12, avec gravures. *Ibid.* Broché, 50 c. Cartonné, 65 c.
Bibliothèque des Écoles chrétiennes. 3e série.

—— Paul Davadan, ou l'honnête marchand. In-12, avec gravures. *Ibid.* Broché, 50 c. Cartonné, 65 c.
Bibliothèque des Écoles chrétiennes. 3e série.

—— Pierre Chauvelot, dit le Père Bon-Sens, ou désintéressement et égoïsme. In-12, avec gravures. *Ibid.* Broché, 50 c. Cartonné, 65 c.
Bibliothèque des Écoles chrétiennes. 3e série.

Girardin, Émile de. — Civilisation de l'Algérie. In-8. *Michel Lévy frères.* 1 fr.

—— Conquête et Nationalité. In-8. *Ibid.* 1 fr.

—— Désarmement et Matérialisme. Réponse au journal *le Progrès*, de Lyon. In-8. *Ibid.* 1 fr.

—— Émile. Au hasard. In-12. *Ibid.* 1 fr.

—— Voy. aussi : *Larcher, Les Anglais.*

Girardin, Mme de (née Delphine Gay). — Œuvres complètes. 6 vol. in-8. *H. Plon.* Prix de chaque volume, 6 fr.
Les volumes suivants sont en vente. — T. III. Nouvelles et Contes. — T. IV. Lettres parisiennes. 1er vol. : Années 1836-1840. — T. V. Lettres parisiennes. 2e vol. : Années 1840-1848. — T. VI. Théâtre.

Girardin, J. — Leçons de chimie élémentaire, appliquée aux arts industriels. 4e édition, entièrement refondue, avec figures et échantillons de teintures et d'indiennes intercalées dans le texte. 1re partie : chimie inorganique. In-8. *Masson et fils.* 15 fr.

Girardot, le baron de. — Les Ministres de la République française. Ire partie : Roland et Mme Roland. In-8. *Guillaumin et C*[e]. 3 fr.

Giraud. — La Bible des travailleurs, ou choix de pensées et de maximes relatives à l'éducation. In-18. *A. Perdiguier.* 1 fr.

Giraud, pasteur. — Le Pèlerinage du bonhomme pensif, par J. G. In-12. *Grassart.* 1 fr. 75 c.

Giraud-Teulon, le docteur. — De l'influence sur la fonction visuelle binoculaire des verres de lunettes convexes ou concaves, etc. Grand in-8. *Baillière et fils.* 1 fr. 25 c.

—— Voy. aussi : *Demarquay et Giraud-Teulon.*

Giraudeau, le P. Bonaventure. — Histoires et paraboles. Nouvelle édition, augmentée d'autres paraboles par l'abbé Champion et le P. Doré. In-16. (Tournai.) *Lethielleux.* 60 c.

Giraudet, le docteur Eugène. — Exercices anatomiques et physiologiques. In-12. *Baillière et fils.* 2 fr. 50 c.

Giry, le R. P. François. — Vie des saints. Édition populaire mise à la portée de tous les fidèles et augmentée de la vie des saints et bienheureux nouveaux, par M. l'abbé P. G. Tomes I et II. In-12 (Bar-le-Duc, *Laguerre.*) *Palmé.* Prix de chaque volume, 3 fr.

Glatigny, Albert. — Les vignes folles, poésies; avec un frontispice de Charles Vuillemot, gravé à l'eau-forte par Bracquemont. In-8. *Librairie Nouvelle.* 3 fr. 75 c.

Glénard, A., et A. Guillermont. — Quinimétrie, ou nouvelle méthode de dosage de la quinine dans les quinquinas. In-8. (Lyon.) *F. Savy.*   75 c.

—— Voy. aussi : *Rougier et Glénard, Hygiène de Lyon.*

Gobaille, l'abbé. — Le pieux lévite peint par lui-même, ou vie de Charles-Eugène Delaby, clerc minoré au grand séminaire de Soissons, décédé le 24 février 1858, suivie d'une notice sur Charles-Aimable Lemaire, décédé diacre au même séminaire. In-12. *A. Le Clère et Cᵉ.*   2 fr. 50 c.

Gobineau, le comte A. de. — Voyage à Terre-Neuve. In-12. *Hachette et Cᵉ.*   2 fr.

Gobinet. — Voy. *Moilrier, Le Livre des jeunes filles.*

Godard, C. N. J. — La Vie rurale. In-12. *E. Lacroix.*   3 fr.

Godard, le docteur Ernest. — Recherches sur la substitution graisseuse du rein. In-8, avec 3 planches. *Masson et fils.*   2 fr.

—— Recherches tératologiques sur l'appareil séminal de l'homme. In-8. *Ibid.*   6 fr. 50 c.

Godard, Léon. — Description et histoire du Maroc, comprenant la géographie et la statistique de ce pays, d'après les renseignements les plus récents, et le tableau du règne des souverains qui l'ont gouverné depuis les temps les plus anciens jusqu'à la paix de Tétouan en 1860. Avec une carte générale du Maroc. 2 vol. in-8. *Tanera.*   15 fr.

Goepp, Édouard. — Un Aventurier littéraire. In-12. *Poulet-Malassis.* 2 fr.

Goethals, F. V. — Miroir des notabilités nobiliaires de Belgique, des Pays-Bas et du nord de la France. In-4. Livraisons 7 et 8. (Bruxelles, *Chez l'auteur.*)   Prix de chaque livraison, 5 fr.

Goethe. — Œuvres. Traduction nouvelle par Jacques Porchat. In-8. *Hachette et Cᵉ.*   Prix de chaque volume, 6 fr.
> Les volumes suivants ont paru : T. II, III, IV, contenant : Théâtre, T. 1, 2, 3. — T. V Poëmes et romans. — Werther. — Les Affinités électives. — T. VI Les Années d'apprentissage de Wilhelm Meister. — T. VII. Les Années de voyage de Wilhelm Meister. — Entretiens d'émigrés allemands. — Les bonnes Femmes. — Nouvelles.

—— Le Renard (Reineke Fuchs), traduit par Édouard Grenier; illustré par Kaulbach. Petit in-4, avec gravures sur bois. (Collection Hetzel.) *Michel Lévy frères.*   10 fr.

Goffiné, le R. P. — Manuel complet pour sanctifier les dimanches et fêtes; traduit par un professeur de petit séminaire. In-18. (Tournai.) *Lethielleux.*   2 fr. 40 c.

Goguel, le pasteur G. — L'Église protestante jugée par l'accord des principes et de la vie de ses membres, ainsi que par son culte. In-12. (Sainte-Suzanne [Doubs], *chez l'auteur.*)   60 c.

—— L'Enseignement, l'éducation et les livres du peuple au temps de la Réforme, avec les portraits des principaux fondateurs d'écoles à cette époque. In-12. *Ibid.*   2 fr. 60 c.

Goldemberg, G. — La France et l'Angleterre devant le traité de commerce; contenant le texte officiel du traité et le rapport des ministres à l'empereur. In-8. *Librairie Nouvelle.*   1 fr. 50 c.

Goldsmith, Olivier. — Le vicaire de Wakefield. Traduction de M. Aignan, revue par Rémond. Illustrations anglaises par M. Georges Thomas. In-8. *Delarue.*   Broché, 3 fr. 50 c. Relié, 5 fr.

Golovine, J. — Autocratie russe. In-8. (Leipzig, *Hübner.*)   4 fr.

Goltzius, Henri. — La Passion de N.-S. J.-C. — Voy. *Passion.*

Goncourt, Edmond et Jules de. — Les Maîtresses de Louis XV. (Lettres et documents inédits.) 2 vol. in-8. *Firmin Didot frères.* 10 fr.

—— Les Hommes de lettres. In-12. *Dentu.* 3 fr.

—— L'Art du xviiiᵉ siècle. — Watteau, Étude, suivie de la Vie inédite de Watteau, par le comte de Caylus, et contenant quatre dessins gravés à l'eau-forte. In-4. (Lyon.) *Ibid.* 5 fr.

Gondrecourt, Alfred de.—L'Amour au bivouac. 5 volumes in-8. *De Potter.* 37 fr. 50 c.

Gondy, J. B. — Histoire des trois assassinats de Saint-Cyr au Mont-d'Or, ou le Doigt de Dieu dans la punition des grands crimes, avec une conclusion morale par Pezzani. In-18. (Lyon, *Dumoulin.*) 50 c.

Gonzalès, Emmanuel. — Les Chercheurs d'or. In-4. *Havard.* 50 c.

—— Les Trois fiancées. 3 vol. in-8. *De Potter.* 22 fr. 50 c.

Gonzalle, J. L. — Le Vin de Champagne, poëme lyrique en huit chants et poésies diverses. In-12. (Reims, *Brissart-Binet.*) *Dentu.* 2 fr.

Gorecki, Antonio. — Nowe Pisencko. In-16. *Librairie polonaise.* 2 fr.
Nouvel écrit, par Ant. Gorecki.

—— Wiersze rozne ktore napisal Walentego. In-16. *Ibid.* 4 fr.
Vers divers, par Ant. Gorecki.

Goschler, J. — Dictionnaire de théologie. — Voy. *Dictionnaire encyclopédique.*

—— Voy. aussi : *Hahn-Hahn, les Martyrs.*

Gossart, père. — Précis de l'histoire des principaux établissements religieux qui existaient autrefois dans la circonscription actuelle de l'arrondissement d'Avesnes, suivi d'une notice historique sur M. le comte Félix de Mérode. In-8, avec portrait et gravure. (Valenciennes, *Chez l'auteur.*) 4 fr.

Gosselet, Jules. —Mémoire sur les terrains primaires de la Belgique, des environs d'Avesnes et du Boulonnais. In-8. *F. Savy.* 5 fr.

Gossner, Jean. — Le Sauveur frappant à la porte. Traduit de l'allemand. In-18. (Toulouse.) *Grassart.* 30 c.

Gotthelf, Jérémias. — Œuvres choisies, traduites par Max Buchon. — Anne-Babi. T. I. In-12. (Fribourg en Suisse.) *Ibid.* 3 fr.

Gougenot des Mousseaux, le chevalier. — La Magie au xixᵉ siècle, ses agents, ses vérités, ses mensonges. Précédée d'une lettre adressée à l'auteur par le P. Ventura de Raulica. In-8. *H. Plon.* 6 fr.

Gouin, Édouard.—La Croisade des femmes en faveur des chrétiens de Syrie. In-8. *Blériot.* 1 fr.

Goupil, Ernest. — Voy. *Bernutz et Goupil.*

Goupil, F. — Manuel général du modelage en bas-relief et en ronde bosse, de la sculpture et du moulage. Ouvrage orné de planches, augmenté d'un grand nombre de procédés nouveaux utiles et agréables aux amateurs. In-8. *Desloges.* 1 fr. 50 c.

—— La Perspective expérimentale, ou l'Orthographe des formes, à l'usage des amateurs et des artistes peintres, sculpteurs et architectes. In-8. *Ibid.* 1 fr.

Gourcy, le comte Conrad de. — Voyage dans le nord de l'Allemagne, la Hollande et la Belgique. In-8. *E. Lacroix.* 3 fr. 50 c.

Gourdon, Édouard.—Louise. 2ᵉ édition, revue, corrigée et augmentée d'une préface. In-12. *Librairie Nouvelle.* 2 fr.

Gourdon, Édouard. — Les Faucheurs de nuit, joueurs et joueuses. In-12. *Librairie Nouvelle.*   2 fr.

Gourdon, le docteur J. — Traité de la castration des animaux domestiques. In-8, avec vignettes dans le texte. *P. Asselin.*   6 fr. 50 c.

Gourdon de Genouillac, H. — Les Filets de Versailles. 1re et 2e série. In-4 avec vign. *Lécrivain et Toubon.*   1 fr.

—— Dictionnaire historique des ordres de chevalerie créés chez les différents peuples depuis les premiers siècles jusqu'à nos jours. 2e édition, entièrement revue et corrigée. In-12. *Dentu.* 3 fr.; avec grav. color., 12 fr.

—— Recueil d'armoiries des maisons nobles de France, contenant la description de plus de treize mille blasons. In-8. *Ibid.*   8 fr.

Gourgeois, A. J. B. — Mémoire sur l'institution du notariat et sur les améliorations dont son organisation actuelle est susceptible. In-8. (Nevers, *chez l'auteur.*)   3 fr. 50 c.

Gourio de Refuge, le capitaine. — Tactique des canots armés en guerre. 2e édition. In-12 avec 25 tableaux. (Toulon, *Belluc.*)   3 fr.

Gournerie, Jules de La. — Voy. *La Gournerie.*

Gouvernement (le) des Romagnes aux puissances de l'Europe. Notes diplomatiques. In-8. *Dentu.*   1 fr.

Goyard, Didier. — Nouveau tarif du poids des fers et des fontes de toutes dimensions, divisé en plusieurs catégories, suivi d'autres tarifs pour le plomb en feuilles et en tuyaux, pour le zinc en feuilles de tous numéros. In-8. *E. Lacroix.*   1 fr.

Gozlan, Léon. — Le Baril de poudre d'or. — La Marquise de Belverano. In-12. *Michel Lévy frères.*   1 fr.

—— Une soirée dans l'autre monde. In-32. (Bruxelles.) *Ibid.*   1 fr.

—— Georges III. In-12. *Librairie Nouvelle.*   2 fr.

Graesse, J. G. T. — Trésor de livres rares et précieux, ou Nouveau dictionnaire bibliographique, contenant plus de 100,000 articles de livres rares, curieux et recherchés, d'ouvrages de luxe, etc. Livraisons 7 à 10 ou livraisons 1 à 4 du T. IIe) (C. H. — Dodwell.) In-4. (Dresde, *R. Kuntze.*) *C. Reinwald.*   Prix de chaque livraison, 8 fr.

Gragnon-Lacoste. — Précis historique de la législation consulaire, ou introduction à l'étude du droit commercial. In-8. (Bordeaux.) *A. Durand.* 6 fr.

Gramont, le comte F. de. — Les gentilshommes pauvres. In-12. *Hachette et Ce.*   3 fr. 50 c.

—— Les gentilshommes riches. In-12. *Ibid.*   3 fr. 50 c.

Grandes chasses d'Afrique (les). Souvenirs de 1846; par un membre de l'Institut. In-8. *Challamel.*   1 fr.
    Extrait de la Revue américaine et orientale.

Grandguillot, A. — Lettre d'un journaliste catholique à Mgr l'évêque d'Orléans. In-8. *Dentu.*   1 fr.

Grandmaison, C. — Huon de Bordeaux. — Voy. *Anciens poëtes.*

Grandmaison y Bruno, G. F. de.— Vie de Mgr H. L. de Quélen, archevêque de Paris. In-18. *Chez l'auteur, 15, rue Notre-Dame-des-Champs.* 50 c.

Grands (les) et les petits personnages du jour, par un des plus petits; scènes d'intérieur de nos contemporains. Livraisons 1 à 7. In-8. *Poujau de Laroche et Ce, 8, rue de Choiseul.*   Prix de chaque livraison, 50 c.

Grangé, Eugène, et Lambert **Thiboust.** — Les Mémoires de Mimi Bamboche, roman en cinq chapitres. In-12. *Michel Lévy frères.*   60 c.

Grangier, Mme Mathilde. — Amour et devoir. 2e édition. In-12. *Poulet-Malassis.* 3 fr.

Granier, le docteur Michel. — Des homœopathes et de leurs droits. In-8. *Baillière et fils.* 2 fr. 50 c.

Granier, A. (de Cassagnac). — Histoire des Girondins et des massacres de septembre, d'après les documents officiels et inedits, accompagnée de plusieurs fac-simile. 2 vol. in-8. *Dentu.* - 14 fr.

Voy. aussi : *Guadet, Protestation.*

Gransard, Charles. — La Nuit des morts, légende universelle. (Vers.) In-12. *Ibid.* 2 fr.

Gras. — Voix de la solitude. Poésies. In-8. (Toulouse, *Delboy.*) 2 fr.

Gras, H. — Famille et collége. De leur rôle dans l'éducation. In-8. *Victor Sarlit.* 6 fr.

Gras de Bagnols, Mme. — Aux Français. Le Missionnaire providentiel. In-8. *A. Morin.* 1 fr.

Gravillon, Arthur de. — Élévations. In-18. *Victor Poullet.* 1 fr. 50 c.

Grèce tragique (la), chefs-d'œuvre d'Eschyle, de Sophocle et d'Euripide, traduits en vers, accompagnés de notices, de remarques et de rapprochements littéraires, par Leon Halevy. Tome III. 1re partie. Les Euménides, tragédie d'Eschyle. In-8. *Hachette et Ce.* 2 fr.

Green, le docteur Horace. — Formules favorites des praticiens américains vivants les plus distingués. Traduit de l'anglais par le docteur Noirot. In-12. *Masson et fils.* 1 fr. 50 c.

Greff, Michel. — La Fermière. Notions élémentaires d'économie domestique agricole. In-18. (Metz.) *Paul Dupont.* 60 c.

Grégoire (saint). — Histoire ecclésiastique des Francs, suivie d'un sommaire de ses autres ouvrages et précédée de sa vie écrite au xe siècle; par Odon, abbé de Cluny. Traduction nouvelle, par Henri Bordier. T. 1er. In-12. *Firmin Didot frères.* 3 fr.

Grégoire (de Tours). — Les Livres des miracles et autres opuscules de Georges-Florent Grégoire, évèque de Tours, revus et collationnés sur de nouveaux manuscrits et traduits pour la Société de l'histoire de France, par H. L. Bordier. T. 2. In-8. 1re *J. Renouard.* 9 fr.

Publié par la Société de l'Histoire de France.—Le T. I a paru en 1857.

Grellois, E. — Études hygiéniques sur les eaux potables. In-8. *Baillière et fils.* 2 fr.

——— Études sur les eaux minérales de Bourbon-l'Archambault, faites pendant l'été de 1858. In-8. *Rozier.* 2 fr.

Grenouilles (les) qui demandent la liberté. In-8. *Dentu.* 50 c.

Gresse, Alexandre. — De l'Algérie. Grand in-8. (Valence.) *Dentu.* 1 fr.

Gresset. — Œuvres choisies. — Vert-Vert. — Le Lutrin. — Le Carême impromptu. — La Chartreuse. — Le Méchant. In-16. *A. Delahays.* 50 c.

Greyson, Émile. — Sites ardennais. Le passeur de Targnon. In-12. (Bruxelles. *F. Claassen.*) *Sartorius.* 2 fr.

Gridel, l'abbé. — Cours d'instructions religieuses, ou Exposition courte, suivie et raisonnée de la doctrine chrétienne pour lectures du soir pendant le carême; suivi d'un exemple pour chaque jour. 2 vol. in-12. (Lyon, *Girard et Josserand.*) 6 fr.

Grignan, Henri. — Le Patriotisme de la Bourse. In-8. *Dentu.* 1 fr.

Grignon, Gustave. — Voyage à Belle-Isle en Mer, puis à Lorient, et retour à Nantes par Vannes, Auray et La Roche-Bernard. In-12. (Nantes, *Guéraud.*)   50 c.

Grigy, Philéas. — Le Guide des mères pour enseigner la lecture par la seule connaissance des treize sons vocaux. Méthode facile et attrayante même aux petits enfants. In-12. *Chez l'auteur, 12, rue des Acacias.*   1 fr.

Grimard, Ély-Edmond. — La Musique et ses interprètes à Bordeaux. Critiques et portraits. In-16. (Bordeaux, *Chaumas.*)   1 fr. 50 c.

Grimes, l'abbé. — Esprit des saints illustres, auteurs ascétiques et moralistes, non compris au nombre des Pères et des docteurs de l'Église, avec notices biographiques et littéraires. 2ᵉ édition, revue avec le plus grand soin et augmentée de l'Esprit de saint Philippe de Néri et de saint André Avelin. 6 vol. in-8. (Toulouse, *Cluzon.*) *Vaton.*   25 fr.

Grimouard de Saint-Laurent, H. — Que faire pour le pape? In-8. *Douniol.*   60 c.

Grison, Théophile. — Le Teinturier au xixᵉ siècle, en ce qui concerne les tissus où la laine est la substance textile prédominante. Grand in-8. (Déville-lez-Rouen, *chez l'auteur.*)   26 fr.

Grondy, le vicomte de. — De la question romaine et de la politique actuelle. Études objectives. I. Paraphrase critique de la brochure : Le Pape et le congrès. In-12. (Saint-Galles.) *A. Bohné.*   1 fr. 25 c.

—— II. Critique de : La Question romaine, par Edmond About. In-12. *Ibid.*   1 fr. 25 c.

—— III. Des Défauts du gouvernement pontifical. In-12. *Ibid.*   3 fr. 25 c.

Gruet, Édouard. — Trois bustes à relever et une statue à élever à Marseille. In-16. (Marseille, *Camoin frères.*)   60 c.

Grün, Charles. — Frédéric Schiller, sa vie et ses œuvres, à l'occasion du centième anniversaire de sa naissance. In-8, avec portrait. (Bruxelles, *A. Schnée.*)   2 fr. 50 c.

Grunert, J. A. — Éléments de trigonométrie loxodromique, suivis d'applications à la navigation, d'après M. J. A. Grunert, par M. Terquem. In-8. *Mallet-Bachelier.*   1 fr. 50 c.

Guadet, J. — Protestation contre le livre intitulé : Histoire des Girondins et des massacres de septembre, par M. A. Granier de Cassagnac, et appréciation historique de ce livre. In-8. *Ledoyen.*   75 c.

Guéneau de Mussy, Noël. — Leçons cliniques sur les causes et le traitement de la tuberculisation pulmonaire, faites à l'Hôtel-Dieu (1859), recueillies par le docteur Wieland. In-8. *Adr. Delahaye.*   3 fr.

Guénée et Théodore **Faucheur**. — Monsieur Croquemitaine, comédie mêlée de chant. (Théâtre des Folies-Dramatiques.) Grand in-8. *Mifliez.*   50 c.

—— L'Œuf de Pâques, ou le Billet à ordre, comédie mêlée de chant. (Théâtre des Folies-Dramatiques.) In-8. *Ibid.*   50 c.

Guérard. — Voy. *Daunou, Discours sur l'état des lettres.*

Guérin, A. — Dressage du cheval de guerre, suivi du dressage des chevaux rétifs, des sauteurs aux piliers et en liberté. In-8. (Saumur.) *Tanera.* 2 fr.

Guérin, le capitaine Edmond. — Dialogues anglais-français maritimes et commerciaux, très-faciles et tout pratiques, dédiés aux jeunes pilotins qui débutent dans la carrière de la navigation. 2ᵉ édition avec la prononciation. In-16. (Bordeaux, *Chaumas.*)   2 fr.

Guérin, Léon. — Les Marins illustres de la France. Illustré de 12 portraits avec armoiries coloriées. Gr. in-8. *Morizot.* 10 fr.

—— Le même ouvrage; édition in-12. Avec 4 gravures. *Ibid.* 3 fr.

Guérin, L. F. — L'Abbé Desgenettes, curé de Notre-Dame des Victoires et l'archiconfrérie du très-saint Cœur de Marie. In-32. *Vrayet de Surcy.* 50 c.

Guerrand, J. — Marine marchande. — Voy. *Éloy et Guerrand.*

Guessard, F. — Les Anciens poëtes de la France. — Voy. *Anciens poëtes.*

Guibert, le docteur Victor. — Histoire naturelle et médicale des nouveaux médicaments introduits dans la thérapeutique, depuis 1830 jusqu'à nos jours. Gr. in-8. (Bruxelles, *Tircher.*) 8 fr.

Guichard, C. E. — L'Église et l'État, réponse sommaire à quelques assertions concernant la papaute, l'Église gallicane, la révolution et la monarchie. In-8. (Lyon, *Méra.*) *Dentu.* 1 fr.

Guichard, V. — Ce qu'on laisse perdre en agriculture. Mémoire distribué aux instituteurs de l'Yonne, par délibération du congrès scientifique de France. In-18. (Sens, *Penard.*) 75 c.

Guide pour l'emploi de la chaux en agriculture. In-18. *Hachette et Ce.* 30 c.

Guidée, le P. Achille. — Notices historiques sur quelques membres de la Société des Pères du Sacré-Cœur et de la Compagnie de Jésus, pour faire suite à la vie du R. P. Joseph Varin. 2 vol. in-12. *Douniol.* 7 fr.

Guiffrey, Georges. — *Cronique du roi Françoys.* — Voy. *Cronique.*

—— Poëme inédit de Jehan Marot. — Voy. *Marot.*

—— Voy. aussi : *Propriété littéraire au* xviiie *siècle.*

Guillard, Achille. — Biographie de J. Jacotot, fondateur de la méthode d'émancipation intellectuelle. In-8. Avec portr. et fac-simile. *Dentu.* 1 fr.

Guillaume, l'abbé. — Histoire du culte de la très-sainte Vierge en Lorraine, et principalement dans l'ancien diocèse de Toul, formant aujourd'hui ceux de Nancy-Toul et Saint-Dié. 2e tome de la 2e partie. In-12. (Nancy, *Hinzelin et Ce.*) 1 fr. 50 c.

Guillaume de Nassau. —Apologie do Guillaume de Nassau, prince d'Orange, avec tous les documents de l'époque, la justification de 1568, etc., avec une preface par Albert Lacroix. In-12. (Bruxelles, *Van Meenen et Ce.*) 5 fr.

Guillaumin. — Annuaire de l'économie politique. — Voy. *Annuaire.*

Guillemant, Mlle. — Le Calvaire et l'autel, ou Quelques heures au pied du tabernacle pendant l'octave du saint Sacrement, les quarante heures et les jours de l'adoration perpétuelle. In-18. *Périsse frères.* 1 fr. 50 c.

Guillemin, Alexandre. — Adélaïde de Bourgogne, tragédie en cinq actes, en vers. In-8. *Palmé.* 2 fr.

—— Réplique au manuel Dupin. Supplément au mémorandum des libertés et des servitudes de l'Eglise gallicane. In-8. *Douniol.* 2 fr. 50 c.

Guillermont, A. — Voy. *Glénard et Guillermont.*

Guillois, l'abbé Ambroise. — Explication historique, dogmatique, morale et liturgique du catéchisme, contenant la substance de l'édition en 4 volumes, appropriée à tous les catéchismes de France, dédiée aux maisons d'éducation et aux familles chrétiennes. 4e édition. In-12. *Palmé.* 3 fr.

Guillory aîné. — Les Congrès des vignerons français. In-8. (Angers.) *Librairie agricole.* 4 fr.

Guilmeth, Auguste.—Notice sur messire Jehan Baucher, roi d'Yvetot (1484-1498). In-8. (Rouen, *Lebrument.*) 1 fr.

Guilmin, A. — Cours élémentaire d'arithmétique et de géométrie, conforme au programme officiel. 1re partie, Arithmétique. 2e partie. Géométrie. In-12. *Durand.* Prix de chaque partie, 2 fr. 25 c.

——— Éléments d'arithmétique théorique et pratique. In-12. *Ibid.* 2 fr.

Guimps, le baron Roger de. — La Philosophie et la pratique de l'éducation. In-8. *Meyrueis et Cie.* 5 fr. 50 c.

Guinon. — Voy. *Julian et Guinon.*

Guiraud, Léonce de. — Le Corps législatif, étude. In-8. *Ledoyen.* 75 c.
——— Quelques mots sur la question italienne. De l'inviolabilité papale. In-8. *Douniol.* 50 c.

Guiraudet, J. — Dictionnaire universel de géographie, donnant les renseignements les plus complets et indiquant les derniers changements de délimitation survenus en Europe. In-12. *A. Delahays.* 2 fr. 50 c.

Guirette, le docteur J. S. — De la phthisie pulmonaire et de sa guérison radicale, nouvelle méthode. In-8. *Chez l'auteur, 19, rue de Choiseul.* 1 fr.

Guizot. — Mémoires. — Voy. *Mémoires. Oliphant, la Chine et le Japon, et Shakespeare, Œuvres.*
——— Voy. aussi : *Oliphant, la Chine,* etc.

Guizot, Guillaume. — Voy. *Macaulay, Essais.*

Gulliver des enfants (le), ou Aventures les plus curieuses de ce voyageur. In-16, avec 8 grav. *Bédelet.* Avec fig. noires, 1 fr. 40 c.; color., 2 fr.

Gummings Bedford. — Voy. *Bedford.*

Gumpert, Mme Thècle de. — Le Monde des enfants, contes moraux, traduits de l'allemand avec l'autorisation de l'auteur par N. Malaure, et illustrés de 125 vignettes sur bois par Jundt. Gr. in-8. *Hachette et Cie.* 10 fr.

Gurney, le révérend Archer. — Sermons anglicans, prononcés en chaire à la chapelle anglicane. In-8. *Dentu.* 2 fr.

Gustave Adolphe, roi de Suède. — Lettres adressées à son général Dodo v. In-u. Kniphausen en 1630, 1631 et 1632, publiées par H. O. Feith. Grand in-8. (Grœningen, *Van Boekeren.*) 2 fr. 50 c.

Guy, Émile. — Nouvelles heures de loisir, ou Mélanges poétiques. In-12. (Marseille.) *Amyot.* 60 c.

Guyard, Auguste. — Les Fils de la sorcière, légende provençale. 2e édition. In-12. *Dentu.* 3 fr. 50 c.

Guyard, l'abbé J. A. — Histoire de saint Antoine de Padoue, de l'ordre des Frères mineurs. In-8. (Montauban, *Deloncle.*) *Lethielleux.* 5 fr.

Guyon, le docteur Félix. — Des tumeurs fibreuses de l'utérus. Thèse pour l'agrégation, présentée à la Faculté de médecine de Paris. In-8, avec pl. *Adr. Delahaye.* 2 fr. 50 c.

Guyot, le docteur Jules. — Culture de la vigne et vinification. In-12. *Librairie agricole.* 3 fr. 50 c.

Guzzi, J. P. — Dialogues familiers, ou Introduction à la conversation anglaise sur toutes sortes de sujets, précédés d'un vocabulaire des noms, des adjectifs et des verbes les plus usités, conformément au plan d'études de 1853. In-32. (Angers, *Barassé.*) *Hachette et Cie.* 1 fr. 50 c.

H

Haas, C. P. Marie. — L'Amour, renversement des propositions de M. Michelet. 2e édition, corrigée et augmentée. Précédée d'une lettre de Mme E. de Brinckmann, née Dupont-Delporte. In-12. *Schulz et Thuillié.* 3 fr. 50 c.

La 1re édition de cet ouvrage a paru en 1859 sans nom d'auteur, chez Mme Berger-Levrault et fils, 1 vol. in-12. 3 fr. 50 c.

—— La Femme. Réfutation des propositions de M. J. Michelet. In-12. *Ibid.*
3 fr. 50 c.

Habeneck, Charles. — Les Jésuites en 1860. In-8. *Dentu.* 1 fr.

—— Nouvelles espagnoles, préface par Louis Jourdan. In-12. *Ibid.* 3 fr.

Haerne, le chanoine de. — De la Chine considérée en elle-même et dans ses rapports avec l'Europe. In-8. (Bruxelles, *H. Goemaere.*) 4 fr.

Hahn-Hahn, Mme la comtesse. — Guirlande à Marie. Traduit de l'allemand par M. Bailhache. In-32. (Le Mans.) *J. Callou.* 3 fr.

—— Les Martyrs, tableau des trois premiers siècles de l'Église chrétienne. Traduit de l'allemand par J. Turch, revu et corrigé avec soin par l'abbé Goschler. 2 vol. in-12. *Douniol.* 6 fr.

—— Les Pères du désert. Traduit de l'allemand, par Mme Van der Haeghen et Ph. Van der Haeghen. Gr. in-8. (Tournai.) *Lethielleux.* 4 fr. 50 c.

Haimon, l'abbé. — Lettre aux religieux de Tutbury. — Voy. *Delisle.*

Halévy, F. — Souvenirs et portraits, études sur les beaux-arts. In-12. *Michel Lévy frères.* 3 fr.

Halévy, Léon. — L'Expédition de Syrie. — Six mille hommes et six mois. A l'armée d'Orient. (Vers.) In-8. *Dentu.* 50 c.

—— Voy. aussi : *Hérodien, Histoire romaine,* et : *Grèce tragique (la).*

Halléguen, le docteur E. — Les Celtes, les Armoricains, les Bretons. Nouvelles recherches d'archéologie, de géographie et d'histoire sur l'Armorique bretonne. In-8. *A. Durand.* 1 fr.

Hallez, le chanoine D. G. — Cours triennal d'instructions à l'usage des pensionnats, des écoles dominicales et des congrégations de jeunes personnes. 1re partie. La Prière et les sacrements. In-12. *Lethielleux.* 3 fr.

L'ouvrage aura 5 volumes.

—— Plans d'instruction sur le symbole, d'après le catéchisme du concile de Trente. Nouvelle édition. 2 vol. in-12. *Ibid.* 7 fr.

Halluvin, Ed. W. G. — Les Deux yeux de l'histoire, ou Guide chronologique et géographique de l'histoire universelle, etc. Moyen âge. T. II. In-12. *Périsse frères.* 3 fr.

T. Ier a paru en 1857.

Halphen, Louis. — Question du jour. Libre échange. In-8. *Ledoyen.* 75 c.

Halte-là, Garibaldi! In-8. *Dentu.* 50 c.

Hamel, Ernest. — Histoire de Saint-Just, député à la Convention nationale. 2 vol. in-12. (Bruxelles, *Méline, Cans et Ce.*) 7 fr.

La 1re édition de cet ouvrage a paru à Paris, en 1859, où elle a été saisie.

—— Lhomond et sa statue. In-18. *Dentu.* 1 fr.

Hamel, Henri. — Étude comparée des boutons d'Alep et de Biskra. In-8. *Rozier.* 1 fr.

Hamel, le comte du. — Voy. *Du Hamel*.

Hamet. — Calendrier apicole. Almanach des cultivateurs d'abeilles, avec la collaboration de M. l'abbé S. A. Collin. In-12, avec fig. *A. Goin*.   50 c.

Hamilton. — Soirées fantastiques de Robert Houdin. La Voix du destin, ou la Science des cartes réduite à sa plus simple et à sa plus claire expression, suivie de la Croix de l'avenir. In-16. *Chez l'auteur, 8, boulevard des Italiens.*   1 fr.

Hanegraeff, Eg. — Note sur l'équation de congruence $x^m = r$ (mod p.). In-8. *Mallet-Bachelier*.   1 fr.

Hanoteau, A. — Essai de grammaire de la langue Tamachek', renfermant les principes du langage parlé par les Imouchar' ou Touareg, des conversations en Tamachek', des fac-simile d'écriture en caractère tafinar', et une carte indiquant les parties de l'Algérie où la langue berbère est encore en usage. In-8, avec 7 planches. (Imprimerie impériale.) *Duprat*.   12 fr.

Hansen, le P. Léonard. — Vie de sainte Rose de Lima, religieuse du tiers ordre de Saint-Dominique. Ouvrage traduit des Actes des saints, par l'abbé P., ancien vicaire général d'Évreux. In-12. (Clermont-Ferrand, *Thibaud*.)   90 c.

Hardy, A. — Importance de l'Algérie comme station d'acclimatation. In-8. *Challamel*.   1 fr.

     Extrait de l'Algérie agricole.

—— Voy. aussi : *Catalogue des végétaux, etc.*

Hardy, le docteur Ch. — Études sur les inflammations du testicule, et principalement sur l'épididymite et l'orchite blennorrhagique. In-8, avec 2 pl. *Adr. Delahaye*.   2 fr. 50 c.

Harel-Degeorge. — Traité sur la filature de la laine peignée, contenant : le peignage, le filage et le tissage des laines; les formules sur les moteurs à vapeur et hydrauliques; des réflexions sur les salaires; les statuts d'une caisse de prévoyance, etc. In-8, avec 1 planche. (Au Cateau [Nord], *Dumesnil*.)   10 fr.

Harmant. — Voy. *Siraudin, Delacour et Harmant*.

Hartmann, Henri. — France et Italie, poëme historique en dix chants. In-12. *Garnier frères*.   3 fr.

Hase, le docteur Karl. — Histoire de l'Église. Traduite de l'allemand de la 8ᵉ édition de l'original, par A. Flobert. T. I. In-8. *Grassart*.   7 fr. 50 c.
     L'ouvrage aura 2 volumes. Prix : 15 fr.

Hatin, Eugène. — Histoire politique et littéraire de la presse en France, avec une introduction historique sur les origines du journal et la bibliographie générale des journaux depuis leur origine. T. IV et V. In-8. *Poulet-Malassis*.   Prix de chaque volume, 6 fr.

—— Le même ouvrage. Édition in-12. *Ibid*. Prix de chaque volume, 4 fr.
     L'ouvrage formera 6 volumes. T. I à III ont paru en 1859.

Haton de la Goupillière, J. N. — Éléments de calcul infinitésimal. In-8. *Mallet-Bachelier*.   6 fr.

Haussonville, le comte d'. — Histoire de la réunion de la Lorraine à la France, avec des notes, pièces justificatives et documents historiques, entièrement inédits. 2ᵉ édition. 4 vol. in-12. *Michel Lévy frères*.   12 fr.
     La 1ʳᵉ édition a paru de 1854 à 1859. 4 vol. In-8. *Ibid*. 30 fr.

—— Lettre aux bâtonniers de l'ordre des avocats. In-8. *Ibid*.   1 fr.
     Extrait du Courrier du dimanche. — Voyez aussi : *Consultation de MM. les bâtonniers, etc.*

Haussonville, le comte d'. — Lettre au Sénat. Études contemporaines. In-8. *Michel Lévy frères.* 1 fr.

—— Voy. aussi : *Leymarie, Histoire d'une demande.*

Haut, Marc de. — Les Traités de commerce et l'Angleterre. In-8. *Dentu.* 50 c.

Hautecour, L. d', baron d'Audelange. — L'Ermite de Matapan, roman inédit. In-12. *Librairie nouvelle.* 2 fr.

Hautefeuille, Auguste d', et Louis **Bénard.** — Histoire de Boulogne-sur-Mer. T. I. In-12. (Boulogne, *Aigre.*) 3 fr.

Hautefeuille, L. B. — Propriétés privées des sujets belligérants sur mer. In-8. *Franck.* 1 fr. 50 c.
    Extrait du Monde commercial.

—— Guide des juges marins; code de justice militaire pour l'armée de mer, complété par les décrets d'exécution et les diverses lois qui s'y rattachent; expliqué et commenté. In-8. *Guillaumin et C⁰.* 8 fr. 50 c.

Havard. — Voy. *Albanès, Havard et Perron.*

Hébert, P. — Le Progrès dans la réaction. Réflexions d'un simple roturier sur la brochure la Réaction. In-18. (Alger.) *Challamel aîné.* 50 c.

Hefele, Ch. J. — Le Cardinal Ximenès et l'Église d'Espagne, à la fin du xvᵉ et au commencement du xvıᵉ siècle, pour servir à l'histoire critique de l'inquisition. Traduit sur la 2ᵉ édition, avec l'approbation de l'auteur, par l'abbé A. Sisson et l'abbé A. Crampon. 2ᵉ édit. In-8. *Pélagaud.* 5 fr.

Heims, Henri. — Galerie du Palais-Royal. — Voy. *Galerie.*

Heine, Wilhelm. — Voyage autour du monde. Le Japon. Expédition du commodore Perry pendant les années 1853, 1854 et 1855, faite d'après les ordres du gouvernement des États-Unis. Traduit de l'allemand par A. Rolland. Livraisons 2 à 10 (fin du T. I). In-8. (Bruxelles, *H. Dumont.*)
    Prix de chaque livraison, 1 fr.

Helbig, H. — Fleurs des poëtes liégeois. — Voy. *Fleurs.*

Helfferich, A., et G. de **Clermont.** — Les Communes françaises en Espagne et en Portugal pendant le moyen âge. In-8. (Berlin.) *A. Durand.* 3 fr.

Hélie, Faustin. — Traité de l'instruction criminelle, ou Théorie du Code d'instruction criminelle. T. IX et dernier. In-8. *Hingray.* 9 fr.

Hélion de Barreme, le vicomte. — Madame la grande-duchesse Stéphanie de Bade. In-32. *Dentu.* 50 c.

Henne, Alex. — Histoire du règne de Charles-Quint en Belgique. In-8. Liv. 16 à 19. (Bruxelles, *E. Flateau.*) Prix de chaque livraison, 2 fr. 50 c.

Henri IV. — Quelques lettres de Henri IV relatives à la Touraine, publiées par le prince Augustin Galitzin. In-8. (Tours.) *A. Fontaine.* 4 fr.
    Publication de la Société des Bibliophiles de Touraine.

—— Lettres inédites de Henri IV, recueillies par le prince Augustin Galitzin. In-8. *Techener.* 9 fr.
    Voy. aussi : *Galitzin, Quelques lettres de Henri IV.*

Henrion, le baron. — Histoire ecclésiastique depuis la création jusqu'au pontificat de Pie IX, publié par l'abbé Migne. T. XVI. Depuis le concile général de Chalcédoine jusqu'au pontificat de saint Grégoire le Grand. Grand in-8. *Migne.* 6 fr.
    L'ouvrage aura 25 volumes.

Henry, A. — Précis de logique grammaticale, spécialement appliqué à la langue française. Ouvrage dédié aux jeunes maîtres. In-12. (Nancy, *Grosjean.*) *Hachette et C⁰.* 1 fr. 50 c.

Henry, l'abbé A. — Le Chef-d'œuvre de la miséricorde divine, ou Instructions et pratiques sur le sacrement de Pénitence. In-32. (Mirecourt, *Humbert.*)   2 fr.

Henry, Camille. — Darie, ou les Quatre âges d'un amour. In-12. *Michel Lévy frères.*   2 fr.

Henry, E. — Voy. *Correspondance du duc de Mayenne.*

Henszlmann, le docteur. — Méthodes de proportions dans l'architecture égyptienne, dorique et du moyen âge. Livraisons 3 à 6. Grand in-folio. *Arthus-Bertrand.*   Prix de chaque livraison, 14 fr.

    L'ouvrage sera publié en 13 livraisons in-fol , de 4 planches chacune, et 2 vol. de texte in-4, dont le premier a paru sous le titre :

———— Théorie des proportions appliquées dans l'architecture depuis la douzième dynastie des rois égyptiens jusqu'au xvie siècle. 1re partie, style égyptien. Ordre dorique. In-4. *Ibid.*   20 fr.

Héquet, Gustave. — De Paris à Mulhouse et à Bâle, itinéraire historique et descriptif, comprenant les bains de Bourbonne, de Plombières et de Luxeuil. In-12, avec carte. *Hachette et C*.   2 fr.

Herbelot, le colonel P. d'. — Voy. *Xylander, Traité des armes.*

Herblot, l'abbé. — Sermons. 3e édition. 3 vol. in-8. *Vivès.*   16 fr.

Héré, J. — Fables et poésies. In-8. *Poulet-Malassis.*   3 fr.

Héricault, Charles d'. — Essai sur l'origine de l'épopée française et sur son histoire au moyen âge. In-8. *A. Franck.*   3 fr.

———— La Fille aux bluets. — Un paysan de l'ancien régime. In-12. *Librairie Nouvelle.*   2 fr.

Héricourt, Mme Jenny P. d'. — La Femme affranchie. Réponse à MM. Michelet, Proudhon, E. de Girardin, A. Comte, et aux autres novateurs modernes. 2 vol. in-12. (Bruxelles.) *E. Dentu.*   5 fr.

Héritier (l') de Redcliffe. Traduit de l'anglais. 2e édition. 2 vol. in-12. (Neuchâtel.) *Grassart.*   6 fr.

Herlant, Achille. — Précis du cours de chimie usuelle professé aux sections d'infanterie et de cavalerie à l'école militaire de Belgique. In-12. (Bruxelles, *Tircher.*)   6 fr.

Hérodien. — Histoire romaine depuis la mort de Marc-Aurèle jusqu'à l'avénement de Gordien III. Traduite du grec par Léon Halévy, et précédée d'une introduction. In-12. *Firmin Didot frères.*   3 fr.

Hérodote. — Récits tirés de ses histoires. Traduction nouvelle, précédée d'une notice biographique et littéraire sur Hérodote, et accompagnée de sommaires, de notes géographiques et historiques, et de médailles antiques servant d'illustration au texte, par M. Bouchot. In-8. *Dezobry, Magdeleine et C*.   3 fr. 50 c.

Herpin, J. Ch. — Du Raisin considéré comme médicament ou de la médication par les raisins. In-12. *Baillière et fils.*   1 fr.

Hersart de la Villemarqué. — Les Bardes bretons. — Voy. *Bardes.*

Hertwig, le docteur C. H. — Les Maladies des Chiens et leur traitement. Traduit de l'allemand, par Ad. Scheler. In-12. (Bruxelles.) *Ve Bouchard-Huzard.*   3 fr. 50 c.

Hertzen, A. — Le Monde russe et la révolution. Mémoires de A. Hertzen. 1812-1835. Traduit par H. Delaveau. Illustrations de A. Schenk. Seule édition autorisée par l'auteur. In-12. *Dentu.*   5 fr.

Hervieux, Léopold. — De la hausse et de la baisse des céréales et des moyens d'y remédier. Coup d'œil historique et critique sur les réserves, l'importation, l'exportation, l'organisation de la boulangerie, la caisse de service, etc. Solution du problème à l'aide des magasins généraux, des récépissés et des warrants. In-12. *Lacroix.* 3 fr.

Hesychii Hierosolymitani opera. — Voy. *Patrologiæ cursus completus.*

Hetzel, J. — La propriété littéraire et le domaine public payant. In-8. (Bruxelles, *Van Buggenhout.*) 2 fr. 50 c.

Heurtaux, le docteur Alfred. — Du crancroïde en général. In-8, avec planche. *Coccoz.* 3 fr. 50 c.

Heuschling, Xavier. — L'Empire de Turquie. Territoire, population, gouvernement, etc. In-8. (Bruxelles, *Tarlier.*) *Guillaumin et C.* 7 fr. 50 c.

Heuzé, G. — L'Année agricole, almanach illustré des comices, des propriétaires et des fermiers, ou Revue annuelle des travaux agricoles, des études scientifiques, des expériences, des plantes nouvelles, etc. 4ᵐᵉ année. In-12. *Hachette et Cᵉ.* 3 fr. 50 c.

———— Cours d'agriculture pratique. — Les Plantes industrielles. 2ᵉ partie. In-8, avec 10 gravures. *Ibid.* 9 fr.

1ʳᵉ partie, 1859. 7 fr. 50 c. — Voy. *Catalogue annuel.* 1859, page 104.

Heuzet. — Histoires choisies des écrivains profanes expliquées littéralement, traduites en français et annotées par MM. Sommer et Guedot. 2 vol. in-12. *Hachette et Cᵉ.* 12 fr.

Collection des auteurs latins expliqués d'après une méthode nouvelle par deux traductions françaises, avec des sommaires et des notes, par une Société de professeurs et de latinistes.

Heuzey, L. — Le Mont Olympe et l'Acarnanie. Exploration de ces deux régions, avec l'étude de leurs antiquités, de leurs populations anciennes et modernes, de leur géographie et de leur histoire. In-8, avec 16 planches. *Firmin Didot frères.* 20 fr.

Heydt, le capitaine C. — Recherches sur l'organisation du corps du génie en Prusse. In-8. *J. Corréard.* 3 fr.

———— Recherches sur l'organisation du corps du génie en France. In-8. *Ibid.* 4 fr.

Hildebrand. (Nicolas Beets.) — La Chambre obscure. Traduction de Léon Wocquier. In-12. *Michel Lévy frères.* 1 fr.

Hippeau, C. — Le Bestiaire d'amour. — Voy. *Fournival.*

Hippocrate. — De la Vision. — Voy. *Sichel.*

Hirsch, Gaston. — Le Préjugé, comedie en un acte, en prose. — L'Ours, ou Un malheureux caractère, comédie en trois actes, en prose. In-12. *Librairie Nouvelle.* 2 fr.

Histoire des États de l'Église, depuis la première Révolution française jusqu'à nos jours. Traduit de l'allemand. In-8. (Bruxelles, *H. Goemaere.*) 5 fr.

———— de France à l'usage de la jeunesse. Nouvelle édition, revue, corrigée et continuée jusqu'à nos jours, par un ancien professeur. In-8. *Lethielleux.* 2 fr. 50 c.

———— générale des Voyages, par Dumont-d'Urville, d'Orbigny, Eyriés et A. Jacobs. Nouvelle édition avec 105 gravures. Livraisons 265 à 400 (fin). Grand in-8. *Furne et Cᵉ.* Prix de chaque livraison, 15 c.

L'ouvrage complet forme 4 volumes. Prix : 60 fr.

———— de la guerre de l'Espagne avec le Maroc, publiée sous la direction de MM. A. Baudoz et J. Osiris. Édition spéciale, illustrée de cinq portraits inédits. In-8. *Lebigre-Duquesne.* 7 fr 50 c.

Histoire naturelle en tableaux, dessinés et coloriés d'après nature, avec texte explicatif. 2° partie : Oiseaux. 12 planches coloriees in-4, avec texte. (Bruxelles, *Kiessling et C°.*) *A. Bohné.*   En étui, 13 fr. 50 c.

—— Le même. 3° partie : Reptiles, Poissons, Insectes. Infusoires. 9 planches coloriées in-4, avec texte. *Ibid.*   En étui, 10 fr.

Hiver de Beauvoir. — La Librairie de Jean, duc de Berry, au château de Mehun-sur-Yève. 1416. Publiée en entier pour la première fois d'après les inventaires et avec des notes. In-8. *Aubry.*   3 fr.

Hocquart, E. — Le Vétérinaire pratique, traitant des soins à donner aux chevaux, aux bœufs, à la bergerie, etc. 2° édition du Bouvier modèle, augmentée et entièrement revue, par M. L... In-18, avec 4 planches. *Th. Lefèvre.*   2 fr. 50 c.

—— Une Visite au Jardin des Plantes, tirée du livre intitulé : Trois semaines à Paris. In-12 oblong, avec 65 gravures. *Lethielleux.*   1 fr. 20 c.

Hœfer, le docteur. — Nouvelle Biographie générale. — Voy. *Biographie.*

Hoffmann. — Contes fantastiques, traduction nouvelle, précédés de Souvenirs intimes sur la vie de l'auteur, par P. Christian ; illustrés par Gavarni. In-8, avec 10 gravures. *Morizot.*   10 fr.

—— Les mêmes. In-12, avec 4 gravures.   3 fr.

Hoffmann, le docteur. — Pierre l'Ébouriffé, joyeuses histoires et images drolatiques pour les enfants de 3 à 6 ans. Traduit de l'allemand sur la 360° édition ; par Trim. In-4. *Hachette et C°.*   3 fr.
    Traduction française du « Struwwelpeter » allemand.

Hogard, Henri. — Recherches sur les formations erratiques. Grand in-8, avec 19 planches. (Épinal.) *F. Savy.*   15 fr.

Holinski, Alexandre. — L'Équateur, scènes de la vie américaine. In-12. *Amyot.*   3 fr. 50 c.

Holl, Joseph. — Le Chrétien. Traduit de l'allemand, avec l'autorisation de l'auteur, par Edme Babeau. In-32. *Lagny frères.*   4 fr.

Hombre-Firmas, le baron. — Lettres de Linné. — Voy. *Linné.*

Homère. — Œuvres complètes, traduction nouvelle, avec une introduction et des notes ; par P. Giguet. Nouv. édit. In-12. *Hachette et C°.* 3 fr. 50 c.

Hommaire de Hell, Édouard. — De la situation commerciale des producteurs de sucre dans les colonies françaises. In-8. *J. Rouvier.*   1 fr. 50 c.

Hommaire de Hell, Xavier. — Voyage en Turquie et en Perse exécuté par ordre du gouvernement français pendant les années 1846, 1847 et 1848. Ouvrage accompagné de cartes, d'inscriptions, etc., et d'un album de 100 planches dessinées d'après nature par Jules Laurens. Tome IV. In-8, avec 24 planches. *P. Bertrand.*   10 fr.
    T. I a III ont paru de 1854 à 1857, et coûtent chacun 5 fr. — L'ouvrage complet se compose de 4 vol. de texte, prix : 25 fr., et d'un atlas in-fol. de 119 planches, prix : 403 fr.

Hommaire de Hell, Mme Adèle. — Voyage dans les steppes de la mer Caspienne et dans la Russie méridionale. In-12. *Hachette et C°.*   3 fr. 50 c.

Hommes et Doctrines du parti libéral, par un membre de la droite. In-8. (Bruxelles, *A. Decq.*)   4 fr.

—— du jour. 2° édition. In-12. *Michel Lévy frères.*   3 fr.
    La 1re édition a paru en 1859.

Hongrie (la) et la germanisation autrichienne. In-12. (Bruxelles, *Van Meenen et C°.*) *A. Bohné.*   1 fr. 25 c.

Hongrie (la) politique et religieuse. — Étude sur ses institutions et sa situation actuelle. In-12. (Bruxelles.) *A. Bohné.* 3 fr. 50 c.

Hongrie (la) devant l'Europe. Les institutions nationales et constitutionnelles de la Hongrie et leur violation. In-12. (Bruxelles, *Van Meenen et C°.*) 2 fr.

Hongrie (la) et les Slaves. In-12. (Bruxelles.) *A. Bohné.* 1 fr. 25 c.

Horace. — Œuvres complètes, traduites en vers par Hippolyte Cournol, avec des notes et un examen des autres traductions en vers. 4 vol. in-12. *Firmin Didot frères.* 12 fr.

———— Œuvres complètes, traduites et annotées d'après la grande édition d'Orelli, par A. Kayser. In-4. (Strasbourg, *Derivaux.*) *J. Tardieu.* 2 fr.

———— Les Œuvres d'Horace, poëte latin du siècle d'Auguste. Odes. Satires. Épîtres. Art poétique. Traduction nouvelle, par Jules Janin. In-12. *Hachette et C°.* 3 fr. 50 c.

———— Œuvres complètes, traduites en français, par les traducteurs de la collection Panckoucke. Nouvelle édition, enrichie de notes explicatives, accompagnée du texte latin et précédée d'une étude sur Horace, par H. Rigault. In-12. *Garnier frères.* 3 fr. 50 c.

———— Odes, épodes, poëme séculaire, traduit par Emmanuel Worms de Romilly. In-12. *Firmin Didot frères.* 4 fr.

Horn, J. E. — Les finances de l'Autriche. In-8. *Guillaumin et C°.* 50 c.
Extrait du Journal des Economistes.

———— La Hongrie et la crise européenne. In-8. *Dentu.* 1 fr.

———— La Hongrie devant l'Autriche. Gr. in-8. *Ibid.* 1 fr.

———— Liberté et nationalité. In-8. *Ibid.* 1 fr.

———— Voy. aussi : *Annuaire international.*

Horoy, l'abbé. — La Véritable question romaine, réponse à M. Edmond About. In-8. *Lebigre-Duquesne frères.* 1 fr. 50 c.

Houdetot, Adolphe d'. — La Petite vénerie, ou la Chasse au chien courant, dessin d'Horace Vernet. 3e édition. In-12. *Charpentier.* 3 fr. 50 c.

Houel, le docteur Ch. — Des tumeurs du corps thyroïde. Thèse pour l'agrégation présentée à la Faculté de Paris. In-8. *Germer Baillière.* 2 fr.

Houel, E. — Les Chevaux de pur sang en France et en Angleterre. 1re partie. Angleterre. 1859. In-8. *Au bureau du Journal des Haras.* 5 fr.

———— L'industrie privée et l'administration des haras. Réponse à M. le baron de Pierres. In-8. *Ibid.* 1 fr. 25 c.

Houssaye, Arsène. — Œuvres. Nouvelle édition. 10 vol. in-8, avec 10 grav. *H. Plon.* Prix de chaque volume, 6 fr.
Les volumes suivants sont en vente :
T. I Mademoiselle de La Vallière et Madame de Montespan. Etudes historiques sur la cour de Louis XIV.
T. II. Le roi Voltaire. Sa cour. Ses ministres. Son peuple. Ses conquêtes. Son Dieu. 3e édition, augmentée de 2 chapitres
T. III. Histoire de l'art français au XVIIIe siècle.
T. IV. Voyage à ma fenêtre. — Voyage à Venise. — Voyage au pays des tulipes. — Voyage au Paradis.
T. V. Princesses de comédie et déesses d'opéra. Portraits, camées, profils, silhouettes.

Huard, Adolphe. — Les Soirées impériales, renfermant les fastes héroïques de la famille Bonaparte; précédées d'un aperçu des événements politiques de 1860. In-16. *Albessard et Bérard.* 1 fr.

Hubault, Gust. et É. **Marguerin.** — Histoire de France depuis les origines de la nation jusqu'en 1815, à l'usage de tous les établissements d'instruction publique. 2e édit. In-12. *Dezobry, Magdeleine et C°.* 2 fr. 75 c.

Hubert, Jean. — Chemins de fer des Ardennes. Guide itinéraire historique et descriptif de Reims à Laon, Reims à Charleville, Charleville à Nouzon, Charleville à Sedan ; avec une carte. In-12. (Charleville, *chez l'auteur.*) 2 fr.

Huc. — Souvenirs d'un voyage dans la Tartarie et le Thibet pendant les années 1844, 1845 et 1846. 4ᵉ édition. 2 vol. In-12. *Gaume frères.*   7 fr.

Hue, François. — Dernières années du règne et de la vie de Louis XVI, par François Hue, l'un des officiers de la chambre du roi appelé par ce prince, après la journée du 10 août, à l'honneur de rester auprès de lui et de la famille royale. 3ᵉ édition, revue sur les papiers laissés par l'auteur ; précédée d'une notice sur M. Hue, par M. René du Menil de Maricourt, et d'un avant-propos par M. H. de l'Épinois. In-8. *Plon.*   6 fr.

Hugo, Charles. — Le Cochon de saint Antoine. 3 vol. in-8. *Cadot.* 22 fr. 50 c.

Hugon, C. —Essai d'une nouvelle méthode d'analyse des trajectoires, et application au tir des canons rayés. In-4. *Mallet-Bachelier.*   3 fr.

Hugonnet, F. — Bugeaud, duc d'Isly, maréchal de France, le conquérant de l'Algérie. In-8. *Leneveu.*   3 fr.
> Extrait du Spectateur militaire.

—— Français et Arabes en Algérie. — Lamoricière, Bugeaud, Daumas, Abd-el-Kader, etc. In-12. *Sartorius.*   2 fr. 50 c.

Huguet, le R. P. — Dévotion à saint Joseph en exemples, ou Excellence des prières et des pratiques en l'honneur de ce saint patriarche. In-12. *Victor Sarlit.*   1 fr. 50 c.

—— Lectures en famille avant la prière du soir, contenant un grand nombre de traits appartenant à l'histoire contemporaine. In-12. (Moulins.) *Guyot et Roidot.*   2 fr.

—— La Miséricorde de Marie en exemples, ou Nouveaux témoignages contemporains de la charité de la sainte Vierge pour ses enfants ; ouvrage utile aux catéchistes, aux prédicateurs, aux directeurs des congrégations et aux bibliothèques paroissiales. In-12. *Victor Sarlit.*   1 fr. 50 c.

—— Le Pouvoir de Marie en exemples, ou Nouveaux témoignages de la puissance et de l'amour de la très-sainte Vierge. In-12. *Pélagaud.*   2 fr.

Huillard-Bréholles, J. L. A. — Historia diplomatica Frederici secundi. Auspiciis et sumptibus H. Alberti de Luynes, collegit et recensuit Huillard-Bréholles. Tomus VI. Pars 1. In-4. *A. Franck.*   16 fr.
> Voy. *Catalogue annuel* 1859, page 107.

Humbert, Auguste. — Manuel pratique pour les distributions de prix. Études sur les distributions de prix. Discours et allocutions, dialogues, saynètes, morceaux en prose et en vers entièrement inédits. In-12. *Fouraut.*   2 fr.

Humboldt, A. de. — Correspondance. — Voy. *Correspondance* et *Lettres.*

Humboldt, Guillaume de. — De l'origine des formes grammaticales et de leur influence sur le développement des idées. Opuscule traduit par Alfred Tonnellé, suivi de l'analyse de l'opuscule sur la diversité dans la constitution des langues. In-8. *A. Franck.*   3 fr.

Hun, F. —Promenades en temps de guerre chez les Kabyles, par un juge d'Alger en congé pour sa santé. In-12. (Alger.) *Challamel aîné.*   3 fr.

Huon de Bordeaux. — Voy. *Anciens poètes de la France.*

Hureaux. — Manuel de la médecine et de la pharmacie réformées. In-8. *Germer Baillière.*   1 fr.

Hureaux. — La Médecine éliminative, ou l'Art de guérir avec certitude, enseigné par la nature et mis à la portée de toutes les intelligences. (Formant la 2ᵉ partie de l'ouvrage précédent.) In-8. *G. Baillière.*   4 fr.

Huzar, Eugène. — Le Christ et le Pape. In-8. *Dentu.*   1 fr.

—— Recherches sur les bruits du souffle dans les maladies du cœur ; présenté à l'Académie. In-8. *Adrien Delahaye.*   1 fr.

Hyenne, Robert. — William Palmer, empoisonneur et faussaire. Suivi de : Une affaire d'or, épisode de la vie californienne. In-4. *G. Havard.*   50 c.

—— Voy. aussi : *Féré et Hyenne.*

Hymans, Louis. — Des enquêtes parlementaires en Angleterre et en France, à propos de l'enquête sur les élections de Louvain. In-8. (Bruxelles, *Office de publicité.*)   50 c.

—— Histoire populaire de la Belgique. In-12. (Bruxelles, *Schnée et Cᵉ.*)   2 fr. 50 c.

I

Ignace, saint. — Maximes. — Voy. *Maximes.*

Imitation (l') de Jésus-Christ, fidèlement traduite du latin par Michel de Marillac. Édition nouvelle, soigneusement revue et corrigée par M. S. de Sacy. In-16. *Techener.*   6 fr.
     Bibliothèque spirituelle, publiée par S. de Sacy.

Immermann, Charles. — Les Paysans de Westphalie. Roman allemand, traduit par M. Desfeuilles. In-12. *Hachette et Cᵉ.*   2 fr. 50 c.

Ingremard, Émile d'. — Les Concessionnaires de chemins de fer. Guide spécial et complet des propriétaires, fermiers, locataires et autres indemnitaires atteints par le tracé d'un chemin de fer concédé et qui ont l'intention de traiter à l'amiable relativement à la vente de leur propriété ou à l'abandon de leurs droits, avec la compagnie concessionnaire de ce chemin de fer. In-12. *Cosse et Marchal.*   3 fr. 50 c.

Inscriptions funéraires et monumentales de la province d'Anvers. Grand in-4. Liv. 46 à 50. (Anvers, *Buschmann.*) Prix de chaque livraison, 1 fr.

—— funéraires et monumentales de la province de la Flandre orientale. Grand in-4. Liv. 17 à 21. (Gand, *Hebbelynck.*) Chaque livr., 1 fr. 50 c.

Institutes du droit fiscal, ou Exposé théorique et pratique des principes fondamentaux de la perception des droits d'enregistrement, par M. ***. In-8. *A. Durand.*   4 fr.

Instruction générale sur le service et la comptabilité des receveurs généraux et particuliers des finances, des percepteurs des contributions directes, etc. Extrait annoté pour l'usage des percepteurs et des receveurs de communes et d'établissements de bienfaisance. In-8. *Paul Dupont.*   8 fr.

—— médicale pour les capitaines de navires qui n'embarquent pas de chirurgien, rédigée par Huet, Deverse et Du Pray. In-8. *Robiquet.*   30 c.

—— pastorale de Monseigneur l'évêque d'Angoulême sur le scandale des faibles dans les épreuves de l'Église, avec mandement pour la publication de l'encyclique de N. S. P. le pape Pie IX et pour le carême de l'an 1860. In-8. *Lethielleux.*   80 c.

—— pastorale et mandement de Mgr l'archevêque de Toulouse et de Narbonne. In-8. *Dentu.*   1 fr.

Intolérance (l') religieuse de la Russie. In-8. (Alger, *Dubos.*) *Challamel.* 1 fr.

Iranyi, Daniel et Charles-Louis **Chassin**. — Histoire politique de la révolution de Hongrie, 1847-1849. 2° partie. La Guerre. In-8. *Pagnerre.* 5 fr.
> Le 1er volume a paru en 1859.

Isambert, Émile. — Voy. *Joanne et Isambert.*

Isidori Pelusiotæ, opera. — Voy. *Patrologiæ cursus completus.*

Isoard, Éric. — Contes du pays latin. — I. Le Caporal Raphaël. In-32. *Marpon.* 60 c.

Isoard, J. E. — Guide théorique et pratique du contribuable en matière de contributions directes. In-12. *P. Dupont.* 2 fr.

Italie (l') sans la politique, dédié à tous les voyageurs pressés et curieux, par une voyageuse du Nord. In-8. *Dentu.* 2 fr.

J

Jaba, A. — Recueil de notices et récits kourdes servant à la connaissance de la langue, de la littérature et des tribus du Kourdistan. Grand in-8. (Saint-Pétersbourg.) *L. Voss à Leipzig.* 5 fr.

Jaccoub, le docteur Sigismond. — Des conditions pathogéniques de l'albuminurie. In-8. *Adr. Delahaye.* 3 fr.

Jacob, le bibliophile. — Croix et couronne. In-4, avec 12 gravures. *Marcilly.*
Avec grav. noires, 8 fr.; color., 12 fr.

—— L'Heptameron. — Voy. *Marguerite d'Angoulême.*

Jacob de la Cottière, E. de. — Silhouettes de paysans. In-12. *Librairie Nouvelle.* 3 fr.

Jacobs, Alfred. — Voy. *Creuly et Jacobs.*

Jacquelin du Val, Camille. — Genera des coléoptères d'Europe, comprenant leur classification, etc., et plus de 1,300 types représentant un ou plusieurs insectes de chaque genre, dessinés et peints d'après nature, par J. Migneaux. Livraisons 77 à 91. In-8. *Deyrolle.* Chaque livraison, 1 fr. 75 c.

—— Glanures entomologiques, ou Recueil de notes monographiques, descriptions, critiques, remarques et synonymes divers. Cahier n° 2. In-12. *Ibid.* 3 fr.

Jacquemont, V. — Correspondance. — Voy. *Correspondance.*

Jahr, le docteur C. H. J. — Notions élémentaires d'homœopathie. 4° édition, corrigée et augmentée. In-12. *Baillière et fils.* 1 fr. 25 c.

Jaime. — Les Talons noirs. In-12. *Librairie Nouvelle.* 2 fr.

Jallais, Amédée de. — La nouvelle madame Angot au sérail de Constantinople, pièce en trois petits actes. mêlée de couplets et de rondeaux, musique de J. Nargeot et Camille Michel. (Théâtre des Folies-Dramatiques.) Grand in-8. *Munsurt.* 30 c.

—— et Jules **Renard**. — La toile ou mes quat' sous. Revue de 1859, en trois actes et vingt tableaux, précédée de : le Royaume de Comus, prologue en deux parties, musique de M. Gourlier. (Théâtre des Délassements Comiques.) In-4. *Librairie théâtrale.* 30 c.

—— Voy. aussi : *Avenel et Jallais.*

Jamain, A. — Nouveau traité élémentaire d'anatomie descriptive, et préparations anatomiques; suivi d'un précis d'embryologie, par A. Verneuil, 2ᵉ édition, revue et augmentée, avec 200 figures intercalées dans le texte. In-12. *Germer Baillière.* 12 fr.

—— Voy. aussi : *Annuaire de médecine.*

James, le Rev. — La recherche du salut. Traduit librement de l'anglais, par M. D'Espine père. In-18. *Grassart.* 1 fr.

Janajda czyli boje o niepodleglosc, poemat; z czasow ostatniej wojny noradowéj 1830 i 1831 roku. T. pierwszy. In-8. *Librairie polonaise.* 3 fr.
Jeanalde ou la guerre de l'independance; poême. 1er vol.

Janet, Paul. — Essai sur le médiateur plastique de Cudworth. In-8. *Ladrange.* 2 fr.

—— Études sur la dialectique dans Platon et dans Hegel. In-8. *Ibid.* 7 fr.

Janin, Jules.—L'Ane mort. Nouvelle édition. In-12. *Michel Lévy frères.* 1 fr.

—— La Confession. Nouvelle édition. In-12. *Ibid.* 1 fr.

—— Barnave. Nouvelle édition, entièrement revue. In-12. *Ibid.* 3 fr.

—— Voy. aussi : *Almanach de la littérature,* et : *Horace, Œuvres.*

Jannet, Abel. — Émotions de citoyen. In-12. *Jules Taride.* 2 fr.

—— Fleurs sauvages. Poésies. In-18. *Ibid.* 1 fr.

Jannin, Jules. — L'art d'élever et d'attraper les oiseaux de volière qui chantent et qui parlent, contenant la description de tous les oiseaux qu'on élève généralement dans les volières, leurs mœurs, leur caractère, etc. Avec 53 planches. In-12. *Tissot.* Avec figures noires, 5 fr.; color., 7 fr. 25 c.

Jantet, les docteurs Charles et Hector. — De la vie et de son interprétation dans les différents âges de l'humanité. In-8. (Montpellier.) *F. Savy.* 5 fr.

Jardinier (le Bon). Almanach horticole pour l'année 1860, par Vilmorin, Poiteau, Louis Vilmorin, Bailly, Victor Borie, Naudin, Neumann et Pépin, jardiniers chefs au jardin des plantes. In-12. *Librairie agricole.* 7 fr.

—— Le même pour 1861. In-12. *Ibid.* 7 fr.

Jasmin. — Las Papillotos de Jacques Jasmin, de l'Académie d'Agen, maître ès-jeux Floraux, grand prix de l'Académie française. Édition populaire, avec le français en regard, et ornée d'un portrait. In-12. (Agen, *Chairou.*) *Firmin Didot frères.* 4 fr.
Cette edition contient les œuvres complètes de Jasmin, c'est-à-dire toutes les poésies renfermees dans l'edition en 3 vol. in-8.

Jaubert, J. M. — Matériaux pour la géologie du Var. Essai sur la constitution géologique des terrains du littoral entre Saint-Nazaire et Bandol, accompagné d'une carte et coupes géologiques. In-4. (Draguignan.) *Baillière et fils.* 3 fr.
Extrait du Bulletin de la société d'études scientifiques et archéologiques de la ville de Draguignan.

Jaubert, P. Am. — Voyage en Arménie et en Perse, précédé d'une notice sur l'auteur, par Sédillot. In-8. *Ducrocq.* 5 fr.

Jaubert, Mᵐᵉ. — L'aveugle de Fossi. In-12. *Librairie Nouvelle.* 1 fr.

Jauffret, E. — Catherine II et son règne. 2 vol. in-8. *Denlu.* 12 fr.

Jean de Falaise. — Les derniers contes; avec une eau-forte de Jules Buisson. In-12. *Poulet-Malassis.* 2 fr.

Jéhan, L. G. — Dictionnaire de philosophie catholique. — Voy. *Migne, Troisième Encyclopédie théologique.*

Jérôme Bonaparte. In-8. *Allard.* 1 fr.

Jésus dans son enfance. Modèle de la jeunesse chrétienne. In-16. *Lethielleux.* 40 c.

Joanne, Adolphe. — Itinéraire descriptif et historique de la Savoie. In-12. *Hachette et C°.* 7 fr. 50 c.

—— et Émile **Isambert.** — Itinéraire descriptif, historique et archéologique de l'Orient. Ouvrage entièrement nouveau, contenant Malte, la Grèce, la Turquie d'Europe, la Turquie d'Asie, la Syrie, la Palestine, l'Arabie Pétrée, le Sinaï et l'Egypte, et accompagné de 11 cartes et de 19 plans. In-12. *Ibid.* 20 fr.

—— et A. **Le Pileur.** — Les Bains d'Europe. Guide descriptif et médical des eaux d'Allemagne, d'Angleterre, de Belgique, d'Espagne, de France, d'Italie et de Suisse. Ouvrage entièrement nouveau, contenant une carte des bains d'Europe. In-12. *Ibid.* 10 fr.

Joannis Chrysostomi opera. — Voy. *Patrologiæ cursus completus.*

Joannis Damasceni opera omnia. — Voy. *Ibid.*

Joannis Scholastici, vulgo Climaci, opera. — Voy. *Ibid.*

Joigneaux, P. — Conférences sur le jardinage et la culture des arbres fruitiers, suivies d'une nomenclature des meilleurs fruits à cultiver. In-12. (Bruxelles, *Émile Tarlier.)* 1 fr. 25 c.

—— Légumes et fruits. In-12. *Librairie agricole.* 1 fr. 25 c.

Jolly, Jules. — Histoire du mouvement intellectuel au xvi° siècle et pendant la première partie du xvii°. 2 vol. in-8. *Amyot.* 15 fr.

Jordan, Joseph. — Traitement des pseudarthroses par l'autoplastie périostique. In-4, avec 3 planches. *Germer Baillière.* 3 fr. 50 c.

Josades, Adolphe. — Les Jeunes années. In-12. *Hachette et C°.* 3 fr.

Josson, Mme Louise. — Rapport fait à l'archiconfrérie des mères chrétiennes dans la chapelle de N.-D. de Sion, à Paris. Assemblée générale du 8 décembre 1859. In-8. *Olmer.* 50 c.

Joubert, le P. — Sur la théorie des fonctions elliptiques et son application à la théorie des nombres. In-4. *Mallet-Bachelier.* 2 fr.

Joubert, C. C. et Ph. **Guérin.** — Grammaire française enseignée par l'histoire de France de 420 à 1859. Méthode entièrement nouvelle. In-8. *Dezobry, Magdeleine et C°.* 6 fr.

Jouffroy, Th. — Mélanges philosophiques. 3° édition. In-12. *Hachette et C°.* 3 fr. 50 c.

Jourdain, Charles. — Logique de Port-Royal, suivie de trois fragments de Pascal sur l'autorité suprême en matière de philosophie, l'esprit géométrique et l'art de persuader, avec une introduction et des notes. In-12. *Ibid.* 3 fr.

Jourdain, Éliacim. — Le Panier fleuri, comédie en un acte, en prose. 2° édition. In-12. (Dieppe, *Marais.) Ledoyen.* 1 fr.

—— Le Lacet de Berthe, comédie-drame en deux actes, en prose. In-8. (Dieppe.) *Ibid.* 1 fr.

Jourdain, S. — Recherches sur la veine-porte rénale chez les oiseaux, les reptiles, les batraciens et les poissons. In-4, avec 5 planches. *Victor Masson et fils.* 8 fr.

Jourdier, Auguste. — Des forces productives, destructives et improductives de la Russie. In-8. *Franck.* 6 fr.

Jourdier, Auguste. — Excursion agronomique en Russie. In-8. (Saint-Pétersbourg, *Dufour.*) *E. Mellier.* 8 fr.

Le même ouvrage, 2ᵉ édition, sous le titre :

——— Voyages agronomiques en Russie. Lettres et notes sur une excursion faite en 1859-1860. 2ᵉ édition, revue et corrigée par l'auteur. In-8. *A. Franck.* 6 fr.

Journal et mémoires du marquis d'Argenson, publiés pour la première fois d'après les manuscrits autographes de la bibliothèque du Louvre pour la Société de l'histoire de France, par E. J. B. Rathery. T. II. In-8. *Vᵉ J. Renouard.* 9 fr.

T. I a paru en 1859. *Ibid.* 9 fr.

Journal d'Olivier Lefèvre d'Ormesson. — Voy. *Documents inédits sur l'histoire de France.*

Journaux religieux (les) et les journalistes catholiques. In-8. *Dentu.* 1 fr.

Journoud, P. — Recueil de problèmes dédiés aux amateurs d'échecs. In-12. *Au Café de la Régence.* 5 fr.

Jouy, Henri Barbet de. — Voy. *Barbet de Jouy.*

Jozan, Ém. — Traité pratique des maladies des voies urinaires et des organes générateurs de l'homme et de la femme. 8ᵉ édition, illustrée de 314 figures d'anatomie. In-12. *Jules Masson.* 5 fr.

Jubainville, Arbois de. — Voy. *Arbois de Jubainville.*

Jubilé (le troisième) séculaire de la réformation en France (29 mai 1859). Compte rendu publié par la commission du jubilé. In-8. *Grassart.* 2 fr. 50 c.

Juillerat, H. F. — Devant la croix. poésies. In-12. *Meyrueis et Cᵉ.* 3 fr.

Julian, Th. et **Guinon**. — Monsieur Simon, vaudeville en un acte. (Théâtre-Déjazet.) In-8. *Barbré.* 60 c.

Julien, F. — Instructions pratiques sur les opérations de nivellement et sur le piquetage d'ordre des courbes circulaires de raccordement dans le tracé des lignes de chemin de fer, des routes et des canaux. In-8. (Perigueux.) *E. Lacroix.* 1 fr. 50 c.

Julien, F. — Petite école d'orgue, comprenant tous les principes élémentaires de la musique et du plain-chant; tous les principes de l'harmonie et de l'instrumentation. In-8. *Pélagaud et Cᵉ.* 2 fr.

Julien, Félix. — Courants et révolutions de l'atmosphère et de la mer, comprenant une théorie nouvelle sur les déluges périodiques. In-8. *E. Lacroix.* 1 fr. 50 c.

Julien, Stanislas. — Les Deux jeunes filles lettrées. — Voy. *Deux jeunes filles.*

Jullien, C. E. — Traité théorique et pratique de la métallurgie du fer, à l'usage des savants, des ingénieurs, des fabricants et des élèves des écoles spéciales, comprenant les fabrications de la fonte, du fer, de l'acier et du fer-blanc, et précédé d'une introduction concernant les principes sur lesquels repose cette industrie. In-4, avec un atlas de 51 planches. *E. Noblet.* 36 fr.

Junca, J. Mary. — L'Amour devant la raison. In-18. *Chaumerot.* 1 fr. 25 c.

Jurien de la Gravière, le contre-amiral. — Souvenirs d'un amiral. 2 vol. in-12. *Hachette et Cᵉ.* 7 fr.

——— Guerres maritimes sous la république et l'empire. Avec les plans des batailles navales du cap Saint-Vincent, d'Aboukir, de Copenhague, de Trafalgar et une carte du Sund, dressés et gravés par A. H. Dufour. 3ᵉ édition, très-augmentée. 2 vol. in-12. *Charpentier.* 7 fr.

Jussieu, Laurent de. — Le Camp, la fabrique et la ferme. Récit dédié aux habitants des campagnes. In-12. *Colas et Cⁱᵉ.*   1 fr.

Juste, Th. — Les Pays-Bas au xvıᵉ siècle. — Vie de Ph. de Marnix de Sainte-Aldegonde (1538-1598). Tirée des papiers d'État et d'autres documents inédits. In-8. (Bruxelles. *A. Decq.)*   4 fr.

Justinus, J. (baron J. Taylor). —Reims, la ville des sacres. Nouvelle édition. Grand in-8. *Lemaitre.*   5 fr.
> La 1re édition a paru en 1854.

Juvénal et Perse. — Œuvres complètes; suivies des fragments de Turnus et de Sulpicia. Traductions (de Juvénal) par Dusaulx et J. Pierrot, et (de Perse, etc.), par A. Parreau. Nouvelle édition, revue avec le plus grand soin, par Félix Lemaistre. In-12. *Garnier frères.*   3 fr. 50 c.

Juvigny, Louis de. — L'Occident en Orient. Considérations sur la mission politique de l'Europe. In-8. *Dentu.*   3 fr.

Juvigny, Mᵐᵉ Albertine de. — Abécédaire progressif, ou premières leçons d'une mère à ses enfants. Étude nouvelle destinée à développer l'intelligence des enfants et à les initier rapidement à la lecture. In-12. avec gravures. *Fonteney et Peltier.*   Cart., 3 fr.

K

Kaeppelin, R. — Des différents modes de reproduction des êtres vivants. In-8. *Allouard.*   1 fr.

Kalidasa. — Œuvres complètes, traduites du sanscrit en français, pour la première fois, par Hippolyte Fauche. T. II. In-8. *A. Durand.*   10 fr.
> T. I a paru en 1859, et coûte également 10 fr.

Kamrup. — Aventures. — Voy. *Aventures.*

Kardec, Allan. — Voy. *Allan Kardec.*

Karr, Alphonse. — Le Chemin le plus court. Nouvelle édition. In-12. *Michel Lévy frères.*   1 fr.

———— Geneviève. Nouvelle édition. In-12. *Ibid.*   1 fr.

———— La Pêche en eau douce et en eau salée; suivie du Dictionnaire du pêcheur. In-12. *Ibid.*   1 fr.

———— La Pénélope normande; pièce en cinq actes, en prose. (Théâtre du Vaudeville.) In-12. *Ibid.*   2 fr.

———— Voy. aussi : *Dumas et Karr.*

Karr, Mˡˡᵉ Thérèse Alphonse. — Les Soirées germaniques, offertes à la jeunesse. Contes et nouvelles tirés d'auteurs allemands (M. Hartmann, A. Stifter, B. Auerbach). In-8, avec 8 gravures. *Lefèvre.*   4 fr.

Kauffmann. — Les Trois Filles d'Holypherne. 2 vol. in-4. *Lécrivain et Toubon.*   4 fr.

Kaufmann, Ernst. — Progrès de la sériciculture, régénération des vers à soie, moyen pour reconnaître la graine falsifiée. Rapport à S. Exc. M. le ministre de l'agriculture, etc. In-8. *Masson et fils.*   2 fr. 50 c.

Kavanagh, Julia. — Tuteur et Pupille. Roman anglais traduit, avec l'autorisation de l'auteur, par Mᵐᵉ H. Loreau. In-12. *Hachette et Cⁱᵉ.* 2 fr. 50 c.

Kayser, A. V. — Théorie élémentaire de l'accentuation grecque. In-12. (Strasbourg, *Derivaux.*)   1 fr.

———— Voy. *Horace, Œuvres complètes.*

Kazimirski, A. de Biberstein. — Dictionnaire arabe-français, contenant toutes les racines de la langue arabe, leurs dérivés, tant dans l'idiome vulgaire que dans l'idiome littéral, ainsi que les dialectes d'Alger et du Maroc. 2 vol. Grand in-8. *Maisonneuve et C⁹.* 100 fr.

    Cet ouvrage a été publié en 63 livraisons, au prix de 1 fr. 60 c. chacune.

Keller, E. — L'Encyclique et les libertés de l'Église gallicane. In-8. *Douniol.* 1 fr.

Keraniou, Ange de. — Les Valets de grande maison. In-12. *Dentu.* 3 fr.

—— Voy. aussi : *Dumanoir et Keraniou.*

Kératry, le comte de. — La Guerre des blasons, comédie en trois actes. In-8. (Lille, *Alcan-Lévy.*) 2 fr.

Kerhallet, Ch. Philippe de. — Considérations générales sur l'océan Atlantique; suivies des prescriptions nautiques pour échapper aux ouragans, et d'un mémoire sur les courants de l'océan Atlantique. 4ᵉ édition. In-8. *Ledoyen.* 4 fr.

    Publication du dépôt général de la marine.

Kerlodi, Hervé. — La nouvelle armée d'Italie. 1859. Stances dédiées à l'empereur et à l'armée. In-8. *Librairie Nouvelle.* 50 c.

Kermoysan. — Souvenirs du premier empire. In-12. *P. Dupont.* 1 fr. 50 c.

Keroy, B. de. — La Légion d'honneur, archives des gloires militaires, navales, civiles, etc., de la France depuis la création de l'ordre par l'empereur Napoléon Iᵉʳ jusqu'à nos jours. — Livre d'or national, édité avec le concours d'une société d'écrivains. 1ᵉʳ volume. 1ʳᵉ livraison. In-folio. *Chez M. Deslandes, 15, rue Drouot.* 5 fr.

Kervigan, Aurèle. — L'Angleterre telle qu'elle est, ou Seize ans d'observations dans ce pays. 2 vol. in-12. *Ad. Le Clère et C⁹.* 7 fr.

Kervyn de Valkaersbeke, Ph. — Les églises de Gand. 2 vol. grand in-8, avec gravures. (Gand, *Hebbelynck.*) 22 fr.

—— Histoire généalogique et héraldique de quelques familles de Flandre. Livraisons 13 à 15. Grand in-folio. *Ibid.* 5 fr.

Kilian, le professeur. — Syllabaire des jeunes sourds-muets. In-16. *Grassart.* 60 c.

Kilian, C. — Le Guide de la famille chrétienne. Le Père de famille, ou la correction des défauts. In-8. *Meyrueis et C⁹.* 80 c.

Kirschleger, Frédéric. — Flore d'Alsace. T. III. 2ᵉ partie. Guide du botaniste-touriste à travers les Vosges et l'Alsace. In-18. (Strasbourg.) *Baillière et fils.* 1 fr. 50 c.

Klein, S. (de Colmar). — Le Judaïsme ou la vérité sur le Talmud. In-8. (Mulhouse, *Risler.*) *Durlacher.* 2 fr.

Kluyskens, le docteur H. — Des hommes célèbres dans les sciences et les arts, et des médailles qui consacrent leurs souvenirs. 2 vol. in-8, avec planches. (Gand, *L. Hebbelynck.*) 15 fr.

Kock, Henry de. — Les Baisers maudits, roman inédit. In-12, avec portrait. *Sartorius.* 3 fr.

—— Les honnêtes femmes. In-12. *Cadot.* 1 fr.

—— Morte et vivante. 3 vol. in-8. *De Potter.* 22 fr. 50 c.

Kock, Paul de. — La Famille Braillard. 5 vol. in-8. *Cadot.* 37 fr. 50 c.

—— Le même ouvrage. Édition in-12. 2 vol. *Ibid.* 7 fr.

Kock, Paul de. — Madame de Monflanquin. Édition illustrée. In-4. *Charlieu.*   1 fr. 20 c.

—— Les Veuves turques, vaudeville en un acte. (Théâtre Déjazet.) In-12. *Michel Lévy frères.*   60 c.

Kœppelin, D. — Fabrication des tissus imprimés. 1re partie : impression des étoffes de soie avec planches et échantillons. In-8. *E. Lacroix.*   10 fr.

Kompert, Léopold. — Les Juifs de la Bohême. Traduit de l'allemand par Daniel Stauben. In-12. *Michel Lévy frères.*   1 fr.

Krœber, Aug. — Coutumes de Gourdon. In-8. *A. Durand.*   1 fr.
    Extrait de la Revue historique du droit français et étranger.

—— Fierabras. — Voy. *Anciens poètes de la France.*

Krummacher, F. A. — Jean-Baptiste. Drame traduit de l'allemand. In-12. (Tournai.) *Lethielleux.*   1 fr. 80 c.

Kuhlmann, Fréd. — Instruction pratique sur l'application des silicates alcalins solubles au durcissement des pierres, à la peinture, à l'impression et aux apprêts. In-8. (Lille.) *Masson et fils.*   75 c.

Kuhn, le docteur J. — Les Eaux de Niederbronn. Description physique et médicale de cet établissement de bains. 3e édition. In-8, avec carte et grav. (Strasbourg.) *Ve Berger-Levrault et fils.*   2 fr.

Kupffer, A. T. — Annales de l'Observatoire physique central de Russie. Année 1857. 2 vol. in-8. (St-Pétersbourg.) *L. Voss à Leipzig.*   30 fr.

—— Correspondance météorologique. Année 1858. Grand in-4. *Ibid.* 22 fr.

—— Recherches expérimentales sur l'élasticité des métaux, faites à l'observatoire physique central de Russie. T. I. Grand in-4, avec 9 planches. (Saint-Pétersbourg.) *Mallet-Bachelier.*   22 fr.

Kupfferschlæger, Is. — Tableaux des caractères pyrognostiques que présentent les substances minérales, traitées seules ou avec les réactifs. Gr. in-4. (Liége.) *E. Lacroix.*   3 fr.

L

Labarre, Louis. — Napoléon III et la Belgique. In-12. (Bruxelles, *Van Meenen et Cie.*)   75 c.

—— Waterloo. 2e partie, et fin de Napoléon III et la Belgique. In-12. *Ibid.*   75 c.

La Barre du Parcq. — Voy. *De La Barre.*

La Baume, Max. de. — Le Régime cellulaire devant ses détracteurs. In-8. (Montpellier, *Gras.*) *Dentu.*   1 fr.

La Beaume, Jules. — Berthold le Bon clerc; suivi de : Une vengeance. In-4. *Lécrivain et Toubon.*   50 c.

—— Jeunesse. In-12. *Hachette et Cie.*   1 fr.

La Bédollière, Émile de. — Le Nouveau Paris. Histoire de ses vingt arrondissements. Illustré par Gustave Doré. In-4. *Gustave Barba.*   13 fr.

—— Histoire des environs du nouveau Paris. Illustré par Gustave Doré. Livraisons 1 à 3. In-4. *Ibid.*   Prix de chaque livraison, 50 c.
    L'ouvrage sera publié en 24 livraisons et formera 1 vol. orné de gravures et cartes coloriées. Prix : 12 fr.

Labiche, E. et Ad. **Choler**. — Le Rouge-Gorge, vaudeville en un acte. (Théâtre du Vaudeville.) In-12. *Librairie théâtrale.* 60 c.

—— et **Delacour**. — Voyage autour de ma marmite, vaudeville en un acte. (Théâtre du Palais-Royal.) In-12. *Michel Lévy frères.* 60 c.

——. —— La Sensitive, comédie-vaudeville en trois actes. (Même théâtre.) In-12. *Ibid.* 60 c.

—— et Raimond **Deslandes**. — La Famille de l'horloger, comédie-vaudeville en un acte. (Même théâtre.) In-12. *Librairie Nouvelle.* 75 c.

—— et **Dumoustier**. — Un Gros mot, comédie-vaudeville en un acte. (Même théâtre.) In-12. *Ibid.* 75 c.

—— et Édouard **Martin**. — Les Petites mains, comédie en trois actes. (Théâtre du Vaudeville.) In-12. *Ibid.* 4 fr. 50 c.

—— —— Le Voyage de M. Perrichon, comédie en quatre actes. Théâtre du Gymnase.) In-12. *Ibid.* 2 fr.

—— et Marc **Michel**. — J'invite le colonel, comédie en un acte, mêlée de couplets. (Théâtre du Palais-Royal.) In-12. *Ibid.* 75 c.

—— Voy. aussi : *Michel et Labiche,* et : *Bourgeois et Labiche.*

Laborde, Léonard. — Les Adieux du poëte à sa ville natale. (Poésies.) In-8. *Rigaud.* 4 fr.

Laboulaye, Charles.—Complément du Dictionnaire des arts et manufactures. Livraisons 2 à 8. (Bronze-Teinture.) Grand in-8. *E. Lacroix.*
Prix de chaque livraison, 2 fr.

—— De la production de la chaleur par les affinités chimiques et des équivalents mécaniques des corps. In-8. *Ibid.* 4 fr.
Extrait du Complément du Dictionnaire des arts et manufactures.

Laboulaye, Édouard. — Souvenirs d'un voyageur. Nouvelles. 2e édition. In-12. *Hachette et Ce.* 4 fr.

—— Voy. aussi : *Propriété littéraire.*

Laboulbène, le docteur A. — Des névralgies viscérales. Thèse présentée et soutenue au concours pour l'agrégation. Section de médecine et de médecine légale. In-4. *P. Asselin.* 2 fr. 50 c.

Labourieu. — Voy. *Commerson et Labourieu.*

Lacarrière. — Voy. *Ortolan, Lotte et Lacarrière, Cours de machines à vapeur.*

La Chave, Clément de. — Voy. *Clément.*

Lachmann, Johannes. — Voy. *Claparède et Lachmann.*

Lacombe, Ferdinand. — Le siége et la bataille de Nancy (1476-1477). Épisodes de l'histoire de Lorraine. In-8. (Nancy, *Maubon.*) 3 fr.

Lacombe, Francis. — La France et l'Allemagne sous le premier empire. Napoléon et le baron de Stein. In-12. (Bruxelles, *Méline, Cans et Ce.*) 3 fr.

Lacordaire, le R. P. H. D. — De la liberté de l'Italie et de l'Église. In-8. *Ve Poussielgue-Rusand.* 4 fr.

—— Sainte Marie-Madeleine. In-12. *Ibid.* 2 fr.

—— Voy. aussi : *Cochin, la Question italienne.*

Lacoste, Ch. — Voy. *Touchard et Lacoste.*

Lacou, Jean. — Les Heures d'un prisonnier. Poésies, études sur les travaux du port de refuge dans le bassin d'Arcachon, achèvement du canal des Landes, parcs à huîtres, projet de ville d'hiver, études sur les vins, voyages du vapeur *le Cosmopolite,* guide du voyageur à Arcachon. In-12, avec carte des départements des Landes et de la Gironde. (Bordeaux, *Métreau.*) 3 fr. 50 c.

Lacretelle, Henri de. — Les Noces de Pierrette. In-12. *A. De Vresse.* 1 fr.

Lacroix, Albert. — Apologie de Guillaume de Nassau. — Voyez *Guillaume.*

—— Œuvres du prince de Ligne. — Voyez *Ligne.*

—— et Fr. **Van Meenen.** — Notices historiques et bibliographiques sur Philippe de Marnix. In-8, avec portrait. (Bruxelles, *Van Meenen et Cⁱᵉ.*)
1 fr. 60 c.

Lacroix, Paul. — Annuaire des artistes. — Voy. *Annuaire.*

—— Voy. aussi : *Passavant, Raphaël d'Urbin.*

Ladeveze. — La Correction des méthodes d'après la corporismétrie, inventée par F. Ladeveze, tailleur d'habits. In-4, avec 10 planches. (Bayonne, *chez l'auteur, 32, rue du Port-Neuf.)* 10 fr.

Laferrière, F. — Cours de droit public et administratif mis en rapport avec les lois nouvelles, et précédé d'une introduction historique. 5ᵉ édition, revue et augmentée. 2 vol. in-8. *Cotillon.* 18 fr.

—— De l'influence du stoïcisme sur la doctrine des jurisconsultes romains. Mémoire lu à l'Académie des sciences morales et politiques. In-8. *Ibid.* 3 fr.

Laffineur, Jules. — Hydraulique appliquée à l'agriculture, au drainage et aux distributions d'eau pour l'alimentation des villes, bourgs, usines, etc. In-12. *Dunod.* 2 fr.

Lafon, Mary. — La Dame de Bourbon. Dessins de E. Morin, gravés par H. Linton. In-8. *Librairie Nouvelle.* 5 fr.

—— Mille ans de guerre entre Rome et les papes. In-8. *Dentu.* 3 fr.

—— Le même. 3ᵉ édition, revue et augmentée de la conquête des États-Romains par le saint-siège. In-12. *Ibid.* 2 fr.

Lafond, A.—Mnémonisation des racines grecques. Nouvelle édition, entièrement refondue. In-8. *Victor Sarlit.* 4 fr.

Lafond, Edmond. — La Voie douloureuse des Papes. In-12. *A. Bray.* 3 fr.

Lafont, Charles. — Les Légendes de la charité; poésies. 3ᵉ édition, revue et augmentée. Ouvrage couronné par l'Académie française. In-12. *Michel Lévy frères.* 1 fr.
1ʳᵉ édition, 1858. 2 fr. — 2ᵉ édition, 1859. 2 fr.

Lafontaine. — Fables. Édition illustrée par J. David, T. Johannot, V. Adam, F. Grenier et Schaal, précédées d'une notice historique par le baron Walckenaër. Grand in-8. *Morizot.* Relié, 15 fr.

—— Les mêmes. Édition ordinaire in-8, 4 fr.; édition in-12, 3 fr.

—— Fables, précédées de la vie d'Ésope le Phrygien, illustrées par Hadamard. In-12. *Vermot.* 3 fr.

Lafontaine, Ch. — L'art de magnétiser, ou le Magnétisme animal considéré sous le point de vue théorique, pratique et thérapeutique. 3ᵉ édition, corrigée et considérablement augmentée. In-8. *Germer Baillière.* 5 fr.

Laforet, N. J. — Les dogmes catholiques exposés, prouvés et vengés des attaques de l'hérésie et de l'incrédulité. Seconde édition, revue et corrigée. 4 vol. in-12. *Lethielleux.* 16 fr.

La Garde, Marie Henry de. — Considérations sur la liberté d'enseignement; suivies d'une lettre adressée à l'auteur, par M. Edmond About. In-8. *Poulet-Malassis.* 1 fr.

Lagarrigue, Fernand. — Études et voyages. Paris, la Belgique, la Hollande. In-12. *Sartorius.* 2 fr.

—— Les Méridionaux. Galerie des contemporains. In-24. *Ibid.* 1 fr.

Laget-Valdesson et Louis **Laget**. — Théorie du code pénal espagnol comparée avec la législation française. In-8. (Nimes.) *Cosse et Marchal.* 6 fr. 50 c.

Lagneau, fils, le docteur Gustave. — Maladies syphilitiques du système nerveux. In-8. *P. Asselin.* 7 fr.

Lagondie, J. de. — Le cheval anglais. — Voy. *Stonehenge.*

La Goupillière, Haton de. — Voy. *Haton de La Goupillière.*

La Gournerie, Eugène de. — Voy. *Brem, Chroniques de la Vendée.*

La Gournerie, Jules de. — Traité de géométrie descriptive. 1re partie. In-4, avec atlas de 52 planches in-4. *Mallet-Bachelier.* 10 fr.

La Gravière, Jurien de. — Voy. *Jurien de la Gravière.*

Lagueronnière, le vicomte de.—Portrait politique de l'empereur Nappléon III. Traduit en arabe par M. Rochaïd Dahdah. In-8. *Challamel aîné.* 3 fr.

—— Voy. aussi : *Champagnac, Étude sur la propriété littéraire.*

Labaut, Gustave. — Guide théorique et pratique des teinturiers. In-8. *Chez l'auteur, 22, rue de Crussol.* 7 fr.

Laliman, Léopold. — Coup d'œil agricole et social. Réformes viticoles. Cépages indigènes de l'Amérique. In-8. *E. Lacroix.* 1 fr. 50 c.

Lallemand, Charles. — Les Paysans badois, esquisse de mœurs et de coutumes. In-4, avec 16 planches de costumes, 1 carte, et vignettes dans le texte. (Strasbourg, *Salomon.*) 10 fr.

Lallemand, Ludger, Maurice **Perrin** et J. L. P. **Duroy**. — Du rôle de l'alcool et des anesthésiques dans l'organisme; recherches expérimentales. In-8, avec 10 figures intercalées dans le texte. *Chamerot.* 7 fr.

Lallemant, le R. P. — Les Saints Évangiles. — Voy. *Évangiles.*

Lallement, Louis. — Le Départ de la famille ducale de Lorraine (6 mars 1737). In-8, avec gravure. (Nancy, *Wiener aîné fils.*) 1 fr. 75 c.

La Madelaine, Philipon de. — Voy. *Philipon.*

Lamare-Picquot, le docteur F. V. — Recherches nouvelles sur l'apoplexie cérébrale, ses causes, ses prodromes. Nouveau moyen préservatif et curatif. In-8. *Baillière et fils.* 1 fr. 25 c.

La Marmora, le comte Albert de. — Itinéraire de l'île de Sardaigne, pour faire suite au voyage de cette contrée. 2 vol. in-8 avec portrait, carte et vignettes. (Turin.) *Mellier.* 16 fr.

Lamartine, A. de. — Graziella. Nouvelle édition. In-12. *Michel Lévy frères.* 1 fr.

—— Le Lac. Avec 16 planches gravées, composées par M. de Bar. In-folio. *L. Curmer.* 150 fr.

—— Œuvres complètes, publiées et inédites. Édition unique en 40 vol. Gr. in-8. *Chez l'auteur.* Prix de souscription pour l'édit. complète, 320 fr.

> Cette nouvelle édition renfermera tout ce que M. de Lamartine a écrit pendant sa vie, le *Cours de littérature* seul excepté. Elle contiendra en outre les ouvrages inédits suivants : *Antonietta*, roman, *Vie de lord Byron, Vie du Tasse, Mémoires de ma mère, Critique, biographie, littérature, Opuscules inédits* en vers et en prose, *Correspondance avec les personnages célèbres de son temps,* et *Mémoires politiques.*
> Les souscripteurs s'engagent pour l'édition complète, en signant quatre mandats de 80 fr. chacun à l'ordre de M. de Lamartine. — Les volumes 1 à 5 sont publiés.

Lamartine, Mme de. — Explication des Vérités de la religion. —Voy. *Explication.*

Lamber, Juliette. — Mon village. In-12. *Michel Lévy frères.*   3 fr.
> Une Veillée. — La Rose — Les Parigots. — M. le Curé. — L'Avocat du Pignon. — Mme la Mairesse. — La Conscription. — Un Revenant. — Les Noces — Ce qu'il vous plaira. La Moisson. — L'Épidemie. — Une Pétition. — Prière et Souhaits.

—— Le Mandarin. In-12. *Ibid.*   3 fr.

Lambert, Ernest. — Exploitation des forêts de chêne-liége, et des bois d'oliviers en Algérie. In-8. *Au Bureau des Annales forestières.*   3 fr.

Lambert, Gustave. — Étude sur Augustin Chaho, auteur de la philosophie des religions comparées. In-8. (Bayonne, *André.*) *Dentu.*   3 fr. 50 c.

Lambert, J. — Pas d'annexion. In-8. (Bruxelles, *Van Meenen et Cr.*) 75 c.

Lambert, Mme J. J. — La Fée Sagesse. In-4, avec 16 dessins, par Telory. *Delarue.*   Cart. toile. Avec grav. noires, 5 fr.; color., 6 fr.

Lambertye, le comte Léonce de. — Traité général de la culture forcée, par le thermosyphon, des fruits et légumes de primeur. Melon et concombre. In-8. *Goin.*   1 fr. 25 c.

Lambron, le docteur Ernest. — Les Pyrénées et les eaux thermales sulfurées de Bagnères-de-Luchon. 2 vol. in-12. *Chaix et Cc.*   12 fr.

Lamennais, F. — OEuvres. — Affaires de Rome. Des maux de l'Église et de la société: Nouvelle édition. In-12. *Garnier frères.*   3 fr. 50 c.

—— Paroles d'un croyant. Le Livre du peuple. Une voix de prison. Du passé et de l'avenir du peuple. De l'esclavage moderne. Nouvelle édition. In-12. *Ibid.*   3 fr. 50 c.

La Messine, Alexis. — Garibaldi. In-8, avec portrait. *Dentu.*   1 fr.

Lamoricière, le général de. — Rapport à Mgr de Mérode, ministre des armes de S. S. Pie IX, sur les opérations de l'armée pontificale contre l'invasion piémontaise dans les Marches et l'Ombrie; accompagné de 3 cartes fournies par l'état-major du général. In-8. *Douniol.*   2 fr. 50 c.

Lamoricière et Garibaldi. In-8. *Dentu.*   50 c.

La Mvre, Jean-Marie de. — Histoire des dvcs de Bovrbon et des comtes de Forez, en forme d'annales sur preuves authentiques, servant d'augmentation à l'histoire du pays de Forez et d'illustration à celle des pays de Lyonnais Beaujolais, etc. Publiée pour la première fois d'après un manuscrit de la bibliothèque de Montbrison portant la date de 1675. Revue, corrigée et augmentée de nouveaux documents et de notes nombreuses, et ornée de vues, portraits, etc. T. Ier. In-4. (Lyon, *Brun.*) *Potier.*   40 fr.

Lande, P. J.—Catalogue méthodique, descriptif et analytique des manuscrits de la bibliothèque publique de Bruges. In-8. (Bruges.) *Techener.*   6 fr.

Landi, Tommaso. — Les Nouvelles bombes, bombe à percussion interne et bombe de second éclat. In-8. *Leneveu.*   3 fr.

—— La Cartouche à plusieurs coups. In-8, avec planche. *Ibid.*   3 fr.

Landrau, l'abbé. — Lettre à M. Puaux, ministre à Mulhouse, à l'occasion de la réponse de ce dernier à Mgr l'évêque de Nîmes. In-8. (Valence, *Marc-Aurel.*)   30 c.

Landrin, H. C. — Manuel du fabricant d'instruments de chirurgie. — Voy. *Manuels-Roret.*

Landriot, Mgr. — Discours et instructions pastorales. T. II. Année 1858-1859. In-8. (La Rochelle, *Deslandes.*) *Douniol.*   4 fr. 50 c.
> T. I. *Mandements et Discours*, année 1856-57, a paru en 1858.

—— Discours pour le deux-centième anniversaire de la mort de saint Vincent de Paul, prononcé à Paris, dans la chapelle des lazaristes, le 27 septembre 1860. In-8. *Ibid.*   1 fr.

La Neuville, Adolphe de.—La Chasse au chien d'arrêt. In-12. (Blois, *Giraud.*) Vᶜ *Bouchard-Huzard.* 3 fr. 50 c.

Lanfrey, P. — Histoire politique des papes. In-12. *Hingray.* 4 fr.

Langle, Caliste de. — Le Grillon, légendes bretonnes. In-8. *Durand.* 3 fr.

Archange et Capucins. — La Vieille de la falaise de Prospoder. — Les Métamorphoses du diable. — La Folle des bruyères. — La Vierge Berthette. — Le roi Men-Uir.

Langlet, Mᵐᵉ Henriette. — Les Deux cousines. In-18. (Bruxelles, *Bruylant-Christophe et Cᵉ.*) 2 fr. 50 c.

—— Viart-Bois. 2 vol. in-18. (Bruxelles, *J. Rozez.*) 2 fr. 50 c.

Langlois, Victor. — Numismatique géorgienne. — Essai de classification des suites monétaires de la Géorgie, depuis l'antiquité jusqu'à nos jours. In-4, avec 10 planches. (Imprimerie impériale.) *B. Duprat.* 20 fr.

Lanoye, F. de. — Lettres écrites des régions polaires. — Voy. *Dufferin.*

Lapasse, le vicomte de. —Essai sur la conservation de la vie. In-8. *Masson et fils.* 7 fr. 50 c.

Lapierre, Ch. F. — Les Chemins de fer et la navigation. In-8. (Rouen, *Lebrument.*) *Guillaumin et Cᶜ.* 1 fr.

Laporterie, capitaine de frégate. — Éléments de tactique à l'usage des officiers de marine à terre. 2 vol. in-18. *Dumaine.* 5 fr.

Laprade, Victor de. — Psyché, poëme. Odes et poëmes. 3ᶜ édition, augmentée de pièces nouvelles. In-12. *Michel Lévy frères.* 3 fr.

—— Poëmes évangéliques. 3ᶜ éd., augmentée d'un chapitre de la poétique chrétienne. Ouvrage couronné par l'Académie française. In-12. *Ibid.* 3 fr.

—— Pro aris et focis. In-8. *Douniol.* 80 c.

Extrait du *Correspondant.*

La Quérière, E. de. —Notice historique et descriptive sur l'ancienne église paroissiale de Saint-Jean de Rouen, ornée de trois dessins de E. H. Langlois. In-8. (Rouen.) *Dumoulin.* 10 fr.

Larcher, L. J. — Les Anglais, Londres et l'Angleterre; avec une introduction par Émile de Girardin. In-12. *Dentu.* 3 fr.

—— L'Art de rendre les femmes fidèles, ouvrage imprimé en 1717, remis au jour et commenté avec des anecdotes, tant anciennes que modernes, et suivi d'opinions diverses sur la fidélité des femmes. In-4. *Charlieu.* 70 c.

—— La Femme jugée par les grands écrivains des deux sexes. Nouvelle édition. Gr. in-8. *Dentu.* 16 fr.

—— Satires et diatribes sur les femmes, l'amour et le mariage, avec une réfutation. In-16. *Ad. Delahays.* 2 fr.

Larchey, L. — Parise la Duchesse. — Voy. *Anciens poëtes de la France.*

Larcy, R. de. — Des vicissitudes politiques de la France; études historiques. In-8. *Amyot.* 7 fr. 50 c.

1ʳᵉ partie : *Des Institutions,* depuis les origines de la monarchie jusqu'à Louis XIV. — 2ᵉ partie: *Le duc de Bourgogne et Fénelon.*

Lardin et **Mie d'Aghonne.** — Jeanne de Flers. In-12. *Libr. Nouvelle.* 2 fr.

Largent, Augustin. — Les Anniversaires catholiques. In-12. (Tournai.) *Lethielleux.* 1 fr.

La Rigaudière, E. — Histoire des persécutions religieuses en Espagne. Juifs. Mores. Protestants. In-12. *Librairie Nouvelle.* 3 fr.

La Rive, W. de. — Voy. *De la Rive.*

La Rochefoucauld, duc de Doudeauville. — Les Catholiques, la France et
l'Italie. In-8. *Dentu.*   50 c.

—————— Cri de conscience d'un vieux politique qui regarde tous les hommes
comme ses frères, soit qu'ils s'appellent souverains, soit qu'ils s'appellent
peuples. In-8. *Ibid.*   50 c.

—————— Une voix de plus. In-8. *Ibid.*   50 c.

La Rochefoucauld-Liancourt, le marquis de. — Œuvres choisies. T. VI. —
Études littéraires et morales de Racine. 2ᵉ partie : Études morales. In-8.
Librairie de province.   4 fr.

La Rochejaquelein, le marquis de. — La Politique nationale et le droit des
gens. In-8. *Dentu.*   1 fr.

La Rochelle, E. — Du principat pontifical. 1ʳᵉ partie. Origines et principes.
In-8. *Ibid.*   1 fr.

La Rochenoire, J. de. — L'Amant de la Vénus de Milo. In-16. *Ibid.* 1 fr. 50 c.

La Roque, Louis de. — Armorial de la noblesse du Languedoc, généralité de
Montpellier. 2 vol. in-8. (Montpellier, *Séguin.*) *Durand.*   40 fr.

Laroque-Sayssinel, Frédéric. — Des faillites et banqueroutes. Formulaire général et résumé pratique de législation, de jurisprudence et de doctrine
pour rendre pratiques pour tous la procédure et l'exercice de tous les droits
en matière de faillites. 2 vol. in-8. *Cosse et Marchal.*   11 fr.

Larroque, Patrice. — Rénovation religieuse. Deuxième édition. In-8. (Bruxelles, *Van Meenen et Cᵉ.*) *A. Bohné.*   7 fr.

—————— Examen critique des doctrines de la religion chrétienne. Deuxième
édition. 2 vol. in-8. (Bruxelles, *Van Meenen et Cᵉ.*) *Ibid.*   15 fr.

Lartigue, le capitaine. — Instructions nautiques sur les côtes de la Guyane
française, accompagnées d'observations sur les routes à suivre par les bâtiments partant d'Europe pour aller franchir l'équateur. 2ᵉ édition. In-8,
avec 2 tableaux et 1 carte. *Ledoyen.*   2 fr. 50 c.
    Publication du Dépôt de la marine.

—————— Observations sur les données qui ont servi de base aux diverses théo-
ries des vents, et principalement sur le système de circulation atmosphé-
rique de Maury. In-8. *Robiquet.*   75 c.
    Extrait des Nouvelles Annales de la marine.

Lasalle, Albert de. — Histoire des Bouffes-Parisiens. In-16. *Librairie Nouvelle.*   75 c.

La Saussaye, L. de. — Blois et ses environs. 2ᵉ édition du Guide historique
dans le Blésois, revue, corrigée, augmentée et illustrée de 32 vignettes.
In-12. (Blois.) *Aubry.*   3 fr.

Lascaux, Paul de. — A la mémoire de Béranger, réponse à M. Eugène Pelletan ; contenant des faits inconnus sur la conduite de Béranger en 1814,
et une lettre inédite du chansonnier. In-8. *Chez tous les libraires.* 50 c.

Laschamps, Bigorie de. — Voy. *Bigorie de Laschamps.*

Lassalle, R. de. — Voy. *Bouyer et de Lassalle.*

Lasteyrie, Ferdinand de. — Description du trésor de Guarrazar ; accompagnée de recherches sur toutes les questions archéologiques qui s'y rattachent. In-4, avec 5 planches chromo-lithogr. *Gide.*   15 fr.

—————— Italie centrale. L'annexion considérée aux points de vue italien et français. In-8. *Dentu.*   1 fr.

Lasteyrie, Jules de. — Histoire de la liberté politique en France. 1ʳᵉ partie.
In-8. *Michel Lévy frères.*   7 fr. 50 c.

Latouche, Alexandre et **Peupin**. — La Famille Robinet, vaudeville en 1 acte. (Théâtre Déjazet.) *Librairie Théâtrale.* 30 c.

Latour, Antoine de. — Tolède et les bords du Tage; nouvelles études sur l'Espagne. In-12. *Michel Lévy frères.* 3 fr.

——— Don Miguel de Mañara. Sa vie, son discours sur la vérité, son testament, sa profession de foi. 2e édition, corrigée et augmentée. In-18. *Douniol.* 1 fr. 50 c.

La Tour, le comte G. de. — Scènes de la vie hongroise. In-12. *Gaume frères et Duprey.* 3 fr.

La Tour d'Auvergne, premier grenadier de France. Roman historique, par *I*. In-4, avec vignettes. *Lécrivain et Toubon.* 1 fr. 10 c.

La Tour-du-Pin, Mme la comtesse de. — Les Ancres brisées. — Passion. — Douleur. — Résignation. — Nouvelles. In-12. *Didier et Ce.* 3 fr. 50 c.

La Tour du Pin Gouvernet, le marquis de. — Solution possible de la question romaine. In-8. *Denlu.* 50 c.

Latreiche, l'abbé Simon de. — Méthode simple et facile pour annoncer la parole de Dieu, conformément à la tradition. In-12. *Sarlit.* 1 fr. 25 c.

Laugier. — Mémoire sur la détermination des distances polaires. — Voy. *Mémoires de l'Académie des Sciences*, T. XXVII.

Laurencin. — Voy. *Varin, Laurencin et Delaporte*.

Laurent, Émile. — Le Paupérisme et les Associations de prévoyance. Nouvelles études sur les sociétés de secours mutuels (histoire, économie, politique, administration). In-8. *Guillaumin et Ce.* 7 fr. 50 c.

Laurent, F. — Van Espen : Étude historique sur l'Église et l'État en Belgique. In-12. (Bruxelles, *Van Meenen et Ce.*) 3 fr. 50 c.

——— 2e partie : La Réforme. Gr. in-8. *Ibid.* 3 fr. 50 c.

——— Études sur l'histoire de l'humanité. T. I à IV. In-8. (Bruxelles, *Meline, Cans et Ce.*) 30 fr.

Laurent Pichat. — Voy. *Pichat.*

Laurentie. — Les Rois et le Pape. In-32. *Lagny frères.* 1 fr.

——— Rome et le Pape. *Ibid.* 1 fr.

Lauriston, le comte Napoléon de. — La Papauté et le pouvoir temporel, an 32 et an 755. Grand in-8. *Denlu.* 1 fr.

Laussedat, le capitaine A. — Expériences. — Voy. *Expériences.*

Lautenschlager, l'abbé Ottmar. — Récits moraux et amusants, traduits de l'allemand par Pauline L'Olivier. In-12. *Lethielleux.*

    Anémones, 1 vol. 2 fr.
    Myosotis. 1 vol. 2 fr.

Laval, Lottin de. — Voy. *Lottin de Laval.*

Lavallée, Joseph. — Zurga le chasseur. In-12. *Hachette et Ce.* 3 fr. 50 c.

——— La Chasse à tir en France. 4e édition, revue et augmentée. In-12. *Ibid.* 2 fr.

Lavallée, Théophile. — Géographie physique, historique et militaire. 6e édition, revue et corrigée. In-12. *Charpentier.* 4 fr.

——— Voy. aussi : *Maltebrun, Géographie universelle.*

La Vallière, la duchesse de. — Réflexions sur la miséricorde de Dieu; suivies de ses lettres et des sermons pour sa vêture et sa profession, par MM. d'Aire et de Condom. Nouvelle édition, revue, annotée et précédée d'une étude biographique, par Pierre Clément. 2 vol. in-12, avec portrait. *Techener.* 8 fr.

La Varenne, Charles de. — Le Pape et les Romagnes. Le pouvoir temporel dans les Etats romains. In-8. *Dentu.*   1 fr.

—— La Révolution sicilienne et l'expédition de Garibaldi. In-8. *Ibid.* 4 fr.

—— La Torture en Sicile; lettre au journal *l'Opinion nationale.* In-8. *Ibid.*   1 fr.

—— Victor-Emmanuel Ier, roi d'Italie. Le Pape à Jérusalem. In-8. *Ibid.* 1 fr.

La Varenne, Louis de. —Les Chasseurs des Alpes et des Apennins. Histoire complète de la guerre de l'indépendance italienne en 1859. In-8. (Florence.) *C. Reinwald.*   8 fr.

La Vausserie, le vicomte de. — La Croisade d'Italie en 1860. Histoire de l'armée pontificale. In-12. *Josse.*   2 fr. 50 c.

Laveleye, A. de. — Histoire financière des chemins de fer français. In-4. (Bruxelles.) *E. Lacroix.*   5 fr.

Laveleye, E. de. — La Question de l'or en Belgique. In-12. (Bruxelles, *A. Decq.*)   1 fr.

Laverdant, Désiré. — Grégoire VII, ou le Pape et l'Empereur au moyen âge, drame. In-12. *Vrayet de Surcy.*   1 fr. 80 c.

Lavergne, Alexandre de. — La Duchesse de Mazarin. In-12. *Cadot.*   1 fr.

—— Ruines historiques de France. Châteaux et abbayes. In-12. *Amyot.*   3 fr. 50 c.

Lavergne, Joseph. — La Muse plébéienne, précédée de lettres et d'appréciations de Béranger et de différents auteurs. 2e vol. In-12. *Chez l'auteur, 21, rue de la Tonnellerie.*   1 fr.

Lavergne, Léonce de. — Économie rurale de la France depuis 1789. In-12. *Guillaumin et Ce.*   3 fr. 50 c.

    Voy. aussi : *Young, Voyages.*

Lavollée, Ch. — La Chine contemporaine. In-12. *Michel Lévy frères.*   3 fr.

Lawrence, George-Alfred. — Guy Livingstone ou à Outrance, traduit par Ch. Bernard Derosne. In-8. *Plon.*   6 fr.

Lawrence, William Beach. — L'industrie française et l'esclavage des nègres aux Etats-Unis. Lettre au rédacteur en chef du *Journal des Débats.* In-8. *Dentu.*   50 c.

Lazare, Félix et Louis. — Nomenclature des rues, boulevards, quais, impasses, passages, monuments de la ville de Paris, précédée de la loi sur l'extension des limites de Paris, etc. In-48. *Au bureau de la Revue municipale, 10, boulevard du Temple.*   3 fr.

Lebailly, Armand. — Italia mia, vers. Préface de M. Ernest Legouvé. In-12 *Garnier frères.*   2 fr.

Lebeau, Isidore. — Pont-sur-Sambre. Notice historique sur cette commune et sur la célèbre bataille de César contre les Nerviens. In-8. (Valenciennes, *Michaux aîné.*)   1 fr. 25 c.

—— Notice historique sur la terre seigneuriale et sur les seigneurs du Sart-de-Doulers; mise dans un nouvel ordre et considérablement augmentée par Michaux aîné. In-8. *Ibid.*   1 fr. 50 c.

Lôbe-Gigun, Mme. — Cours de dictées sur les règles et les difficultés de la langue française. In-12. *Lecoffre et Ce.*   2 fr. 50 c.

Lebel, le docteur André. — Monographie des hémorrhoïdes, ou Traité pratique de ces maladies. In-18. *Chez l'auteur, 68, rue de Saintonge.* 2 fr.

Le Berquier, Jules. — La Commune de Paris. Limites et organisation nouvelles. In-8. *Librairie Nouvelle.*   3 fr.

Lebert, le docteur H. — Traité d'anatomie pathologique générale et spéciale, ou Description et iconographie pathologique des altérations morbides, tant liquides que solides, observées dans le corps humain. Livraisons 31 à 34. (ou livr. 11 à 14 du Tome II). *Baillière et fils.*   Chaque livraison, 15 fr.
L'ouvrage se composera de 2 volumes in-fol de texte et d'environ 200 planches dessinées d'après nature et la plupart coloriées

Le Blanc. — Le Mécanicien constructeur, ou Atlas et description des organes des machines; œuvre posthume. Ouvrage à l'usage des écoles d'arts et métiers, et formant le complément du choix de modèles appliqués à l'enseignement du dessin des machines; publié par Mme Le Blanc. 2e et 3e partie. In-4, avec atlas. *E. Lacroix.*   14 fr.
La 1re partie de l'ouvrage forme également 1 vol. de texte in-4, et 1 atlas. Prix : 7 fr.

Leblois, le pasteur. — La Paix et l'Épée dans l'Église. Deux discours. In-8. *Cherbuliez.*   50 c.

Lebon, le docteur E. — Études historiques, morales et statistiques sur l'horlogerie en Franche-Comté. In-12. (Besançon, *Jacquin.*)   5 fr.

Lebon, Hubert. — Mes heures de solitude, pensées chrétiennes. In-18. *Douniol.*   80 c.

——— Vie du communiant. — Vie du cœur. — Vie angélisée. — Vie du ciel. In-18. *Périsse frères.*   80 c.

Le Boys des Guays, J. F. E. — Index général des passages de la divine parole cités dans les écrits d'Emmanuel Swedenborg. In-8. *Minot.*   10 fr.

Le Bret, Eugène. — Voy. *Dictionnaire général des eaux minérales.*

Le Brun, Isidore. — Miscellanées maritimes et littéraires. — Dumont-d'Urville. — Vénus de Milo. — Archipel. — Mer Noire. — Industrie. — Beaux-arts, etc. In-8. *Ve Bouchard-Huzard.*   7 fr. 50 c.

Lecanu, l'abbé. — Histoire de la sainte Vierge, d'après l'Évangile, les prophéties, etc., précédée du portrait le plus authentique de la Mère de Dieu, et renfermant plusieurs planches représentant les lieux qu'elle a habités. In-8. *Parent-Desbarres.*   7 fr. 50 c.

Lechardeur, T. — Discours prononcés aux distributions des prix et adressés aux élèves de son établissement. In-12. *Ve Maire-Nyon.*   2 fr. 25 c.

Leclair, L., et L. **Feuillet.** — Grammaire de la langue grecque ramenée aux principes les plus simples. Grammaire complète. In-8. *E. Belin.*   3 fr.

——— Grammaire abrégée. In-8. *Ibid.*   1 fr. 60 c.

Le Clerc jeune, J. — Principes de composition française et de rhétorique, choix de lectures. Ouvrage adopté pour être suivi au cours de l'abbé Gaultier. T. II. In-12. *Ve Maire-Nyon.*   3 fr.
T I. 1859. *Ibid.* 3 fr.

Leclercq, Émile. — Tableaux de genre. — Les Amours d'un aveugle. — Comment l'amour vient aux loups. — Hubert et Ce. In-12. (Bruxelles.) *E. Dentu.*   2 fr. 50 c.

——— Mœurs villageoises. — Séraphin. In-12. *Ibid.*   2 fr. 50 c.

——— Les Amours sincères. 2 vol. in-12. (Bruxelles.) *Ibid.*   5 fr.
T. I. La Première Sève. — T. II. Le Dernier Troubadour ; — un Artiste en province.

Leclère d'Aubigny, J. B. — Ribodeau le Dru Ribleur, scènes historiques, suivies de chroniques et de légendes; précédé d'une notice sur l'auteur, par G. de Cadoudal. In-12. *Sartit.*   1 fr. 50 c.

Lecœur, Alexandre. — La Vérité chez Corneille, démontrée par l'analyse de ses principaux personnages. In-12. *Hachette et Ce.*   2 fr.

Lecointe, Léon. — Précis d'arithmétique. In-8. (Liége, *F. Renard.*) 3 fr. 50 c.

Lecomte, Ferdinand. — Relation historique et critique de la campagne d'Italie en 1859. 2 vol. gr. in-8. (Lausanne.) . 10 fr.

—— Le même. 2 vol. in-8, avec un atlas in-folio. *Tanera.* 15 fr.

Lecomte, Jules. — La Charité à Paris. In-12. *Librairie Nouvelle.* 2 fr.

Lecoupeur, le docteur V. E., et fils. — Filtres par ascension pour la clarification et l'épuration de l'eau de pluie, des citernes ou réservoirs et des mares ; nouvelles fontaines domestiques à filtres épurateurs mobiles et petits filtres de voyage. In-8. *Baillière et fils.* 75 c.

Le Courtier. — Retraite annuelle des dames, prêchée dans l'église métropolitaine de Paris, de 1849 à 1860. In-12. *Lesort.* 4 fr.

Lecouteux, Édouard. — Principes de la culture améliorante. 2ᵉ édition. In-12. *Librairie agricole.* 3 fr. 50 c.

Lecouturier et A. **Chapuis.** — La Lune. Description et topographie; pour servir à l'explication de la carte de la lune des mêmes auteurs. In-18. *Leiber et Faraguet.* 1 fr.; avec la carte de la lune, 4 fr.
La Carte ne se vend pas séparément.

Ledhuy, Carle. — Le Bandit tyrolien; 2ᵉ partie des Mémoires de la Mort. In-4. *Lécrivain et Toubon.* 50 c.

Leduc, L. Léouzon. — Les Financiers contemporains. — I. Mirès. In-8. *Amyot.* 1 fr.

Leduc, de Dammartin, Herbert. — Le Roman de Foulque de Candie. In-8. (Reims, *Dubois.*) 8 fr.
Collection des poètes de Champagne antérieurs au xviᵉ siècle. Cette collection se composera de 24 volumes.

Le Duc, Viollet. — Voy. *Viollet-le-Duc.*

Lefaivre, Victor. — L'Armée est une école de moralisation. In-8. *Dumaine.* 2 fr.

—— Causes d'affaiblissement de l'infanterie. In-8. *Ibid.* 2 fr.

—— La Science de l'ingénieur simplifiée pour les officiers d'infanterie et de cavalerie. In-8, avec planches. *Tanera.* 8 fr.

Lefébure, Léon. — Ermengarde, conte poétique. (En prose.) In-12. *Denlu.* 75 c.

Lefebvre, F. M. J. — Des établissements charitables de Rome. In-8. (Tournai.) *Lethielleux.* 2 fr. 50 c.

—— Le même. 2ᵉ édition, augmentée d'une réfutation du livre de M. E. About. In-12. *Ibid.* 2 fr. 50 c.

Lefebvre, L., et A. **Dubruel.** — Un jeune homme en location, comédie-vaudeville en un acte. (Théâtre du Palais-Royal.) In-12. *Lévy frères.* 60 c.

Lefebvre, Marie. — Esquisses algériennes, prose et vers. (Ouvrage publié par les Algériens.) Grand in-8. (Alger.) *Challamel aîné.* 6 fr.

Lefeuve. — Poésies. 4ᵉ édition, avec le portrait de l'auteur, et notice biographique; par M. le comte de Saint-Geniès. In-12. *Dumineray.* 5 fr.

—— Les anciennes maisons des rues de Paris sous Napoléon III. Monographies publiées par livraisons séparées en suivant l'ordre alphabétique des rues. Livraisons 36 à 48. In-16. *Chez l'auteur, 15, boulevard de la Madeleine.* Prix de chaque livraison, 1 fr. 60 c.

Lefèvre. — Les Expériences d'un amateur, ou la Taille des arbres simplifiée, suivies de conseils sur les pépinières. 3ᵉ édition, corrigée et augmentée. In-12, avec 5 planches. (Évreux.) *Goin.* 2 fr. 50 c.

Lefèvre-Bréart. — Leçons d'agriculture et d'horticulture en deux ans. Entretiens familiers sur l'agriculture et sur l'horticulture, suivis d'un traité pratique et facile de drainage, etc. 1re partie. In-12, avec fig. (Mézières.) *Hachette et Ce.* 3 fr.

Lefèvre d'Ormesson. — Journal et Mémoires. — Voy. *Documents inédits sur l'histoire de France.*

Lefèvre-Pontalis, Amédée. — De la liberté de l'histoire. In-8. *Douniol.* 1 fr.

Lefils, Florentin. — Histoire civile, politique et religieuse de la ville de Rue et du pays de Marquenterre; avec des annotations par M. H. Dusevel. In-12. (Abbeville, *Housse.*) 3 fr.

———— Histoire de la ville du Crotoy et de son château; avec des annotations par M. H. Dusevel. In-12. *Ibid.* 3 fr.

———— Ch' quiot Picard, épisode historique du seizième siècle. 2 volumes in-12. *Ibid.* 2 fr. 50 c.

Lefloch, Louis. — Mahomet, Al Koran, Algérie. — Études historiques, philosophiques et critiques. In-12. *Challamel aîné.* 3 fr.

Lefort, Jules. — Mémoire sur les propriétés physiques et la composition chimique des eaux minérales de Saint-Nectaire (Puy-de-Dôme). Présenté à l'Académie de médecine de Paris, le 18 octobre 1859. In-8. *Baillière et fils.* 75 c.

———— Voy. aussi : *Dictionnaire général des eaux minérales.*

Lefour. — Manuel aide-mémoire du cultivateur. 2e division. Agriculture. 1re partie. Sol et engrais (chimie et météorologie). In-12. *Lacroix.* 1 fr. 25 c.

Le Gallais. — Chroniques du mont Saint-Bernard. In-8, avec gravures. (Tours, *Mame et Ce.*) Broché, 1 fr. 40 c.; cart., 1 fr. 80 c.
Bibliothèque des écoles chrétiennes, 1re série.

———— Histoire de la Savoie et du Piémont. In-8, avec gravures. *Ibid.*
Broché, 1 fr. 40; cart., 1 fr. 80 c.
Bibliothèque des écoles chrétiennes, 1re série.

Le Gendre, le docteur E. Q. — De la chute de l'utérus. In-8, avec 8 planches. *Baillière et fils.* 3 fr. 50 c.

Légion d'honneur (la). — Livre d'or de la France, histoire politique et biographique de l'ordre depuis sa création, publiée et continuée à chaque nomination nouvelle, sous la direction de M. Ern. Clair, par une réunion d'écrivains français et étrangers. T. Ier. 1re et 2e livraison. Grand in-8. *13, rue Caumartin.* Prix de chaque livraison, 1 fr. 50 c.

Legonidec. — Vocabulaire français-breton et breton-français, revu par Troude. 2 vol. in-18. (Saint-Brieuc, *Prudhomme.*) *A. Durand.* 4 fr.

Legouvé, E. — Béatrix, ou la Madone de l'art. In-12. *Hachette et Ce.* 1 fr.

———— Édith de Falsen. — L'éducation d'un père. — Un Lâche. 6e édition. In-12. *Ibid.* 2 fr.

———— Voy. aussi : *Lebailly, Italia mia.*

Legrand, le docteur Maximin. — Sur la grippe. Constitution médicale du 1er trimestre de 1860. In-8. *Ad. Delahaye.* 75 c.

Legrand du Saulle, H. — Recherches cliniques. La gravelle étudiée à Contrexeville (1857-1858-1859). In-8. *Ibid.* 1 fr.

Legras, le capitaine A. — Phares des mers du globe, d'après les documents français et étrangers recueillis au dépôt des cartes et plans de la marine, sous le ministère de S. Exc. l'amiral Hamelin. In-8. *Ledoyen.* 8 fr.

Leguest, l'abbé. — Moyen de rechercher la signification primitive des racines arabes, et par suite des racines sémitiques. In-8. *Duprat.*   6 fr.

Le Hir, L. — Forces et institutions productives de la France. — Crédit foncier. — Crédit agricole. — Assurances terrestres. — Chemins de fer. — Agriculture. — Commerce. — Industrie. — Commerce transatlantique en France. In-8. *Au bureau des Annales du droit commercial.*   4 fr.

—— Réseau de voies ferrées souterraines dans Paris. Transports généraux dans Paris par un réseau de voies souterraines desservant les principaux quartiers et les mettant en communication avec les gares des chemins de fer. In-8. *Ibid.*   4 fr.

Leibniz. — Œuvres publiées pour la première fois d'après les manuscrits originaux, avec notes et introductions; par A. Foucher de Careil. T. II. In-8, avec un fac-simile d'autographe. *Firmin Didot frères.*   7 fr. 50 c.
    Les Œuvres formeront 15 à 20 volumes. — T. I a été publié en 1859.

Lejay, P. F. — La Comptabilité du notariat en partie double, d'après une méthode qui diminue considérablement les écritures; applicable à toute comptabilité, notamment à celle des avoués et des huissiers. In-8. (Dijon, *Lamarche.*) *Durand.*   2 fr. 50 c.

Lejeune, Al. L. — Guide de l'expropriation, ou Valeur raisonnée d'une propriété. In-8. *Chez l'auteur, 46, rue de Bondy.*   5 fr.

Lejeune, Phocas. — Du défrichement des bruyères, et particulièrement des landes sablonneuses de la Campine, etc. In-12. *E. Lacroix.*   1 fr. 50 c.

Le Jolis, Auguste. — Lichens des environs de Cherbourg. In-8. (Cherbourg.) *Baillière et fils.*   3 fr.

—— Plantes vasculaires des environs de Cherbourg. In-8. *Ibid.*   3 fr.
    Les deux ouvrages sont extraits des Memoires de la Société impériale des sciences naturelles de Cherbourg.

Lélion-Damiens. — Ours et oursons; théâtre. 1re livraison. Une âme en peine. La Grand'Maman de Boismignon. In-12. *Tresse.*   2 fr.

Leluyer-Morvan. — Voy. *Victor-Emmanuel et Mazzini.*

Lemaire, L. J. D. — La Cocotte ou fièvre aphteuse, particulièrement étudiée chez l'espèce bovine. Quelques mots sur la même maladie dans l'espèce chevaline, l'ovine et la porcine. In-8. (Saint-Amand, *Raviart.*) 1 fr. 50 c.

Le Masson, Edmond. — Souvenirs d'un chasseur touriste, suivi d'un Essai sur la chasse souterraine du blaireau et du renard. In-8. (Avranches, *Tostain.*) *Au bureau du Journal des Chasseurs.*   8 fr.

Le Même, H. — Mortis remedium. Remède contre la mort; traduction par H. Le Même. In-8. *Dentu.*   3 fr.

Lemercier, le vicomte Anatole. — Quelques mots de vérité sur Naples. In-8. *Douniol.*   1 fr. 50 c.

Lemichel, Eug. — Leçons d'hippologie. In-8, avec de nombreuses figures. (Versailles.) *Dumaine.*   5 fr.

Le Moyne. — Doctrine hiérarchique. — Voy. *Médius.*

Lenormant, François. — Une persécution du christianisme en 1860. Les derniers évenements de Syrie. In-8. *Douniol.*   3 fr.

Léon. — Lettres sur la question des monnaies. In-8. *Guillaumin.* 2 fr. 50 c.

Léon-Velle, A. — Le Juif (vers). In-8. *Bureau des Archives israélites.* 75 c.

Léonard de Port-Maurice, le bienheureux. — Sermons pour les missions. 2 vol. in-12. *Lethielleux.*   6 fr.

Léonard de Port-Maurice, le bienheureux. — Exercices spirituels. In-12. *Lethielleux.* 3 fr.

> , Les *Sermons pour la mission* forment les T. 5 et 6 ; les *Exercices*, le T. 7 des Œuvres complètes, publiées et precedees de sa vie, par le R P. Salvator d'Orméa, traduites de l'italien par F J. J Labis.

Léotard. — Mémoires. — Voy. *Mémoires.*

Leouzon Le-Duc. — Voy. *Leduc.*

Lepage, Henri. — Commentaires sur la Chronique de Lorraine au sujet de la guerre entre René II et Charles le Téméraire. In-8. (Nancy, *Wiener ainé fils.*) 3 fr.

—————— Dictionnaire géographique de la Meurthe, rédigé d'après les instructions du Comité des travaux historiques et des sociétés savantes, et publié sous les auspices de la Société d'archéologie lorraine ; avec une carte du département au xe siècle. In-8. *Ibid.* 4 fr.

Lepelletier de la Sarthe, A. — Défense du christianisme au point de vue de l'origine apostolique des principales églises de France. In-8. (Le Mans.) *Palmé.* 2 fr. 50 c.

Lepère, Alexis. — Pratique raisonnée de la taille du pêcher. 5e édition. In-8, avec 8 planches. Ve *Bouchard-Huzard.* 4 fr.

Le Pileur, A. — Voy. *Joanne et Le Pileur.*

Lépine, J. B. — Histoire de la ville de Rocroi depuis son origine jusqu'en 1850, avec une notice historique et statistique sur chaque commune de son canton, et une galerie biographique des hommes célèbres ou dignes de souvenir qui l'ont habitée. In-8, avec portrait. (Rocroi, Ve *Lenoir*). 7 fr.

Le Poittevin de la Croix. — Excursion d'Anvers à Rotterdam à bord du bateau à vapeur Telegraaf. In-12, avec carte. (Bruxelles. *F. Claassen.*) 1 fr. 50 c.

Leport, J. — Guide pratique pour bien exécuter, bien réussir et mener à bonne fin l'opération de la cataracte par extraction supérieure. In-12, avec planche. (Rouen.) *Germer Baillière.* 3 fr.

Leprince de Beaumont, Mme. — Le Magasin des enfants. Nouvelle édition, illustrée par Guérin, Mouilleron, Watier, etc. In-12. *Morizot.* 3 fr.

Lereboullet, A. — Zoologie du jeune âge, ou Histoire naturelle des animaux, écrite pour la jeunesse. In-4, avec gravures coloriées. (Strasbourg, *Dérivaux.*) *Magnin, Blanchard et Ce.* Cartonné, 20 fr.

Leriche, le docteur. — De la dyssenterie et de son traitement dans l'épidémie de 1859. In-8. *F. Savy.* 50 c.

—————— Du traitement du croup en général, et particulièrement de l'emploi du sous-borate de soude dans cette maladie. In-8. *Germer Baillière.* 1 fr. 50 c.

Lermontow. — Le Démon, légende orientale. Traduction de T. Anossow. In-8. *C. Reinwald.* 3 fr.

Leros, A. A. — L'homme hermaphrodite et la création de la femme. Nouvelle japonaise (vers). In-12. *A. Rigaud.* 50 c.

Leroux, Charles. — Traité pratique sur la filature de laine peignée, cardée peignée et cardée. Ouvrage accompagné d'un atlas de 12 planches et 34 gravures. In-8. (Abbeville). *E. Lacroix.* 12 fr.

Le Roy, Alphonse. — La philosophie au pays de Liége. xviie et xviiie siècles. In-8. (Liége, *F. Renard.*) 3 fr.

Leroy, F. M. — Essai sur les vitraux de Blosseville-ès-Plains ; essai sur les vitraux de Bosville, près Cany. In-8. (Rouen, *Le Brument.*) *Didron.* 3 fr.

—————— Histoire de Jouvenet. In-8, avec portrait. (Caen, *Hardel.*) *Ibid.* 7 fr.

Leroy d'Étiolles, le docteur. — Note sur les canons rayés en hélice et les progrès récents de l'artillerie. In-8. *Dumaine.*   1 fr.

Leroy-Dupré, le docteur. — Larrey, chirurgien en chef de la grande armée. Étude. In-12. *Albessard et Bérard.*   3 fr.

Leroyer, G. A. — Manuel des aspirants à l'École centrale des arts et manufactures. Analyse géométrique. 2ᵉ partie. Géométrie analytique; notions de calcul différentiel et de calcul intégral. In-8. *Leiber.*   4 fr.
> La 1re partie de l'ouvrage a paru en 1857, et coûte 2 fr.

Leroyer de Chantepie, Marie S. — Angèle, ou le dévouement filial. In-12, avec gravure. (Tours, *Mame et Cⁱᵉ*.)   Broché, 50 c.; cartonné, 65 c.
> Bibliothèque des écoles chrétiennes, 3ᵉ série.

Lérue, J. A. de. — Histoire de la ville de Blangy-sur-Bresle, département de la Seine-Inférieure. In-12 avec planches. (Rouen, *Le Brument.*)   3 fr.

Le Sage. — Aventures de Gil-Blas de Santillane. Édition destinée à l'adolescence et illustrée de 42 gravures par Leroux. In-12. *Hachette et Cⁱᵉ.* 2 fr.
> Bibliothèque rose illustrée.

Lescœur, le R. P. Louis. — L'Église catholique en Pologne sous le gouvernement russe. In-8. *Franck.*   6 fr.

Lescure, de. — Eux et Elles, histoire d'un scandale. In-12. *Poulet-Malassis.*   1 fr.

—— Les Maîtresses du régent. Études d'histoire et de mœurs sur le commencement du XVIIIᵉ siècle. In-12. *Dentu.*   4 fr.

—— La Nouvelle question d'Orient. In-8. *Ibid.*   1 fr.

Lesoinne, Ad. — Cours de métallurgie générale, professé à l'École des arts et manufactures et des mines, annexée à l'université de Liége. Rédigé sur les notes du professeur et augmenté de renseignements nouveaux, par Aug. Gillon. T. I, 1ʳᵉ partie : préparation mécanique des minerais. In-8, avec atlas. (Liége, *F. Renard.*)   10 fr.

Lesseps, Ferdinand de. — Question du canal de Suez. In-8. *Librairie nouvelle.*   2 fr.

L'Étang, A. E. de. — Des fictions en matière de finances, et de leurs conséquences. In-8. *Franck.*   1 fr.

L'Étang, S. A. de. — Souvenirs et enseignements. France et Russie. 1787-1859. 2ᵉ édition. In-8. *Franck.*   4 fr.

Letellier, L. V. — Guide-manuel de photographie pratique sur collodion. In-12. *Desloges.*   2 fr.

Letronne. — Mélanges d'érudition et de critique historique; précédés de l'éloge de l'auteur, par M. le baron Walckenaer. In-8. *Ducrocq.*   5 fr.

Lettre de Mgʳ l'évêque d'Orléans (Mgʳ Dupanloup) à M. Grandguillot, rédacteur en chef du Constitutionnel. In-8. *Douniol.*   80 c.

—— de Mgʳ l'évêque d'Orléans à M. le baron Molroguier. In-8. *Ibid.* 50 c.

—— à un catholique. La brochure : Le Pape et le Congrès; par Mgʳ l'évêque d'Orléans. Grand in-8. *Ibid.*   80 c.

—— (seconde) de Mgʳ l'évêque d'Orléans à un catholique sur le démembrement dont les États pontificaux sont menacés. In-8. *Ibid.*   80 c.

—— de Mgʳ l'évêque de Nîmes au clergé de son diocèse sur la brochure intitulée : Le Pape et le congrès. In-8. (Nîmes.) *E. Giraud.*   80 c.

—— pastorale de Mgʳ l'évêque de Poitiers, portant condamnation d'erreurs contenues dans divers écrits récents, notamment dans la brochure intitulée : Le Pape et le congrès. In-8. (Poitiers.) *Bray.*   60 c.

Lettre d'un rentier de La Ferté-sous-Jouarre à Mᵍʳ l'évêque d'Orléans. — Encore la brochure Le Pape et le congrès. In-8. *Dentu.*　　　50 c.

—— (deuxième) d'un rentier de La Ferté-sous-Jouarre à Mᵍʳ l'évêque d'Orléans. Grand in-8. *Ibid.*　　　1 fr.

—— impériale (la), les chemins de fer et les voies navigables. Grand in-8. *Ibid.*　　　4 fr.

—— de la sainte Vierge trouvée dans la chapelle provisoire de Notre-Dame d'Afrique, et adressée à Louis-Antoine-Augustin Pavy, évêque d'Alger. In-8. (Alger.) *Chamerot.*　　　1 fr. 10 c.

Lettres à un protestant sur l'autorité de l'Église et le schisme, par un catholique. Avec une lettre de M. l'abbé Mermillod, curé de Genève. In-18. *Douniol.*　　　2 fr. 50 c.

—— sur l'émancipation des serfs (insérées dans le *Nord*), par D. S. In-8. *Office du Nord.*　　　50 c.

—— de Alexandre de Humboldt à Varnhagen von Ense (1827-1858), accompagnées d'extraits du journal de Varnhagen et de lettres diverses. Edition française autorisée et ornée d'un beau portrait. In-8. (Genève.) *Hachette et Cᵉ.*　　　6 fr.

　　Une autre édition de cet ouvrage a été publiée à Bruxelles sous le titre : *Correspondance de A. de Humboldt.* — Voy. cet article.

—— de la sainte mère Jeanne-Françoise Frémyot, baronne de Rabutin-Chantal, dame de Bourbilly, fondatrice de l'ordre de la Visitation Sainte-Marie, publiées et annotées par Ed. de Barthélemy. In-8, avec portrait. *Lecoffre et Cᵉ.*　　　5 fr.

—— inédites de la même, publiées d'après les textes originaux, annotées et précédées d'une introduction, par Éd. de Barthélemy. In-8, avec fac-simile. *Ibid.*　　　5 fr.

—— originales de Mᵐᵉ la duchesse d'Orléans, Hélène de Mecklembourg-Schwerin. Souvenirs biographiques recueillis par G. H. de Schubert. 3ᵉ édition. In-8. *Magnin, Blanchard et Cᵉ.*　　　6 fr.

Leuridan, Th. — Histoire de l'église Saint-Martin de Roubaix. In-8. (Roubaix, *Reboux.*)　　　5 fr.
　　Ier volume de l'Histoire religieuse de Roubaix.

Leuven, A. de. — Voy. *Dumas et de Leuven.*

—— Voy. *Sauvage et de Leuven.*

Levacher-Durclé, F. — Philosophie politique. Des réformes et des institutions européennes, ou Vues par-dessus l'Europe en 1860 sous le règne de Napoléon III. Gr. in-8. *Chez l'auteur, 16, boulevard Saint-Denis.* 6 fr. 50 c.

Levêque, Alexandre. — Nouveau système de mise en main, à l'aide de l'appareil physiologique dit lunette d'arrêt, pour maîtriser les chevaux fougueux et ombrageux sans violence ni douleur, etc. In-8. *Dentu.*　　50 c.

Le Verrier, U. J. — Annales de l'Observatoire. — Voy. *Annales.*

Lévi, Éliphas. — La Clef des grands mystères suivant Hénoch, Abraham, Hermès Trismégiste et Salomon. In-8, avec 20 planches. *Germer Baillière.*　　　12 fr.

—— Le Sorcier de Meudon. In-12. *Librairie Nouvelle.*　　2 fr.

Leymarie, A. — Histoire d'une demande en autorisation de journal; simple question de propriété. Avec une lettre de M. le comte d'Haussonville, suivie d'une consultation par M. Paul Andral, avocat à la Cour impériale de Paris, avec des adhésions motivées de MM. Berryer, Marie et Odilon Barrot. In-8. *Michel Lévy frères.*　　　2 fr.

—— Les Méditations de Jacques Bonhomme. La Réforme économique. In-32. *Dentu.*　　　50 c.

Leynadier, Camille. — Voy. *Mémoires sur Garibaldi.*

Lhuillier, E. — Considérations nouvelles sur l'emploi hygiénique de la fourrure. In-12. *Chez l'auteur, 42, rue Beaubourg.*   50 c.

Lhuillier, F. — Notions élémentaires sur la langue des nombres. — Numération antale, poids, mesures et monnaies unitaires. In-8. *P. Dupont.* 60 c.

Liais, Emm. — Influence de la mer sur les climats, ou Résultats des observations météorologiques faites à Cherbourg en 1848, 1849, 1850, 1851. In-8. (Cherbourg.) *Mallet-Bachelier.*   2 fr.

Liberté religieuse. — Procès Jusnel. — Plaidoyer de M. Jules Delaborde devant la Cour de cassation. In-8. *Meyrueis et C°.*   1 fr.

Liberté religieuse (la) et la législation actuelle. In-12. *Dumineray.*   1 fr.
     Etudes contemporaines.

Liberté religieuse (la) et le protestantisme en Hongrie. In-12. (Bruxelles.) *A. Bohné.*   1 fr. 25 c.

Liégeois, le docteur. — Anatomie et physiologie des glandes vasculaires sanguines. Thèse présentée au concours pour l'agrégation à la Faculté de médecine de Paris. In-8. *Ad. Delahays.*   3 fr. 50 c.

Liétard, le docteur G. — Études cliniques sur les eaux de Plombières. In-8. *Masson et fils.*   3 fr.

Lieutier-Besson, Mme Nelly. — Le Cœur d'une mère. In-8. *Cherbuliez.* 1 fr.

Lièvre, le pasteur Auguste. — Histoire des protestants et des Églises réformées du Poitou. Tome IIIe et dernier. In-8, avec carte de la province. (Poitiers, *Cler.*) *Grassart.*   4 fr.

Ligne, le prince de. — Œuvres; précédées d'une introduction par Albert Lacroix. 4 vol. in-12. (Bruxelles.) *A. Bohné.*   14 fr.

—— Mémoires. — Voy. *Mémoires.*

Liguori, S. Alphonse de. — Noël, ou Dieu fait enfant pour l'amour des hommes. Traduction nouvelle du R. P. L. J. Dujardin. In-32. (Tournai.) *Lethielleux.*   1 fr. 20 c.

—— La Passion du Sauveur, ou Simple exposé des circonstances de la Passion d'après les saints évangiles et considérations sur la Passion. Traduction nouvelle par L. J. Dujardin. In-32. *Ibid.*   1 fr. 20 c.

—— Préparation à la mort, ou Considérations sur les vérités éternelles. Traduction nouvelle par le P. Dujardin. In-18. *Ibid.*   1 fr. 80 c.

Limagne, E. de. — L'Étincelle. — Voy. *Album-Mosaïque.*

Limnell, C. — Tables relatives au tracé des courbes des chemins de fer. In-8. *Lacroix.*   1 fr. 50 c.

Linné. — Lettres inédites de Linné à Boissier de la Croix de Sauvages, professeur à l'École de médecine de Montpellier, recueillies par M. le baron d'Hombres-Firmas, publiées par les soins de son fils, éditées sur les autographes, avec notes historiques, par M. C. C. In-8. (Alais, *Veirun.*) 7 fr.

Lion, Moïse. — Voix de Sion, ou Révélations poétiques. In-8. *Magnin, Blanchard et C°.*   3 fr.

Lissignol, Emmanuel. — Les Accidents de mer. Nécessité d'une réforme dans la police maritime. In-8. *Arthus Bertrand.*   3 fr. 50 c.

Livet, Ch. L. — Précieux et précieuses : caractères et mœurs littéraires du XVIIe siècle. Nouvelle édition. In-12. *Didier et C°.*   3 fr. 50 c.
     La 1re édition a paru en 1859. 1 vol. in-8. *Ibid.* 7 fr.

Livre d'Heures (le) de la reine Anne de Bretagne, reproduit d'après l'original déposé au musée des Souverains, avec la traduction française en regard. Suivi d'un appendice contenant la description de 350 plantes représentées dans ce manuscrit, par M. Decaisne. Livraison 9 à 32. In-4. *L. Curmer.*
Prix de chaque livraison, 15 fr.
Le livre sera publié en 50 livraisons.

Livre de Prières, illustré à l'aide des ornements des manuscrits classés dans l'ordre chronologique selon les styles divers qui se sont succédé depuis le viiie siècle jusqu'au xvie, reproduits en couleurs et publiés par B. Charles Mathieu. Deuxième édition, augmentée d'un volume de texte historique et explicatif par Ferdinand Denis. Livraison Ire, gr. in-16. Ire *J. Renouard.*
Prix de chaque livraison, 7 fr. 50 c.
L'ouvrage sera publié en 23 livraisons qui formeront 2 volumes.

Livres (les) du Nouveau Testament, traduits pour la première fois d'après le texte grec le plus ancien par Albert Rilliet. Livraison 4 et 5 (fin). In-8. *J. Cherbuliez.*   Prix de l'ouvrage complet, 12 fr.

Lizzie Maitland, traduit de l'anglais sous la direction de J. Chantrel. In-12. *Putois-Cretté.*   1 fr. 50 c.

Lobstein, le pasteur F. — L'Année chrétienne, ou Une parole sainte méditée pour chaque jour. 4e édition. In-12. *Grassart.*   3 fr.

Lods, Frédéric. — Le Chrétien devant Dieu. — Voy. *Chrétien.*

Loiseau, J. — Nouveau cours de géographie moderne mis en rapport avec les modifications politiques les plus récentes. In-12. *Sarlit.* 2 fr. 50 c.

L'Oisel, P. — L'Empereur Napoléon III devant l'univers. In-8. *Librairie de Province.*   1 fr.

Loizillon, Daniel et Émile **Thuillier**. — Ote-toi de là que je m'y mette, revue constantinoise en deux tableaux. In-8. (Constantine.) *Challamel.* 1 fr. 50 c.

L'Olivier, Pauline (Mme Braquaval). — Fleurs des Dunes. In-12, orné de 4 gravures. *Lethielleux.*   2 fr.

—— Voy. aussi : *Lautenschlager, Récits moraux et amusants.*

Lombarès, do. — Du goût, ou De la passion du bien-être matériel, et par suite de la souveraineté des lois du monde moral. In-8. (Montauban.) *Douniol.*   3 fr.

Lomon, A. — Une brèche à la famille, comédie en trois actes et en prose. (Théâtre de Toulouse.) In-8. (Toulouse, *Delboy.*)   1 fr. 50 c.

Londet, L. A. — Lettres sur les exploitations agricoles bien dirigées et sur les améliorations utiles à réaliser dans un domaine. In-8. *Ve Bouchard-Huzard.*   3 fr. 50 c.

Longet, F. A. — Traité de physiologie. 2e édition, revue, corrigée et augmentée. T. II. In-8, avec 70 fig. dans le texte et 3 planches en taille-douce. *Masson et fils.*   12 fr.
L'ouvrage est complet en 2 volumes; mais le Ier volume de cette nouvelle édition n'a pas encore complétement paru; il est publié en 3 parties, dont la 3e et les 2 premiers fascicules de la 2e ont déjà paru; la Ire partie de ce volume et le 3e fascicule de la 2e partie paraîtront prochainement et compléteront l'ouvrage. (Voy. *Catalogue annuel, 1859,* page 130)

Longfellow, Henri W. — Hypérion et Kavanagh. Traduction française, précédée d'une notice de l'auteur. 2 vol. in-12. (Bruxelles.) *Denu.* 5 fr.

Longuet. — Méditations de caserne. 2e édition. In-12. (Nancy, *Wagner.*) *Leneveu.*   4 fr.

Lonlay, Eugène de. — Poésies intimes. In-16. *Martinon.* 1 fr. 50 c.

Lorain, le docteur Paul. — De l'albuminurie. Thèse présentée au concours pour l'agrégation, et soutenue à la Faculté de médecine de Paris. In-8, avec planche. *Baillière et fils.* 2 fr. 50 c.

Lorentz. — Cours élémentaire de culture des bois, créé à l'École forestière de Nancy, complété et publié par A. Parade. 4e édition, revue et augmentée. In-8, avec planche. (Nancy.) *Ve Bouchard-Huzard.* 8 fr.

Lorenzo d'Aponte. — Mémoires. — Voy. *Mémoires.*

Lorgueilleux, P. L. — Le culte intérieur spirituel et la mauvaise queue du moyen âge. 1re partie. In-8. (Bruxelles, *Van Meenen et Cie.*) 6 fr.

Loriol, Antonin. — L'Empire et l'amnistie. In-8. *Dentu.* 1 fr.

Loriquet, Ch. — Voy. *Correspondance du duc de Mayenne.*

Lorrain, Thil. — Voy. *Thil-Lorrain.*

Lory, Charles. — Description géologique du Dauphiné (Isère, Drôme, Hautes-Alpes), pour servir à l'explication de la carte géologique de cette province. 1re partie. In-8, avec planche. (Grenoble, *Maisonville et Jourdan.*). *F. Savy.* 3 fr. 50 c.

  L'ouvrage sera publié en 3 parties.

Lotte. — Voy. *Ortolan, Lotte et Lacarrière, Cours de machines à vapeur.*

Lottin de Laval. — Voyage dans la péninsule arabique du Sinaï et l'Egypte moyenne. Histoire, géographie, épigraphie ; publié sous les auspices de S. Exc. M. le ministre de l'instruction publique et des cultes. Livraisons 33 à 40. Texte in-4 et planches in-fol. *Gide.* Prix de chaque livraison, 7 fr.

  Ouvrage terminé.

———— Voyage dans la péninsule du Sinaï. In-12. *Victor Sarlit.* 1 fr.

Loubet, J. — Les Loisirs d'un enfant du peuple, poésies patoises et françaises ; avec deux lettres de Béranger écrites à l'auteur, etc. In-12. (Auch, *chez l'auteur.*) 3 fr. 50 c.

Louis XVI et Madame Élisabeth, sa sœur, par l'abbé C+**. Nouvelle édition, augmentée d'une gravure et d'une introduction par l'abbé Orse. In-12. *Ad. Le Clère et Cie.* 1 fr.

Louvet, L. — Curiosités de l'économie politique. In-18. *Adolphe Delahays.* 2 fr. 50 c.

Love, G. H. — Mémoire sur la loi de résistance des conduits intérieurs à fumée dans les chaudières à vapeur, déduites des expériences de M. W. Fairbairn. In-8, avec figures. *E. Lacroix.* 1 fr. 75 c.

Loviot, Mme Fanny. — Les pirates chinois. — Ma captivité dans les mers de la Chine. Nouvelle édition, revue et augmentée, avec portrait de l'auteur. In-12. *Librairie Nouvelle.* 2 fr.

  La 1re édition a paru en 1858.

Lovy, J. — Souvenirs des banquets de Mesmer. Toasts et chansons. In-12. *Au bureau de l'Union magnétique.* 50 c.

Lubet, A. — Le Bahut, album de Saint-Cyr, texte et dessins par A. Lubet, gravures de H. Delaville. In-4, avec 80 dessins dans le texte, 6 sujets hors texte et les plans de l'ancienne et de la nouvelle école. *Magnin, Blanchard et Cie.* Broché, 40 fr. ; relié, 45 fr.

Lubliner, Louis. — De la condition politique et civile des juifs dans le royaume de Pologne; examen critique d'un rapport adressé en l'année 1858 à l'empereur Alexandre II par le département de l'intérieur et des cultes du royaume de Pologne. Gr. in-8. (Bruxelles, *Ch. Vanderauwera.*) 3 fr.

Lucain. — Les Beautés de la Pharsale, traduites en vers français; par M. A. Bignan. In-12. *Dentu.*   3 fr. 50 c.

Luce, Siméon. — Examen critique de l'ouvrage intitulé : Étienne Marcel et le gouvernement de la bourgeoisie au quatorzième siècle, par F. T. Perrens. In-8. *A. Durand.*   1 fr. 50 c.

—— De Gaidone carmine gallico vetustiore disquisitio critica. In-8. *Ibid.*   4 fr. 50 c.

—— Histoire de la Jacquerie, d'après des documents inédits. in-8. *Ibid.*   4 fr.

Luchet, Auguste. — Les Mauvais côtés de la vie, souvenirs d'exil. 2 vol. in-8. *Chappe.*   15 fr.

Ludger Lallemand. — Voy. *Lallemand.*

Ludolphe le Chartreux. — Vie de N.-S. Jésus-Christ, traduite nouvellement sur le texte latin. 2ᵉ édit., précédée d'une introduction, par l'abbé Mermillod. 2 vol. in-18. *B. Duprat.*   5 fr.

Ludre-Frolois, le vicomte de. — Dix années de la cour de Georges II, 1727-1737. In-12. *Librairie Nouvelle.*   3 fr.

Lueurs du passé; poésies. In-12. *Dentu.*   2 fr.

Lullin, Félix. — L'Art de distinguer, d'élever, de multiplier et d'engraisser les différentes espèces et variétés de pigeons de colombier et de volière, contenant en outre des instructions pour en tirer le plus grand produit, pour les guérir de leurs maladies, etc., avec 28 planches. In-12. *Tissot.*
Avec figures noires, 3 fr.; color., 4 fr. 50 c.

Lunel, le docteur B. — Dictionnaire de la conservation de l'homme, encyclopédie de la santé et de la maladie. 4ᵉ édit., entièrement refondue et considérablement augmentée. In-12. *Librairie parisienne.*   6 fr.

—— Traité des maladies des cheveux et de tout le système pileux, suivi d'un formulaire général des préparations en usage pour combattre ces maladies. In-16. *Chez l'auteur, 41, rue Mazarine.*   2 fr.

Lurine, Louis. — Voyage dans le passé. In-12. *Librairie Nouvelle.*   2 fr.

Lusson. — Premiers éléments d'algèbre. — Voy. *Dumouchel et Lusson.*

Luthereau, J. A. —Les Inventeurs devant la loi. In-12. *Lacroix.*   1 fr. 50 c.

—— Voy. aussi : *Revue des trois expositions.*

Lutrand, Fréd. — Du plâtrage des vendanges pendant le travail de la vinification. In-12. *E. Lacroix.*   3 fr.

Lutteroth, Henri. — Essai d'interprétation de quelques parties de l'évangile selon saint Matthieu. Chapitres 1 et 11. In-8. *Meyrueis et Cᵉ.*   1 fr. 50 c.

Lutz, H. C. — Du rôle de l'eau dans les phénomènes chimiques. Thèse présentée au concours pour l'agrégation à la Faculté de médecine de Paris. In-8. *Ad. Delahays.*   2 fr.

Lutz, Marc. — Dictionnaire géogr. de la Suisse. — Voy. *Dictionnaire.*

Luynes, duc de. — Mémoires sur la cour de Louis XV. — Voy. *Mémoires.*

Luys, Jules. — Doit-on admettre une fièvre puerpérale? Thèse pour l'agrégation présentée à la Faculté de médecine de Paris. In-8. *L. Leclerc.* 2 fr.

M

Mabru, G. — A Pie IX et à l'Italie, ou Représentations d'un simple laïque adressées à la cour de Rome. In-8. *Dentu.*   1 fr. 50 c.

Macaire. — Théologie dogmatique orthodoxe, traduite par un Russe. T. II. In-8. *J. Cherbuliez.*   8 fr.

> T. I a paru en 1859. — Introduction à la Théologie orthodoxe. 1 vol. in-8. *Ibid.* 1857. 8 fr.

Macario, le docteur M. — Leçons d'hydrothérapie, professées à l'École pratique de médecine de Paris. 2e édition, revue et corrigée. In-12. *Germer Baillière.*   2 fr.

Macaulay, Lord. — Essais historiques et biographiques, traduits par Guillaume Guizot. Traduction autorisée par l'auteur. 1re série. In-8. *Michel Lévy frères.*   6 fr.

> Burleigh et son temps. — John Hampden. — Sir William Temple. — Lord Clive. — Warren Hastings.

—— Histoire et critique. Traduit avec l'autorisation de l'auteur, par G. Lisse et P. Petroz, et précédé d'une notice biographique sur Macaulay. In-12. *Firmin Didot frères.*   3 fr. 50 c.

—— Œuvres diverses; biographies, essais historiques, critiques et littéraires. 1re et 2e série. 2 vol. in-12. *Hachette et Cie.*   7 fr.

> 1re série, traduite par Amédée Pichot, et précédée d'une notice biographique. Milton — Atterbury. — S. Johnson. — Les deux Walpole. — O. Goldsmith. — W. Pitt.
> 2e série, traduite par MM. Joanne et Forgues. — Frédéric le Grand. — Lord Clive. — Warren Hastings — Addison.

Mac-Clintock. — Rapport sur l'expédition de sir John Franklin. — Voy. *Malte-Brun.*

Macé, Antonin. — Les Chemins de fer du Dauphiné : Guide itinéraire. 1re section : De Saint-Rambert à Grenoble. 1re partie : de Saint-Rambert à Voiron. In-16. (Grenoble, *Maisonville et Jourdan.*)   3 fr. 50 c.

Mac Guckin de Slane. — Description de l'Afrique septentrionale. — Voy. *El-Bekri.*

Machelard, E. — Des obligations naturelles en droit romain. 1re partie contenant les textes pour le 2e examen de licence expliqués au cours de l'année 1859-60. In-8. *Durand.*   Prix pour l'ouvrage complet, 5 fr.

—— Dissertation sur l'accroissement entre les héritiers testamentaires et les collégataires aux diverses époques du droit romain. Étude sur les lois Julia et Pappia Poppæa en ce qui concerne la caducité. In-8. *Ibid.*   5 fr.

Mac-Mahon, roi d'Irlande. In-8. *Dentu.*   50 c.

Maertens. — Code de la contrainte par corps, suivi d'un recueil de formules. In-8. (Bruxelles, *Polack-Duvivier.*)   2 fr.

—— Commentaire de la loi sur les faillites, banqueroutes et sursis, suivi d'un formulaire complet des actes relatifs à cette matière. In-8. (Bruxelles, *Office de publicité.*)   12 fr.

Maetts, le docteur. — Confession authentique d'un pendu ressuscité (Albert W. Hecks, de Beldloc's-Island.) Traduit de l'anglais, par Patrick O'Sullivan. In-16. *Martinon.*   1 fr.

Maffre, Camille. — Le Capitaine Paul Nérac. In-12. *Meyrueis et Cie.*   2 fr.

—— La Confusion de la politique et de la religion au xixe siècle. In-18. *Meyrueis et Cie.*   50 c.

Maffre, Justin. — Les Ennemis du pape confondus. In-18. *Dillet*. 80 c.

Magie maternelle (la). In-12. *Houin*. 3 fr.

Magitot, le docteur E. — Mémoire sur les tumeurs du périoste dentaire ; lu à la Société de chirurgie de Paris, dans la séance du 13 avril 1859. In-8, avec planches. *Baillière et fils.* 2 fr. 50 c.

Magnabal, J. G. — Études sur les Juifs de l'Espagne. — Voy. *Amador de los Rios.*

Magnan, l'abbé. — Réponse à la question romaine de M. E. About. In-8. *A. Bray.* 4 fr.

Magny, le vicomte L. de. — Nobiliaire universel. Recueil général des généalogies historiques et véridiques des maisons nobles de l'Europe. 6ᵉ vol. In-4, avec planches. *48, rue Sainte-Anne.* Broché, 20 fr.; Relié, 35 fr.

———— La Science du blason, accompagnée d'un armorial général des familles nobles de l'Europe. 3ᵉ et dernière partie. Grand in-8. *Aubry.* 8 fr. 50 c.

Prix de l'ouvrage complet, formant 1 vol. gr. in-8. 25 fr.

Maguire, F. — Rome, son souverain et ses institutions. Traduit pour la première fois de l'anglais par l'abbé Ed. Molle. In-8. (Liége, *Meyers.*) 3 fr.

Maignen, Louis. — Rustiques (poésies). In-12. *Firmin Didot frères.* 3 fr.

Maigrot, J. B. — Illustrations littéraires de la France, ou Galerie anecdotique de nos principaux auteurs, peints par leurs actions et leurs écrits. Ouvrage dédié à la jeunesse des deux sexes. In-8, avec 12 gravures. *Ducrocq.* Broché, 7 fr.; relié, 10 fr.

Mailand, Eugène. — Découverte des anciens vernis italiens, employés pour les instruments à cordes et à archets. In-12. *E. Lacroix.* 3 fr. 50 c.

Maillard, Firmin. — Recherches historiques et critiques sur la Morgue. In-16. *A. Delahays.* 1 fr. 50 c.

Maingault, le docteur V. P. A. — De la paralysie diphthérique. Recherches cliniques sur les causes, la nature et le traitement de cette affection. In-8. *Baillière et fils.* 2 fr. 50 c.

Maison (la) de Lorraine et l'opinion publique. In-8. *Dentu.* 1 fr.

Maistre, Joseph de. — Du Pape. Nouv. édit. In-12. *Charpentier.* 3 fr. 50 c.

———— Lettes et Opuscules inédits, précédés d'une notice biographique par son fils le comte Rodolphe de Maistre. 4ᵉ édition, revue et augmentée. 2 vol. in-8. *Vaton.* 12 fr.

———— Correspondance diplomatique. — Voy. *Correspondance.*

Maistre, Xavier de. — Voyage autour de ma chambre. Nouvelle édition, avec miniatures. In-12. *Tardieu.* 4 fr.

Maizière, Anot de. — Voy. *Anot de Maizière.*

Malgaigne, J. F. — Manuel de médecine opératoire. 7ᵉ édition, entièrement refondue. In-12. *Germer Baillière.* 7 fr.

Malherbe, Alfred. — Monographie des picidés, ou Histoire naturelle générale et particulière, etc. Livraison 2 à 9. In-fol. (Metz.) *Fr. Klincksieck.* Prix de chaque livraison, 18 fr.

L'ouvrage sera publié en 25 livraisons.

Mallefille, Félicien. — Le Cœur et la dot, comédie en quatre actes et en prose (Théâtre-Français.) Nouv. édition. In-12. *Michel Lévy frères.* 2 fr.

Mallefille, Léonce. — Lecciones de lengua francesa, metodo Robertson ; para el uso de los Españoles y Americanos. In-12. *Derache.* 3 fr. 50 c.

Mallein, Jules. — Faut-il codifier les lois administratives? Examen de cette question. In-8. (Grenoble, *Maisonville*.) *Durand*.　　　1 fr. 50 c.

Mallet, Mme Jules. — Prières chrétiennes à l'usage des familles. 5e édition. In-8. *Meyrueis et Ce*.　　　3 fr.

Mallouf, N. — Guide en trois langues, française, anglaise et turque. In-18. *Maisonneuve et Ce*.　　　4 fr.

Malot, Hector. — Les Amours de Jacques. In-12. *Michel Lévy frères*. 3 fr.

Mallou, Mgr J. B. — De l'administration des cimetières catholiques en Belgique. In-8. (Bruxelles. *H. Goemaere*.).　　　2 fr.

—— Règles pour le choix d'un état de vie proposées à la jeunesse chrétienne. In-12. (Bruxelles, *Ibid.*)　　　1 fr. 50 c.

Malte-Brun. — Géographie universelle de Malte-Brun, revue, rectifiée et complétement mise au niveau de l'état actuel des connaissances géographiques par E. Cortambert. T. VII, 1re et 2e partie. Grand in-8. *Dufour, Mulat et Boulanger*.　　　Prix de chaque partie, 5 fr.
　　Cette édition sera complète en 8 volumes, dont chacun est divisé en 2 parties. Elle contiendra 80 gravures sur acier.

—— Géographie universelle, entièrement refondue et mise au courant de la science, par Théophile Lavallée. T. IV. 2e partie. Grand in-8. *Furne et Ce*.　　　5 fr.
　　Cette nouvelle édition est maintenant entièrement publiée. Elle forme 6 volumes, publiés en 2 parties, et contient 64 gravures sur acier. Prix : 60 fr.

Malte-Brun, V. A. — La destinée de sir John Franklin dévoilée, rapport du capitaine Mac Clintock, suivi d'un résumé de l'expédition des navires *Erebus* et *Terror*, et accompagné d'une carte des découvertes arctiques provoquées par la recherche de sir J. Franklin, de 1845 à 1849. In-8. *Arthus Bertrand*.　　　1 fr. 50 c.

—— Résumé historique de l'exploration à la recherche des grands lacs de l'Afrique orientale, faite en 1857 et 1858, par R. F. Burton et J. H. Speke. In-8, avec carte. *Ibid*.　　　3 fr.

Malves-Pons, C. — Conciliation du pouvoir temporel du pape avec l'indépendance de l'Italie. In-8. *Dentu*.　　　1 fr.

Mancel de Bacilly, Pierre. — L'Empire du Rhin et le rétablissement de la Pologne, ou des conditions de l'équilibre européen. In-8. *Ibid*.　　　1 fr.

Mandelgren, N. M. — Monuments scandinaves du moyen âge, avec les peintures et ornements qui les décorent. Dédié à S. M. l'empereur Napoléon III. Livraison 2e. In-fol. Ve *J. Renouard*.　　　32 fr.
　　L'ouvrage formera 5 livraisons.

Mandement de Mgr l'évêque de Troyes (Pierre-Louis Cœur) à l'occasion du prochain congrès. In-8. *Dentu*.　　　80 c.

Mandet, Francisque. — Histoire du Velay. T. IIe. — Notre-Dame du Puy. Légende, archéologie, histoire. In-12. (Le Puy, *Marchessou*.) 2 fr. 50 c.
　　1er volume de la publication. — L'Histoire du Velay formera 7 volumes.

Mane. — Paris aventureux, avec une dédicace à Marguerite Rigolboche. In-12. *Dentu*.　　　3 fr.

Mangeart, J. — Catalogue descriptif et raisonné des manuscrits de la Bibliothèque de Valenciennes. Grand in-8. *Techener*.　　　20 fr.

Mangeot, H. — Des armes de guerre rayées. Grand in-8. (Bruxelles.) *Tanera*.　　　7 fr. 50 c.

Mangin, Arthur. — Le Cacao et le chocolat considérés au point de vue botanique, chimique, physiologique, agricole, commercial, industriel et économique; suivi de la légende du Cacahuatl; par Ferdinand Denis. In-12. *Guillaumin et Ce.* 3 fr.

Manin, Daniel. — Documents. — Voy. *Documents.*

Mannequin, Th. — La Liberté civile et la justice criminelle. Procédure criminelle. Prison préventive. Liberté individuelle. Libre disposition des biens. Théorie générale de la liberté. In-12. *Guillaumin et Ce.* · 75 c.

Mannock, le Rév. John Anselme. — Le Catéchisme du bon pasteur, ou Livre des familles catholiques. Ouvrage traduit de l'anglais par deux professeurs d'un grand séminaire. In-12. *Vincent et Bourselet.* 4 fr. 50 c.

Mannoury-Lacour, Mme E. — Asphodèles, poésies. In-32. *Michel Lévy frères.* 1 fr.

—— Solitudes; poésies. 2e édition. In-32. *Ibid.* 1 fr.

Mansfeld, Albert. — Napoléon III. Traduit de l'allemand. Ouvrage orné de 2 gravures sur acier et de 43 gravures sur bois. T. I. In-8. *Au bureau de la souscription, 57, rue du Cherche-Midi.* 8 fr.

Manstein, le général de. — Mémoires sur la Russie. — Voy. *Bibliothèque russe.*

Manuel du vaudevilliste. Manière de faire une pièce de théâtre, de la faire recevoir, jouer, réussir et prôner par les journaux. Nouvelle édition, corrigée et annotée par Henri Desbordes. In-32. *Libr. Théâtrale.* 1 fr.

Manuels-Roret. — In-24. *Roret.*
> *Landrin*, H. C. — Nouveau Manuel complet du fabricant d'instruments de chirurgie. 1 vol., avec 10 planches. 3 fr. 50 c.
> *Terrière*, Auguste. — Nouveau Manuel complet du calculateur. 1 vol. 3 fr. 50 c.

Manuscrit pictographique américain, précédé d'une notice sur l'idéographie des Peaux-Rouges; par l'abbé Ém. Domenech. In-8, avec 228 planches. *Gide.* 40 fr.

Maquel, le docteur V. — Perfectionnement ou dégénération physique et morale de l'espèce humaine. Analogie des faits observés sur les animaux et les plantes. In-12. *Desloges.* 2 fr.

Maquet, Auguste. — Le comte de Lavernie. 3 vol. in-12. *Librairie Nouvelle.* 6 fr.

—— La Belle Gabrielle. Tome I. In-12. *Ibid.* 2 fr.

Marcé, L. V. — Des altérations de la sensibilité. Thèse présentée au concours pour l'agrégation (section de médecine et de médecine légale) et soutenue à la Faculté de médecine de Paris. In-8. *Baillière et fils.* 2 fr. 50 c.

Marcellus. — Satires. Livraison 1 à 5. In-8. *Poulet-Malassis.*
Prix de chaque livraison, 1 fr.

Livraison 1. L'Esprit des femmes. — 2 Le Faux luxe. — 3. Le Théâtre. — 4. Les Journalistes littéraires. — 5. La Jeunesse dorée. — L'ouvrage sera publié en 12 livraisons — Prix de souscription pour le volume entier : 10 fr.

Marcellus, le comte de. — Chants populaires de la Grèce moderne, réunis, classés et traduits. In-12. *Michel Lévy frères.* 3 fr.

Marcey, Mme M. de. — De la vie de famille et des moyens d'y revenir. In-12. (Lyon, *Girard et Josserand.*) · 3 fr. 50 c.

Marchal, C. — Les Ruines romaines de Champlieu (Campi locus), près de Pierrefonds. In-8, avec 4 planches. *Dentu.* · . . . 2 fr.

Marchal, l'abbé. — Recueil de documents sur l'histoire de Lorraine. —, Voy. *Recueil*.

Marco de Saint-Hilaire, Émile. — Histoire anecdotique et pittoresque des armées françaises, depuis 1792 jusqu'en 1860. — Napoléon Ier, Napoléon III. Livraison 43 à 96 (fin). Grand in-8, avec gravures. *Serrière et Ce*. Prix de chaque livraison, 10 c.
L'ouvrage complet forme 2 vol. gr. in-8 : 10 fr.

Marcotte, F. — Les Animaux vertébrés de l'arrondissement d'Abbeville. In-8. (Abbeville, *Briez*.) 3 fr.
Extrait des Mémoires de la Société impériale d'émulation d'Abbeville.

Marcou, Jules. — Lettres sur les roches du Jura et leur distribution géographique dans les deux hémisphères. Seconde et dernière livraison. In-8, avec planche. (Zurich.) *Fr. Klincksieck*. 9 fr.
Prix de l'ouvrage complet : 15 fr. — La 1re partie a paru en 1857.

Marcy, Léon. — A qui la veuve? vaudeville en un acte. (Théâtre Beaumarchais.) Grand in-8. *Havard*. 20 c.

Marès, Léon. — Des nouvelles armes rayées, de leur rôle et de leur influence à la guerre. In-8, avec 2 planches. (Montpellier.) *Tanera*. 2 fr. 50 c.

Margeret, le capitaine. — Estat de l'Empire de Rvssie et grande dvché de Moscovie, auec ce qui s'y est passé de mémorable et tragique pendant le règne de quatre empereurs : à sçavoir depuis l'an 1590 jusques en 1606, en septembre. Nouvelle édition, précédée de deux lettres inedites de l'auteur, et d'une notice biographique et bibliographique par Henri Chevreul. In-18. *Potier*. 3 fr. 50 c.
La 1re édition a paru en 1855.

Margerie, Amédée de. — De la famille; leçons de philosophie morale. 2 vol. in-12. *Vaton*. 6 fr.

Marguerin, Émile. — Voy. *Hubault et Marguerin*.

Marguerite, le comte Solar de la. — Voy. *Solar*.

Marguerite d'Angoulême. — L'Heptaméron des nouvelles de très-haute et très-illustre princesse Marguerite d'Angoulême, royne de Navarre. Nouvelle édition, publiée d'après le texte des manuscrits, par P. L. Jacob, bibliophile. In-12. *A. Delahays*. 2 fr. 50 c.
———— Le même. Édition de la Bibliothèque Gauloise. In-16. *Ibid*. Cart. 4 fr.

Marguerite de Valois. — Mémoires. — Voy. *Mémoires*.

Marguerite (la) de San Miniato; par Mme Marie-Angélique +++. In-12. *Putois-Cretté*. 1 fr. 50 c.

Marguerite, ou Retour au bonheur; par l'auteur de Louise, etc., et de Mélanie, ou Fleurs de Sainte-Claire. Précédée d'une introduction par M. L. F. Guérin. In-12. *Vrayet de Surcy*. 1 fr. 50 c.

Maricourt, René de. — Le Sire Évrard. Chronique de la première croisade. Grand in-8, avec gravure. *Lethielleux*. 1 fr. 20 c.
Musée moral et littéraire.

Marie, Mme la comtesse. — Roses des champs, nouvelles. Extraits de la France littéraire. In-12. *Vanier*. 1 fr. 50 c.

Mariette, Auguste. — Lettre à M. le vicomte de Rougé sur les résultats des fouilles entreprises par ordre du vice-roi d'Égypte. In-8, avec planche. *Didier et Ce*. 2 fr.

Marin de Lisonnière. — Petits et grands, récit breton, précédé d'une lettre de M. le comte de Falloux à l'auteur. In-12. *Douniol*. 2 fr. 50 c.

Marion, A. — Pratique de la photographie sur papier, simplifiée par l'emploi de l'appareil conservateur des papiers sensibilisés et des préservateurs Marion. In-8. *Chez l'auteur, 14, cité Bergère.* 2 fr.

Mariot-Didieux. — Guide de l'éducateur de lapins, ou Traité de la race cuniculine, suivi de l'Art de mégisser leurs peaux et d'en confectionner des fourrures. 2ᵉ édition. In-12. *E. Lacroix.* 1 fr. 75 c.

———— Voy. aussi : *Clater, le chasseur-médecin.*

Markowski et ses salons. — Esquisse parisienne. In-32. *Marpon.* 1 fr.

Marlot, Hippolyte. — Nouvelle méthode de traitement sûre, prompte et efficace des exomphales des jeunes animaux. Application au traitement des hernies inguinales. Mémoire couronné par la Société impériale et centrale d'agriculture. In-8. *P. Asselin.* 1 fr.
Extrait des Mémoires de la Société impériale et centrale d'agriculture.

Marmier, X. — Histoires allemandes et scandinaves. In-12. *Michel-Lévy frères.* 1 fr.

———— Gazida. In-12. *Hachette et Cⁱᵉ.* 3 fr. 50 c.

Marmora, le comte Albert de La. — Voy. *La Marmora.*

Marne, H. de. — Du gouvernement de Louis XIV dans ses rapports avec la religion. In-12. *Dentu.* 2 fr.

Marneffe, A. capitaine. — Mémoires sur les simplifications que comportent les principes et les applications de la science du constructeur. In-4, avec planche. (Bruxelles, *Decq.*) *Tanera.* 5 fr.

Marnix de Sainte-Aldegonde. — Œuvres. — Correspondance et mélanges. — Traité de l'éducation. — Avis d'un affectionné au bien public, etc. Précédé d'une introduction par Albert Lacroix. In-8. (Bruxelles, *Van-Meenen et Cⁱᵉ.*) 5 fr.

———— Le tableau des différends de la religion. 4 vol. in-8. *Ibid.* 16 fr.

Marocco, Maurice. — La femme ennoblie par l'Évangile et considérée sous le triple aspect de vierge, d'épouse et de mère. Traduit de l'italien. T. I et II. In-12. (Bruxelles, *H. Goemaere.*) 6 fr.

Maron, Eugène. — Histoire littéraire de la Convention nationale. In-12. *Poulet-Malassis.* 3 fr.

Maronites (les) et la France. In-8. *Dentu.* 1 fr.

Marot. — Poëme inédit de Jehan Marot, publié, d'après un manuscrit de la Bibliothèque impériale, avec une introduction et des notes, par Georges Guiffrey. In-8. (Lyon, *Perrin.*) *Vᵉ J. Renouard.* 10 fr.

Marquand, Henri E. — John Brown. Sa vie; l'affaire de Harpers-Ferry; capture, captivité et martyre du héros et de ses compagnons, etc. In-12. *Dentu.* 1 fr. 50 c.

Martainville. — Le pied de Mouton. — Voy. *Cogniard et Crémieux.*

Martigny, l'abbé. — Étude archéologique sur l'Agneau et le bon Pasteur; suivie d'une notice sur les Agnus Dei. In-8, avec planche. *Didron.* 3 fr.

Martin, Alexis. — La Fête de Molière, comédie en un acte, en vers. A-propos pour l'anniversaire de Molière. (Théâtre de l'Odéon.) In-12. *Michel Lévy frères.* 1 fr.

Martin, l'abbé C. — Sermons nouveaux et complets sur les mystères de Notre-Seigneur Jésus-Christ. 2 vol. grand in-8. *Chez l'auteur.* 12 fr.

Martin, Mgr Conrad. — La Science des choses de Dieu, ou Lettres à Édmond sur le dogme catholique. Traduit de l'allemand sur la 2ᵉ édition par l'abbé Gyr. In-8. (Liége.) *Magnin, Blanchard et Cⁱᵉ.* 5 fr.

Martin, Édouard et Albert **Monnier**. — Le Pantalon de Nessus, comédie-vaudeville en un acte. (Théâtre du Palais-Royal.) In-12. *Librairie Nouvelle.* 75 c.

—— et Ém. de **Najac**. — Jeune de cœur, comédie-vaudeville en un acte. (Théâtre du Palais-Royal.) In-12. *Michel Lévy frères.* 1 fr.

—— Voy. aussi : *Labiche et Martin.*

—— Voy. aussi : *Monnier et Martin.*

Martin, Éman. — La Langue française enseignée aux étrangers. Ouvrage divisé en quatre parties ; prononciation, orthographe, construction, signification, etc. ; 2ᵉ partie : Etude de l'orthographe. In-8. *Chez l'auteur, 19 bis, Chaussée d'Antin.* 3 fr. 50 c.
  * 1ʳᵉ partie. Étude de la prononciation. 1859. *Ibid.* 2 fr. 50 c.

Martin, George. — Les Justices de paix de France. In-8. (Lyon.) *A. Durand.* 5 fr.

Martin, Henri. — Histoire de France depuis les temps les plus reculés jusqu'en 1789. 4ᵉ édition. T. XVI et T. XVII (contenant la table analytique). In-8. *Furne et Cᵉ.* Prix de chaque volume, 5 fr.
  * Ces 2 volumes ne se vendent qu'ensemble. — Prix de l'ouvrage complet en 17 vol. : 85 fr.

Martin, L. A. — Esprit moral du XIXᵉ siècle. In-12. (Collection Hetzel.) *Hachette et Cᵉ.* 3 fr. 50 c.

Martin, N. — Poëtes contemporains en Allemagne. Nouvelle série. In-12. *Poulet-Malassis.* 3 fr.

Martin, le R. P. Simon. — Vie des saints, d'après Lipoman, Surius, Ribadeneira et autres auteurs; recherchée dans les sources, corrigées sur les actes originaux, publiées par le R. P. François Giry. Édition revue et augmentée. T. IV. Novembre et décembre. Grand in-8. (Bar-le-Duc, *Laguerre.) Vict. Palmé.* Prix de l'ouvrage complet en 4 volumes, 40 fr.

Martinencq, le docteur L. L. J. F. — De la fièvre puerpérale devant l'Académie impériale de médecine et des principes de l'hygiène et de l'organisme appliqués à la solution de cette question. In-8. *Baillière et fils.* 3 fr.

Martinet, Louis. — L'Album. — Voy. *Album.*

Martinez, Don Francisco. — Le Nouveau Sobrino, ou Grammaire de la langue espagnole réduite à 23 leçons. 19ᵉ édition, entièrement revue et corrigée. In-8. *Morizot.* 6 fr.

Marty. — Vies des chrétiens illustres par leurs actions et leur sainteté, depuis la prédication des apôtres jusqu'à l'invasion des Barbares. In-12. *Douniol.* 3 fr.

Martynof, le R. P. J. — Testament de Basile Tatistchef. — Voy. *Tatistchef.*

Marvejouls, Émile. — Agrigente et Girgenti, ou la Sicile ancienne et moderne, souvenirs et impressions d'un voyage fait en juin 1857. In-12. *Poulet-Malassis.* 1 fr.

Marvel, Ik. — Rêveries d'un célibataire. Traduit de l'anglais, et précédé d'une lettre à un homme marié; par Paul Ithier. Notice biographique sur l'auteur. In-12. (Bruxelles.) *A. Bohné.* 3 fr.

Mary Lafon. — Voy. *Lafon.*

Masquelier, Albert et Théod. **Thiboust.** — L'Amour dans tous les pays, vaudeville en 5 actes. (Théâtre Beaumarchais.) Gr. in-8. *Barbré.*   20 c.

Massé, G. — Voy. *Zachariæ, le droit civil français.*

Massé. Jules. — Livre-souvenir. — Première communion. Clara. In-12. *Poullet.*   1 fr. 50 c.

Massillon. — Œuvres. Nouvelle édition. 3 vol. in-8. (Besançon.) *Gaume frères.*   14 fr.

Massol, le marquis de. — France, Algérie, Orient. Souvenirs, études, voyages. In-8. *J. Rouvier.*   7 fr. 50 c.

Matel, de. — Œuvres spirituelles de la vénérable mère Jeanne de Matel, fondatrice de l'Institut du Verbe incarné, publiées par les soins du T. R. P. Ambroise. 2 vol. in-12. *Périsse frères.*   4 fr.

Mathieu, A. — Souvenirs du carème de Saint-Quentin, prêché par Mgr de Garsignies, évêque de Soissons et Laon. Compte rendu des instructions du soir et conférences adressées aux dames. In-8. *Lecoffre et Cⁱᵉ.*   3 fr. 50 c.

Mathieu, B. Charles. — Livre de prières. — Voy. *Livre.*

Mathieu, le cardinal. — Un mot sur la brochure : Pape et empereur, de M. Cayla. In-8. *Ad. Le Clère et Cᵉ.*   50 c.

Matter. — La Morale, ou la Philosophie des mœurs. In-12. *Grassart.*   4 fr.

Mauger, N. J. B. — Le Code de tout le monde, ou le Nouvel avocat conciliateur. Répertoire universel de législation, de doctrine et de jurisprudence en matière civile, commerciale et administrative. In-8. (Saintes, *Fontanier.*)   5 fr.

—— Les Secrets, les mystères et les ruses de la chasse aux animaux nuisibles, dévoilés et mis à la portée de tout le monde. In-18. *Ibid.*   75 c.

Mauriac, le docteur Charles. — Essai sur les maladies du cœur. — De la mort subite dans l'insuffisance des valvules sigmoïdes de l'aorte. In-8. *L. Leclerc.*   3 fr.

Maurice, Charles. — Le Théâtre-Français. Monument et dépendances. 2ᵉ édition, corrigée et considérablement augmentée. In-8. *Garnier frères.*   3 fr.

Maurice, Étienne. — Voy. *Dusolier.*

Maury, L. F. Alfred. — La Magie et l'astrologie dans l'antiquité et au moyen âge, ou Étude sur les superstitions païennes qui se sont perpétuées jusqu'à nos jours. In-8. *Didier et Cⁱᵉ.*   7 fr.

—— Le même. In-12. *Ibid.*   3 fr. 50 c.

Maury, Eugène. — Les Assises sacrées. In-32. (Toulouse.) *Dentu.*   75 c.

Maury, F. — Sioniennes, poésies religieuses. In-12. *Olmer.*   3 fr. 50 c.

Mavidal. — Mémoires du marquis de Pomponne. — Voy. *Mémoires.*

Maximes (les), de saint Ignace, fondateur de la compagnie de Jésus, avec les sentiments de saint François-Xavier. Nouvelle édit., par un père de la même compagnie. *Douniol.*   Édition in-12 avec titre rouge et noir, 3 fr.
Édition ordinaire, in-18, 1 fr. 50 c.
La 1ʳᵉ édition a paru en 1857.

Maximi opera omnia. — Voy. *Patrologiæ cursus completus.*

Mayenne, duc de. — Correspondance. — Voy. *Correspondance.*

Maynard, l'abbé. — Saint Vincent de Paul, sa vie, son temps, ses œuvres, son influence. 4 vol. in-8, avec portraits et autographes. *A. Bray.*   28 fr.

Mayne-Reid, le capitaine. — A fond de cale; voyage d'un jeune marin à travers les ténèbres. Traduit de l'anglais par Mme Henriette Loreau, et illustré de 12 vignettes. In-12. *Hachette et Ce*.　2 fr.
> Bibliothèque rose.

—— Les Veillées de chasse. Ouvrage traduit de l'anglais, par Bénédict H. Révoil, et illustré de 43 vignettes par Freeman. In-12. *Ibid.*　2 fr.
> Bibliothèque rose.

Maynz, Ch. — Traité des obligations d'après le droit romain. Grand in-8. (Bruxelles.) *A. Durand.*　9 fr.

Mazade, Charles de. — L'Italie moderne. Récits des guerres et des révolutions italiennes. In-12. *Michel Lévy frères.*　3 fr.

Mazas, Alex. — Histoire de l'ordre royal et militaire de Saint-Louis, depuis son institution, en 1693, jusqu'en 1830; terminée par Théodore Anne. 2e édit., revue, corrigée et augmentée. T. 1 et 2. In-8. *Ibid.*　15 fr.
> L'ouvrage aura 3 volumes.

Mazincourt, de. — Voy. *Baudouin et de Mazincourt.*

Mazois, F. — Le Palais de Scaurus, ou Description d'une maison romaine. Fragment d'un voyage de Mérovir à Rome sur la fin de la république. Précédé d'une notice biographique par M. Varcolier. 3e édition. In-8. *Firmin Didot frères.*　7 fr.
> La 1re édition de ce livre a paru en 1819.

Mazure, A. — Le Champ de blé, esquisses pittoresques et morales. In-12. *Palmé.*　2 fr.

Mazurkiewicz, Vincent. — Annuaire des Vétérinaires. — Voy. *Annuaire.*

Meaume, Édouard. — Recherches sur la vie et les ouvrages de Jacques Callot; suite au Peintre-graveur français de M. Robert Dumesnil. 2 vol. in-8. (Nancy.) *Ve J. Renouard.*　15 fr.

Meaux, le vicomte de. — Le général de Lamoricière. In-8. *Douniol.*　50 c.

Meaux Saint-Marc, Ch. — L'École de Salerne. — Voy. *École.*

Médecine (la), du prophète, traduite de l'arabe, par le docteur Perron. In-8. (Alger, *Tissier.*) *Baillière et fils.*　5 fr.

Médius (Le Moyne). — Doctrine hiérarchique fusionnaire. Construction d'une société véridique, juste, affective et libre. 1re notice : précis de la théorie; mécanisme et résultats; baronnie de travail; microcosme social; conséquences matérielles, économiques, politiques, morales, historiques, théosophiques et ultramondaines. In-8. (Metz, *Chez l'auteur.*) *Capelle.*　4 fr.

Mège-Mouriès, H. — Du froment et du pain de froment. In-8. *Ve Bouchard-Huzard.*　1 fr. 25 c.
> Extrait des Mémoires de la Société impériale et centrale d'agriculture de France.

Mégnin, J. P. — Essai sur les proportions du cheval et son anatomie externe comparée à celle de l'homme, à l'usage des écuyers militaires ou civils et des artistes. Grand in-4, oblong, avec 15 planches. *Corréard.*　20 fr.

Meignan, l'abbé. — M. Renan et le Cantique des cantiques. In-8. *Douniol.*　1 fr. 25 c.

Meilhac, Henri. — Ce qui plaît aux hommes, pièce en un acte mêlée de prose, de vers et de couplets. (Théâtre des Variétés.) In-12. *Beck.*　60 c.

Meindre. — Galerie historique de la France. Livre de lecture pour les enfants de 9 à 12 ans. 1re série. In-12. *Dezobry, Magdeleine et Ce.*　2 fr.

Meissas, N. — Tables pour servir aux études et à l'exécution des chemins de
fer, ainsi que dans tous les travaux où l'on fait usage du cercle et de la
mesure des angles. In-12. *Mallet-Bachelier*. 8 fr.

Mélaye, Stéph. — Repos et labeur, chants de la famille. In-12. *Mansart*. 1 fr.

Melleville. — Histoire de l'affranchissement communal dans les diocèses de
Laon, Soissons et Noyon. 1re partie. In-8. (Laon.) *Dumoulin*. 1 fr. 50 c.

Melun, le vicomte de. — Histoire d'un village. In-16. *Dillet*. 80 c.

———— La Question romaine devant le congrès. In-8. *Ibid*. 40 c.

Mémoire secret adressé à l'empereur Hien-Foung, actuellement régnant, par
un lettré chinois, sur la conduite à suivre avec les puissances européennes.
Traduit du chinois par G. Pauthier. In-8. *B. Duprat*. 2 fr.
    Extrait de la Revue d'Orient.

Mémoires anonymes sur les troubles des Pays-Bas. — Voy. *Collection de
Mémoires*.

———— du marquis d'Argenson. — Voy. *Journal et Mémoires*.

———— de Jacques Casanova de Seingalt, écrits par lui-même ; édition originale, la seule complète. 6 vol. in-12. (Bruxelles, *J. Rozez*.) 21 fr.

———— de M. Dupin. T. III. Carrière politique. — Souvenirs parlementaires.
— M. Dupin, président de la chambre des députés pendant huit sessions
(du 23 novembre 1832 au 26 mars 1839.) In-8. *Plon*. 6 fr.
    L'ouvrage formera 4 vol. — T. I, publié en 1855, contenait : Souvenirs du barreau. — T. II,
    publié en 1856 : Carrière politique ; Souvenirs parlementaires, 1827 à 1833.

———— de Mme Élisabeth de France, sœur de Louis XVI ; annotés et mis en
ordre, par F. Barghon-Fort-Rion. In-8. *Valon*. 4 fr.

———— et correspondance politique et militaire du prince Eugène, publiés,
annotés et mis en ordre par A. Ducasse. T. VIII, IX et X. (dernier.) In-8.
Michel Lévy frères. Prix de chaque volume, 6 fr.

———— authentiques sur Garibaldi, précédés d'un précis historique sur la
guerre de l'indépendance italienne, en 1859, par Clémence Robert, mis en
ordre par Camille Leynadier. Grand in-8. *A. de Vresse*. 7 fr. 50 c.
    L'ouvrage a été publié en 10 séries.

———— pour servir à l'histoire de mon temps, par M. Guizot. T. III. In-8.
Michel Lévy frères. 7 fr. 50 c.

———— d'Alexandre Hertzen. — Voy. *Hertzen, le Monde russe*.

———— de l'Hippopotame, avec un portrait de l'auteur. In-32. *Marpon*. 1 fr.

———— de Léotard. In-32, avec gravure. *Dentu*. 2 fr.

———— du prince de Ligne, suivis de Pensées et précédés d'une introduction
par Albert Lacroix. In-12. (Bruxelles, *Van Meenen et Cie*.) 3 fr. 50 c.

———— de Lorenzo d'Aponte, poëte vénitien, collaborateur de Mozart, traduits
de l'italien par M. C. D. de la Chavanne. In-8. *Pagnerre*. 5 fr.

———— du duc de Luynes sur la cour de Louis XV (1735-1758), publiés sous
le patronage de M. le duc de Luynes, par MM. L. Dussieux et E. Soulié.
T. I et II. In-8. *Firmin Didot frères*. Prix de chaque volume, 6 fr.
    L'ouvrage aura 14 volumes.

———— sur la Russie, par le général Manstein. — Voy. *Bibliothèque russe*.

———— de Marguerite de Valois, première femme de Henri IV, avec notes
par Charles Caboche. In-12. *Charpentier*. 3 fr. 50 c.

———— de Mlle de Montpensier, petite-fille de Henri IV, collationnés sur le
manuscrit autographe, avec des notes biographiques et historiques, par A.
Chéruel. T. III et IV. In-12. *Ibid*. Prix de chaque volume, 3 fr. 50 c.
    Ouvrage terminé. — Les T. I et II ont paru en 1858.

Mémoires du cardinal B. Pacca sur le pontificat de Pie VII, traduits sur l'édition italienne d'Orvieto de 1843, par M. Queyras, traducteur des premiers mémoires imprimés à Lyon ; renfermant une notice sur la vie et les travaux du cardinal Pacca. Édition ornée de 2 portraits. 2 vol. in-12. *Bray.*   6 fr.

> Cette nouvelle édition des Mémoires est tirée des œuvres complètes du cardinal Pacca, traduites et publiées en 1845 par M. Queyras en 2 vol. in-8.

—— du marquis de Pompoune, ministre et secrétaire d'État au département des affaires étrangères, publiés d'après un manuscrit de la Bibliothèque du Corps législatif, précédés d'une introduction et de la vie du marquis de Pomponne ; par J. Mavidal. In-8. *B. Duprat.*   7 fr. 50 c.

—— de Rigolboche, ornés d'un portrait photographié par Petit et Trinquart. In-16. *Dentu.*   1 fr. 50 c.

> Voy. aussi : *A bas Rigolboche !*

—— de l'Académie impériale de médecine. Tome XXIV. 1ʳᵉ et 2ᵉ partie. In-4. *Baillière et fils.*   20 fr.

—— de l'Académie des sciences de l'Institut impérial de France. T. XXV. In-4, avec 25 planches. *Firmin Didot frères.*   25 fr.

> Contenant : Serres, *Principes d'embryogénie, de zoogénie et de tératogénie.*

—— Les mêmes. T. XXVII. 2ᵉ partie. In-4, avec planches. *Ibid.* 12 fr. 50 c.

> Contenant : *Éloge historique de M. Ducrotay de Blainville,* par M. Flourens. — *Mémoire sur la détermination des distances polaires des étoiles, etc ,* par M. Laugier. — *Recherches expérimentales et analytiques sur la lumière,* par Henri lord Brougham. — *Recherches sur les causes de l'électricité, etc.,* par M. Becquerel.

—— Les mêmes. T. XXX. In-4. *Ibid.*   25 fr.

> Contenant : *Éloge historique de Charles-François Beautemps-Beaupré,* par Élie de Beaumont. — *Études sur les maladies actuelles du ver à soie,* par A. de Quatrefages. — *Explication déduite de l'expérience de plusieurs phénomènes de vision concernant la perspective,* par E. Chevreul. — *Mémoire sur la densité de l'alcool,* par M. Pouillet — *Nouvelles recherches sur les maladies du ver à soie, faites en 1859,* par A. de Quatrefages.

—— Les mêmes. T. XXXI. 2 parties. *Ibid.*   25 fr.

> Contenant : Duméril, C. — *Entomologie analytique.*

—— de l'Académie des sciences morales et politiques de l'Institut impérial de France. T. X. In-4. *Ibid.*   25 fr.

—— de l'Académie d'Arras. T. XXXI et XXXII. In-8. (Arras, *Topino.*)   Prix de chaque volume, 3 fr.

—— de l'Académie impériale des sciences, arts et belles-lettres de Dijon. 2ᵉ série. Tome VII. Années 1858-1859. In-8. (Dijon, *Lamarche.*) *Derache.*   8 fr.

—— de l'Académie impériale des sciences, belles-lettres et arts de Lyon. Classe des sciences. T. VIII et IX. In-8. (Lyon.) *Durand.*   Prix de chaque volume, 6 fr.

—— de l'Académie impériale de Metz. 40ᵉ année. 1858-1859. (2ᵉ série. 7ᵉ année.) Agriculture, beaux-arts, littérature, histoire, archéologie, sciences. In-8, avec 6 planches. (Metz, *Rousseau-Pallez.*)   8 fr.

—— Les mêmes. 41ᵉ année. 1859-1860. (2ᵉ série. 8ᵉ année.) Lettres, sciences, arts, agriculture. In-8. *Ibid.*   8 fr.

—— d'agriculture, d'économie rurale et domestique, publiés par la Société impériale et centrale d'agriculture. Année 1859. In-8. *Vᵉ Bouchard-Huzard.*   6 fr.

—— couronnés et autres Mémoires publiés par l'Académie royale des sciences, des lettres et des beaux-arts de Belgique. Collection in-8. T. IX. (Bruxelles, *Hayez.*)   4 fr.

—— de la section des sciences de l'Académie des sciences et lettres de Montpellier. T. IV. In-4, avec 16 planches. (Montpellier, *Boehm et fils.*)   12 fr.

Mémoires de la Société des antiquaires de Picardie. T. XVII (7ᶜ de la 2ᵉ série.) In-8. (Amiens.) *Dumoulin.* 12 fr.

—— de la Société de biologie. — Voy. *Comptes rendus des séances, etc.*

Ménabréa, Léon. — Chroniques de Yolande de France. — Voy. *Chroniques.*

Ménant. — Des rentes en droit romain et en droit français. In-8. *A. Durand.* 3 fr.

Ménant, Joachim. — Les Écritures cunéiformes. Exposé des travaux qui ont préparé la lecture et l'interprétation des inscriptions de la Perse et de l'Assyrie. In-8. (Caen, Hardel.) *B. Duprat.* 15 fr.

—— Recueil d'alphabets pour servir à la lecture et à l'interprétation des écritures cunéiformes. In-8. *Ibid.* 2 fr. 50 c.

Ménard, Armand Louis. — De l'autorité des faits accomplis. In-8. *Dentu.* 50 c.

Ménard, Louis. — De la morale avant les philosophes. Thèse présentée à la Faculté des lettres de Paris. In-8. *Firmin Didot frères.* 5 fr.

Menault, E. — Angerville-la-Gate (village royal). Ouvrage qui a obtenu une mention honorable au concours de l'Institut (Académie des inscriptions et belles-lettres). In-8. *A. Aubry.* 5 fr.

—— Biographies des hommes remarquables d'Angerville-la-Gate. — Cassegrain. — Blanchet. — Tessier. In-8. *Ibid.* 1 fr. 50 c.

Menault, le R. P. don Onésime. — Biographies bénédictines, ou Notices historiques et littéraires sur les personnes illustres en science et en sainteté de l'ordre de Saint-Benoît. 1ʳᵉ série. 1ʳᵉ et 2ᵉ livraison. In-12. *Douniol.*
Prix de chaque livraison, 1 fr.

Mène, le docteur Édouard. — Recherches sur une nouvelle variété de migraine. Mémoire présenté à l'Académie des sciences, dans la séance du 28 novembre 1859. In-8. *Chez l'auteur, 103, rue du Bac.* 1 fr.

Menet, André. — Cours élémentaire d'arboriculture et de viticulture, résumé du cours public gratuit, fait sous les auspices de la Société d'horticulture de Mulhouse. In-8, avec 19 planches. (Mulhouse, *Baret.*) 3 fr. 50 c.

Mennesson, Félix. — De la cherté des subsistances et de la viande en particulier. Mémoire couronné par la Société d'agriculture, sciences et arts du département de la Marne, en 1859. In-12. *Guillaumin et Cⁱᵉ.* 1 fr. 50 c.

Méray, Antony. — Les Libres prêcheurs, devanciers de Luther et de Rabelais. Étude historique, critique et anecdotique sur les xivᵉ, xvᵉ et xviᵉ siècles. In-18. *Claudin.* 4 fr.

Merchie. — Appareils modèles, ou Nouveau système de déligation pour les fractures des membres. In-8, avec figures. (Gand, 1858, *H. Hoste.*) 10 fr.

Mercier, le docteur Alfred. — La Fièvre jaune, sa manière d'être à l'égard des étrangers à la Nouvelle-Orléans et dans les campagnes. Quelques mots sur son passé et son avenir en Europe. Lettres adressées à la Gazette des hôpitaux de Paris, avec un avant-propos et un appendice. In-8. *A. Delahaye.* 75 c.

Mercier, Pierre. — Essai sur la littérature juive. — Voy. *Wihl, les Hirondelles.*

Mercuri, Paul. — Costumes historiques des xiiᵉ, xiiiᵉ, xivᵉ et xvᵉ siècles, tirés des monuments les plus authentiques de peinture et de sculpture, avec un texte historique et descriptif, par Camille Bonnard. Nouvelle édition, soigneusement révisée, avec une introduction par Charles Blanc. T. I, livr. 6 à 33. In-4. *Lévy fils.* Prix de chaque livraison, 2 fr. 50 c.
Les livraisons 1 à 33 forment le T. I de l'ouvrage, qui sera publié en 100 livraisons.

Méridionaux (les), galerie des contemporains; par Fernand Lagarrigue, Roumanille, Jules Brisson, Jacques Azaïs, Aimé Vingtrinier, Sausse-Villiers, Charles Dupoucy. In-32. *Sartorius.*   1 fr.

Merlieux, Édouard. — Les Princesses russes prisonnières au Caucase. — Souvenirs d'une Française captive de Schamyl ; 2ᵉ édition, revue et augmentée. Illustrations de J. Bazin. In-12. *Dentu.*   3 fr. 50 c.

Merlin de Thionville. — Vie et Correspondance. — Voy. *Vie et Correspondance.*

Mermillod, l'abbé. — Voy. *Lettres à un protestant.*

——— Voy. *Ludolphe, Vie de N.-S. Jésus-Christ.*

Merson, Ernest. — Des tarifs différentiels appliqués par les compagnies de chemins de fer. In-12. *Guillaumin et Cⁱ.*   1 fr.

Méry. — Le Château des Trois-Tours. In-12. *Michel Lévy frères.*   1 fr.

——— Une Conspiration au Louvre. In-12. *Ibid.*   1 fr.

——— Le même. In-4. *Ibid.*   90 c.

——— Contes et Nouvelles. 2ᵉ édition. In-12. *Hachette et Cᵉ.*   2 fr.

——— Marseille et les Marseillais. In-12. *Librairie Nouvelle.*   2 fr.

——— Les Nuits parisiennes. In-12. *Michel Lévy frères.*   1 fr.

——— Le Paradis terrestre. In-12. *Librairie Nouvelle.*   2 fr.

——— Ursule. Roman inédit. In-12. *Ibid.*   3 fr.

——— Sémiramis, opéra en quatre actes, musique de Rossini. (Théâtre de l'Opéra.) In-12. *Michel Lévy frères.*   1 fr.

Mesenguy. — Le Nouveau Testament. — Voy. *Nouveau Testament.*

Mesnard. — Projets de gouvernement du duc de Bourgogne. — Voy. *Projets.*

Mesnil-Marigny, J. du. — Voy. *Du Mesnil-Marigny.*

Messager, Mᵐᵉ Vᵉ. — Guide pratique de l'âge critique, ou Conseils aux femmes sur les maladies qui peuvent les attaquer à cette époque de leur vie, et sur les moyens de combattre ces maladies, mais surtout de les prévenir; suivis de réflexions et d'observations sur les maladies laiteuses. In-12. *Chez l'auteur, 67, rue de Rivoli.*   5 fr.

Mestre, J. F. G. — Essai sur l'éléphantiasis des Arabes, et sur l'éléphantiasis des Grecs observées en Algérie. In-8, avec 5 planches. (Montpellier, *Boehm et fils.*)   2 fr. 50 c.

Meyer. — Voy. *Fournier et Meyer.*

Meynne, le docteur. — Éléments de statistique médicale militaire. In-8. (Bruxelles, *Tircher.*)   2 fr. 50 c.

Mialhe et Pressat. — De la Pepsine et de ses propriétés digestives. In-8. *Masson et fils.*   1 fr.

Michaud. — Biographie universelle. — Voy. *Biographie.*

Michaux, Alexandre. — Traité pratique des liquidations et des partages de communauté, de succession et de société, avec un choix de formules entièrement nouvelles. In-8. *Cosse et Marchal.*   8 fr.

Michel, G. V. Pierre. — Voy. *Pierre-Michel.*

Michel, L. C., et J. J. **Rapet.** — Cours supérieur de langue française. Livre du maître. In-12. *Dezobry, Magdeleine et Cᵉ.*   3 fr. 50 c.

——— Le même; partie de l'élève. In-12. *Ibid.*   1 fr. 50 c.

Michel, Marc, et **A. Choler**. — J'ai perdu mon Eurydice, comédie-vaudeville en 1 acte. (Théâtre du Palais-Royal.) In-12. *Librairie Nouvelle*. 75 c.

—— et **Delacour**. — Les Amours de Cléopâtre, comédie en 3 actes. (Théâtre des Variétés.) In-12. *Ibid.* 1 fr.

—— et Eug. **Labiche**. — Les Deux timides, comédie-vaudeville en 1 acte. (Théâtre du Gymnase.) In-12. *Ibid.* 1 fr.

—— Voy. aussi : *Labiche et Marc Michel.*

Michelet, J. — Louis XIV et la révocation de l'édit de Nantes. In-8. *Chamerot.* 5 fr. 50 c.

    Forme le T. 13e de l'Histoire de France au xviie siècle.

Michiels, Alfred. — Les Anabaptistes des Vosges. In-12. *Poulet-Malassis.* 3 fr.

—— Contes d'une nuit d'hiver. In-12. *Librairie Nouvelle.* 2 fr.

Michon, l'abbé J. H. — De l'Agitation religieuse. In-8. *Dentu.* 50 c.

—— De la Crise de l'Empire. In-8. *Ibid.* 75 c.

—— De la Rénovation de l'Église. In-8. *Ibid.* 1 fr.

—— Projet de solution de la question romaine. In-8. *Ibid.* 1 fr.

Michon, le docteur L. A. Joseph. — Documents inédits sur la grande peste de 1348, publiés avec une introduction et des notes. In-8. *Baillière et fils.* 2 fr. 50 c.

Mickiewicz. — Pisma Adama Mickiewicza. Widanie zupelne. T. III, IV et V. In-8. *E. Jung-Treuttel.* Prix pour les 6 volumes, 48 fr.

    Œuvres d'Adam Mickiewicz. Édition complète. — Les vol. 1, II et VI n'ont pas encore paru; ils seront fournis gratis aux souscripteurs.

Midy, Th. — Les Frères d'armes. Illustré de 6 gravures par Victor Adam et Morel-Fatio. In-4. *Courcier.* Avec gravures noires, 6 fr.; color., 9 fr.

Midy, Mme Th. — La Fée aux roses. Illustré de 8 superbes gravures à deux teintes. In-4. *Ibid.* Avec gravures noires, 6 fr.; color., 9 fr.

Mie d'Aghonne. — Voy. *Lardin et Mie d'Aghonne.*

Miége, Jean Fr. Louis Marie. — La Lyre chrétienne, ou Chants poétiques sur tous les mystères et fêtes de Notre-Seigneur, de la sainte Vierge et des saints, y joints le Pater, l'Ave Maria et le Magnificat, extraits des hymnes et proses de l'ancienne liturgie diocésaine. In-8. (Poitiers, *Oudin*.) 5 fr.

Migne, l'abbé. — Troisième et dernière encyclopédie théologique, ou troisième et dernière série de dictionnaires sur toutes les parties de la science religieuse. Grand in-8. *Migne.*

    T. 42, 43. — *Dictionnaire de bibliographie catholique,* par F. Pérennès; suivi d'un dictionnaire de bibliologie, par M. Brunet, de Bordeaux. T. 4 et 5 (fin). Prix de chaque volume, 7 fr.

    T. 48. — *Dictionnaire de philosophie catholique,* par L. F. Jéhan. T. I. Psychologie. 8 fr.

    T. 57. — *Dictionnaire des droits de la raison dans la foi,* ou Exposition ra sonnée des propositions catholiques de foi rigoureuse, de certitude théologique, etc., par l'abbé Le Noir. 8 fr.

    Cette troisième et dernière Encyclopédie théologique formera 60 volumes. — Le prix est de 6 fr. par volume pour les souscripteurs à l'une des trois Encyclopédies, ou à 50 volumes choisis dans les trois. — Le prix pour les non souscripteurs varie de 7 à 8 fr par volume.

—— Voy. aussi : *Henrion, Histoire ecclésiastique;* — et : *Patrologiæ Cursus completus.*

Mikhaïlovsky-Danilevsky, le général. — Vie du feld-maréchal Koutouzoff. Traduit du russe par A. Fizelier. In-8, avec portrait. *Amyot.* 3 fr.

Mille et une merveilles (les) de la France. Recueil et description de tout ce qu'il y a en France, tant dans les campagnes que dans les villes, de plus remarquable, de plus intéressant, de plus magnifique et de plus extraordinaire ; curiosités de la nature, antiquités, chefs-d'œuvre des arts, etc. Grand in-8. (Guincourt, *Taillard-Jaunet*.) 8 fr.

Mille et une nuits (les). Contes arabes traduits par Galland. Édition illustrée par les meilleurs artistes français, revue et corrigée sur l'édition princeps de 1704, augmentée d'une dissertation sur les Mille et une nuits, par M. le baron Sylvestre de Sacy. 3ᵉ édit. Gr. in-8. *E. Bourdin.* 12 fr.

Millet, le R. P. — Économie de la Providence divine dans le gouvernement des choses humaines. In-12. *Adr. Le Clère et Cᵉ.* 2 fr. 50 c.

Millet-Robinet, Mᵐᵉ. — Guide pratique du fermier et de la fermière. — La routine vaincue par le progrès. — Histoire agricole et morale. Annexe à la Maison rustique des dames. In-12. (Poitiers.) *Libr. agricole.* 3 fr. 50 c.

Millien, Achille. — La Moisson, poésie ; avec une préface par Thalès Bernard. In-12. (Nevers, *Begat.*) 3 fr. 50 c.

Millière, P. — Iconographie et description des chenilles et lépidoptères inédits. In-4. (Lyon.) *F. Savy.* 1ʳᵉ livraison avec 4 planches col., 5 fr. 2ᵉ livraison avec 6 pl. col., 7 fr. 50 c.

Milne-Edwards, H. — Leçons sur la physiologie et l'anatomie comparée de l'homme et des animaux, faites à la faculté des sciences de Paris. T. V. 2ᵉ partie et T. VI, 1ʳᵉ partie. In-8. *Masson et fils.* Chaque partie, 5 fr.

L'ouvrage aura 8 volumes.

—— Histoire naturelle des coralliaires ou polypes proprement dits. T. III et dernier. In-8, avec la 3ᵉ livraison des planches. *Roret.* Avec planches noires, 9 fr. 50 c.; color. 12 fr. 50 c.

Forme la 68ᵉ livraison des suites à Buffon. — Les 2 premiers volumes ont paru en 1858.

Milton. — La perte d'Éden. Paradis perdu. Traduction linéaire métaphrase et littérale, par Jean-de-Dieu Couvant. Texte en regard. Livr. 1ʳᵉ. Grand in-8. *Chez M. Tiphaneau, 61, boulevard Saint-Martin.* 1 fr. 25 c.

Minier, Hippolyte. — Mœurs et travers (poésie). 2ᵉ série. In-12. *Dentu.* 1 fr.

Ministère public (le) et le barreau, leurs droits et leurs rapports, avec une introduction par M. Berryer. In-8. *Lecoffre et Cᵉ.* 3 fr.

Miot, Jules. — L'Heure suprême de l'Italie ; suivie d'une lettre relative au portefeuille de Lamoricière. In-8. *Dentu.* 50 c.

Mirabeau. — Lettres à Chamfort. — Voy. *Chamfort, Pensées, etc.*

—— Lettres à la marquise de Monnier. — Voy. *Gastineau, les Amours de Mirabeau.*

Miraglio, Biagio. — Cinq nouvelles calabraises, précédées d'un discours sur la condition actuelle de la littérature italienne. Traduction de l'italien par Alex. du Bosch. In-12. (Bruxelles.) *A. Bohné.* 3 fr. 50 c.

Miroy, Constant. — La lune rousse, réponse à une étoile filante. In-18. *F. Henri.* 1 fr.

Moch, Jules. — De l'emploi de l'infanterie. — Voy. *Prittwitz et Gafron.*

Modelon, F. — Premières poésies. In-12. *E. Dentu.* 3 fr. 50 c.

Moeller. — La Femme telle qu'elle est, étude. 4ᵉ édition, entièrement refondue. In-12. *Albessard et Bérard.* 3 fr.

Moges, le marquis de. — Souvenirs d'une ambassade en Chine et au Japon en 1857 et 1858. In-12. *Hachette et Cᵉ.* 3 fr. 50 c.

Mois de Marie (le), ou Série de méditations sur la vie et les vertus de la très-sainte Mère de Dieu: à l'usage des familles et des communautés, par une religieuse irlandaise. Traduit sur la 4ᵉ édition. In-12. *Palmé.* 1 fr. 50 c.

Moitrier, l'abbé. — Le Livre des jeunes filles, ou Instructions sur les principaux devoirs des filles chrétiennes, tirées, pour la plus grande partie, de l'instruction des jeunes filles de Gobinet, docteur de Sorbonne. In-12. *Périsse frères.* 1 fr. 80 c.

Moke, H. G. — Du sort de la femme dans les temps anciens et modernes. In-12. (Gand.) *A. Bohné.* 2 fr.

—— La Belgique ancienne et ses origines gauloises, germaniques et françaises. 2ᵉ édition, revue et augmentée. In-8, avec une carte coloriée. (Gand, *Lebrun-Devigne.*) 4 fr.

Molènes, Paul de. — Aventures du temps passé. Nouvelle édition. In-12. *Michel Lévy frères.* 1 fr.

—— Les Commentaires d'un soldat. In-12. *Ibid.* 3 fr.

Premiers jours de la guerre de Crimée — L'Hiver devant Sébastopol. — Derniers jours de la guerre de Crimée — La guerre d'Italie.

—— Histoires sentimentales et militaires. In-12. *Ibid.* 1 fr.

Moléri. — Voy. *Almanach musical.*

Moll, L. — Encyclopédie pratique de l'agriculteur. — Voy. *Encyclopédie.*

—— et .**Gayot**. — Voy. *Connaissance générale du bœuf.*

Mollon, J. C. — Du topinambour dans le département du Cantal. In-8. (Aurillac, *Ferary frères.*) 50 c.

Molroguier, Jacques. — Mgr Raillon et Mgr Dupanloup. De la légitimité des administrations capitulaires des évêques nommés. In-8. *Dentu.* 1 fr. 50 c.

Moncaut, J. Cénac. — Le Congrès des brochures, ou le droit ancien et le droit nouveau. In-8. *Ibid.* 50 c.

—— La France et l'Europe latine, le pape et l'Italie. Questions de droit supérieur. In-8. *Dentu.* 1 fr.

—— Marguerite, histoire du temps de saint Louis. In-12. *Amyot.* 3 fr. 50 c.

—— Médella, ou la Gaule chrétienne (troisième siècle). 3ᵉ édition, ornée de 8 gravures dessinées par Bida. In-12. *Ibid.* 3 fr. 50 c.

Moncel, le vicomte Th. du. — Voy. *Du Moncel.*

Mondo, le major C. — Mémoire sur la dérivation des projectiles oblongs lancés avec des armes rayées. In-8, avec planche. *Corréard.* 2 fr.

Mondot, Armand. — Histoire de la vie et des écrits de lord Byron. Esquisse de la poésie anglaise au commencement du dix-neuvième siècle. In-12. *Durand.* 5 fr.

Monfalcon, J. B. — Mvsée lapidaire de la ville de Lyon. Grand in-4, avec planches. (Lyon.) *Ibid.* 30 fr.

Ouvrage tiré seulement à 50 exemplaires.

Monier de La Sizeranne, H. — Marie-Antoinette; poëme historique. In-8, avec portrait. *Amyot.* 5 fr.

Moniteur (Réimpression du). — Voy. *Réimpression.*

Monmerqué, de. — Voy. *Tallemant des Réaux, historiettes.*

Monmorel. — Pensées sur différents sujets de morale et de piété, tirées de ses homélies, par l'abbé Mullier. In-12. (Tournai.) *Lethielleux.* 1 fr. 50 c.

Monneret, Éd. — Traité de pathologie générale. T. III. Séméiologie. Pronostic. Étiologie. In-8. *Béchet jeune.*   12 fr.

> T. I et II ont paru en 1857. Prix : 13 fr — Prix des 3 volumes ensemble : 26 fr.

Monnier, Alb. et Édouard **Martin**. — Coqsigrue poli par amour, vaudeville en un acte. (Théâtre du Palais-Royal.) In-12. *Librairie Nouvelle.*   75 c.

—— Voy. aussi : *Martin et Monnier.*

Monnier, Émile. — Recherches chimiques sur les sucres destinés au raffinage. Mémoire sur les eaux insalubres, présenté à l'Académie des sciences. In-8. *Leiber.*   1 fr.

Monnier, Henri. — Voy. *Gabriel et Monnier.*

Monod, Adolphe. — Enfance de Jésus, ou l'Éducation chrétienne. Discours prononcé à Paris, le 27 février 1853, en faveur de la Société pour l'encouragement de l'instruction primaire. In-8. *Meyrueis et Cᵉ.*   50 c.

—— Sermons. 1ʳᵉ série. Lyon. 3ᵉ édition. In-8. *Ibid.*   5 fr.

Monsseaux, le baron du. — Voy. *Du Monsseaux.*

Montagne, Édouard et Charles **Nanteuil**. — Après nous la fin du monde, pièce de carnaval en deux actes. (Théâtre Beaumarchais.) In-8. *Beck.* 60 c.

Montalembert, le comte de. — Lettre à M. le comte de Cavour, président du conseil des ministres à Turin. In-8. *Douniol.*   50 c.

> Extrait du Correspondant

—— Les Moines d'Occident, depuis saint Benoît jusqu'à saint Bernard. Tome I et II. In-8. *Lecoffre et Cᵉ.*   15 fr.

> L'ouvrage formera 6 volumes. — L'Histoire de saint Bernard en sera le complément.

—— Pie IX et la France en 1849 et en 1859. 2ᵉ édit. In-8. *Douniol.*   60 c.

—— De l'Avenir politique de l'Angleterre. 6ᵉ édition, revue et corrigée. In-12. *Didier et Cᵉ.*   3 fr.

Montault, Barbier de. — Voy. *Barbier de Montault.*

Montée, P. — Étude sur Lucrèce considéré comme moraliste. Thèse pour le doctorat présentée à la Faculté des lettres de Douai. In-8. *Durand.* 3 fr.

—— Quis et qualis Pindarus moralium auctor exstiterit. In-8. *Ibid.* 1 fr. 50 c.

Montemerli, la comtesse Marie de. — Le Pape et la politique. In-8. *Dentu.* 50 c.

Montémont, Albert. — Guide universel et complet de l'étranger dans Paris. Orné de vignettes et d'un beau plan de Paris en 20 arrondissements et 80 quartiers. 7ᵉ édition, revue, corrigée et augmentée de la description des communes annexées. In-12. *Garnier frères.*   4 fr.

Montépin, Xav. de. — Une Aventure galante. In-4. *Lécrivain et Toubon.* 50 c.

—— Le Château des spectres. In-4. *Ibid.*   50 c.

—— Le Compère Leroux. 5 vol. in-8. *Cadot.*   37 fr. 50 c.

—— Le même. Édition in-12. 3 vol. *Ibid.*   10 fr. 50 c.

—— La Fille du maître d'école. 3 vol. in-8. *Ibid.*   22 fr. 50 c.

—— Le même. 2 vol. in-12. *Ibid.*   7 fr.

—— L'Irrésistible. In-4. *Lécrivain et Toubon.*   50 c.

—— Les Marionnettes du diable; 1ʳᵉ partie : L'Aventurière. 6 vol. in-8. *De Potter.*   45 fr.

—— Le même. 2ᵉ partie : Mademoiselle de Kerven. 8 vol. in-8. *Ibid.* 60 fr.

—— Un Mystère de famille; 1ʳᵉ partie : Les Amours Maudits; 2ᵉ partie : Une Instruction criminelle. In-4. *Lécrivain et Toubon.*   1 fr.

Montépin, Xav. de. — Les Viveurs de province; 2ᵉ partie : Diane et Blanche. 10 vol. in-8. *De Potter*. 75 fr.

> La 1ʳᵉ partie : *La Belle Provençale* a paru en 1859. 6 vol. in-8 45 fr

Montfort, le capitaine. — Voyage en Chine. — Voy. *Bell*.

Montgomery-Martin. — La Révolte de l'Inde, ses commencements, ses progrès. Histoire des causes qui l'ont amenée, précédée d'une lettre à lord Stanley, président du conseil des Indes sur la situation des colonies anglaises dans les Indes orientales. Traduit de l'anglais, par M. Kermoysan. In-8. *Firmin Didot frères*. 5 fr.

Montpensier, Mˡˡᵉ de. — Mémoires. — Voy. *Mémoires*.

Mont-Rond, Maxime de. — Fleurs monastiques, études, souvenirs et pèlerinages (poésies). In-8, avec 8 gravures. *Vrayet de Surcy*. 8 fr.

Montvaillant, Alfred de. — Feuilles au vent (poésies). In-12. *Dentu*. 3 fr.

Morand, Léon. — Voy. *Delacour et Morand*.

—— Voy. aussi : *Clairville, Pol Mercier et Morand*.

Moratel, J. L. — Voy. *Dictionnaire géogr. et statistique de la Suisse*.

Moreau, Eugène. — Voy. *Clairville et Moreau*.

—— Voy. aussi : *Deslandes et Moreau*.

Moreau, Louis. — Le Brigand de la Cornouaille, chronique bretonne sous la Ligue. 2 vol. in-12. (Brest.) *Arnauld de Vresse*. 3 fr.

Moreau, Marcellin. — Les Chansons de l'écolier, chants à une ou plusieurs voix pour les fêtes et récréations littéraires des maisons d'éducation. In-12. *Larousse et Boyer*. 1 fr. 50 c.

Morel, Auguste. — Encyclopédie commerciale-maritime, ou Dictionnaire universel de commerce et de géographie maritimes. T. III. (B-C.) Gr. in-8.. *Chez l'auteur, 7, rue Trudon*. 8 fr.

> T. I et II ont paru en 1856. Prix de chacun, 6 fr. 50 c.

Morelet, Arthur. — Iles Açores. Notice sur l histoire naturelle des Açores, suivie d'une description des mollusques terrestres de cet archipel, avec 5 planches gravées et coloriées. In-8. *Baillière et fils*. 10 fr.

Moret, Eugène. — Les Mystères de la Saint-Barthélemy. In-4. *Lécrivain et Toubon*. 1 fr. 30 c.

Morgaez, le fr. Braulius. — Examen de la bulle *Ineffabilis*, fait et rédigé d'après les règles de la sainte théologie. In-8. *Johanneau*. 2 fr. 50 c.

Morin, Alcide. — Magie du xixᵉ siècle. Ténèbres. Treize nuits, suivies d'un demi-jour sur l'hypnotisme. In-12. *Dentu*. 3 fr. 50 c.

—— Le Parti de la Providence. Aux anciens partis. In-8. *Ibid*. 1 fr.

Morin, le général Arthur. — Leçons de mécanique pratique. Notions fondamentales de mécanique et données d'expérience. 3ᵉ édition. In-8, avec 5 planches. *Hachette et Cᵉ*. 7 fr. 50 c.

Morin, A. S. — Principes de bornage. In-8. *Marescq aîné*. 3 fr.

—— Magnétisme. — M. Lafontaine et les sourds-muets. In-8. *Germer Baillière*. 75 c.

—— Du magnétisme et des sciences occultes. In-8. *Ibid*. 6 fr.

Morin, Jules. — La Clef du droit pratique et de la rédaction des ventes et des baux. Ouvrage utile aux diverses classes de la société. In-12. *Chez l'auteur, 10, rue Brézin*. 2 fr. 50 c.

—— Principes de la loi civile. — Voy. *Bibliothèque utile*.

Morin. — Voy. *Buffon, Œuvres.*

Moring, Michel de. — Récréations historiques de l'enfance. Histoire ancienne. In-8. *Vermot.*   Avec fig. noires, 5 fr.; color., 10 fr.

Morlent, J. — Le Havre. Guide du touriste au Havre et dans ses environs. Illustré de vues photographiques par Kaiser. In-12. (Le Havre, *Costey frères.*)   5 fr.

Mornand, Félix. — L'année anecdotique, petits mémoires du temps. In-12. *Dentu.*   3 fr.

—— Voy. aussi : *Gavazzi, Sermons.*

Morris, John. — La Vie et le martyre de saint Thomas Becket, archevêque de Cantorbéry et légat du saint-siége. Traduit de l'anglais par Charles de Vaulchier. In-8, avec gravure. *Ad. Le Clère et C°.*   5 fr.

Mortillet, Paul de. — Quarante poires pour les dix mois de juillet à mai. Synonymie, description, culture, époque de la cueillette du fruit, avec la silhouette de chacun. 2e édition. In-8. (Grenoble.) *F. Savy.*   3 fr. 50 c.

Morvan, H. — Les Pauvres de la politique. Deux mots d'un soldat à M. Émile de Girardin. In-8. *Dentu.*   1 fr.

Mosaïque. — Voy. *Album-Mosaïque.*

Mosenthal, S. B. — Débora, drame en quatre actes. Traduit en italien par Gaetano Cerri, traduction française en regard du texte italien par C. Ferrari. In-8. *Michel Lévy frères.*   1 fr. 50 c.

Répertoire dramatique de Mme A. Ristori.

Mosont, Charles. — Sous les pavots. Physiologie du sommeil. In-32. *A. Delahays.*   50 c.

Motheau, Henri. — Les Rats et les voleurs de titres (vers). In-8. *Ledoyen.* 1 fr.

Mouchon, Émile. — Essai pratique sur les sirops alcooliques. In-8. (Lyon.) *F. Savy.*   2 fr. 50 c.

Moulinet, J. E. V. — Album du typographe. 3e livraison : l'Amour et Psyché. In-4. *Paul Dupont.*   2 fr. 50 c. ; sur papier de Chine, 5 fr.

Moulliez, A. — Coutumes de Prayssas. In-8. *Durand.*   1 fr.

Extrait de la Revue historique du droit français et étranger.

Moura, le docteur Caetano Lopes de. — Harmonias de creaçao, ou Consideraçoes sobre as maravilhas da natureza, etc. In-18. *Aillaud.*   3 fr.

Moussy, le docteur V. Martin de. — Description géographique et statistique de la Confédération Argentine. T. I. In-8. *Firmin Didot frères.*   10 fr.

L'ouvrage aura 3 volumes.

Moutard-Martin, le docteur E. — Mémoire sur la valeur du sulfate de cinchonine dans le traitement des fièvres intermittentes. In-8. *Baillière et fils.*   2 fr. 50 c.

Extrait des Mémoires de l'Académie impériale de médecine.

Moynier, le docteur Eug. — Compte rendu des faits de diphthérie observés dans le service de M. le professeur Trousseau pendant le premier semestre de 1859. In-8. *Masson et fils.*   1 fr. 50 c.

Extrait de la Gazette des Hôpitaux.

Mulat. — Traité de géométrie pratique, précédé du système métrique des poids et mesures, et suivi des règles de trois, d'intérêt et d'escompte, avec un grand nombre de modèles d'actes sous seing privé, à l'usage des écoles primaires, des cultivateurs et des ouvriers de toutes les professions. In-12, avec 4 planches. *Lacroix.*   1 fr. 25 c.

Müller, Charles. — L'Appel au peuple en faveur de la papauté. In-8. *Douniol.* 1 fr.

Muller, Eugène. — Le Trésor de Blaise, comédie en un acte, en prose. (Théâtre du Vaudeville.) In-12. *Michel Lévy frères.* 1 fr.

—— Véronique. In-12. *Amyot.* 3 fr. 50 c.

Muller, F. — Précis de la législation rurale en vigueur dans le grand-duché de Luxembourg, coordonnée d'après le système de M. A. Bourguignat. In-12. (Luxembourg, *Bück.*) 2 fr. 50 c.

Müller, le docteur Karl. — Les Merveilles du monde végétal, ou Voyage botanique autour du monde, traduit d'après le texte allemand et les notes inédites de l'auteur par J. B. E. Husson. T. I. In-8, avec planches. (Bruxelles, *Schnée.*) *Schulz et Thuillié.* 6 fr.

L'ouvrage formera 2 volumes publiés chacun en 24 livraisons au prix de 25 c.

Mullier, l'abbé. — Pensées de Monmorel. — Voy. *Monmorel.*

Mullois, l'abbé. — Voy. *Blanc, Vie de Saint-Camille.*

Mulsant, E. — Cours élémentaire d'histoire naturelle, contenant les applications de cette science aux diverses connaissances utiles, et offrant la réponse à toutes les questions du programme universitaire. Géologie. In-8, avec figures. *Magnin, Blanchard et Ce.* 2 fr.

1re partie : Zoologie, 1 vol. in-8. 1857. 3 fr. 50 c. — 2e partie : Physiologie. 1 vol. in-8. 1859. 2 fr. 60 c.

—— Histoire naturelle des coléoptères de France. 10e livraison : Rostrifères. In-8. *Ibid.* 1 fr. 60 c.

—— La même. 11e livraison : Altisides. In-8. *Ibid.* 10 fr.

—— Opuscules entomologiques. 11e cahier. Grand-8, avec portrait. (Lyon.) *Ibid.* 6 fr. 80 c.

Pour les cahiers 1 à 10, voy. *Catalogue annuel, 1859,* page 153.

Munaret, le D^r. — Iconautographie de Jenner. In-8. (Lyon.) *F. Savy.* 2 fr.

Mura, E. — Les Veillées de l'empire. 2e année. 1860. In-32. *Lebigre-Duquesne.* 1 fr.

Muret, Théodore. — Italie. — Au roi Victor-Emmanuel. — Au comte de Cavour. — Au général Garibaldi. In-8. *Dentu.* 50 c.

Murger, Henry. — Les Buveurs d'eau. Nouvelle édition. In-12. *Michel Lévy frères.* 1 fr.

Murphy, Edmond. — Le cultivateur anglais. Théorie et pratique de l'agriculture; traduit de l'anglais sur la 5e édition, par J. Sanrey. In-12. *A. Goin.* 1 fr. 50 c.

Mury, l'abbé P. — Précis de l'histoire politique et religieuse de la France. 2 vol. in-12. *Bray.* 7 fr.

Musset, Alfred de. — Œuvres posthumes. In-12. *Charpentier.* 3 fr. 50 c.

—— Un Caprice, proverbe en un acte. (Théâtre-Français.) In-12. *Ibid.* 1 fr.

Mussy, Guéneau de. — Voy. *Guéneau de Mussy.*

Muzard, P. — Dictionnaire administratif, géographique et statistique des bureaux de l'enregistrement, des domaines et des conservations d'hypothèques de la France; suivi de la statistique des bureaux établis dans l'Algérie et les colonies. In-8. *Muzard.* 10 fr.

Muzzarelli. — Œuvres choisies. 2 vol. in-12. *Lethielleux.* 2 fr. 50 c.

Mystère (le) de la Croix affligeante et consolante, mortifiante et vivifiante, humiliante et triomphante de Jésus-Christ et de ses membres. Écrit au milieu de la croix, au dedans et au dehors, par un disciple de la croix de Jésus. Achevé le 12 d'août 1732. In-12. (Londres, *Williams et Norgate.*) *Reinwald.*   Cart., 10 fr.

> Réimpression d'un ouvrage publié pour la première fois en 1732.

N

Nâcéri (le). La perfection des deux arts, ou Traité complet d'hippologie et d'hippiatrie arabes; traduit de l'arabe d'Abou-Bekr-Ibn-Bedr, par M. Perron. 2ᵉ partie, seconde division. Hippiatrie. In-8, avec figures dans le texte. *Vᵉ Bouchard-Huzard.*   7 fr.

> Ouvrage terminé. — La première partie a paru en 1852, la 2ᵉ partie en 1859. — Prix des 3 volumes, 21 fr.

Nadault de Buffon. — Voy. *Buffon, Correspondance.*

Najac, Ém. — Voy. *Martin et Najac.*

———— Voy. aussi : *Scribe et Najac.*

Nanquette, Henri. — Cours d'aménagement des forêts, enseigné à l'École impériale forestière, faisant suite au cours élémentaire de culture des bois, et précédé d'une notice historique sur l'art des aménagements; par M. Parade. In-8. (Nancy.) *Vᵉ Bouchard-Huzard.*   6 fr.

———— Exploitation, débit et estimation des bois. Cours fait à l'École impériale forestière. In-8, avec 13 planches. *Ibid.*   7 fr. 50 c.

Nanteuil, Charles. — Voy. *Montagne et Nanteuil.*

Naples et le Piémont. Grand in-8. *Dentu.*   1 fr.

Napoléon Iᵉʳ. — Correspondance. — Voy. *Correspondance.*

Napoléon III. — Des idées napoléoniennes; par le prince Napoléon-Louis Bonaparte. In-12, avec portrait. *Plon.*   3 fr. 50 c.

———— Discours, Messages, etc. — Voy. *Discours.*

Napoléon III, Marseille et l'Algérie. In-8. (Marseille, *Camoin frères.*) *Challamel aîné.*   1 fr. 25 c.

Napoléon III et l'opinion catholique; par E. X. In-8. *Ledoyen.*   1 fr. 25 c.

Napoléon III et Pie IX; par un théologien. Grand in-8. *Dentu.*   1 fr.
> Voy. *Révolution (la) et l'Excommunication,* du même auteur.

Naquet, le docteur A. — De l'Allotropie et de l'Isomérie. In-8. *Baillière et fils.*   2 fr. 50 c.

Naudin, Charles. — Le Potager, jardin du cultivateur. In-12 avec gravures. *Librairie Agricole.*   1 fr. 25 c.

Navery, Raoul de. — L'Autel et le Foyer. — Monique la Savoisienne. In-12. *Dillet.*   1 fr. 50 c.

———— Nouvelles de charité. — Le Colporteur. — Siona. — etc. In-12. *Ibid.*   1 fr. 50 c.

———— Récits consolants. — Piété. — Charité. — Probité. — Vertus domestiques. — Bravoure. In-12. *Ibid.*   1 fr. 75 c.

———— Viatrice. In-12. *Ibid.*   1 fr. 75 c.

———— L'Ange du bagne. In-12. *Ibid.*   2 fr.

Négociations de la France dans le Levant. — Voy. *Documents inédits sur l'Histoire de France.*

Nérac, le docteur de. — De la goutte, des rhumatismes et des scrofules; de leur traitement et de leur guérison. In-8. *Amyot.*   1 fr. 50 c.

Nélaton, le docteur Eugène. — D'une nouvelle espèce de tumeur bénigne des os, ou tumeurs à myoplexes. In-8, avec 3 planches coloriées. *Ad. Delahaye.*   6 fr. 50 c.

Nerbonneau, A. — Le Chemin de fer de Graissessac à Béziers, son avenir. In-8. *Castel.*   1 fr.

Nettement, Alfred. —Appel au bon sens, au droit et à l'histoire, en réponse à la brochure le Pape et le Congrès. In-8. *Lecoffre et C°.*   1 fr.

—————— Histoire de la Restauration. Tome I et II. Restauration de 1814; Cent-jours. In-8. *Ibid.*   14 fr.
> L'ouvrage aura 6 à 8 volumes.

Neumann, Wilhelm. — Symbolique du culte de l'ancienne alliance. Cours donné à l'Académie de Lausanne. 1re partie. In-8. (Lausanne.) *Grassart.*   3 fr. 50 c.

Nève, Félix. — L'Église d'Orient et son histoire, d'après les monuments syriaques. Notice littéraire. In-8. *B. Duprat.*   2 fr.
> Extrait des Annales de philosophie chrétienne.

Neveu, Léon. — Le Petit collégien bien élevé. In-12. *Dezobry, Magdeleine et C°.*   1 fr. 50 c.

Newmann, le R. P. John Henry. — Nouvelles conférences. Le catholicisme travesti par ses ennemis. Traduit de l'anglais par Jules Gondon. In-8. *Courcier.*   7 fr.

—————— Sermons prêchés en diverses circonstances. Traduits de l'anglais sur la seconde édition. In-18. (Tournai.) *Lethielleux.*   1 fr. 60 c.

Neyremand. — Voy. *Pillot et Neyremand.*

Neyret-Sporta. — Salon marseillais de 1859. In-16. (Marseille, *Camoin frères.*)   2 fr.

Niboyet, Paulin (Fortunio). — Le Livre d'or, comédie en un acte. In-12. *Librairie Nouvelle.*   1 fr.

—————— L'Amour, légende en sept parties; musique de M. Louis Lacombe. (Théâtre Saint-Marcel.) In-12. *Ibid.*   2 fr.

Nicephori opera omnia. — Voy. *Patrologiæ cursus completus.*

Nicklès, J. — Les Électro-Aimants et l'adhérence magnétique. In-8, avec 5 planches. (Nancy.) *E. Lacroix.*   5 fr.

Nicolas, Auguste. — La Vierge Marie. Nouvelles études philosophiques sur le christianisme. 3e partie : La Vierge Marie vivant dans l'Église. 2 vol. *A. Vaton.*   Édition in-8, 13 fr.; in-12, 8 fr.
> L'ouvrage est maintenant terminé et forme 4 volumes. — Les 2 premiers volumes ont paru sous le titre : *La Vierge Marie et le Plan divin.* 1 vol. — *La Vierge Marie d'après l'Évangile.* 1 vol.
> Prix de chaque volume : in-12, 4 fr.; in-8, 6 fr. 50 c.

Nicolas, Michel. — Des doctrines religieuses des juifs pendant les deux siècles antérieurs à l'ère chrétienne. In-8. *Michel Lévy frères.*   7 fr. 50 c.

Nicole, G. —Le livre d'or de la Savoie et de Nice. In-8. *Lebigre-Duquesne.*   3 fr. 50 c.

Nicolle, Henri. — Courses dans les Pyrénées. — La Montagne et les eaux. Nouvelle édition. In-12. *Librairie Nouvelle.*   2 fr.

Nili opera omnia. — Voy. *Patrologiæ cursus completus.*

Nisard, Charles. — Les Gladiateurs de la république des lettres aux XVe, XVIe et XVIIe siècles. 2 vol. in-8. *Michel Lévy frères.* 15 fr.

Nisard, Théodore. — L'Accompagnement du plain-chant sur l'orgue, enseigné en quelques lignes de musique et sans le secours d'aucune notion d'harmonie. Ouvrage destiné à tous les diocèses. Gr. in-8. *Repos.* 4 fr. 50 c.

Nixarpa, Mme Eiluj (Mme Julie Apraxin). — On a beau dire. In-12. *Amyot.* 3 fr. 50 c.

—— Ilona. In-12. *Ibid.* 3 fr. 50 c.

Noblet, Beckwourth le Chasseur. — Voy. *Beckwourth.*

Nodier, Charles. — Contes de la veillée. Nouvelle édition, revue et accompagnée de notes. In-12. *Charpentier.* 3 fr. 50 c.

—— Souvenirs de la Révolution et de l'Empire. 7e édition, avec notes et augmentations considérables. 2 vol. in-12. *Ibid.* 7 fr.

Noël, D. P. L. — La Vie de bivouac (Algérie, Crimée, Italie). Lettres intimes; revues et annotées par M. F. Élie de La Primaudaie. In-12. *Librairie Nouvelle.* 3 fr.

Noël, Eugène. — Le Rabelais de poche, avec un Dictionnaire pantagruélique, tiré des Œuvres de François Rabelais. In-12. *Poulet-Malassis.* 3 fr.

Noël et Chapsal. — Nouvelle grammaire française, sur un plan très-méthodique, etc. 49e édition. In-12. *Hachette et Ce.* 1 fr. 50 c.

—— Exercices pour la grammaire française. 49e éd. In-12. *Ibid.* 1 fr. 50 c.

—— Corrigé des exercices. 49e édition. In-12. *Ibid.* 2 fr.

—— Abrégé de la grammaire française. 39e édition. In-12. *Ibid.* 90 c.

—— Leçons d'analyse grammaticale. 30e édition. In-12. *Ibid.* 1 fr. 80 c.

—— Leçons d'analyse logique. 27e édition. In-12. *Ibid.* 1 fr. 80 c.

—— Nouveau traité des participes. Théorie. 15e édition. In-12. *Ibid.* 2 fr.

—— Exercice pour le même. 15e édition. In-12. *Ibid.* 2 fr.

—— Corrigé des exercices. 15e édition. In-12. *Ibid.* 2 fr.

Noël des Vergers. — Voy. *Des Vergers.*

Noirot, le docteur L. — Annuaire de littérature médicale. — Voy. *Annuaire.*

—— Formules favorites. — Voy. *Green.*

Nonat, le docteur Auguste. — Traité pratique des maladies de l'utérus et de ses annexes. In-8, avec figures. *Adr. Delahaye.* 12 fr.

Noriac, Jules. — La Bêtise humaine, roman inédit. In-12. *Librairie Nouvelle.* 2 fr.

—— Le 101e régiment. Illustré par Armand-Dumarescq, G. Janet, Pelcoq, Morin et Deuxétoiles. 2e édition, illustrée ; 30e édition de l'ouvrage. In-8. *Ibid.* 4 fr. 50 c.

Normanby, lord. — Le Cabinet anglais, l'Italie, la France et le Congrès. Traduit de l'anglais, sur la 2e édition, par M. Audley. In-8. *Douniol.* 1 fr.

Notice militaire et historique sur l'ancienne ville de Lambœse (province de Constantine) ; par A. C., officier d'infanterie. In-8, avec 12 planches. *Corréard.* 6 fr.

Nottret, Mlle V. — Angélino et Françoise. In-12, avec gravures. *Lethielleux.* 60 c.

Nottret, Mlle V. — Les Contes du jeudi. In-12. *Lethielleux.* 60 c.

—— Mon Prix de sagesse. In-12. *Ibid.* 60 c.

—— Récompense du travail. In-12. *Ibid.* 60 c.

Nouguier, Charles. — La Cour d'assises, traité pratique. 1re partie. 2 vol. in-8. *Cosse et Marchal.* 18 fr.

Noulet, J. B. — Recherches sur l'état des lettres romanes dans le midi de la France au xive siècle. In-8. *Techener.* 2 fr. 50 c.

Nourrisson. — La Philosophie de Leibnitz. In-8. *Hachette et Ce.* 7 fr. 50 c.
    Ouvrage couronné par l'Institut.

—— Histoire et philosophie. Études accompagnées de pièces inédites. In-12. *Didier et Ce.* 3 fr. 50 c.

Nouveau dictionnaire français, précédé d'une grammaire générale, etc., etc., par un professeur de l'Université. In-12. *E. Pick.* 3 fr. 50 c.

Nouveau dictionnaire lexicographique et descriptif des sciences médicales et vétérinaires, comprenant l'anatomie, la physiologie, etc., avec planches intercalées dans le texte, suivi d'un vocabulaire biographique; par MM. Rnige-Delorme, Ch. Daremberg, H. Bouley, J. Mignon, avec la collaboration de M. Ch. Lamy, pour la chimie. 4e livraison (OF-SAP.) Grand in-8. *P. Asselin.* 3 fr. 50 c.
    Les 3 premières livraisons coûtent ensemble 14 fr. 50 c. — La 5e livraison qui terminera l'ouvrage, paraîtra dans le courant de l'année 1861.

Nouveau grand alphabet pittoresque pour les bons petits enfants. Orné de nombreuses gravures. In-4. Cart. *A. Rigaud.*
    Avec gravures noires, 7 fr. 50 c. ; color., 10 fr. 50 c.

Nouveau manuel illustré du jeu des échecs; lois et principes, classification des débuts, parties modèles, fins des parties, etc. Études et observations nouvelles, par J. A. de R. précédées d'une introduction historique d'après le professeur Duncan Forbes. In-12, avec figures intercalées dans le texte. *Passard.* 2 fr.

Nouveau Testament (le) de Notre-Seigneur Jésus-Christ, traduit en français par Mésenguy. Nouv. édition, avec une préface par Sylvestre de Sacy. 3 vol. in-16. *Techener.* 18 fr.; papier de Hollande, 45 fr.
    Fait partie de la *Bibliothèque spirituelle,* publiée par M. de Sacy.

Nouvelle attitude (la), de la France. L'Italie a-t-elle à craindre ou à espérer? In-8. *Dentu.* 1 fr.

Nouvelle question d'Orient. Empire d'Égypte et d'Arabie. Reconstitution de la nationalité juive. In-8. *Ibid.* 1 fr.

Nuitter, Charles et Joseph **Derley.** — Une Tasse de thé, comédie en un acte, en prose. (Théâtre du Vaudeville.) In-12. *Michel Lévy frères.* 60 c.

Nus, Eugène. — Voy. *Brisebarre et Nus.*

O

Observations de quelques musiciens et de quelques amateurs sur la méthode de musique de M. le docteur Émile Chevé. In-8. *Michel Lévy frères.* 1 fr.

Observations présentées à M. Dupin aîné, procureur général et sénateur, sur son discours du 29 mars 1860, par Mgr l'évêque d'Alger. In-8. (Alger, *Bastide.*) *Challamel.* 1 fr.

Odon. — Vie de saint Grégoire. — Voy. *Grégoire, Histoire ecclésiastique des Francs.*

Oger, F. — Géographie physique, militaire, historique, politique, adminis-trative et statistique de la France, rédigée conformément au programme officiel, à l'usage des candidats à l'école militaire de Saint-Cyr. 2ᵉ édition, revue, corrigée et augmentée de la Géographie industrielle et commerciale. In-8, avec atlas in-fol. de 17 cartes. *Mallet-Bachelier.*   10 fr.
     La 1ʳᵉ édition a paru en 1859.

O'Gorman, William. — Le Foyer assiégé. Traduit de l'anglais. In-12. *Patois-Cretté.*   2 fr. 50 c.

Ohm, G. S. — Théorie mathématique des courants électriques. Traduction, préface et notes par J. M. Gaugain. In-8. *Mallet-Bachelier.*   5 fr.

Oliphant, Laurence. — La Chine et le Japon, mission du comte d'Elgin pen-dant les années 1857, 1858 et 1859. Traduction nouvelle, précédée d'une introduction, par M. Guizot. 2 vol. in-8. *Michel Lévy frères.*   12 fr.

Olivier, G. — Quentin Metzis, ou le Peintre par amour, comédie en cinq actes. In-12. (Bône.) *Challamel aîné.*   1 fr. 50 c.

Olivier, Th. — L'Économie politique ramenée aux principes du christia-nisme. In-12. (Tournai.) *Lethielleux.*   60 c.

—— Grammaire française élémentaire. In-12, cart. *Ibid.*   75 c.

—— Exercices grammaticaux et lexicologiques, basés sur les différentes branches de l'instruction. In-12, cart. *Ibid.*   2 fr.

—— Grammaire française à l'usage des enfants. In-12, cart. *Ibid.*   60 c.

——Exercices élémentaires sur la grammaire française. In-12, cart. *Ibid.* 75 c.

Olry, Jean. — La Persécution de l'église de Metz, décrite par le sieur Jean Olry. 2ᵉ édition, accompagnée de notices et de notes, par Othon Cuvier. In-16. *Franck.*   3 fr. 50 c.

Olympiades (les) album de l'Union des poëtes. 3ᵉ olympiade. Année 1860. In-8. *A. Rigaud.*   5 fr.

Omatre, Mᵐᵉ d', (née Georgeon d'Archambault.) — Thomassine Spinola, ou Louis XII en Italie, nouvelle du xvᵉ siècle. In-12. *Hachette et Cⁱᵉ.*   2 fr.

Onnée, J. — Le Pape, l'Empereur et l'Univers. In-8. *Dentu.*   50 c.

Onquaire, Galoppe d'. — Voy. *Galoppe d'Onquaire.*

Oppert, Jules. — Éléments de la grammaire assyrienne. In-8. *Challamel aîné.*   3 fr. 50 c.

—— Remarques sur les caractères distinctifs des différentes familles lin-guistiques. In-8. *Just Rouvier.*   1 fr.
     Extrait de la Revue d'Orient.

Orbigny, Alcide d'. — Voy. *D'Orbigny.*

O'Reilly, l'abbé Patrice-John. — Histoire complète de Bordeaux. 1ʳᵉ partie. T. III. In-8. (Bordeaux, *Delmas.*)   6 fr.

Origine drolatique de la grammaire. Les lettres de l'alphabet à la cour de Charlemagne. 2ᵉ édition, augmentée d'un morceau de musique de Lully. In-8. *Desloges.*   50 c.

Origenis opera omnia. — Voy. *Patrologiæ cursus completus.*

Orléans, duchesse d'. — Lettres originales. — Voy. *Lettres.*

Ornano, le comte Rodolphe d'. — De l'administration de l'Empire. In-8. *Dentu.*   1 fr.

Orphée, opéra en quatre actes, musique de Gluck. Édition conforme à la représentation. (Théâtre-Lyrique.) Grand in-8. *Michel Lévy frères.* 20 c.

Orse, l'abbé. — Le Chemin du ciel en pratique, ou Règlement de vie raisonné pour les personnes du monde. In-18. *Id. Le Clère et Ce.* 1 fr.

—— Manifestation de la Providence dans la nature, d'après les Études de la nature de Bernardin de Saint-Pierre, avec des notes. In-12. *Ibid.* 1 fr.

—— Marie-Antoinette, reine de France et de Navarre. Extrait des mémoires de Weber continués depuis la journée du 10 août 1792 jusqu'à la mort de la reine. In-12. *Vrayet de Surcy.* 1 fr.

—— Voy. aussi : *Supplément à l'Encyclopédie catholique.*

Orsini, l'abbé. — Réponse à la brochure intitulée « le Pape et le congrès. » In-8. *Ledoyen.* 75 c.

—— La Vierge. Histoire de la mère de Dieu et de son culte. Nouvelle édition, revue et augmentée. Illustrée de 16 gravures sur acier et de plus de 250 gravures sur bois. Grand in-8. *Courcier.* 15 fr.

Ortolan, A. — Extrait du traité élémentaire des machines à vapeur marines, rédigé d'après le programme du concours pour le brevet de maître au cabotage. Avec 6 planches et fig. dans le texte In-8. *E. Lacroix.* 5 fr.

—— **Lotte et Lacarrière.** — Cours de machines à vapeur appliquées à la navigation, à l'usage des mécaniciens de la marine militaire et de la marine marchande. 1re partie. Examen au grade de quartier-maître mécanicien, d'après le programme officiel de 1860. Grand in-8, avec atlas de 11 planches. *Ibid.* 10 fr.

L'ouvrage sera publié en 3 parties.

Ortolan, Elzéar. — Enfantines, moralités. (Poésies.) 2e édition, augmentée. In-12. *Plon.* 3 fr.

Ory, Stéphanie. — Clotilde de Bellefonds, ou la véritable beauté. In-12, avec gravures. (Tours, *Mame et Ce.*) Broché, 50 c. ; cart., 65 c.

Bibliothèque des écoles chrétiennes, 3e série.

—— Jeanne de Bellemare, ou l'Orpheline de Verneuil. In-8, avec gravures. *Ibid.* Broché, 1 fr. ; cart., 1 fr. 25 c.

Bibliothèque des écoles chrétiennes, 2e série.

—— Georges, ou le Choix d'un état. In-18, avec gravures. *Ibid.* Broché, 30 c. ; cart., 40 c.

Bibliothèque des écoles chrétiennes, série format in-18.

—— Gertrude, ou la Bonne petite fille. In-18, avec gravures. *Ibid.* Broché, 30 c. ; cart., 40 c.

Bibliothèque des écoles chrétiennes, série format in-18.

Osiris, J. — Voy. *Histoire de la guerre de l'Espagne avec le Maroc.*

Ostertaz, Albert. — Aperçu général sur les missions protestantes, depuis la réformation jusqu'à nos jours. Traduit de l'allemand. In-18. (Toulouse.) *Grassart.* 80 c.

Othenin-Girard, Jules-Frédéric. — Les Fêtes principales de l'année chrétienne. Sermons sur divers textes de l'Écriture sainte. In-12. (Genève.) *J. Cherbuliez.* 2 fr. 50 c.

Ott, A. — L'Inde et la Chine. — Voy. *Bibliothèque utile.*

Ottmar, l'abbé. — Voy. *Lautenschlager.*

Oudin, Henri. — Comptabilité des notaires, suivie : 1° de la comptabilité des dépôts ; 2° de la comptabilité pour le service des intérêts et revenus ; 3° de tableaux pour le compte du timbre et des rôles, etc. Petit in-fol. *Cosse et Marchal.* 12 fr.

Ourgaud, le docteur. — Précis sur les eaux thermo-minérales à base de chaux, de soude et de magnésie d'Ussat-les-Bains (Ariége), et Rapport sur la saison thermale de 1859, avec plans et notes historiques. In-8. (Pamiers.) *Germer Baillière.* 2 fr.

Ourliac, Édouard. — Suzanne. In-12. *Librairie Nouvelle.* 1 fr.

Outrey, Marius. — Dictionnaire de toutes les localités de l'Algérie, contenant, par ordre alphabétique, les noms des villes, villages, hameaux, tribus, principaux marchés, directions et distributions des postes, et lieux habités par les Européens et les indigènes des trois provinces; suivi des tableaux des distances légales. In-12, avec 4 tableaux. (Alger.) *Challamel aîné.* 6 fr.

Ouvaroff, le comte Alexis. — Recherches sur les antiquités de la Russie méridionale et des côtes de la mer Noire. 2e partie. In-fol., avec atlas de 17 planches grand in-fol. *Victor Didron.* 40 fr.

La 1re partie de l'ouvrage a paru en 1855; elle forme également 1 vol. de texte in-fol. et 1 atlas de 25 planches grand in-fol. Prix : 60 fr.

Overberg, Bernard. — Manuel de pédagogie, ou Guide de l'instituteur. Traduit de l'allemand. 3e édition, améliorée et complétée par Alphonse Grandmont. In-8. (Tournai.) *Lethielleux.* 2 fr. 50 c.

Ovide. — Œuvres choisies. — Les Fastes. — Les Tristes. Traduction de la collection Panckoucke; par Th. Burette et Vernadé. Nouvelle édition, revue avec le plus grand soin par E. Pessonneaux. In-12. *Garnier frères.* 3 fr. 50 c.

Oxenden, le Rév. Ashton. — Le Chemin du salut, ou Conseils aux âmes réveillées. Traduit de l'anglais. In-12. (Toulouse.) *Grassart.* 1 fr. 25 c.

P

Pacca, le cardinal B. — Mémoires. — Voy. *Mémoires.*

Pacini, Émilien. — Voy. *Saint-Georges et Pacini.*

Pagès, l'abbé A. E. — Méditations à l'usage de la jeunesse pour tous les jours de l'année et les principales fêtes. In-12. *Ad. Le Clère et Ce.* 3 fr.

Pagès, Alphonse. — La Méthode musicale Galin-Paris-Chevé. Exposé historique. In-8. *6, rue de Beaune.* 50 c.

Pagès. — Manuscrits de Pagès, marchand d'Amiens, écrits à la fin du XVIIe et au commencement du XVIIIe siècle, sur Amiens et la Picardie; mis en ordre et publiés par Louis Douchet. T. IV. In-12. (Amiens, *chez M. Douchet.*) 3 fr.

T. I à III, 1856 à 1858. — Prix de chaque volume, 3 fr.

Pagnerre. — Voy. *Dictionnaire politique.*

Pailleron, Édouard. — Les Parasites. In-12. *Michel Lévy frères.* 3 fr.

—— Le Parasite, comédie en un acte, en vers. (Théâtre de l'Odéon.) In-12. *Ibid.* 60 c.

Pallu, Léopold. — Les Gens de mer. — La Vie militaire. — La Vie marchande. — Histoire du capitaine fouetté. — Les Modistes de Kercht. In-12. *Hachette et Ce.* 2 fr.

Palmer, Mme Phébé. — La Foi et ses effets. Fragments d'une correspondance. Traduits de l'anglais par J. Wesley-Lelièvre, pasteur. In-12. *Librairie évangélique.* 1 fr. 25 c.

Panlatinisme (le), confédération gallo-latine et celto-gauloise; contre-testament de Pierre le Grand et contre-panslavisme. Ouvrage suivi du traité de Paris, de ses annexes, etc. In-8. *Passard.* 3 fr. 50 c.
>   Voy. aussi *Testament de Pierre le Grand.*

Papauté (la) en présence de l'Évangile et de l'histoire. In-8. *Ibid.* 1 fr. 50 c.

Pape (le) et la Bible, ou l'Infaillibilité et l'inspiration. In-8. *A. Franck.* 4 fr.

—— et l'Italie. Mandement de S. Émin. révérendissime Mgr le cardinal-archevêque de Vienne. Édition française; par H. Schiel. In-8. (Vienne, *Braumüller.*) 60 c.

—— et le parti catholique. In-8. *Dentu.* 1 fr.

—— devant la Révolution, par un catholique. In-8. *A. Le Clère et Cᵉ.* 80 c.

—— et la révolution, par M. R. de L. In-8. *Ibid.* 80 c.

—— et les ultramontains. In-8. *Leclère.* 1 fr.

Papes (les) princes italiens. In-8. *Dentu.* 2 fr.

Parade, A. — Voy. *Lorentz, cours de culture des bois.*

Paray, Gaston de. — Les quinze joies du mariage. — Voy. *Quinze joies.*

Pardiac, l'abbé J. B. — Étude archéologique et iconographique de sainte Ursule. In-8. *Blériot.* 1 fr.
>   Extrait de la Revue de l'art chrétien.

Parfait douanier (le) civil et militaire; par un vétéran de l'administration. In-12. *Sartorius.* 2 fr. 50 c.

Paringault, Eug. — De l'administration de la justice criminelle en France, d'après les données de la dernière statistique. In-8. *A. Marescq aîné.* 2 fr.
>   Extrait de la Revue pratique de droit français.

—— De l'établissement du ministère public près les tribunaux de commerce. In-8. *Ibid.* 3 fr.
>   Extrait du même journal.

Paris, Paulin. — Voy. *Tallemant des Réaux, Historiettes.*

Paris vivant; par des hommes nouveaux. Livr. 17ᵉ. Le Gandin. In-32. *G. de Gonet.* 1 fr.

Paris à vol d'oiseau, son histoire, celle de ses monuments, de ses embellissements et accroissements successifs jusqu'à nos jours. Ouvrage orné de gravures. In-8. *Renault et Cᵉ.* 6 fr.

Parise La Duchesse, publié par Guessard et Larchey. — Voy. *Anciens poëtes de la France.*

Parisis, Mgr. — Du Spirituel et du Temporel dans l'Église. Lettre de Mgr l'évêque d'Arras à S. Exc. M. Thouvenel, ministre des affaires étrangères. In-8. *Lecoffre et Cᵉ.* 30 c.

Parker, Mme J. M. — L'enfant missionnaire, histoire pour la jeunesse. Traduction libre par Henry T. de Jersey. In-12. *Librairie évangélique.* 50 c.

Parrot, le docteur Jules. — De la mort apparente. Thèse soutenue à la Faculté de médecine le 5 mars 1860. In-4. *Ad. Delahays.* 2 fr.

Parseval, Lud. de. — Observations pratiques de Samuel Hahnemann et classification de ses recherches sur les propriétés caractéristiques des médicaments. In-8. *Baillière et fils.* 6 fr.

Pascal. — Trois fragments. — Voy. *Jourdain, Logique de Port-Royal.*

Pascal, Aristide Charles J. — Traité synthétique de la dot en droit romain. suivi d'une dissertation sur l'inaliénabilité de la dot en droit français. In-8; *Marescq ainé.* 6 fr.

Pascal Marie, le R. P. — La perfection chrétienne dans toutes les conditions. In-32. *Lethielleux.* 30 c.

—— Méditations sur les souffrances de N.-S. Jésus-Christ. Ouvrage imité de l'italien. In-12. (Tournai.) *Ibid.* 1 fr. 60 c.

Pasquet, J. — Cours de thèmes adaptés à la grammaire latine du même auteur. 1re et 2e partie. In-12. *Durand.* Prix de chaque partie, 1 fr.

—— Corrigés pour les mêmes. 1re et 2e partie. In-12. *Ibid.* Prix de chaque partie, 2 fr.

Passavant, J. D. — Le Peintre-Graveur, contenant l'histoire de la gravure sur bois, sur métal et au burin, jusque vers la fin du xvie siècle, etc. T. II. In-8. (Leipzig.) *Klincksieck.* 12 fr.

—— Raphaël d'Urbin et son père Giovanni Santi. Édition française, refaite, corrigée et considérablement augmentée par l'auteur sur la traduction de M. Jules Lunteschutz, revue et annotée par M. Paul Lacroix. 2 vol. in-8. *Ve J. Renouard.* 20 fr.

Passion (la) de Notre-Seigneur Jésus-Christ, d'après la concorde des quatre évangélistes. Henri Goltzius, peintre et graveur du xvie siècle. In-4, avec 12 gravures photographiees. *Curmer*. 40 fr.

Passy, Frédéric. — De la souveraineté temporelle des papes au point de vue de la justice et de la religion. In-8. *Dentu.* 1 fr.

Patrologiæ cursus completus seu Bibliotheca universalis omnium S. S. Patrum, Doctorum, etc., sive Latinorum, sive Græcorum. Accurante J. P. Migne. — Patrologia græco-latina. Gr. in-8. *Migne.*

> T. 16. 2e et 3e partie. — *Origenis* opera omnia, ex variis editionibus et codicibus manu exaratis, gallicis, italicis, etc. Opera et studio Caroli et Caroli Vicentii Delarue edita. T. VI. Pars 2 et 3. 22 fr.
>
> Les Œuvres d'*Origène* forment les T. 11 à 17 de la Patrologie, 7 vol. en 9 tomes. Prix, 95 fr.

> T. 59 à 64. — *Joannis Chrysostomi* opera omnia quæ exstant. ed. Bern. de Monfaucon. Editio novissima. T. 8 à 13. Prix de l'ouvrage complet en 13 vol. ou 18 tomes, 160 fr.
>
> Les vol. 1 à 7 ont été publiés en 1858 et 1839 ; ils forment les T. 47 à 58 de la Patrologie, les vol. 1, 2, 3, 4 et 6 étant publiés chacun en 2 tomes.

> T. 78. — *Isidori* Polusiotæ de interpretatione divinæ Scripturæ epistolarum libri quinque, cura et studio Cl. V. Jac. Billii Prunæi ; commentationes scripsit H. A. Niemeyrus. Accedunt Zosimi abbatis alloquia. 1 vol. 12 fr.

> T. 79. — *Nili* abbatis opera quæ reperiri potuerunt omnia ; variorum curis olim, Leonis Allati, Petri Possini, etc., seorsim edita ; accurante J. P. Migne. 1 vol. 11 fr.

> T. 83, 84. — *Theodoreti* Cyrensis episcopi opera omnia, post recensionem Jac. Sismondi edidit J. Lud. Schulze. T. IV et V. 24 fr.
>
> Les T. I à III ont paru en 1859 et forment les vol. 80 à 82 de la Patrologie.

> T. 85. — *Basilii* Seleuciensis episcopi opera quæ exstant omnia. Accedunt Eudoxiæ imperatricis, Æneæ Gazæi, Zachariæ Mitylenes, etc., scripta quæ supersunt. 1 vol. 13 fr.

> T. 86. — *Eusebii* Alexandrini episcopi, Eusebii Emeseni, Leontii Byzantini opera quæ reperiri potuerunt omnia ; accedunt Justiniani imperatoris Augusti scripta dogmatica, 1re partie. 11 fr.
>
> Le T. 86 aura 2 volumes.

T. 87. — *Procopii Gazæi,* opera huc usque variorum curis Jacobi nempe Gesneri, Joannis Curterii, etc., nonnisi frustatim edita. T. I.
Prix pour les trois volumes, 30 fr.

Les T. 2 et 3 formeront les 2ᵉ et 3ᵉ parties du T. 87 de la collection.

T. 88. — *Joannis Scholastici,* vulgo Climaci abbatis montis Sina opera omnia. Accedunt Cosme Indicopleustæ, etc., scripta quæ supersunt. 4 vol. 13 fr.

T. 89. — *Anastasii,* cognomento Sinaitæ, opera omnia, post editiones Jac. Gretseri, Franc. Combefisii, etc., ad prelum revocata. Accedunt Anastasii Antiocheni episcopi, etc., scripta quæ supersunt. 4 vol. 12 fr.

T. 90, 91. — *Maximi* confessoris opera omnia, cura et studio R. P. Combefis, accedit S. Maximi liber de variis difficilibus locis, etc. 2 vol. 22 fr.

T. 92. — *Chronicon* paschale, a mundo condito ad Heraclii imp. Anno XX. Accedunt Georgii Pisidæ opera. 4 vol. 12 fr.

T. 93. — *Hesychii* Hierosolymitani presbiteri, Olympiodori Alexandrini Leontii Neapoleos in Cypro episcopi opera omnia. 4 vol. 12 fr.

T. 94, 95, 96. — *Joannis Damasceni* opera omnia et ejus nomine circumferentur, cura et studio P. Michælis Lequien. 3 vol. 35 fr.

T. 97. — *Andreæ,* Cretensis archiepiscopi opera omnia. Accedunt Joannis Malalæ, Theodori Abucaræ, Carum episcopi scripta. 4 vol. 11 fr.

T. 98. — *Germani,* archiepiscopi Constantinopolitani opera omnia; juxta editiones card. Maï, J. D. Mansi, Jac. Gretseri, F. Combefisii, ad prelum revocata. Accedunt Gregorii Agrigentini, Tarasii, Cosmi Hierosolymitanæ, etc., scripta. 4 vol. 11 fr.

T. 99. — *Theodori* studitæ opera omnia. Juxta editionem Jacobi Sismondi cum amplissimis accessionibus quas publici juris fecit card. Angelo Maï. 4 vol. 12 fr.

T. 100. — *Nicephori,* archiepiscopi Constantinopolitani opera omnia, post Ang. Mai, Dionysii Petavii, etc., curas recensita et nunc primum in unum collecta. Accedunt S. Methodii, Gregorii Decapolitæ, Christophori Alexandrini, etc., scripta. 4 vol. 11 fr.

La collection de la *Patrologie grecque et latine* sera complète en 104 volumes, qui formeront 109 tomes, les vol. 16, 86 et 87 étant publiés, le premier en 3, le second en 2, et le troisième en 3 volumes. Il y aura en outre 3 volumes de tables, lesquels cependant ne seront publiés qu'en 1863. — Le prix de chaque volume de la collection est fixé à 8 fr. pour les souscripteurs à la Patrologie latine et à la Patrologie grecque ensemble, et à 9 fr. pour les souscripteurs à la Patrologie grecque seule.

Paul, l'abbé. — La Religion aisée, simple discours. Extrait de l'art d'être malheureux. Ouvrage approuvé par Mᵍʳ le cardinal Wisemann. In-32. *J. Tardieu.* 20 c.

Paultre, Émile. — Voy. *Durand et Paultre.*

Pauthier, G. — La Médecine, la chirurgie et les établissements d'assistance publique en Chine. In-8. *Just Rouvier.* 1 fr.

Extrait de la Revue de l'Orient.

—— Voy. aussi : *Mémoire secret.*

Pavie, Théodore. — Récits de terre et de mer. In-12. *Michel Lévy frères.* 3 fr.

Pavy, Mᵍʳ L. A. A. — Esquisse d'un traité sur la souveraineté temporelle du pape. Grand in-8, avec une carte des États de l'Église. (Alger.) *Challamel aîné.* 5 fr.

—— Voy. aussi : *Observations présentées à M. Dupin.*

Paya, Charles. — De l'origine de la papauté. In-8. *Barba.* 3 fr.

—— Joseph Garibaldi. Illustrations de Janet-Lange. In-4. *Ibid.* 2 fr.

Payan-Dumoulin, E. de. — Antiquités gallo-romaines découvertes à Toulon-sur-Allier, et réflexions sur la céramique antique. Grand in-8, avec 4 planches. *Didron.* 4 fr.

Payer, J. B. — Leçons sur les familles naturelles des plantes faites à la Faculté des sciences de Paris. Livraison 1 à 4. In-18. *Masson et fils.*
Prix de chaque livraison, 60 c.

Payot, V. — Catalogue des fougères, prêles et lycopodiacées des environs du Mont-Blanc. In-8, avec une carte. (Genève.) *Cherbuliez.* 2 fr. 50 c.

Péan, le docteur J. — De la scapulalgie et de la résection scapulo-humérale, envisagée au point de vue du traitement de la scapulalgie. Mémoire orné de 20 dessins intercalés dans le texte. In-8. *Ad. Delahays.* 3 fr. 50 c.

Péan Gatineau. — Vie de Monseigneur Saint-Martin de Tours, par Péan Gatineau, poëte du xiii° siècle, publiée d'après un manuscrit de la bibliothèque impériale, par l'abbé J. J. Bourassé. In-8. *Techener.* 8 fr.
Publication de la Société des bibliophiles de Touraine.

Pechméja, Ange. — Rosalie, nouvelle. In-12. *Franck.* 3 fr.

Peetermans, N. — Voy. *Fleurs des vieux poëtes liégeois.*

Peigné, A. — Annuaire de la Savoie et du comté de Nice. Supplément au dictionnaire topographique, statistique et postal de la France, et de ses possessions hors d'Europe. In-12. *Chez l'auteur, 41, rue de Seine.* 60 c.

Peigné-Delacourt. — Recherches sur le lieu de la bataille d'Attila en 451, ornées d'une carte géographique et de planches chromolithographiques. In-4. *Dumoulin.* 25 fr.

Peladan, Adrien. — Décentralisation intellectuelle. Ouvrage publié dans la France littéraire (Lyon). In-12. *Vanier.* 1 fr. 50 c.

Pelerin, Charles. — Excursion artistique en Dalmatie et au Monténégro. In-fol., avec 12 vues lithographiées. *Chez M. David, 24, rue de la Paix.* 10 fr.

Pélin, Gabriel. — Rigolboche et Garibaldi. In-8. *Dentu.* 50 c.

Pellat, C. A. — Textes choisis des Pandectes. Traduits et commentés. In-8. *A. Durand.* 5 fr.
La 1re partie seule a paru ; la 2e partie sera fournie gratis aux souscripteurs.

Pellet, le commandant. — Fables d'Yriarte. — Voy. *Yriarte.*

Pelletan, Eugène. — Une étoile filante. Béranger. In-8. *E. Dentu.* 1 fr.

—— Décadence de la monarchie française. — Voy. *Bibliothèque utile.*

Pelletier, l'abbé Victor. — M. Raillon, évêque nommé d'Orléans en 1810 ; réponse au Constitutionnel du 22 août 1860. In-8. *Blériot.* 50 c.

Pelouze, J., et E. **Frémy.** — Traité de chimie générale, analytique, industrielle et agricole. 3e édition, entièrement refondue, avec fig. dans le texte. T. I. Chimie inorganique. — Métalloïdes. In-8. *Masson et fils.* 15 fr.
Cette édition aura 6 volumes. Les tomes I à III seront consacrés à la chimie inorganique, et les T. IV à VI, à la chimie organique. Les deux parties seront publiées simultanément.

Peltier, l'abbé. — Défense des quatre propositions contre leurs soi-disant défenseurs. 1re partie : Observations critiques sur l'écrit de l'abbé Maupied ; Réconciliation de la raison avec la foi. In-8. *Victor Sarlit.* 1 fr. 50 c.

—— Le même. 2e partie : Observations sur l'ouvrage de l'abbé Cognat ; Clément d'Alexandrie. In-8. *Ibid.* 1 fr. 25 c.

Peltier, l'abbé. — Le même. 3e partie. Quelques mots sur le gros ouvrage de M. J. Lupus : le Traditionalisme et le Rationalisme. In-8. *Victor Sarlit.*
2 fr. 50 c.

Peltier fils, J. — L'Équitation pratique. In-12. *Hachette et Ce.*　1 fr.

Penard, le docteur Louis. — De l'intervention du médecin légiste dans les questions d'attentats aux mœurs. In-8. *Baillière et fils.*　2 fr. 50 c.

Pensées d'un catholique sur les affaires de Rome en vue du congrès de Paris de 1860. In-8. *Dentu.*　50 c.

Pepoli, le marquis J. Napoléon. — Les Finances pontificales; lettre au comte Costa della Torre, député au parlement sarde; suivie d'une réponse à M. de Corcelles. Traduit sur la seconde édition. In-8. *Ibid.*　3 fr.

Perdonnet, Auguste. — Traité élémentaire des chemins de fer. 2e édition. T. II. In-8, avec portrait, tableau, 6 planches et vignettes dans le texte. *Garnier frères.*　Gratis pour les souscripteurs.
　　　Le Ier vol. a paru en 1858 chez Langlois et Leclercq. — Prix des 2 volumes : 30 fr.

—— et C. **Polonceau.** — Nouveau portefeuille des chemins de fer. Suite du Portefeuille des chemins de fer. Livraison 8 et 9. In-8, avec atlas in-fol. oblong. *E. Lacroix.*　Prix de chaque livraison, 15 fr.

Pereire, Eugène. — Tables de l'intérêt composé, des annuités et des rentes viagères. In-4. *Mallet-Bachelier.*　10 fr.

Pérennès F. — Dictionnaire de bibliographie catholique. — Voy. *Migne, Troisième encyclopédie théologique.*

Peretti, l'abbé L. de. — La Veuve de Cynos, ou le Premier commandement de l'Église. In-32. *Josse.*　60 c.

Périer, J. A. N. — Notice sur les eaux minérales de Monte-Catini, suivie d'une note sur les étuves de Monsummano (Toscane). In-8. *Rozier.* 1 fr.

Périer, Casimir. — Le Traité avec l'Angleterre. In-8. *Lévy frères.*　3 fr.

Perin, Jules H. — Du domaine public dans ses différences avec le domaine privé sous le rapport de la prescription et de la compétence, avec une introduction historique. Thèse de doctorat. In-8. *Durand.*　4 fr.

Perlasco Colierbat. Un Collier de perles, ou Passages extraits du Nouveau Testament de N.-S. Jésus-Christ. (En langue basque.) In-16. (Bayonne, *André.*) *Grassart.*　60 c.

Pernice, le docteur H. — Mémoire sur les accouchements avec présentation du sommet, compliqués de la présence d'un ou plusieurs membres. Traduit de l'allemand, avec autorisation, par le docteur W. Redlich. In-8. (Marseille, *Camoin frères.*)　2 fr. 50 c.

Perrault-Maynand, Aloys. — L'Italie contemporaine au tribunal de l'histoire et du droit. In-8. *Lecoffre et Ce.*　2 fr. 50 c.

Perreau, Adolphe. — Amours de vingt ans, poésies. In-18. *Tardieu.* 1 fr.

Perrens, F. T. — Étienne Marcel et le gouvernement de la bourgeoisie au XIVe siècle (1356-1358). In-8. *Hachette et Ce.*　6 fr.
　　　Voyez aussi : *Luce, Examen critique.*

Perret, Paul. — Histoire d'une jolie femme. In-12. *Michel Lévy frères.* 1 fr.

Perrin, Maximilien. — Manon la ravaudeuse. 2 vol. in-8. *A. Cadot.* 15 fr.

—— Les Mariages d'inclination. 2 vol. in-8. *Ibid.*　15 fr.

—— Mademoiselle Colombe, ou une nouvelle Rigolboche. Entièrement inédit. 4 vol. in-8. *De Potter.*　30 fr.

Perrin, Albert. — Moyens de faire diminuer les loyers de Paris. In–12: *Librairie nouvelle.*   60 c.

Perrin. — Du rôle de l'alcool. — Voy. *Lallemand, etc.*

Perring, M^rss. — Histoire d'une souris. Traduit de l'anglais par Eugène de Budé. In–18. (Genève.) *Cherbuliez.*   80 c.

Perron. — Le Nâcéri. — Voy. *Nâcéri.*

———— La Médecine du Prophète. — Voy. *Médecine.*

Perron, J. — Voy. *Albanès, Havard et Perron.*

Perron d'Arc, Henry. — Le Jardin des Plantes et ses habitants. Abrégé spécial d'histoire naturelle à l'usage de ceux qui visitent le muséum. Saison de 1860. In–16. *Dubuisson et Ce.*   1 fr. 25 c.

Perrot, Louis. — Statistique des prisons et établissements pénitentiaires pour l'année 1858. Rapport à S. Exc. le ministre de l'intérieur. In–8. *P. Dupont.*   5 fr.

Perrussel, le docteur F. — Guide du médecin dans le choix d'une méthode pour guérir les maladies aiguës et chroniques, comprenant des études cliniques et thérapeutiques sur le cancer; suivi d'un mémoire sur la valeur caractéristique des symptômes, par le docteur de Bœnninghausen. In–12. *Baillière et fils.*   4 fr. 50 c.

Perse. — Œuvres. — Voy. *Juvénal et Perse.*

Personneaux, E. A. — Recrutement de la bureaucratie publique. In–8. *Challamel.*   75 c.

Pescheux, Réméon. — La Porte du couchant, ou Tlemcen l'ombragée, poëme en douze chants, accompagné d'esquisses historiques africaines. In–8. *Au bureau de l'Algérie agricole, 3, rue Christine.*   2 fr.

Pessonneaux. — La Vie à ciel ouvert, poëme. 2e partie. In–12. *Dentu.* 3 fr.
    La 1re partie a paru en 1858. 1 vol. in-12. *Ibid.* 2 fr.

Petetin, A. — De l'annexion de la Savoie. In–8. *Librairie Nouvelle.* 1 fr.

Petit, Victor. — Châteaux de la vallée de la Loire des xve, xvie et xviie siècles. Livraison 15 à 18. In-fol. *Boivin.*
            Prix de chaque livraison, 7 fr.; sur papier de Chine, 10 fr.
    L'ouvrage sera publié en 25 livraisons.

———— Parcs et Jardins des environs de Paris. Nouveau recueil de plans de jardins et petits parcs, dessinés à vol d'oiseau dans les genres français, anglais, suisse, etc., variés de forme et de grandeur, et accompagnés de constructions formant l'ornementation des jardins, etc. Livraison 3 à 5 (fin). In-4. *Monrocq frères.*   Prix de chaque livraison, 7 fr. 50 c.
    Prix de l'ouvrage complet, formant 1 vol in-4, avec 50 planches coloriées : 37 fr. 50 c.

Petit de Coupray. — Annuaire des chemins de fer. — Voy. *Annuaire.*

Petitcolin, J. et L. **Chaumont**. — Atlas universel des machines, appareils, instruments, outils anciens et nouveaux, employés dans les différents genres de l'industrie française et étrangère. T. III. Livraison 2e. In-folio. *E. Lacroix.*   Prix de chaque livraison, 3 fr.
            Prix de souscription pour le volume de 10 livraisons, 25 fr.

Pétrone. — Œuvres complètes, avec la traduction française de la collection Panckoucke, par M. Héguin de Guerle, et précédée des recherches sceptiques sur le Satyricon et son auteur, par J. N. M. de Guerle. Nouvelle édition, très-soigneusement revue. In–12. *Garnier frères.*   3 fr. 50 c.

Peupin. — Voy. *Latouche et Peupin.*

Pey, A. — Doon de Maience. — Voy. *Anciens poètes de la France.*

Peyrat, Napoléon. — Les Réformateurs de la France et de l'Italie au XIIe siècle. *Meyrueis et Ce.* 3 fr. 50 c.

Pezzani, André. — Le Règne de Dieu prédit par les prophètes, les saintes Écritures, la tradition et les saints Pères. In-12. *Ledoyen.* 4 fr.

—— Voy. aussi : *Gondy, Histoire des trois assassinats de Saint-Cyr.*

Pfnor, Rodolphe. — Monographie du palais de Fontainebleau ; accompagnée d'un texte historique et descriptif par M. Champollion-Figeac. Livraison 4 à 21. In-fol. *Morel et Ce.* Prix de chaque livraison, papier ordinaire, 4 fr.
Sur papier de Chine, 5 fr.
L'ouvrage sera publié en 75 livraisons.

Pharmacopée domestique, ou Recueil de remèdes et de recettes très-simples pour guérir toutes sortes de maladies, à l'usage des gens de la campagne et de la ville ; par un philanthrope. In-32. (Montbeliard, *Barbier.*) 2 fr.

Philibert, Hipp. — Le Chêne et le roseau, comédie en un acte et en prose. (Théâtre de Toulouse.) In-8. (Toulouse, *Delboy.*) 1 fr.

Philipon de la Madelaine. — Manuel épistolaire à l'usage de la jeunesse, contenant toutes les instructions nécessaires sur les divers genres de correspondances et un grand nombre d'exemples puisés dans les meilleurs écrivains. 17e édition, soigneusement revue et améliorée. In-12. *Garnier frères.* 3 fr. 50 c.

Philippe. — Flore des Pyrénées. T. II. In-8. (Bagnères, *Plassot.*) 6 fr.
T. I a paru en 1859.

Philips, le docteur J. P. — Cours théorique et pratique de braidisme, ou Hypnotisme nerveux considéré dans ses rapports avec la psychologie, la physiologie et la pathologie, etc. In-8. *Baillière et fils.* 3 fr. 50 c.

Physiologie (la) du billard, par un amateur. In-16. *Ledoyen.* 1 fr.

Piave, F. M. — Marguerite, mélodrame en trois actes ; musique de Gaetano Braga. (Théâtre-Italien.) Texte italien-français. In-8. *13, rue Grange-Batelière.* 2 fr.

Picard, Adolphe. — Rêveries (vers). In-12. *Dentu.* 3 fr.

Picard, Jules. — État général des forces militaires et maritimes de la Chine. Solde, armes, équipements, etc. ; précédé d'une étude sur les rapports commerciaux à établir avec cet empire. Ouvrage composé d'après les textes officiels chinois, recueillis par T. F. Wade, et sur d'autres documents récents. In-8. *Corréard.* 9 fr.

Piccirillo, le P. — L'Orpheline. Histoire calabraise, publiée par la Civiltà cattolica. In-12. (Bruxelles, *H. Goemaere.*) 3 fr.

Pichat, Ch. et A. M. **Casanova**. — Examen de la question agricole en Dombes. In-8. *Librairie agricole.* 2 fr.

Pichat, L. Laurent. — Gaston. In-12. *Hachette et Ce.* 3 fr. 50 c.

—— L'Art et les Artistes. — Voy. *Bibliothèque utile.*

Pichot, Amédée. — Arlésiennes. — Chroniques, légendes, contes et souvenirs biographiques et littéraires. In-12. *Hachette et Co.* 4 fr. 50 c.

—— L'Écolier de Walter Scott, contes biographiques. In-12. *Michel Lévy frères.* 1 fr.

Picot de Clorivière, le R. P. — Neuvaine en l'honneur de saint Stanislas Kostka, de la compagnie de Jésus (13 novembre). In-18. *Douniol.* 30 c.

Pictet, F. J. — Matériaux pour la Paléontologie suisse. 2ᵉ série : Description des fossiles des terrains crétacés des environs de Sainte-Croix par F. J. Pictet et G. Campiche. 1ʳᵉ partie. In-4, avec 45 planches. (Genève.) *Baillière et fils.* 80 fr.

Pictet de Rochemont. — De la Neutralité de la Suisse dans l'intérêt de l'Europe. Nouvelle édition. In-8. (Genève.) *Cherbuliez.* 1 fr. 50 c.

Pie IX et son pontificat, par un diplomate. Gr. in-8. *Lethielleux.* 1 fr. 25 c.

Pierre, l'abbé. — Constantinople, Jérusalem et Rome. 2 vol. in-8, avec plan et carte. *Michel Lévy frères.* 15 fr.

Pierre, Charles. — Le Drapeau de la France. La Croix au drapeau. (Vers.) In-8. *Lebigre-Duquesne.* 75 c.

Pierre, Isidore. — De la valeur nutritive des fourrages et autres substances destinées à l'alimentation des animaux. In-12. (Bruxelles, *Tarlier.*) 2 fr.

Pierre le Grand. — Testament. — Voy. *Testament.*

Pierre-Michel, G. V. — Le Christ devant Rome et la chrétienté. Lettre à un prêtre. In-8. *Dentu.* 1 fr. 50 c.

Pierres, le baron de. — L'Administration des haras et l'industrie privée. In-8. *Ibid.* 1 fr.

Pierrot, l'abbé. — Histoire de France, depuis les premiers âges jusqu'en 1848. Ouvrage dédié à Mgr l'évêque de Verdun. T. XIV et XV. In-8. *Louis Vivès.* Prix de chaque volume, 5 fr.
  Ouvrage terminé. — Prix des 15 volumes : 75 fr.

Pietra Santa, le docteur Prosper de. — Du climat d'Alger dans les affections chroniques de la poitrine; rapport fait à la suite d'une mission médicale en Algérie. In-4. *Baillière et fils.* 3 fr.

Pigeotte, L. — Voy. *Arbois de Jubainville.*

Pihau, A. P. — Exposé des signes de numération usités chez les peuples orientaux anciens et modernes. Grand in-8. *Challamel aîné.* 7 fr.

Pillot et **Neyremand.** — Histoire du Conseil souverain d'Alsace. In-8. (Colmar.) *Durand.* 6 fr.

Pilté, Mᵐᵉ Anaïs. — Chants de Memphis. (Poésies.) In-8. *Dentu.* 50 c.

Pinard, l'abbé. — La Passion, recueil de ce qu'ont dit les quatre évangélistes relativement à la Passion. In-18. *Périsse frères.* 1 fr. 50 c.

Pinel (petit-fils) le docteur Ph. Ch. — Maladies de la moelle épinière; leur traitement. In-8. *Chez l'auteur, 63, avenue de Saint-Cloud à Passy.* 4 fr.

Piobert, G. — Traité d'artillerie théorique et pratique. Partie théorique. Mouvement des gaz de la poudre. In-4. *Mallet-Bachelier.* 4 fr.
  Voy. *Catalogue annuel, 1859,* page 167.

Pioger, l'abbé L. M. — Trésors de la prédication, ou la Doctrine du catéchisme du concile de Trente expliquée et commentée par des textes de l'Écriture sainte et les plus beaux morceaux des Pères et des docteurs de l'Église, à l'usage des curés, des prédicateurs, des communautés et des familles. Grand in-8. *Victor Sarlit.* 8 fr.

Piorry, P. A. — Discours sur l'organisme, le vitalisme et le psychisme, prononcés à l'Académie impériale de médecine; suivis d'allocutions faites sur la tombe de M. Duméril et sur celle de M. Foulquier. In-8. *Baillière et fils.* 1 fr.

—— Mémoire sur la curabilité et le traitement de la phthisie pulmonaire et des tubercules. In-8. *Ibid.* 1 fr. 50 c.

Piot, Auguste. — Traité historique et pratique sur la meulerie et la meunerie. Grand in-8, avec 12 planches. (Valence.) *E. Lacroix.* 11 fr.

Piron. — Lettres d'Alexis Piron à M. Maret, secrétaire de l'Académie de Dijon. In-8. (Lyon.) *Aubry.* 7 fr.

Pisciculture. Instructions pratiques pour le repeuplement des cours d'eau. In-8. *Ve Bouchard-Huzard.* 75 c.

Extrait des Annales de l'agriculture française.

Pitzipios, le prince J. G. — La Question d'Orient en 1860, ou la Grande crise de l'empire byzantin. In-8. *Librairie Nouvelle.* 3 fr.

—— Le Romanisme. In-8. *Ibid.* 10 fr.

Place, F. M. Ch. — De l'alimentation des classes ouvrières. Choix, conservation et préparation hygiénique et économique des substances alimentaires. In-12. (Bruxelles, *Ph. Hen.*) 1 fr.

Planat de Lafaye, F. — Documents laissés par Manin. — Voy. *Documents*.

Planque, Eugène. — De l'agriculture et de l'éducation des chenilles soyeuses. In-8. (Nîmes, *Ballivet.*) 1 fr.

Plantier. — Instruction pastorale et mandement de Mgr l'évêque de Nîmes (Claude-Henri-Augustin Plantier), pour le carême de l'an de grâce 1860, sur les grandeurs et les abus de l'industrie contemporaine. In-8. (Nîmes.) *Giraud.* 1 fr.

Plattner, Carl Friedrich. — Traité théorique des procédés métallurgiques de grillage. Traduit de l'allemand, annoté et augmenté par Alphonse Fétis. In-8, avec 6 planches. (Liége.) *Noblet.* 12 fr.

Plée, F. — Types de chaque famille et des principaux genres de plantes croissant spontanément en France. Exposition détaillée et complète de leurs caractères et de l'Embryogénie. Liv. 119 à 128. In-4, avec planches. *Baillière et fils.* Prix de chaque livraison, 1 fr. 25 c.

L'ouvrage aura environ 200 livraisons.

Plotin. — Les Ennéades de Plotin, chef de l'école néoplatonicienne ; traduites pour la première fois en français, accompagnées de sommaires, de notes et d'éclaircissements, et précédées de la vie de Plotin avec des fragments de Porphyre, de Simplicius, d'Olympiodore, de saint Basile, etc. ; par N. Bouillet. Tome III. In-8. *Hachette et Ce.* 7 fr. 50 c.

Ouvrage terminé. — T. I et II ont paru en 1856 et 1859. — Prix de chaque vol., 7 fr. 50 c.

Plouvier, Édouard et Jules Adenis. — Toute seule, comédie en un acte, en prose. (Théâtre du Vaudeville.) In-12. *Michel Lévy frères.* 1 fr.

Plutarque. — Les Vies des hommes illustres, traduites en français et précédées de la vie de Plutarque, par Ricard. Édition ornée de douze gravures en taille-douce. 4 vol. in-8. *H. Plon.* 20 fr.

Poehr. — Voy. *Delaporte et Poehr.*

Poésies béarnaises, avec la traduction française. 2 vol. in-8. (Pau, *Vignancour.*) 12 fr.

—— en patois du Dauphiné. 2e édition, revue et augmentée. In-8. (Grenoble, *Merle et Ce.*) 2 fr.

—— en patois du Dauphiné. Grenoblo malhéron. Édition de luxe. Grand in-4, avec dessins inédits de M. Rahoult, gravés par M. E. Dardelet. Liv. 1 à 3. (Grenoble, *Baratier père et fils.*) Prix de chaque liv., 1 fr. 50 c.

L'ouvrage aura environ 9 livraisons.

Poey d'Avant, Faustin. — Monnaies féodales de France. T. II. In-4, avec 50 planches. *Rollin.* 36 fr.

L'ouvrage aura 3 volumes. — T. I a paru en 1859.

Poggiale. — De l'action des médicaments et des applications des sciences physiques à la médecine. Discours prononcés à l'Académie de médecine les 8 et 19 juin et le 31 juillet 1860. In-8. *Baillière et fils.* 1 fr. 25 c.

Poinsot. — Sur la manière de ramener à la dynamique des corps libres, celle des corps qu'on suppose gênés par des obstacles fixes. In-4. *Mallet-Bachelier.* 50 c.
> Extrait du Journal des mathématiques.

———— Sur la quantité de mouvement qui est transmise à un corps par le choc d'un point massif qui vient le frapper dans une direction donnée. In-4. *Ibid.* 50 c.
> Extrait du même journal.

Poirson, Joseph. — La Magicienne moderne, ou l'Avenir, méthode facile pour interpréter les trente-deux cartes du jeu ordinaire d'après les tarots des Égyptiens, nos grands maîtres en cartomancie. In-16. *Chez l'auteur, 84, rue du faubourg Poissonnière.* 1 fr. 50 c.

Poisle-Desgranges, J. — Petit bouquet de pensées. In-18. *Desloges.* 75 c.

Poisot, Charles. — Histoire de la musique en France, depuis les temps les plus reculés jusqu'à nos jours. In-12. *Dentu.* 4 fr.

Poissonnier, Alfred. — Expédition de Syrie. La Nouvelle croisade. Druses et Maronites, Turcs et raïas. In-8. *Ledoyen.* 1 fr.

Poitevin, Prosper. — Nouveau dictionnaire universel de la langue française, rédigé d'après les travaux et les mémoires des membres des cinq classes de l'Institut. 2 vol. in-4. *C. Reinwald.* Broché, 40 fr. ; relié, 50 fr.
> Voy. aussi : *Régnier. OEuvres complètes.*

Politique anglaise (la). In-8. *Dentu.* 1 fr.

Politique française (la). In-8. *Ibid.* 1 fr.

Pollet, Ch. — Histoire ecclésiastique de l'ancien diocèse de Liége et des saints qui l'ont illustré, depuis son origine jusqu'à la révolution de 1793. T. Ier. In-12. (Liége, *Lardinois.*) 2 fr. 50 c.

Pol Mercier et Édouard **Fournier.** — Le Diable rose, pièce à ariettes en un acte, musique de Mlle Hermine Déjazet. (Théâtre Déjazet.) In-12. *Librairie Nouvelle.* 60 c.

———— Voy. aussi : *Clairville, Pol Mercier et Morand.*

Polonceau, C. — Voy. *Perdonnet et Polonceau.*

Pommier, Amédée. — Colifichets, jeux de rimes ; avec les sonnets sur le Salon de 1851. In-8. *Garnier frères.* 5 fr.

Pomponne, le marquis de. — Mémoires. — Voy. *Mémoires.*

Pongerville. — Vie de Shakespeare. — Voy. *Femmes de Shakespeare.*

Ponlevoy, le P. A. de. — Vie du R. P. Xavier de Ravignan, de la compagnie de Jesus. 2 vol. in-8. *Douniol.* 15 fr.

Ponsard, F. — Horace et Lydie (une Ode d'Horace), comédie en un acte, en vers. Nouvelle édition, revue et corrigée. In-12. *Michel Lévy frères.* 1 fr.

———— Ce qui plaît aux femmes, comédie en trois actes. (Théâtre du Vaudeville.) In-12. *Ibid.* 2 fr.

Ponson du Terrail, le vicomte. — Le Diamant du commandeur. 4 vol. in-8, *De Potter.* 30 fr.

———— La Jeunesse du roi Henri (le duc de Guise), roman historique. 6 vol. in-8. *Ibid.* 45 fr.

Ponson du Terrail, le vicomte. — Gaston de Kerbrie (2ᵉ partie des Coulisses du monde). In-4. *Lécrivain et Toubon.* 50 c.

——— Un Prince indien (3ᵉ et dernière partie des Coulisses du monde). In-4. *Ibid.* 50 c.

Pont, Paul. — Voy. *Seligman, Explication de la loi du 21 mai 1858.*

Pontavice de Heussey, H. du. — Sillons et débris. In-12. *Castel.* 2 fr.

Pontécoulant, Alfred de. — A. M. Victor Hugo, John Brown. (Vers.) In-8. *Librairie théâtrale.* 50 c.

Pontécoulant, G. de. — Théorie analytique du système du monde. Supplément au livre VII. In-8. *Mallet-Bachelier.* 2 fr. 50 c.

Pont-Jest, René de. — Les Esprits de l'Atre. In-12. (Bruxelles.) *Librairie Nouvelle.* 2 fr. 50 c.

——— La jeunesse d'un gentilhomme. Souvenirs de quatre années aux Indes et en Chine. 3 vol. in-12. (Bruxelles, *Meline, Cans et Cᵉ.*) 9 fr.

Pontmartin, Armand de. — Dernières causeries du samedi. In-12. *Michel Lévy frères.* 3 fr.

Le même auteur a publié antérieurement : *Causeries littéraires,* 1 vol. — *Nouvelles causeries littéraires,* 1 vol. — *Dernières causeries littéraires,* 1 vol. — *Causeries du samedi,* 1 vol. — *Nouvelles causeries du samedi,* 1 vol. — Prix de chaque volume, 3 fr.

Poplimont, Ch. — Lettres sur la campagne d'Italie en 1859. Avec une carte du théâtre de la guerre. In-8. *Tanera.* 7 fr. 50 c.

Porchat, Jacques. — Voy. *Gœthe, œuvres.*

Pornin, l'abbé. — Gouttes de rosée, ou les Perles de l'enfance. Ouvrage dédié aux mères chrétiennes. In-12. *Douniol.* 80 c.

Porochine, Victor de. — Régénération sociale de la Russie. In-8. *Librairie Nouvelle.* 6 fr.

Portefeuille de John Cockerill, ou Description des machines construites dans les établissements de Seraing, depuis leur fondation jusqu'à ce jour ; publié avec l'autorisation de la Société Cockerill. T. II. Livr. 1 à 22. In-fol. (Liége.) *E. Noblet.* Prix de chaque livraison, 2 fr.

Le volume sera publié en 50 livraisons. — Voy. *Catalogue annuel,* 1859, page 170.

Portelette, Constant. — Délassements dramatiques et littéraires des pensionnats de demoiselles. Ouvrage approuvé par Mᵍʳ l'évêque de Rodez. 2 vol. in-12. (Tournai.) *Lethielleux.* 3 fr. 50 c.

——— Le Parloir du Pensionnat, ou Mamans, filles et institutrices. Scènes dialoguées. In-12. *Ibid.* 80 c.

——— Un bon tour de vieille tante, comédie en trois actes ; suivi du Jeune patriotisme. In-12. *Ibid.* 80 c.

Port-Maurice, Léonard de. — Voy. *Léonard.*

Postel, l'abbé V. — De l'influence du culte de la très-sainte Vierge sur les destinées de la femme. In-18. *Paulmier.* 60 c.

——— Recueillements du soir, ou les Modèles de la jeunesse, présentés à son imitation dans une série de lectures spirituelles, rédigées sur un plan uniforme. Ouvrage destiné aux petits séminaires, aux maisons d'éducation, aux catéchismes, aux écoles et aux familles pieuses. In-12. *Adrien Le Clère et Cᵉ.* 1 fr. 60 c.

——— La Vérité sur les moines et les religieux. In-18. *Paulmier.* 1 fr.

Potain, le docteur C. — Des lésions des ganglions lymphatiques viscéraux. Thèse de concours. In-8. *Ad. Delahays.* 2 fr.

Potier, Charles et Émile **Abraham**. — Les Leçons de Betzy, vaudeville en un acte. (Théâtre des Folies-Dramatiques.) Grand in-8. *Barbré.*   60 c.

Potton, le R. P. Ambroise. — Saint Joseph, ses gloires et ses priviléges. In-12. *Poussielgue-Rusand.*   1 fr. 80 c.

Potton, le docteur F. F. A. — De la goutte et du danger des traitements empiriques qui lui sont trop généralement opposés; de son traitement rationnel. In-8. (Lyon.) *Baillière et fils.*   2 fr.

Potvin, Ch. — L'Europe et la nationalité belge. Deuxième édition du livre de la *Nationalité belge*, avec une introduction et une conclusion nouvelle. In-12. (Bruxelles, *Van Meenen et Cᵉ*.)   2 fr. 50 c.

——— Le Roman du Renard, mis en vers d'après les textes originaux; précédé d'une introduction et d'une bibliographie. In-12. (Bruxelles.) *A. Bohné.*   3 fr. 50 c.

Poudra. — Traité de perspective-relief. In-8, avec un atlas de 18 planches. *Corréard.*   15 fr.

Pouget, Louis. — Jurisprudence des assurances, ou Table décennale du Journal des Assurances (1849 à 1860), et Supplément au Dictionnaire des assurances. Doctrine. Législation. Jurisprudence. Statistique. In-8. *Au bureau du Journal des Assurances.*   10 fr.

Poujade, Eugène. — Le Liban et la Syrie, 1845-1860. In-12. *Librairie Nouvelle.*   3 fr.

Poujard'hieu, G. — Deuxième étude sur la solution de la question des chemins de fer. La Banque de France et les obligations de chemins de fer. In-8. *Garnier frères.*   1 fr.

——— Du rachat des chemins de fer par l'État. In-8. *Guillaumin et Cᵉ.*   1 fr. 50 c.
Extrait de la Revue des Deux Mondes.

Poujoulat. — Lettre à M. Dupin. In-8. *Douniol.*   80 c.

——— Les Associations ou congrégations religieuses, seconde lettre à M. Dupin. In-8. *Ibid.*   1 fr.

——— Les Droits du pape. Réponse à la brochure le Pape et le Congrès. In-8. *Ibid.*   1 fr.

——— Réponse à la circulaire de M. le ministre des affaires étrangères relative à l'Encyclique du pape. In-8. *Ibid.*   80 c.

——— Le Pape et la liberté. In-8. *Ibid.*   1 fr.

Poujoulat, Baptistin. — Voyage à Constantinople. In-12. *Sarlit.*   2 fr.

Pourchel, Alfred. — La Toilette de ma femme, comédie-vaudeville en un acte. (Théâtre du Gymnase.) In-12. *Librairie théâtrale.*   50 c.

Poussin, l'abbé C. — Catéchisme tout en histoire, ou le Catéchisme du concile de Trente expliqué par des faits puisés dans l'histoire du passé et dans les récits contemporains. T. I. Du symbole. In-12. *Sarlit.*   2 fr.
L'ouvrage aura 4 volumes.

Poyard, C. — Aristophane. — Voy. *Aristophane.*

Poyet, C. F. — La Bulgarie dans le présent et l'avenir. In-8. *Rouvier.* 1 fr.
Extrait de la Revue de l'Orient.

Pradié, P. — La Démocratie française; ses rapports avec la monarchie et le catholicisme; son organisation. In-8. *Jouby.*   5 fr.

Pradine, Constant. — Recueil général des lois et actes du gouvernement d'Haïti, depuis la proclamation de son indépendance jusqu'à nos jours, le tout mis en ordre et publié, avec des notes historiques de jurisprudence et de concordance. T. II. (Années 1809-1817.) T. III. (Années 1818-1823.) In-8. *A. Durand.*   Prix de chaque volume, 15 fr.

Prarond, Ernest. — Histoire de cinq villes et de trois cents villages, hameaux ou fermes. 3ᵉ partie. Saint-Valery et les cantons voisins. T. II. In-8. (Abbeville, *Grare.*)   3 fr. 50 c.

—— 4ᵉ partie. — Saint-Riquier et ses cantons voisins. T. II. In-8. *Ibid.*
                    3 fr. 50 c.

—— Le Canton de Rue, histoire de seize communes. In-8. (Abbeville, *Grare.*) *Dumoulin.*   4 fr.

Prat, Henri. — Études historiques. xviiiᵉ siècle. 1ʳᵉ partie. In-12. *Firmin Didot frères.*   4 fr.

—— Études littéraires. xviiiᵉ siècle. 1ʳᵉ partie. In-12. *Ibid.*   4 fr.

Prat, J. G. — De la droite manière de vivre. — Voy. *Spinoza.*

Préménil, Mᵐᵉ de. — Contes de mon oncle Jérôme, pour les petites filles et les petits garçons. In-16. *Lefèvre.*   1 fr. 20 c.

—— Historiettes de ma grand'mère, pour les enfants sages et ceux qui ne le sont pas, mais qui veulent le devenir. In-16. *Ibid.*   1 fr. 20 c.

—— Récréations enfantines. Historiettes d'un grand-papa à ses petits-enfants. In-4. *Ibid.*   Avec gravures noires, 5 fr.; color., 7 fr.

—— Simples histoire d'une mère à ses enfants. In-4. *Ibid.*
                    Avec grav. noires, 5 fr.; col. 7 fr.

Première aux Romains. (Poésies). In-8. (Bayeux). *A. Vaton.*   1 fr.

Prescott, W. H. — Don Carlos; sa vie et sa mort. Traduit de l'anglais, par G. Renson. In-8. (Bruxelles, *Van Meenen et Cᵉ.*)   2 fr.

—— Œuvres. — Histoire du règne de Philippe II; traduite de l'anglais par G. Renson et P. Ithier. T. I à IV. Grand in-8. (Bruxelles, *Firmin Didot frères.*)   Prix de chaque volume, 5 fr.
    Les Œuvres auront 5 volumes.

Pressensé, Edmond de.—Discours religieux : 1ʳᵉ série, l'Église et ses moyens de grâce. — 2ᵉ série, l'Apôtre saint Paul, ou Un chrétien des temps primitifs. In-8. *Meyrueis et Cᵉ.*   4 fr.

Prétot, P. L. — Reconnaissance de l'isthme et du canal de Suez par le général en chef Bonaparte, et établissement des Français sous sa conduite sur divers points de cette contrée en 1798 et 1799. 2ᵉ édition avec quelques augmentations. In-8. *Librairie Nouvelle.*   2 fr. 50 c.

Prévost, l'abbé. — Histoire de Manon Lescaut et du chevalier Des Grieux. Nouvelle édition, précédée d'une étude par John Lemoinne. In-12. *Michel Lévy frères.*   1 fr.

—— Histoire de Manon Lescaut et du chevalier Des Grieux. 2 vol. in-18. *Alph. Leclère.*   20 fr.
    Réimpression exacte de l'édition de J. Didot avec les anciennes gravures.

Prévost, F. — Des animaux d'appartement et de jardin : Oiseaux, poissons, chiens, chats. Illustré de 46 vignettes dans le texte. In-18. *Savy.* 1 fr.
                    Avec fig. coloriées, 2 fr. 50 c.

Prevost-Paradol. — Les anciens partis In-12. *Dumineray.*   50 c.
    Ouvrage saisi.

—— Du gouvernement parlementaire. Le décret du 24 novembre. In-8. *Michel Lévy frères.*   1 fr.

Price, le R. P. Edw. — Auprès des malades. Souvenirs d'un missionnaire. Traduit de l'anglais. In-12. *Putois-Cretté.*   1 fr. 50 c.

Principe (le) de non-intervention. In-8. *Dentu.*   50 c.

Prioux, Stanislas. — La Villa d'Ancy et la Cense de Bruyères. In-8. *Didier et Ce.*   2 fr.

Prittwitz, de, et **Gafron.** — De l'emploi de l'infanterie dans la défense des places fortes. Traduit de l'allemand par Jules Moch. In-8, avec un plan. *Corréard.*   7 fr. 50 c.

Privat d'Anglemont, Alex. — Paris-anecdote. — Les Industries inconnues. — La Childebert. — Les Oiseaux de nuit. — La Villa des chiffonniers. — Voyage de découverte du boulevard à la Courtille, par le faubourg du Temple. — Paris inconnu. In-32. *Delahays.*   1 fr.

Procédé A. Légé et Fleury-Pironnet. Conservation des bois au sulfate de cuivre. In-8. *E. Lacroix.*   1 fr. 50 c.

Procès du cadi Mohammed-bou-Abdallah et de ses coaccusés devant la Cour d'assises d'Oran (août 1860). Acte d'accusation. Interrogatoires des accusés. Dépositions des témoins. Réquisitoire. Plaidoiries. Arrêt. In-18. (Alger, *Dubos.*) *Challamel aîné.*   1 fr. 50 c.

Procès de Mgr Dupanloup, évêque d'Orléans. Cour impériale de Paris. In-8. (Bruxelles, *A. Decq.*)   3 fr.

Procès (le) du tsarévitch Alexis Pétrovitch. Traduit du russe, par C. de White. Grand in-8. (Leipzig, *W. Gerhard.*)   12 fr.

Procès célèbres. I. Cour d'assisses de la Seine. L'Enfant volé, affaire Léonie Chéreau. II. Cour d'assises de la Marne. L'Enfant martyrisé, affaire des époux Defert. III. Cour d'assises d'Indre-et-Loire. L'Enfant brûlé, affaire Lemoine. Grand in-8. *Lécrivain et Toubon.*   50 c.

Procopii Gazaci opera. — Voy. *Patrologiæ cursus completus.*

Projets de gouvernement du duc de Bourgogne, Dauphin. Mémoire attribué au duc de Saint-Simon et publié pour la première fois d'après le manuscrit de la Bibliothèque impériale; par M. Mesnard. In-8. *Hachette et Ce.* 6 fr.

Promsy, Mme. — Les Trois géants, ou les Caprices de la fortune. In-18. *Krabbe.*   1 fr.

Properce. — Traduction de la collection Panckouke. — Voy. *Catulle, Tibulle et Properce.*

Propriété littéraire (la) au XVIIIe siècle. Recueil de pièces et de documents publié par le comité de l'association pour la défense de la propriété littéraire et artistique, avec une introduction et des notices par MM. Ed. Laboulaye et G. Guiffrey. In-8. *Hachette et Ce.*   10 fr.

Protestante (la), convertie au catholicisme par sa Bible et son livre de prières. Traduction faite, avec l'autorisation de l'auteur, sur la cinquième édition anglaise. In-12. (Bruxelles, *H. Goemaere.*)   1 fr. 50 c.

Protin. — La Question des sucres. Observations relatives au projet de loi soumis aux délibérations du corps législatif. In-8. *Dentu.*   50 c.

—— Le même, 2e édition, entièrement refondue. In-8. *Ibid.*   1 fr.

—— La Réforme commerciale, le système anglais et le libre échange. In-8. *Dentu.*   1 fr.

Prusinowski, l'abbé Alexis de. — Discours sur l'état de l'Église catholique en Pologne, prononcé au congrès des associations catholiques d'Allemagne à Fribourg en Brisgau, le 15 sept. 1859. In-8. (Posen.) *A. Morin.* 1 fr. 20 c.

Przewodnik naukowy w Paryzu dla młodziezy Polskiej ulozony przez uczniów szkoly wyzszéj Polskiej. In-12. *Librairie polonaise.* 3 fr. 50 c.
Guide scientifique à Paris pour la jeunesse polonaise, composé par les élèves de l'école supérieure polonaise.

Puaux, E. — La Vraie question, réponse aux attaques de l'évêque de Nîmes contre le protestantisme. Nouvelle édition. In-8. *Grassart.* 25 c.

Puaux, F. — L'Anatomie du papisme. 3e édition, revue et corrigée. In-12. *Grassart.* 1 fr. 25 c.
La 1re édition a paru en 1846 et coûtait 3 fr.

—— Histoire de la réformation française. T. III et IV. In-12. *Michel Lévy frères.* Prix de chaque volume, 3 fr.
L'ouvrage aura 6 volumes. — Vol. 1 et 2 ont paru en 1859.

Puynode, Gust. du. — Voy. *Du Puynode.*

Py, Edmond. — Foi et patrie, poëmes. Ouvrage dédié au R. P. Lacordaire. In-12. *A. Bray.* 3 fr. 50 c.

Q

Quantin, Maximilien. — Cartulaire général de l'Yonne. Recueil de documents authentiques pour servir à l'histoire des pays qui forment ce département. T. II. In-4. (Auxerre.) *A. Durand.* 17 fr.

Quatrefages, A. de. — Essai sur l'histoire de la sériciculture et sur la maladie actuelle des vers à soie. In-12. *Masson et fils.* 60 c.
Extrait de la Revue des Deux-Mondes.

—— Études sur les maladies actuelles du ver à soie. In-4, avec 6 planches coloriées. *Ibid.* 16 fr.

—— Nouvelles recherches faites en 1859 sur les maladies actuelles du ver à soie. In-4. *Ibid.* 3 fr. 50 c.
Ces deux ouvrages sont extraits du vol. 30 des *Mémoires de l'Académie des sciences.*

Quelques mots au journal *le Siècle.* In-8. *Douniol.* 1 fr. 25 c.

Quelques observations au sénat à propos de la pétition A. Le Mire. In-8. *E. Dentu.* 1 fr.

Quelques paraboles de la nature. Traduit librement de l'anglais. 1re série. In-12. (Genève.) *Cherbuliez.* 75 c.

Quérard. — Les Supercheries littéraires dévoilées, etc. T. V. 3e livraison. In-8. *Chez l'auteur, 21, quai Saint-Michel.* 8 fr.
Cette livraison est la dernière de l'ouvrage. Le prix du T. V, annoncé d'abord à 16 fr., est porté maintenant à 20 fr — T. I à IV et V, 1re et 2e livr., ont paru de 1846 à 1854. — L'ouvrage est entièrement épuisé.

Quesneville. — La Clef du blason. Ouvrage élémentaire, d'après la méthode du père Menestrier. In-8, avec 3 planches. *Dumoulin.* 2 fr. 50 c.

Qu'est-ce que la protection simple faite à l'appui d'un grand principe? In-8. *Garnier frères.* 1 fr.

Question chevaline. In-8. *J. Dumaine.* 2 fr.
Brochure signée : Comte d'Aure. — Voyez aussi ce nom.

Question irlandaise (la). In-8. *Dentu.*   1 fr.

—— juive (la) en Algérie, ou de la naturalisation des Juifs algériens, par un Algérien progressiste. Etudes législatives et judiciaires sur l'Algérie. In-8. (Alger.) *Challamel.*   1 fr. 25 c.

—— d'Orient (la). Un homme et une solution. In-8. *Dentu.*   1 fr.

—— de la papauté (la) envisagée sous un point de vue nouveau, par un diplomate américain. In-8. *Ibid.*   1 fr.

—— romaine (la), par un ouvrier, avec un avant-propos, par E. Cartier. In-18. *Poussielgue-Rusand.*   30 c.

Queyras. — Mémoires du cardinal Pacca. — Voy. *Mémoires.*

Quicherat, J. — Histoire de Sainte-Barbe, collége, communauté, institution. T. Ier. In-8, avec plan. *Hachette et Ce.*   5 fr.

Quinet, Benoît. — Lilia. In-8. (Mons, *Manceaux-Hoyois.*)   1 fr. 50 c.

Quinet, Edgar. — Merlin l'enchanteur. 2 vol. in-8. *Michel Lévy frères.* 15 fr.

—— La révolution religieuse au XIXe siècle. In-18. (Bruxelles, *Van Meenen et Ce.*)   1 fr.

—— Œuvres politiques. 2 vol. in-12. (Bruxelles, *Ibid.*)   6 fr.

Quinsonas, le comte E. de. — Matériaux pour servir à l'histoire de Marguerite d'Autriche, duchesse de Savoie, régente des Pays-Bas. 3 vol. in-8, avec 25 planches. (Lyon.) *Delaroque frères.*   60 fr.

Quinze joies (les) du mariage, étude satirique du XVIe siècle, traduite par Gaston de Paray. In-12. *Dentu.*   1 fr. 50 c.

Quiquandon, J. — Notions théoriques et pratiques de topographie appliquée aux levers nivelés à la boussole. Publié avec autorisation du ministre de la guerre. In-8, avec 10 planches. *Dumaine.*   7 fr.

Quitard. — Proverbes sur les femmes, l'amitié, l'amour et le mariage. In-12. *Garnier frères.*   3 fr. 50 c.

R

Rabelais. — Œuvres, augmentées de plusieurs fragments et de deux chapitres du cinquième livre restitués d'après un manuscrit de la Bibliothèque impériale, et précédés d'une notice historique sur la vie et les ouvrages de Rabelais. Nouv. édit., revue sur les meilleurs textes, accompagnée de notes succinctes et d'un glossaire, par L. Barré. In-12. *Garnier frères.* 3 fr.

Rabelais de poche. — Voy. *Noël.*

Rabineau, Victor. — Les Filles du hasard, chansons. In-12. *Chez l'auteur, 28, rue Beauregard.*   1 fr.

Rabou, Charles. — La Grande armée (1805-1812.) 3 cahiers in-4. *Lécrivain et Touban.*   Prix de chaque cahier, 50 c.

—— Les Grands danseurs du roi. 3 vol. in-8. *De Potter.*   22 fr. 50 c.

—— Louison d'Arquien. In-12. *Librairie Nouvelle.*   2 fr.

—— Les Tribulations et métamorphoses posthumes de maître Fabricius, peintre liégeois In-12. *Ibid.*   2 fr.

Rabutin-Chantal, baronne de. — Lettres. — Voy. *Lettres.*

Racle, V. A. — De l'alcoolisme. Thèse présentée au concours pour l'agrégation, et soutenue à la Faculté de médecine de Paris. In-8. *Baillière et fils.* 2 fr. 50 c.

Radau, Rodolphe. — Géodésie de la haute Éthiopie. — Voy. *Abbadie.*

Radcliffe, Anne. — Les Visions du château des Pyrénées. 1re série. In-4. *Lécrivain et Toubon.* 50 c.

—— Le Chevalier noir. 2e série des Visions du château des Pyrénées. In-4. *Ibid.* 50 c.

—— Julia, ou les Souterrains du château de Mazzini. In-4. *Ibid.* 50 c.

Raffy, C. — Lectures historiques. — Lectures d'histoire de France et d'histoire du moyen âge (395-1453). In-12. *A. Durand.* 3 fr.

—— Lectures historiques. — Lectures d'histoire de France et des temps modernes (1453-1815). In-12. *Ibid.* 4 fr.

Le 1er volume : *Lectures d'histoire ancienne*, a paru en 1859. Prix, 5 fr. — Ces ouvrages ont été aussi imprimés, pour l'usage des lycées et des collèges, en six livraisons qui se vendent : — *Cours de sixième.* Orient. 1 fr. 25 c. — *Cours de cinquième.* Grèce. 1 fr. 75 c.— *Cours de quatrième.* Rome. 2 fr. — *Cours de troisième.* France et moyen âge (395-1328). 1 fr. 50 c.— *Cours de seconde.* France, moyen âge et temps modernes (1328-1648). 2 fr. 50 c. *Cours de Rhétorique.* France et temps modernes (1648-1815) 3 fr.

Raggi, Mme Virginie. — Les Fêtes de la pension, ou Dialogues en forme de petites pièces à l'usage des jeunes filles. In-18. *Lefèvre.* 50 c.

Ragon, J. M. — Franc-maçonnerie. Ordre chapitral. Nouveau grade de rose-croix et l'analyse des quatorze degrés qui le précèdent, etc. In-8. *Collignon.* 3 fr.

—— Franc-maçonnerie. Rituel de l'apprenti maçon, contenant le cérémonial, l'explication de tous les symboles du grade, etc. In-8. *Ibid.* 3 fr.

—— Franc-maçonnerie. Rituel du grade de maître. In-8. *Ibid.* 2 fr.

—— Le même. Rituel du grade de compagnon. In-8. *Ibid.* 2 fr.

Raibaud-L'Ange, H. — Du tabac. Culture et préparation en Provence. In-8. *Ve Bouchard-Huzard.* 1 fr. 25 c.
Extrait des Annales de l'agriculture française.

Raineri, Ange. — Cours d'instructions familières prêchées dans la métropole de Milan. Traduites de l'italien par l'abbé Charbonnier. 5e édition, soigneusement revue, corrigée et augmentée d'une table alphabétique. 4 vol. Grand in-12. *Périsse frères.* 18 fr.

Rambaud, A. — Anatomie et physiologie du tissu érectile. Thèse présentée au concours pour l'agrégation à la faculté de médecine de Paris. In-8. *P. Asselin.* 2 fr.

Rambaud, Prosper. — La France et le Piémont. Italie et Savoie. 20 mars 1860. In-8. *Douniol.* 50 c.

Rambot, Gustave. — Les Distractions, poésies posthumes; publiées d'après les intentions de l'auteur et accompagnées d'une notice sur sa vie et ses œuvres, par le chevalier de Berluc-Perussis. In-8, avec portrait. *Dentu.* 4 fr.

Rameau, E. — La France aux colonies. Études sur le développement de la race française hors de l'Europe. Les Français en Amérique. Acadiens et Canadiens. In-8, avec une carte. *Jouby.* 5 fr.

Ramée, Daniel. — Histoire générale de l'architecture. Fascicule 1 à 4. Gr. in-8. *Amyot.* Prix de chaque fascicule, 4 fr.
L'ouvrage formera 2 volumes, qui seront publiés en 8 fascicules. Il sera orné de 700 vignettes sur bois.

Rancé, de. — Révélation d'un esprit familier sur les esprits en général et sur les communications qui se sont établies entre les hommes et le monde extérieur. In-12. *Ledoyen.* 2 fr.

Rapet, J. J. — Manuel de législation et d'administration de l'instruction primaire, ou Recueil des lois, décrets, arrêtés, règlements, circulaires et instructions, concernant l'instruction primaire, mis en ordre et annotés. In-16. *P. Dupont.* 2 fr. 50 c.

—— Voy. aussi : *Michel et Rapet.*

Rasetti, Ernest. — L'Italie devant le congrès. In-8. *Amyot.* 6 fr.

Raspail, F. V. — Manuel-annuaire de la santé pour 1860, ou Médecine et pharmacie domestiques, 15e année, ou 14e édition, revue et augmentée. In-18 avec portrait. *Chez l'auteur 14, rue du Temple.* 1 fr. 25 c.

Ratheau, le capitaine A. — Monographie du château de Salses. In-4. *Ch. Tanera.* 4 fr.

Rathéry, E. J. B. — Voy. *Journal et Mémoires du marquis d'Argenson.*

Ratisbonne, Louis. — La Comédie enfantine. Vignettes par Gobert et Froment. In-8, avec 11 gravures. *Michel Lévy frères.* 10 fr.

—— Morts et vivants, nouvelles impressions littéraires. In-12. *Ibid.* 3 fr.

Ratisbonne, le R. P. Théodore. — Manuel de la mère chrétienne. 5e édition, augmentée. Grand in-18. *Olmer.* 2 fr. 50 c.

Rattier, Paul Ernest de. — La Santé de l'esprit et du cœur. In-12. *Dentu.* 2 fr.

Rattos, Dionys. — Constantinople, ville libre. — Solution de la question d'Orient. In-8. *Ibid.* 1 fr.

Rau, C. — Voy. *Zachariæ, Cours de droit civil français.*

Raulin, V. — Statistique géologique du département de l'Yonne, exécutée et publiée sous les auspices du conseil général avec la direction et la coopération de M. A. Leymarie. In-8, avec 4 planches coloriées et 1 carte géologique. (Auxerre.) *Baillière et fils.* 15 fr.

Ravignan, le R. P. de. — La Vie chrétienne d'une dame dans le monde. In-12. *Ve Poussielgue-Rusand.* 3 fr.

Raymond, l'abbé. — Guide ami du soldat, offert à l'armée française. Édition illustrée de cartes et de 40 gravures, avec des notices historiques et biographiques, etc. T. II et dernier. In-12. *E. Pick.* 6 fr.

> T. I a paru en 1859 et coûte également 6 fr. — Le prix pour les 2 volumes ensemble n'est que de 10 fr.

Raymond, Charles. — L'Étoile de Tunis. Traduit de l'allemand. Grand in-8. (Tournai.) *Lethielleux.* Broché, 1 fr. 20 c.; cart., 1 fr. 80 c.

Raymond, P. J. — Chansons nouvelles précédées de remarques sur la poésie et sur la chanson en particulier, et suivies de ses voyages, en vers, en France, aux Alpes et en Italie, avec notes détaillées. In-12. *Arnauld de Vresse.* 1 fr. 50 c.

Razy, Ernest. — Saint Jean de la Croix, premier carme déchaussé. Sa vie et sa doctrine. In-12. *Lethielleux.* 2 fr. 50 c.

Récamier, Mme. — Souvenirs et correspondance. — Voy. *Souvenirs.*

Recherches historiques sur la ville d'Alais. In-8, avec plan. (Alais, *Veirun.*) 2 fr. 50 c.

Reclus, Élisée. — Guide du voyageur à Londres et aux environs. Ouvrage entièrement nouveau, accompagné d'une carte de Paris à Londres et des plans de Londres, des environs de Londres, du parlement, de l'abbaye de Westminster, du musée britannique, etc. In-12. *Hachette et Ce.* 10 fr.

Recueil de documents sur l'histoire de Lorraine. T. V. In-8. (Nancy, *Wiener aîné et fils.*) 6 fr.
Recueil rédigé par l'abbé Marchal. Publication de la Société d'archéologie de Lorraine.

Recueil des travaux de la Société des anciens élèves des Écoles impériales d'arts et métiers pour l'année 1860, publié par le comité de la Société. In-8, avec 13 planches. *E. Lacroix.* 5 fr.

Rédier de la Vilatte, l'abbé. — Harmonie et vertu. Recueil de cantiques à Marie pour les exercices du mois de mai et pour les fêtes de la sainte Vierge, suivi de pieuses réflexions. In-16. *Périsse frères.* 1 fr.
La musique, 1 vol. gr. in-8, 10 fr.

Redins, P. — Le Pape et son pouvoir temporel. Réflexions sur les deux publications : le Pape et le congrès et Lettre à un catholique. In-12. *Dentu.* 1 fr.
Le nom de l'auteur est : *A. Snider.* — Voy. aussi : *Dernière réponse aux évêques.*

Reech. — Théorie de l'injecteur automoteur des chaudières à vapeur de M. H. Giffard. In-4, avec 2 planches. *Mallet-Bachelier.* 3 fr.
Voy. aussi : *Giffard, Théorie.*

Réflexions morales et chrétiennes d'une femme du monde, fruits de conférences et d'instructions entendues dans la chapelle de... Suivent quelques appréciations des danses et des bals modernes au point de vue social et religieux. In-12. (Le Mans, *Gallienne.*) 3 fr.

Réflexions sérieuses et morales, par un homme moral et sérieux. In-8. *Dentu.* 1 fr.

Règlement provisoire sur les manœuvres d'une batterie attelée de canons de 4, rayés, de campagne (système La Hitte). In-18. *Ve Berger-Levrault et fils.* 60 c.

Règlement (définitif) sur le service du canon de 4, rayé, de campagne (système La Hitte), approuvé par le ministre de la guerre, le 20 avril 1859. (Strasbourg.) *Ibid.* In-8, 1 fr. 50. In-32, 75 c.

Regnault, J. — Traité de géométrie pratique et d'arpentage; comprenant les opérations graphiques et de nombreuses applications aux travaux de toute nature, à l'usage des écoles professionnelles, des écoles normales primaires, des employés des ponts et chaussées, des agents-voyers, etc. 2^r édit., revue et augm. In-8, avec 14 planches. *Mallet-Bachelier.* 5 fr.

Regnault, V. — Cours élémentaire de chimie. 5e édition. T. IV et dernier. In-12. *Masson et fils.* Prix de l'ouvrage complet en 4 volumes, 20 fr.

Régnier. — Œuvres complètes. Nouvelle édition, avec le commentaire de Brossette, publié en 1729, des notes littéraires, un index des mots vieillis ou hors d'usage, et une étude biographique et littéraire par M. Prosper Poitevin. In-12. *Ad. Delahays.* 3 fr.

—— Les mêmes. Édit. de la Bibliothèque gauloise. In-16. *Ibid.* Cart., 4 fr.

Regnier, le Dr Raoul. — Des maladies de croissance. Grand in-8. *Adrien Delahaye.* 2 fr.

Réimpression de l'ancien Moniteur. Seule histoire authentique et inaltérée de la Révolution française, depuis la réunion des états généraux jusqu'au consulat (mai 1789-novembre 1799), avec des notes explicatives. Nouvelle édition, ornée de vignettes, reproduction des gravures du temps. *Assemblée constituante,* cahier 20 à 36. (Ou T. IV, 2 à 7; T. V, 1 à 7, et T. VI, 1 à 4.) *Convention nationale,* cahier 20 à 36. (ou T. III, 5 à 7; T. IV, 1 à 7; T. V, 1 à 6; T. VI, 1.) In-4. *H. Plon.* Chaque cahier, 1 fr.
Voy. Catalogue annuel, 1859, page 178.

Reinaud. — Notice sur Mahomet. In-8. *Firmin Didot frères.* 3 fr.

Extrait de la *Nouvelle biographie générale,* publiée par MM. Firmin Didot frères, avec quelques additions.

Remak, le Dr Robert.—Galvanothérapie, ou de l'application du courant galvanique constant au traitement des maladies nerveuses et musculaires. Traduit de l'allemand par le docteur Alphonse Morpain; avec les additions de l'auteur. In-8. *Baillière et fils.* 7 fr.

Rembouillet, l'abbé. — Les saints Évangiles. — Voy. *Évangiles.*

Rémusat, Charles de. — Politique libérale, ou Fragments pour servir à la défense de la révolution française. In-8. *Michel Lévy frères.* 7 fr. 50 c.

Remy, J. — Science des conjugaisons françaises, contenant les 6,384 verbes de la langue, avec leurs définitions propres et figurées, etc., à l'usage de l'instruction publique et des gens du monde. 5° édition, augmentée, revue et corrigée avec soin. In-12. *Amyot.* 2 fr.

——— Voyage au pays des Mormons. Relation, géographie, histoire naturelle, histoire, théologie, mœurs et coutumes. 2 vol. in-8, avec 10 gravures et carte. *Dentu.* 20 fr.

Renan, Ernest. — Averroès et l'averroïsme, essai historique. 2e édition, revue et augmentée. In-8. *Michel Lévy frères.* 7 fr. 50 c.

La 1re édition a paru en 1852. 1 vol. in-8. *Durand.* 6 fr.

——— Le Cantique des cantiques; traduit de l'hébreu, avec une étude sur le plan, l'âge et le caractère du poëme. In-8. *Ibid.* 6 fr.

Voy. aussi : *Meignan, M. Renan et le Cantique des cantiques.*

——— Le Livre de Job, traduit de l'hébreu. Etude sur l'âge et le caractère du poëme. 2e édition. In-8. *Ibid.* 7 fr. 50 c.

La 1re édition a paru en 1859. — Voy. aussi : *Crellier, le Livre de Job.*

Renard, Jules. — Voy. *Jallais et Renard.*

Renault.—Typhus contagieux des bêtes bovines. In-8. *P. Asselin.* 2 fr. 50 c.

Renaut, Emile. — Rose André. — Un Van-Dyck. — Le Filleul du notaire. Nouvelles. In-12. *Hachette et Ce.* 2 fr.

Renier, Léon. — Voy. *Complément de l'Encyclopédie moderne.*

Renouard. — Du droit industriel dans ses rapports avec les principes du droit civil sur les personnes et sur les choses. In-8. *Guillaumin et Ce.* 7 fr. 50 c.

Renouvier, Jules. — Histoire de l'origine et des progrès de la gravure dans les Pays-Bas et en Allemagne jusqu'à la fin du xve siècle. In-8. (Bruxelles.) *Rapilly.* 10 fr.

Renouville, Mme la comtesse de. — Mirliton Ier, contes pour le premier âge. In-16. *Courcier.* 1 fr. 50 c.

Renusson, B. de. — Divagations sur l'esprit du temps; religion, politique, socialisme. In-12. *Dentu.* 2 fr.

Répertoire de l'Orateur, contenant 250 discours, etc., sur un grand nombre de sujets divers à l'usage des personnes appelées à parler en public. In-12. (Liège.) *Lethielleux.* 2 fr.

Réponse à la brochure rose : Les Étudiants et les femmes du quartier latin. In-8. *Marpon.* 75 c.

Réponse aux évêques. Le pouvoir temporel des papes. 3e édition, augmentée de la lettre de Napoléon III au pape et de la lettre de Louis-Napoléon Bonaparte à Edgar Ney. In-12. (Bruxelles.) *A. Bohné.* 1 fr.

Réponse d'un maire de village à Son Éminence le cardinal Mathieu. In-8. *Dentu.* 50 c.

Resbecq, Fontaine de. — Voy. *Fontaine de Resbecq.*

Résumé des épreuves de la Truvia (Espagne), 3 juillet 1855. In-8. *J. Corréard.* 2 fr.

Reuss, Édouard. — Histoire de la théologie chrétienne au siècle apostolique. 2ᵉ édition, revue et augmentée. 2 vol. in-8. (Strasbourg. *Treuttel et Wurtz.*) *Cherbuliez.* 12 fr.

Revel, Th. — L'Adultère. In-12. *Cotillon.* 2 fr.

Réville, le pasteur Albert. — Essais de critique religieuse. In-8. *Joël Cherbuliez.* 6 fr.

—— Lettres sur l'Église anglicane. In-8. *Grassart.* 60 c.

Révillon, Tony. — Le Monde des eaux, roman. In-12. *Amyot.* 3 fr. 50 c.

Révoil, Bénédict Henry. — Chasses dans l'Amérique du nord. 2ᵉ édition, revue et augmentée. In-12. *Hachette et Cᵉ.* 2 fr.

Révolution (la) et l'excommunication, par l'auteur de la brochure Napoléon III et Pie IX. In-8. *Dentu.* 1 fr.

Revue générale illustrée des trois expositions de Paris, Besançon et Montpellier, sous la direction de MM. J. A. Luthereau et Aug. Brodin-Collet. 1ʳᵉ partie : Paris, exposition agricole, générale et nationale de 1860. Grand in-8. *E. Lacroix.* 10 fr.

Rey, B. — Troisième lettre à S. M. l'empereur. — Union des deux principes sur lesquels reposent la légitimité de la dynastie napoléonienne et celle du pouvoir temporel du saint siége. In-8. *Dentu.* 1 fr.

Rey, É. G. — Satires parisiennes du xixᵉ siècle. In-12. *Ibid.* 2 fr. 50 c.

Rey, É. Guillaume. — Voyage dans le Haouran et aux bords de la mer Morte, exécuté pendant les années 1857 et 1858. Grand in-8, avec un atlas de 6 livraisons in-folio. *A. Bertrand.* Prix du volume de texte, 9 fr.
Prix de chaque livraison de l'atlas, 12 fr. 50 c.

Reybaud, Louis. — César Falempin. In-12. *Michel Lévy frères.* 1 fr.
—— Édouard Mongeron. In-12. *Ibid.* 1 fr.
—— Mathias l'humoriste. In-12. *Ibid.* 1 fr.
—— La Vie de corsaire. In-12. *Ibid.* 1 fr.
—— La Vie à rebours. In-12. *Ibid.* 1 fr.

Reynaud, Jean. — Voy. *Vie et Correspondance de Merlin de Thionville.*

Reynaud, Léonce. — Traité d'architecture; première partie : Art de bâtir, études sur les matériaux de construction et les éléments des édifices. 2ᵉ édition, revue et augmentée. In-4, avec atlas in-folio de 86 planches.
Prix de l'ouvrage complet en 2 vol., 145 fr.
Cette 1ʳᵉ partie de l'ouvrage était épuisée. — La 2ᵉ et dernière partie a paru en 1858.

Rhéal, Sébastien (de Cesena.) — Nouvelles stations poétiques. Les Messidoriennes. Portefeuille inédit. In-16. *Dentu.* 2 fr. 50 c.

Riancey, Charles de. — La France à Rome et le royaume d'Italie. In-18. *Douniol.* 50 c.

—— Le Patriotisme et la foi, en réponse à l'auteur ou aux auteurs de l'écrit le Pape et le congrès. In-8. *Lecoffre et Cᵒ.* 80 c.

Riancey, Henri de. — Madame la duchesse de Parme devant l'Europe. In-8. *Dentu.*   3 fr.

——— Même ouvrage. Nouvelle édition, augmentée de l'écrit : Madame la duchesse de Parme et les événements de 1859. In-12. *Ibid.*   1 fr.

Ribadieu, Henri. — Voy. *Vinet, L'antiquité de Bourdeaus.*

Riban, Emile. — Des contrastes, causerie sur diverses choses ; anecdotes, portraits, etc. In-12. *Chez l'auteur, rue du Marché, 3, à Passy.*   1 fr.

Ribelle, Charles de. — Les Fastes de la marine française ; histoire maritime, biographique de nos grands hommes de mer. Ouvrage instructif, moral et amusant. In-8, avec 12 gravures. *Rigaud.*
Cart. avec grav. noires, 9 fr. 50 c. ; color., 11 fr. 50 c.

——— Histoire des Siècles et des principales inventions et découvertes. Petites annales universelles racontées à la jeunesse par le Juif Errant. In-4, avec 8 gravures. *Ibid.* Cart. avec grav. noires, 9 fr. 50 c. ; color., 13 fr. 50 c.

——— Les Voyages de mon oncle Vincent sur terre, sur mer, dans les airs et par tous les moyens de locomotion usités ou non. In-4, avec 13 gravures. *Ibid.*   Cart. avec grav. noires, 8 fr. ; color. 11 fr. 50 c.

Ribes, F. — Traité d'hygiène thérapeutique, ou Application des moyens de l'hygiène au traitement des maladies. In-8. *Baillière et fils.*   10 fr.

Ricard. — Vie de Plutarque. — Voy. *Plutarque, vie des hommes illustres.*

Ricard, l'abbé Antoine. — La Religieuse en oraison méditant sur la vie et l'esprit de Notre-Seigneur Jésus-Christ. Cours de méditations pour chaque jour et fête de l'année chrétienne. T. I et II. In-12. *Sarlit.*   6 fr.
L'ouvrage aura 4 volumes.

Richard, l'abbé. —Essai sur l'histoire de la maison et baronnie de Montjoie. In-8. (Besançon, *Jacquin.*)   1 fr. 50 c.

Richard, le docteur. — Traité sur l'éducation physique des enfants, à l'usage des mères de famille et des personnes dévouées à l'éducation de la jeunesse. 3ᵉ édition, augmentée. In-12. (Lyon.) *F. Savy.*   4 fr.

Richard, Ch. —Les Mystères du peuple arabe. In-12. *Challamel aîné.*   4 fr.

Richemont, le comte Desbassayns de. — Voy. *Desbassayns.*

Richer, Édouard. —La Religion du bon sens, pour servir d'exposé préliminaire à la doctrine de la Nouvelle Jérusalem. 2ᵉ édition, In-12. *E. Jung-Treuttel.*   6 fr.

Ricord, le docteur. —Leçons sur le chancre, rédigées et publiées par Alfred Fournier, suivies de notes et pièces justificatives et d'un formulaire spécial. — Clinique de l'hôpital du Midi. 2ᵉ édition, revue et augmentée. In-8. *Ad. Delahaye.*   7 fr.

Rieken, le docteur. —Rapport sur le concours pour la question relative aux mouvements introduits dans la thérapeutique pendant les vingt-cinq dernières années (1833-1858) ; posée pour 1858, par la Société des sciences médicales et naturelles de Bruxelles. In-8. (Bruxelles, *Tircher.*) 1 fr. 50 c.

Rigault, H. —Étude sur Horace. — Voy. *Horace, Œuvres.*

Rignon, Félix. — Nouvelles historiettes et anecdotes. In-8. (Abbeville, *Housse.*)   1 fr. 25 c.

Rigolboche. —Mémoires. —Voy. *Mémoires.*

Rilliet, Albert. — Les Livres du Nouveau Testament. — Voy. *Livres.*

Rilliet, le docteur F. — Mémoires sur l'iodisme constitutionnel, présenté à l'Académie impériale de médecine le 11 janvier 1859, suivi d'un résumé de la discussion académique et d'un complément d'observations. In-8. *Masson et fils.*　　2 fr. 50 c.

Extraits de la Gazette hebdomadaire et de la Gazette médicale de Paris.

Rimbaut, l'abbé H. — Judith; pièce en vers. Grand in-8. (Tournai.) *Lethielleux.*　　1 fr.

Riquet, comte de Caraman. — Anet, son passé, son état actuel. Notice historique sur les personnages qui ont illustré ce séjour; sur les phases diverses qu'a subies son architecture, et sur les principaux événements dont il a été le théâtre. In-16. *B. Duprat.*　　5 fr.
　　Édition avec 14 photographies, 25 fr.

Ristelhuber, P. — Marie Stuart, drame en 5 actes, en vers, avec une préface. In-12. *Ad. Delahays.*　　2 fr.

Rittiez, F. — Histoire du palais de justice de Paris et du parlement. 860-1789. Mœurs, coutumes, institutions judiciaires, procès divers, progrès légal. In-8. *Durand.*　　5 fr.

Rivas, le duc de. — Voy. *Florence, Histoire de Masaniello.*

Rive, W. de La. — Voy. *De La Rive.*

Rivière, Henri. — Pierrot. — Caïn. In-12. *Hachette et Cⁱᵉ.*　　1 fr.

Rivot, L. E. — Principes généraux du traitement des minerais métalliques. Traité de métallurgie théorique et pratique. T. II. Métallurgie du plomb et de l'argent. In-8, avec 4 planches. *Dunod.*　　11 fr.
　　T. I. Métallurgie du cuivre, 1859. *Ibid.* 9 fr.

Robert, A. C. — Conférences de clinique chirurgicale faites à l'Hôtel-Dieu pendant l'année 1858-1859; recueillies et publiées sous sa direction par le docteur Doumic. In-8, avec 4 planches. *Germer Baillière.*　　7 fr.

Robert, Adrien. — Les Diables roses. In-12. *Cadot.*　　1 fr.

Robert, Mᵐᵉ Clémence. — Daniel le Laboureur. 4 vol. in-8. *De Potter.* 30 fr.

—— Le marquis de Pombal. In-12. *Arnauld de Vresse.*　　1 fr.

—— La Misère. In-4. *Havard.*　　50 c.

—— Le Tribunal secret. 2 vol. in-12. *A. de Vresse.*　　2 fr.

—— Les Souterrains de Saint-Denis. In-4. *Lécrivain et Toubon.*　　50 c.

—— Voy. aussi : *Mémoires sur Garibaldi.*

Robert, Edmond. — Petits Mystères du quartier latin. In-16, avec 8 gravures. *Havard.*　　1 fr. 50 c.

Robert, Gustave. — Chemin de fer de Paris à Londres. Construction d'une jetée de Douvres à Calais. In-8. *Dentu.*　　50 c.

Robert. — Quelques raisons de ne pas être protestant, accompagnées d'observations sur l'état actuel du protestantisme en France. In-12. (Rouen, Vimont.) *Vrayet de Surcy.*　　2 fr.

Robert de Gallardon, scènes de la vie féodale au XIIIᵉ siècle. Petit in-8. (Chartres, *Petrot-Garnier.*)　　2 fr. 50 c.

Robertson. — Lecciones de lengua francesa. — Voy. *Mallefille.*

Robin, le docteur. — Études sur quelques maladies de l'appareil digestif. In-8. (Lyon.) *F. Savy.*　　2 fr. 50 c.

Robinet. — Notice sur l'œuvre et sur la vie d'Auguste Comte, par le docteur Robinet, son médecin, et l'un de ses treize exécuteurs testamentaires. In-8, avec portrait. *Dunod.*　　8 fr.

Robinson, George. — Tableaux comiques. Le Lion Toulousain. — Dagobert, ou Ce qui plaît aux dames. In-16. *Ad. Delahays.* 2 fr.

Robinson, H. — L'Age du cheval; suivi d'un exposé des ruses employées par les maquignons, et des moyens de les déjouer. In-12, avec figures. *A. Goin.* 1 fr.

—— Le Chien de chasse. Description des différentes races de chiens, contenant des renseignements complets sur les particularités qui distinguent chacune d'elles; éducation et dressage; soins à donner dans toutes les maladies. In-8, avec planches. (Bruxelles.) *Ibid.* 5 fr.

Rochard, le docteur Félix. — Traité des maladies de la peau. In-8. *Adrien Delahaye.* 6 fr.

Roche, Edmond. — L'Italie de nos jours. In-4, avec 30 gravures sur acier. *Mandeville.* Broché, 20 fr. ; Relié toile, 25 fr.

Roche, Édouard. — Réflexions sur la théorie des phénomènes cométaires, à propos de la comète de Donati. In-4, avec 2 planches. (Montpellier.) *Leiber.* 3 fr.

> Extrait des Mémoires de l'Académie des sciences et lettres de Montpellier.

Rochefort fils. — Voy. *Varin et Rochefort.*

Rochelle, P. — Le pape et les ultramontains au tribunal de Fénelon. In-8. *Hachette et C*. 75 c.

Rochetin, Eugène. — Le Querelleur, comédie en trois actes, en prose. In-12. (Avignon, *Clément Saint-Just.*) 1 fr.

Rocquancourt, le colonel J. T. — Essai sur le paupérisme.— Les Pauvres, l'Église et l'État. In-8. *Amyot.* 5 fr.

Rodet, Léon. — Grammaire abrégée de la langue sanscrite. 2e partie (fin). Conjugaisons, indéclinables, dérivés et composés, analyse. In-8. *Challamel aîné.* 2 fr. 50 c.

> La 1re partie a paru en 1859.

—— Remarques sur quelques dialectes de l'Europe occidentale. In-8. *Ibid.* 1 fr. 25 c.

> Extrait des Annales du comité flamand de France.

Roffiaen, E. — Mémoire théorique et expérimental sur les ponts métalliques, avec application aux ponts militaires. In-8. (Bruxelles.) *Tanera.* 3 fr. 50 c.

Roger, Fr. — Traité de la saisie-arrêt. 2e édition, entièrement refondue, et mise au courant de la législation, de la doctrine et de la jurisprudence les plus récentes, par M. Augustin Roger. In-8. *A. Durand.* 8 fr.

Roger, Henri. — Voy. *Barth et Roger.*

Roger, Joseph. — Catalogue du musée archéologique de Philippeville (Algérie). In-12. (Philippeville.) *Challamel aîné.* 1 fr. 50 c.

Roger de Beauvoir. — Voy. *Beauvoir.*

Roger de Guimps, le baron. — Voy. *Guimps.*

Roget, François. — Poésies genevoises. Aperçus sur l'âme, la vie et la société. Fragments extraits des papiers de François Roget. 2 vol. in-12. (Genève.) *Cherbuliez.* 7 fr.

Rognon, le pasteur L. — L'Avenir du protestantisme, sermon prononcé à l'occasion de l'inauguration du temple de Lillebonne; précédé d'une notice historique par H. Sohier, pasteur. In-8. *Grassart.* 75 c.

Roguet, Ch. — Leçons de géométrie analytique à deux et à trois dimensions, à l'usage des candidats à l'École polytechnique et à l'École normale. 2e édition revue et augmentée. In-8, avec figures. *Dunod.* 7 fr. 50 c.

Roguet, F. — Palais de Fontainebleau, relevé et dessiné par F. Roguet, architecte. Texte par Daniel Ramée. Liv. 1re. In-fol. *Bance.* 2 fr. 25 c.

> L'ouvrage doit se composer de 16 livraisons, qui, cependant, ne seront mises en vente que lorsque l'ouvrage sera entièrement achevé.

Rohrbacher, l'abbé. — Histoire universelle de l'Église catholique, précédée d'une notice biographique et littéraire, par Charles Sainte-Foi, augmentée de notes inédites de l'auteur, colligées par A. Murcier, et suivie d'un atlas géographique spécialement dressé pour l'ouvrage par A. H. Dufour. 3e édition. T. 28. In-8. *Gaume frères et Duprey.* 5 fr.

> Édition en 29 volumes Prix de chaque volume, 5 fr. L'atlas se compose de 24 cartes. Il se publie en 4 livraisons, au prix de 6 fr. chacune Les 3 premières sont publiées.

Rolland, Amédée. — Les Martyrs du foyer. In-12. *Michel Lévy frères.* 1 fr

—— Un parvenu, comédie en cinq actes, en vers. (Théâtre de l'Odéon.) In-12. *Ibid.* 2 fr.

Rolland, Léon. — La Sœur de charité au XIXe siècle. In-8. *Chez l'auteur, 109, quai de Valmy.* 2 fr.

Roller, T. — Un tremblement de terre à Naples et la charité du gouvernement napolitain. In-12. *Cherbuliez.* 1 fr.

Rollet, J. — De la pluralité des maladies vénériennes. In-8. *F. Savy.* 2 fr.

Rollin, Ernest et Eugène **Woestyn**. — Le Roi des îles, drame en cinq actes et huit tableaux. (Théâtre de la Porte-Saint-Martin.) Grand in-8. *Michel Lévy frères.* 20 c.

Rollin, Maurice. — Au village, poëmes. In-12. *Tardieu.* 1 fr.

Rome et Athènes. Collection des auteurs grecs et latins traduits en français avec le texte en regard, par une société de professeurs et de gens de lettres, publiée sous la direction de M. A. Fourgeaud. Livraison 1 à 6. Grand in-8. *Dentu.* Prix de chaque livraison, 40 c.

Rome et le congrès; par un Romain. In-8. *Ibid.* 1 fr.

Rome et Constantinople. In-8. *Ibid.* 1 fr.

Rome et la liberté de l'Italie. In-8. *Ibid.* 1 fr.

Rome et ses provinces. In-8. *Ibid.* 1 fr.

Rompant, l'abbé P. — Poésies religieuses. In-8, avec 11 pages de musique. *Périsse frères.* 2 fr.

Rondelet, Antoine. — Étude sur la question relative aux scamilli impares. In-4, avec un plan. *E. Lacroix.* 2 fr.

—— Voy. aussi : *Étude sur la coupole du Panthéon de Rome.*

Rondelet, Antonin. — Les Mémoires d'Antoine, ou Notions populaires de morale et d'économie politique. In-12. *Didier et Ce.* 3 fr. 50 c.

—— Du spiritualisme en économie politique. Ouvrage couronné par l'Académie des sciences morales et politiques. 2e édition. In-12. *Ibid.* 3 fr. 50 c.

> La première édition a paru en 1859. 1 vol. in-8, 7 fr.

Ropartz, S. — Guingamp. Études pour servir à l'histoire du tiers état en Bretagne, 2e édition, entièrement refondue d'après un très-grand nombre de pièces inédites. 2 vol. in-8, avec 6 planches. (Saint-Brieuc, *Prud'homme.*) *Durand.* 13 fr.

Rosales, D. Martin de. — Manual de la táctica de las tres armas aisladas y reunidas arreglado. In-12. *Rosa et Bouret.* 4 fr.

> Enciclopedia popular mejicana.

Rose, Henri. — Traité complet de chimie analytique. Édition française originale. T. II. Analyse quantitative. 1er fascicule. Grand in-8. *Masson et fils.* 6 fr.

Le 2e fascicule de ce volume paraîtra prochainement et terminera l'ouvrage. — L'Analyse qualitative forme le 1er volume de l'ouvrage. 1858-1859, *Ibid.* 12 fr.

Roselat. — Notre-Dame de France, statue colossale fondue avec les canons pris à Sébastopol, et érigée sur le rocher Corneille, au Puy. In-18. (Le Puy, *Marchessou.*) *Lecoffre et Cⁱᵉ.* 2 fr.

Rosmini Serbati, Antonio. — Catéchisme dogmatique, moral et historique de la doctrine catholique, disposé selon l'ordre des idées. Traduit de l'italien par l'abbé Pagnon. In-12. *Victor Palmé.* 2 fr.

Rosny, Léon de. — Les Écritures figuratives et hiéroglyphiques des différents peuples anciens et modernes. In-4, avec 10 planches. *Maisonneuve et Cⁱᵉ.* 15 fr.

———— La France et l'Espagne en Orient. Question d'équilibre international. In-18. *Chez l'auteur, 15, rue Lacépède.* 60 c.

———— Le Poëme de Job et le scepticisme sémitique. In-8. *Challamel.* 1 fr.

Extrait de la Revue orientale et américaine.

———— L'Orient ; lu à la séance publique de la section orientale de la Société d'ethnographie américaine et orientale. In-8. *Ibid.* 30 c.

———— Voy. aussi : *Annuaire oriental et américain.*

Rossignoli, le R. P. — Les Merveilles de Dieu dans les âmes du purgatoire. Traduit de l'italien par l'abbé V. Postel. In-16. *Lethielleux.* 1 fr. 50 c.

Rostaing, Jules. — Mon ami Pierrot. In-4, avec 16 dessins par Telory. *Delarue.* Cart. toile, avec gravures noires, 5 fr. ; color., 6 fr.

Rotteck, K. — Nouveau dictionnaire allemand-français et français-allemand du langage littéraire, scientifique et usuel, etc., et suivi d'un tableau des verbes irréguliers. In-32. *Garnier frères.* Relié, 4 fr. 50 c.

Roubaud, le docteur Félix. — Hydrologie médicale. Pougues. Ses eaux minérales ; ses environs. In-12, avec gravure. *Librairie Nouvelle.* 3 fr.

———— Annuaire médical. — Voy. *Annuaire.*

Roudh-el-Kartas. — Histoire des souverains du Maghreb (Espagne et Maroc) et annales de la ville de Fès. Traduit de l'arabe par A. Beaumier. In-8. (Imprimerie impériale.) *B. Duprat.* 10 fr.

Rougier et **Glénard,** les docteurs. —Hygiène de Lyon. Compte rendu des travaux du conseil d'hygiène publique et de salubrité du département du Rhône. Du 1er janvier 1854 au 31 décembre 1859. In-8. (Lyon.) *Baillière et fils.* 7 fr.

Rouis, le docteur J. L. — Recherches sur les suppurations endémiques du foie, d'après des observations recueillies dans le nord de l'Afrique. In-8. *Ibid.* 6 fr.

Rousseau, J. J. — Opuscules posthumes. — Voy. *Bougy, Voyage dans la Suisse.*

Roussel, Napoléon. — L'Évangile (selon saint Marc) expliqué aux petits. Ouvrage plus particulièrement destiné aux écoles du dimanche. T. II. In-12, avec 9 gravures. *Grassart.* 2 fr.

Le 1er volume a paru en 1858.

———— Le Réveil irlandais. In-12. *Ibid.* 60 c.

Rouvroy, W. H. de. — Études préliminaires sur la théorie des armes à feu rayées. Traduit de l'allemand par Rieffel. In-8, avec planche. *J. Corréard.* 3 fr.

Roux, Amédée. — Un misanthrope à la cour de Louis XIV. Montausier, sa vie et son temps. In-8. *Didier et Ce.* 6 fr.

Roux, Daniel. — Cours de lecture, avec la traduction arabe en regard du texte, à l'usage des écoles arabes-françaises. In-12. (Alger.) *Challamel aîné.* 2 fr. 50 c.

Roux. — Liturgie gallicane chartraine. Second fragment de l'histoire générale et particulière du grand et vieux diocèse de Chartres. In-8. (Chartres, *Petrot-Garnier.*) *Durand.* 3 fr.

Rouy, Mme D. — La Mère du condamné, drame en 3 actes et 4 tableaux. (Théâtre Beaumarchais.) Grand in-8. *Michel Lévy frères.* 20 c.

Rouyer, Eugène. — L'Art architectural en France depuis François Ier jusqu'à Louis XIV. Motifs de décoration intérieure et extérieure, dessinés d'après des modèles exécutés et inédits des principales époques de la renaissance. Livraison 14 à 25. Gr. in-8. *E. Noblet.* Prix de chaque livraison, 1 fr. 60 c.

Rouzeau, Simon. — L'Hercule Guepin, poëme en l'honneur du vin d'Orléans. Édition conforme à celle de 1605, accompagnée de notes et d'une notice biographique. In-8. *Aubry.* 6 fr.

> Tiré à 100 exemplaires. Trésor des pièces orléanaises.

Roy, J. J. E. — Souvenirs et récits d'un ancien missionnaire à la Cochinchine au Tong-King. In-8, avec gravures. (Tours, *Mame et Ce.*) Broché, 1 fr.; cart., 1 fr. 25 c.

> Bibliothèque des écoles chrétiennes, 2e série.

—— Histoire de Marie-Antoinette, reine de France et de Navarre. In-8, avec gravures. *Ibid.* Broché, 1 fr. 40 c.; cart., 1 fr. 80 c.

> Bibliothèque des écoles chrétiennes, 1re série.

Royer, P. — Voy. *Gemelli et Royer.*

Rozier, Victor. — Les Dons de la femme (Études parisiennes). 2 vol. in-32, avec 2 lithographies. *G. Havard.* 2 fr.

Rua, l'abbé A. Fr. — Cours de conférences sur la religion, le plus complet, le plus suivi qui ait encore paru, ou l'histoire, les dogmes, les preuves, les préceptes, les sacrements, les fêtes, les mystères, le culte de la religion catholique enseignés du haut de la chaire. 3 vol. in-12. (Le Mans, *Monnoyer.*) *Palmé.* 9 fr.

Ruffet, le pasteur Louis. — Saint Paul. Sa double captivité à Rome; étude historique. In-8. *Meyrueis et Ce.* 80 c.

Ruffini. — Découverte de Paris par une famille anglaise. Traduit par G. Lisse et P. Pétroz. In-12. *Hachette et Ce.* 3 fr. 50 c.

Russie (la) et la question d'Orient. In-8. *Dentu.* 1 fr.

Ryle, le Rév. J. C. — Œuvres. Traduction libre, par M. J. d'Espine. T. VIII, contenant : Où sont vos péchés? Se repentir ou périr; La Véritable Église de Jésus-Christ; Des Maladies et de leur effet sanctifiant. In-12. (Toulouse.) *Meyrueis et Ce.* 75 c.

> Pour les vol. 1 à 7, voy. Catalogue annuel, 1858, page 180.

—— Pensées explicatives sur l'évangile de saint Mathieu. Traduit par M. J. d'Espine père. In-12. (Toulouse.) *Grassart.* 2 fr.

S

Sabatier, A. (de Bercy). — Mes adieux à Bercy. In-12. *Ledoyen.*   1 fr.

Sabatier, J. — Description générale des médaillons contorniates. Livr. 1re. In-4, avec 6 planches. *Chez M. Hoffmann, 64, rue Sainte-Anne.*   12 fr.
    L'ouvrage formera 3 livraisons.

Sabbatier, J. — Le Testament de M. le marquis de Villette. Question de fidéicommis. M. de Montreuil contre Msr de Dreux-Brézé, évêque de Moulins. Plaidoirie de MM. Berryer et Plocque. In-8. *Durand.*   3 fr.
    Extrait de la Tribune judiciaire.

Sachot, Octave. — Voyages du docteur William Ellis à Madagascar. In-12. *Victor Sarlit.*   4 fr.

Sacy, Sylvestre de. — Bibliothèque spirituelle. — Voy. *François de Sales, Introduction; — Imitation de J.-C.; — Nouveau Testament.*

Sageret, P. F. — Almanach-annuaire des bâtiments. — Voy. *Almanac*

Sagot-Lesage. — Code réglementaire du Crédit foncier en Portugal, par M. Da Silva Ferrao. Examen de cette publication au point de vue doctrinal et historique. In-8. *Durand.*   4 fr.

Sailer, Msr Jean-Michel. — Théologie pastorale. Ouvrage traduit de l'allemand par M. l'abbé P. Bélet, précédé d'une notice biographique par le traducteur. 2 vol. in-8. *Lecoffre et Cie.*   10 fr.

Saint-Albe. — Monseigneur Dupanloup, évêque d'Orléans. In-8. *Douniol.*   4 fr.

Saint-Albin, Alex. de. — L'Europe chrétienne en Orient. In-8. *Dentu.*   4 fr.

———— Pie IX. In-12, avec portrait et fac-simile. *Ibid.*   3 fr. 50 c.

———— Quelques pages d'histoire à propos des droits temporels du pape. In-8. *Ad. Le Clère et Cie.*   4 fr.

Saint-Albin, A. R. C. de. — Championnet, général des armées de la république française, ou les Campagnes de Hollande, de Rome et de Naples. In-12. *Poulet-Malassis.*   2 fr.

Saint-Amand, J. de. — Les Romagnes. Note historique; avec un appendice contenant : Mémoire du gouvernement des Romagnes aux puissances de l'Europe, dépêche circulaire de M. Thouvenel aux agents diplomatiques de l'Empereur, etc. Grand in-8. *Garnier frères.*   2 fr.

Saint-Chamans, le vicomte Odon. — Quelques mots sur les chemins vicinaux. In-8. *Dentu.*   4 fr.

Sainte-Aulaire. — Histoire de la Fronde; précédée de l'éloge de l'auteur par M. le duc de Broglie. 2 vol. in-8. *Ducrocq.*   10 fr.
    1re édition, 1827. 3 vol. in-8, 21 fr.

Sainte-Beuve, C. A. — Chateaubriand et son groupe littéraire sous l'empire, cours professé à Liége en 1848. 2 vol. in-8. *Garnier frères.*   15 fr.
    Voy. aussi : *Clergeau, Chateaubriand.*

Saint-Edme, Ernest. — Nouveau recueil de problèmes de physique et de chimie. In-12. *Delalain.*   2 fr.

Sainte-Foi, Charles. — Vie du R. P. Ricci, apôtre de la Chine. 2 vol. in-12. (Tournai.) *Lethielleux.*   3 fr. 50 c.

Saint-Erlhan, E. — L. Veuillot peint par lui-même. In-18. *Blériot.* 50 c.

Saint-Félix, Jules de. — Rome en Provence, chroniques et légendes du palais des papes. In-8. *Dentu.* · 3 fr.

Saint-Genois, le baron Jules de. — Profils et portraits. Nouvelles. In-12. (Bruxelles.) *Michel Lévy frères.* 2 fr.

Saint-Georges, H. de. — Les Princes de Macquenoise; 1re partie : Le Pilon d'argent. 6 vol. in-8. *De Potter.* 45 fr.

—— Les Princes de Macquenoise; 2e partie : La Famille Grandpain. 6 vol. in-8. *Ibid.* , 45 fr.

—— et Émilien **Pacini**. — Pierre de Médicis, opéra en quatre actes et sept tableaux; musique du prince J. Poniatowski. (Théâtre de l'Opéra.) In-8. *Michel Lévy frères.* 1 fr.

—— Voy. aussi : *Taglioni et Saint-Georges.*

Saint-Hilaire, Isidore Geoffroy. — Voy. *Geoffroy.*

Saint-Hilaire, Émile Marco de. — Voy. *Marco de Saint-Hilaire.*

Saintine, P. G. — Trois ans en Judée. In-12. *Hachette et C°.* 3 fr. 50 c.

Saintine, X. B. — Le Chemin des écoliers. Promenade de Paris à Marly-le-Roi, en suivant les bords du Rhin. Avec 450 vignettes de G. Doré, Foster, etc. In-8. *Ibid.* 20 fr.

Saint-Jean, le comte de. — Flux et reflux (poésies). In-8. (Nantes, *Guéraud et C°.*) *Dentu.* 3 fr.

Saint-Marc Girardin. — Du Décret du 24 novembre 1860, ou de la Réforme de la Constitution de 1852. In-8. *Michel Lévy frères.* 1 fr.

—— Des traités de commerce selon la Constitution de 1852. In-8. *Charpentier.* 1 fr.

—— De la situation de la papauté au 1er janvier 1860. In-8. *Ibid.* 1 fr.

—— Cours de littérature dramatique, ou De l'usage des passions dans le drame. Tome IV. In-12. *Ibid.* 3 fr. 50 c.

—— Le même. T. I à III. 7e édition, corrigée. In-12. *Ibid.* 10 fr. 50 c.

Saint-Martin, Louis Cl. de (nommé le philosophe inconnu.) — Poésies. In-12. (Leipzig, *Literarisches Institut.*) Cart. 2 fr.

Saintpierre, Camille. — Des médicaments incompatibles au point de vue de l'art de formuler. In-8. (Montpellier.) *F. Savy.* 75 c.

Saint-Prix, Ch. Berriat. — Voy. *Berriat Saint-Prix.*

Saint-Quentin, Théodore. — Poésies. 1860. In-8. (Lille, *Alcan-Lévy.*) 2 fr.

Saint-Robert, le comte Paul de. — Sur l'analyse du charbon destiné à la fabrication de la poudre. In-8. *Corréard.* 2 fr.

—— Considérations sur le tir des armes à feu rayées dans leur état actuel, proposition d'un nouveau système de projectiles et d'armes à feu. In-8. *Ibid.* 3 fr.

—— Études sur la trajectoire que décrivent les projectiles oblongs; 2e partie. In-8. *Ibid.* 4 fr.
  1re partie, 1 vol. in-8. 1859. *Ibid.* 3 fr.

—— Note sur le volume d'une embrasure. In-8. *Ibid.* 2 fr.

Saint-Sylvestre, P. de. — Chefs-d'œuvre de l'art antique, avec texte en regard. In-folio, avec 46 planches. *Parent-Desbarres.* Relié, 100 fr.

Saint-Yves. — Voy. *Siraudin, Saint-Yves et Bernard.*

Sales-Girons. — Traitement de la phthisie pulmonaire par l'inhalation des liquides pulvérisés et par les fumigations de goudron. In-8. *F. Savy.* 5 fr.

Salleron. — Mémoire sur l'emploi du perchlorure de fer contre la pourriture d'hôpital et l'infection purulente. In-8. *Vict. Rozier.*   3 fr.

Sallior, E. — Pie IX, 1792 à 1860. In-32. *Magnant père, rue de l'Église, 22, à Batignolles.*   1 fr.

Salluste. — Œuvres complètes avec la traduction française de la collection Panckoucke ; par Ch. Durozoir. Nouvelle édition, revue par M. J. P. Charpentier et M. Félix Lemaistre, et précédée d'une nouvelle étude sur Salluste, par M. Charpentier. In-12. *Garnier frères.*   3 fr. 50 c.

Salmon, C. A. — De la construction des maisons d'école, de leur conservation et de celle des mobiliers d'école. In-18. (Metz.) *Hachette et Ce.* 75 c.

Salomon. — Étude sur les vignes de Tlemcen. In-8. *Challamel.* 1 fr. 25 c.
Extrait de l'Algérie agricole, commerciale, etc.

Salva, le docteur E. — Du gaz acide carbonique comme analgésique et cicatrisant des plaies. In-8. *Adr. Delahaye.*   1 fr. 50 c.

Salvan, l'abbé Adrien. — L'Apocalypse, traduite et commentée. In-8. (Toulouse, *chez l'Auteur.*)   1 fr. 50 c.

—— Origine du pouvoir temporel du pape et son développement dans la durée des siècles. In-8. (Toulouse, *Delboy.*) *Dentu.*   1 fr.

Samazeuilh, J. F. — Monographie de la ville de Casteljaloux ; 1re et 2e livraison. In-8. (Nérac, *Bouchet.*)   Prix de chaque livraison, 2 fr.

Sand, George. — Constance Verrier. In-12. *Michel Lévy frères.*   3 fr.
—— Garibaldi ; 2e édition. In-12. *Librairie Nouvelle.*   60 c.
—— Jean de la Roche. In-12. *Hachette et Ce.*   3 fr. 50 c.
—— Promenades autour d'un village. In-12. *Ibid.*   3 fr. 50 c.
—— Théâtre ; 1re série : François le Champi. — Le Démon du foyer. — Maître Favilla. — Françoise. In-12. *Michel Lévy frères.*   3 fr.
—— Théâtre ; 2e série : Claudie. — Lucie. — Le Pressoir. — Flaminio. In-12. *Ibid.*   3 fr.
—— Théâtre ; 3e série. Le Mariage de Victorine. — Comme il vous plaira. — Mauprat. In-12. *Ibid.*   3 fr.

Sandeau, Jules. — Fernand. 5e édition, revue et corrigée. In-12. *Charpentier.*   3 fr. 50 c.
—— Le docteur Herbeau. 5e édition, corrigée. In-12. *Ibid.* 3 fr. 50 c.
—— Madame de Sommerville. — La Chasse au roman. Nouvelle édition, revue et corrigée par l'auteur. In-12. *Ibid.*   3 fr. 50 c.
—— Mademoiselle de la Seiglière. 7e édition, revue et corrigée. In-12. *Ibid.*   3 fr. 50 c.
—— Valcreuse. 4e édition, revue et corrigée. In-12. *Ibid.* 3 fr. 50 c.

Sanson, A. — Les principaux faits de la chimie. — Voy. *Bibliothèque utile.*

Sardou, Victorien. — Les Pattes de mouche, comédie en 3 actes, en prose. (Théâtre du Gymnase.) In-12. *Michel Lévy frères.*   2 fr.

Sauger, L. G. — Du louage et des servitudes dans leurs rapports avec les usages locaux. Suivi des usages locaux de la ville de Paris et de l'arrondissement de Versailles. In-8. *Cosse et Marchal.*   5 fr. 50 c.

Saulcy, F. de. — Les expéditions de César en Grande-Bretagne. In-8. *Didier et Ce.*   2 fr. 50 c.

Sauret, l'abbé A. — Essai historique sur la ville d'Embrun. In-8. (Gap, *Delaplace.*) 6 fr.

Sauvage, E. — Une voix française. — Martyrs. — Damas et le consulat anglais. — Syrie. — Garibaldi. — Premiers soldats du monde. — Lion qui sommeille. In-8. *Dentu.* 1 fr.

Sauvage, T. et A. de **Leuven.** — Don Gregorio, opéra-comique en 3 actes, musique de N. Gabrielli. (Théâtre de l'Opéra-Comique.) In-12. *Tresse.* 1 fr.

Sauvageot, Claude. — Palais, châteaux, hôtels et maisons de France du xve au xviiie siècle. Livraisons 1 à 4. Gr. in-4. *Bance.* Chaque livraison, 3 fr.
    Les souscripteurs à 50 livraisons de l'ouvrage ne payeront la livraison que 2 fr. 25 c.

Sauvaget. — Cours élémentaire d'horticulture à l'usage des écoles primaires. 2 vol. in-24 ; cart. (Nantes.) *F. Savy.* 2 fr.

Sauzet, Paul. — Rome devant l'Europe. In-8. *Lecoffre et Ce.* 5 fr. 50 c.

—————— Le même. 2e édition, revue et augmentée d'un chapitre final sur l'état de Rome et de l'Europe. In-12. *Ibid.* 3 fr.

Savardan, le docteur Auguste. — L'extinction du paupérisme réalisée par les enfants, ou la Commune telle qu'elle est et telle qu'elle pourrait être. In-12. (Saint-Calais.) *Garnier frères.* 3 fr.

Savary de Lancosme-Brèves, le comte. — Théorie de la centaurisation pour arriver promptement à l'exécution des mouvements de l'ordonnance. In-12. *Dumaine.* 1 fr. 25 c.

Scelles de Montdésert, le docteur Octave. — Essai de philosophie médicale. In-4. *A. Coccoz.* 2 fr. 25 c.

Schaudel, G. J. — Nouvelle méthode pour la préparation du fumier d'étable. In-8. (Châlons-sur-Marne, *Martin.*) 2 fr.

Schauer, L. — Garibaldi, Naples et l'Angleterre. Grand in-8. *Dentu.* 1 fr.

—————— Encore la coalition ! ! ! Souvenirs historiques de l'Angleterre. In-8. *Ibid.* 1 fr.

Schayes, A. G. B. — La Belgique et les Pays-Bas, avant et pendant la domination romaine. T. III, in-8. (Bruxelles, *Van Roy.*) 7 fr.
    Prix de l'ouvrage complet en 3 volumes, 21 fr. — T. I et II ont paru en 1859.

Schédo-Ferroti, D. K. — Études sur l'avenir de la Russie. 5e Étude : Le Militaire. In-8. (Berlin, *B. Behr.*) *A. Bohné.* 4 fr.

Scheffer. — Œuvre de Ary Scheffer reproduit en photographie par Bingham, accompagné d'une notice sur la vie et les ouvrages de Ary Scheffer, par L. Vitet. In-fol., avec 60 planches. *Goupil et C^r.* 300 fr.
    L'ouvrage est publié également en 15 livraisons au prix de 20 fr. chacune.

Scheler, Auguste. — Dictionnaire d'Etymologie française, d'après les résultats de la science moderne. Livraison 1 et 2. In-8. (Bruxelles.) *Firmin Didot frères.* Prix de chaque livraison, 1 fr.
    L'ouvrage sera publié en 10 livraisons.

—————— Annuaire statistique belge. — Voy. *Annuaire.*

Scherer, Edm. — Mélanges de critiques religieuses. In-8. *Cherbuliez.* 7 fr.

Scherer, le comte Théodore. — Le Saint-Père. Considérations sur la mission et les mérites de la papauté. In-12. *Putois-Cretté.* 1 fr. 25 c.

Schiel, H. — Le pape et l'Italie. — Voy. *Pape.*

Schiller. — La Cloche, poëme traduit de l'allemand en vers français de même nombre, coupe, rhythme, par Fréd. Amiel. In-12. (Genève, *Georg.*) *Magnin, Blanchard et C^r.* 1 fr. 25 c.

Schiller. — Don Carlos, infant d'Espagne; poëme dramatique, traduit en vers français par Adrien Brun. In-8. *Amyot.* 5 fr.

—— Œuvres dramatiques, traduction de M. de Barante, édition revue et corrigée, précédée d'une notice biographique et littéraire sur Schiller, illustrée de 24 vignettes sur acier. In-4. *Charlieu et Huillery.* 8 fr.

—— Œuvres. Traduction nouvelle, par Ad. Régnier. T. V et VI. (Œuvres historiques). In-8. *Hachette et C".* Prix de chaque volume, 6 fr.

T. I à IV ont paru en 1859. — Voy. *Catalogue annuel,* 1859, page 192.

Schmid, le chanoine Christophe de. — Souvenirs, traduits de l'allemand par l'abbé P. Belet. 2 vol. in-12. *L. Vivès.* 7 fr.

Édition in-8. 2 vol. 1859. *Ibid.* 9 fr.

Schmidt, Charles. — Histoire du chapitre de Saint-Thomas de Strasbourg pendant le moyen âge, suivie d'un recueil de chartes. In-4, avec 2 planches. (Strasbourg, *Schmidt.*) 20 fr.

Schmit, J. P. — Les Intérêts et les droits de la France, de l'Italie et de l'Europe, du catholicisme et du suffrage universel dans la question italienne. In-8. *Chez l'auteur, 35, rue de Vaugirard.* 1 fr. 25 c.

Schmoelzl, le colonel J. — Les canons rayés, historique de leur développement et perfectionnement actuel de cette arme. Étude militaire. Traduit de l'allemand, par E. Heydt. In-8, avec 4 planches. *Corréard.* 5 fr.

—— Appendice au même. In-8. *Ibid.* 2 fr.

Schneider, le docteur Félix. — Préparation à l'exercice de la médecine, ouvrage destiné à initier les jeunes médecins aux réalités de la carrière; In-12. *Adr. Delahaye.* 2 fr.

Schnitzler, J. H. — La Mission de l'empereur Alexandre II et le général Rostoftsof. In-8. *Franck.* 4 fr.

Schoebel, Charles. — Mémoire sur le monothéisme primitif attribué par M. E. Renan à la seule race sémitique. In-8. *Challamel aîné.* 2 fr.

—— Satan, ou la Chute de l'homme. In-8. *Ibid.* 1 fr.

—— De l'universalité du déluge. Deuxième lettre à M. le directeur de la Revue orientale et américaine. In-8. *Ibid.* 75 c.

Scholl, Aurélien. — L'Art de rendre les femmes fidèles. In-32. *Librairie Nouvelle.* 50 c.

—— Les Mauvais instincts. Histoire d'un premier amour. In-12. *Michel Lévy frères.* 3 fr.

Schubert, G. H. de. — Lettres de la duchesse d'Orléans.— Voy. *Lettres.*

Schuermans, le docteur F. — De l'action des maladies épidémiques sur l'organisme. In-8. (Bruxelles, *Tircher.*) 1 fr. 50 c.

Scott, sir Walter. — Œuvres. Traduction de Defauconpret. Nouvelle édition en 25 vol. in-8. *Furne et C°.* Prix de chaque volume, 3 fr.

T. XVI. Les Eaux de Saint-Ronan.—T. XVII. La jolie fille de Perth.—T. XVIII. Richard en Palestine. — T. XIX. Charles le Téméraire. — T. XX. Les Chroniques de la Canongate.

Scribe, Eugène. — Yvonne, opéra-comique en trois actes, musique de Limnander. (Théâtre de l'Opéra-Comique.) In-8. *Beck.* 1 fr.

—— et E. de **Najac.** — La Fille de Trente ans, comédie en 4 actes, en prose. (Théâtre du Vaudeville.) In-12. *Michel Lévy frères.* 2 fr.

Scudo, P. — L'Année musicale, ou Revue annuelle des théâtres lyriques et des concerts, des publications littéraires relatives à la musique, et des événements remarquables appartenant à l'histoire de l'art musical. 1re année. In-12. *Hachette et C°.* 3 fr. 50 c.

Scupoli, le P. — Le Combat spirituel. Traduction nouvelle, précédée d'un exposé critique sur les traductions françaises publiées jusqu'à présent, et augmentée de la Paix intérieure et d'un supplément au Combat spirituel; traduit pour la première fois de l'italien en français par M. l'abbé A. Riche. In-32. *Ad. Le Clère et Cᵉ.* 1 fr. 60 c.

Séchelles, T. de. — La vindicte publique en France jusqu'en 1847. In-8. (Fribourg, *Poppen.*) 6 fr.

Sedaine. — Œuvres choisies. In-12. *Hachette et Cᵉ.* 2 fr.

Sédillot, le Dʳ C. — De l'évidement des os. In-8, avec 2 planches coloriées. *Masson et fils.* 5 fr.

Sée, Marc. — Anatomie et physiologie du tissu élastique. Thèse pour l'agrégation, présentée à la Faculté de médecine de Paris. In-8. *Ibid.* 2 fr.

Seeligmann, Gustave. — Essai chimique sur les eaux potables, approprié aux eaux de la ville de Lyon, sous la direction de M. Gustave Bonnet. 1ᵉʳ mémoire. Gr. in-8. (Lyon.) *F. Savy.* 1 fr. 50 c.

Séguin, Alfred. — A bon chat bon rat! vaudeville-opérette en un acte; musique de Camille Michel. (Théâtre des Délassements-Comiques.) In-18. *Barbré.* 60 c.

Ségur, le comte Anatole de. — Les Derniers jours d'un soldat condamné à mort. In-18. *A. Bray.* 25 c.

Ségur, Mgʳ de. — Le Pape. Questions à l'ordre du jour. In-18. *Lecoffre et Cᵉ.* 15 c.

Ségur, Mᵐᵉ la comtesse de. — Mémoires d'un âne. Illustré de 75 vignettes par H. Castelli. In-12. *Hachette et Cᵉ.* 2 fr.
Bibliotheque rose illustrée.

Seiler, le docteur J. — De la galvanisation par influence appliquée au traitement des déviations de la colonne vertébrale, des maladies de la poitrine, des abaissements de l'utérus, etc. In-8. *Baillière et fils.* 3 fr.

Séjour, Victor. — Les Aventuriers, drame en cinq actes, neuf tableaux et un prologue. (Théâtre de la Gaîté.) In-12. *Michel Lévy frères.* 2 fr.

—— Compère Guillery, drame en cinq actes et neuf tableaux. (Théâtre de l'Ambigu-Comique.) In-12. *Ibid.* 2 fr.

—— La Tireuse de cartes, drame en cinq actes et un prologue, en prose. (Théâtre de la Porte-Saint-Martin.) In-12. *Ibid.* 2 fr.

Séjournant. — Nouveau système de panification par le gluten, rendement supérieur d'un dixième ou dix pains de 2 kilog. en plus par sac de 157 kilog. In-8. *Ledoyen.* 1 fr.

Seligman. — Explication théorique et pratique de la loi du 21 mai 1858 sur les articles modifiés des saisies immobilières et sur la procédure d'ordre. Ouvrage examiné et annoté par M. Paul Pont, et mis en rapport avec son commentaire sur les priviléges et hypothèques et sur l'expropriation forcée. In-8. *Cotillon.* 12 fr.

Sémainville, le comte P. de. — Code de la noblesse française, ou Précis de la législation sur les titres, épithètes, noms, particules nobiliaires et honorifiques, les armoiries, etc. 2ᵉ édition, revue, corrigée et considérablement augmentée. In-8. (Hyères, *Cruvès.*) *Dentu.* 40 fr.

Sénèque. — Œuvres de Sénèque le philosophe, avec la traduction française de la collection Panckoucke. Nouvelle édition très-soigneusement revue par M. Charpentier et M. Félix Lemaistre, et précédée d'une notice sur Sénèque et d'une préface par M. Charpentier. 2 vol. In-12. *Garnier frères.* 7 fr.

Senior, William N. — La Turquie contemporaine. In-12. *Michel Lévy frères.* 3 fr.

Seraine, le docteur L. — De la santé des petits enfants, ou Conseils aux mères sur la conservation des enfants pendant la grossesse, sur leur éducation physique depuis la naissance jusqu'à l'âge de sept ans, et sur leurs principales maladies. In-32. *F. Savy.* 1 fr.

Séraphin, le R. P. — Judas Iscariote. Sa vie, tirée de la mystique cité de Dieu de la vénérable Marie de Jésus; augmentée de notes. In-8. (Tournai.) *Lethielleux.* 1 fr. 50 c.

Sergent, E. — Traité pratique et complet de tous les mesurages, métrages, jaugeages de tous les corps. 3e édition, refondue et augmentée de 11 planches. 2 vol. in-8, avec atlas de 31 planches in-fol. *E. Lacroix.* 30 fr.

Sergent, Lucien. — Voy. *Bazin, Leçons théoriques et cliniques.*

Serment, J. H. — Le libéralisme. Ses principes, son but, ses preuves; christianisme et libéralisme; catholicisme et libéralisme. Obstacles; moyens. In-12. (Genève.) *Cherbuliez.* 3 fr. 50 c.

Serment (le), par Mlle Gabrielle de... In-18 avec gravures. (Tours, *Mame et Ce.*) Broché, 30 c.; cartonné, 40 c.

Bibliothèque des écoles chrétiennes, série format in-18.

Serment des souverains pontifes, inaliénabilité du domaine de l'Église. In-8. *Dentu.* 1 fr.

Serrano de Wilson, docteur E. — Manual o sea Guia de los viajeros en la Inglaterra, Escocia é Irlanda; geografia, historia, y fabricas, descripciones, resùmen historico, etc., para uso de los Americanos. In-12. *Rosa et Bouret.* Relié, 4 fr.

Serres, Marcel de. — De la cosmogonie de Moïse comparée aux faits géologiques. 3e édition. 2 vol. in-8. *Lagny frères.* 15 fr.

—— Le même ouvrage. 2 vol. in-12. *Ibid.* 8 fr.

—— et P. **Cazalis de Fondouce**. — Des formations volcaniques de l'Ardèche et de l'Hérault, particulièrement des environs de Neffiès, faisant suite aux observations sur les terrains pyroïdes du Salagou. In-8°, avec planche. (Montpellier, *Boehm et fils.*) 4 fr. 50 c.

Serres. — Principes d'embryogénie. — Voy. *Mémoires de l'Académie des sciences*, T. XXV.

Serret, Ernest. — Clémence Ogé, histoire d'une maîtresse de chant. In-12. *Hachette et Ce.* 2 fr.

—— Perdue et retrouvée. In-12. *Ibid.* 2 fr.

Serret, Paul. — Théorie nouvelle géométrique et mécanique des lignes à double courbure. In-8. *Mallet-Bachelier.* 8 fr.

Servier, Ed. — Traité du gaz d'éclairage. — Voy. *Clegg.*

Servois. — Fierabras. — Voy. *Anciens poëtes de la France.*

Shakespeare, W. — Œuvres complètes, traduites par François-Victor Hugo. T. V et VI. In-8. *Pagnerre.* Prix de chaque volume, 3 fr. 50 c.

T. V. Les Jaloux, 2e partie : Cymbeline. — Othello. — T. VI. La Sauvage apprivoisée. — Tout est bien qui finit bien. — Peines d'amour perdues.

—— Œuvres complètes, traduction de M. Guizot. Nouvelle édition, entièrement revue, avec une notice sur Shakespeare, des notices sur chaque pièce et des notes. T. Ier. (Vie de Shakespeare. — Hamlet. — La Tempête. — Coriolan.) In-8. *Didier et Ce.* 5 fr.

Les Œuvres complètes de Shakespeare formeront 8 volumes. La première édition de cette traduction a paru en 1821.

Shakespeare, W. — Timon d'Athènes, drame en cinq actes, traduit littéralement en vers, par Arthur Fleury. In-12. *Barbré.* 2 fr.

Sichel, J. — Hippocrate de la vision. In-8. *Baillière et fils.* 1 fr. 50 c.
> Texte grec avec traduction française par Sichel. — Extrait du T. IX des Œuvres d'Hippocrate, par Littré.

Sicile. — Le Blason des couleurs, en armes, livrées et devises par Sicile, hérault d'Alphonse V, roi d'Aragon, publié et annoté par H. Cocheris. In-8, avec le portrait de Sicile, et de nombreux blasons gravés dans le texte. *Aubry.* 6 fr.
> 18e volume de la collection du Trésor des pièces rares ou inédites.

Sidérius. — Dinant et ses environs. Fragments historiques. In-12, avec une gravure. (Dinant, *Delplace-Hairs.*) 2 fr. 50 c.

Sieverbrück, J. — Manuel pour l'étude des règles de l'escrime au fleuret et à l'espadon. In-4. *Tanera.* 8 fr.

Signol Alphonse. — La Lingère, ou la Vie de Paris en 1830. Roman populaire. In-4. *Lécrivain et Toubon.* 50 c.

Simon, J. — La Religion naturelle. 5e édit. In-12. *Hachette et Ce.* 3 fr. 50 c.

—— Voy. aussi : *Descartes, œuvres.*

Simon fils, le docteur Léon. — Des maladies vénériennes et de leur traitement homœopathique. In-12. *Baillière et fils.* 6 fr.

Simon-Mayer. — De la réforme douanière. In-8. *Guillaumin et Ce.* 75 c.

Simonet. — Résumé de l'histoire de France depuis les temps les plus anciens jusqu'en 1793, formant avec les synchronismes, les institutions et les découvertes, placés en regard de chaque période historique, un véritable cours d'histoire générale. In-12. *Chez l'auteur, 2, cité Odiot.* 2 fr.

Siraudin et **Delacour.** — Une femme aux cornichons, vaudeville en un acte. (Théâtre des Variétés.) In-12. *Librairie Nouvelle.* 75 c.

—— —— et **Choler.** —Fou-Yo-Po, études de mœurs chinoises, en un acte. (Théâtre du Palais-Royal.) In-12. *Ibid.* 75 c.

—— —— et **Harmant.** — Le Capitaine Georgette, vaudeville en un acte. (Même théâtre.) In-12. *Ibid.* 75 c.

—— **Saint-Yves** et V. **Bernard.** — Un bal sur la tôte, vaudeville en un acte. (Même théâtre.) In-12. *Ibid.* 60 c.

—— Voy. aussi : *Clairville, Siraudin et Thiboust.*

—— Voy. aussi : *Villemot et Siraudin.*

Siredey, le docteur F. — De la fréquence des altérations des annexes de l'utérus dans les affections dites utérines. In-4. *Adr. Delahaye.* 2 fr. 50 c.

Sleeckx et **Van de Velde.** — Dictionnaire complet français-flamand et flamand-français. 2 vol. gr. in-8. (Bruxelles, *Greuse.*) 25 fr.

—— Nouveau dictionnaire français-flamand et flamand-français, à l'usage des colléges et des maisons d'éducation. 2 vol. in-8. *Ibid.* 8 fr.

—— Nouveau dictionnaire portatif français-flamand et flamand-français. 2 vol. in-32. *Ibid.* 2 fr.

Smith, Adam. — Théorie des sentiments moraux, ou Essai analytique sur les principes des jugements que portent naturellement les hommes, d'abord sur les actions des autres et ensuite sur leurs propres actions. Traduite par Mme S. de Grouchy, marquise de Condorcet; avec une introduction et des notes par H. Baudrillart. In-12. *Guillaumin et Ce.* 3 fr. 50 c.

Smith, le Rév. James. — Le Messager de miséricorde auprès du chrétien dans l'épreuve. Traduit de l'anglais. In-18. (Toulouse.) *Grassart.* 75 c.

Snider, A. — Les Émanations. Recherches sur l'origine et la formation forcée et perpétuelle des mondes. In-8. *Dentu.*   4 fr. 25 c.
Voy. aussi : *Redins, le Pape et son pouvoir temporel*, et : *Dernière réponse aux évêques.*

Snoeck, Adolphe. — Cours d'arithmétique. In-8. (Bruxelles. *Vᵉ Parent et fils.*)   3 fr. 50 c.

Socialisme (le) en Russie. Étude contemporaine. In-8. *A. Franck.*   4 fr.

Soehnlin, J. B. — La Mère du Croisé, suivie d'une table alphabétique des principaux croisés. In-16. *Dentu.*   2 fr.

Sobier, le pasteur H. — Voy. *Rognon, l'avenir du protestantisme.*

Solar de la Marguerite, le comte. — Réponse à l'opuscule « Le Pape et le Congrès. » In-8. *A. Bray.*   40 c.

Solignac, Armand de. — Une Vie de Saint par semaine, selon l'ordre des siècles. In-12. (Tournai.) *Lethielleux.*   2 fr.

Sollier, E. — Dictionnaire du timbre et de l'enregistrement, à l'usage des employés de l'enregistrement. In-8. *Durand.*   5 fr.

Sollohub, le comte. — Les Musiciens contre la musique. In-8. *Chez M. Émile Chevé, 18, rue des Marais Saint-Germain.*   1 fr.
Extrait du Journal de Saint-Petersbourg.

Sorlin, L. A. — Voy. *Caron et Sorlin.*

Soulié, E. — Journal du marquis de Dangeau. — Voy. *Dangeau.*

—— Voy. aussi : *Mémoires du duc de Luynes.*

Soulié, F. — Les Aventures de Saturnin Fichet, ou la Conspiration de la Rouarie. 2 vol. in-12. *Michel Lévy frères.*   2 fr.

—— Le Bananier. In-4. *Ibid.*   50 c.

—— Le Château de Walstein. In-4. *Lécrivain et Toubon.*   50 c.

—— La Comtesse de Monrion. 1ʳᵉ partie : La Lionne. In-4. *Ibid.*   50 c.

—— Les Quatre Napolitaines. 2 vol. in-12. *Michel Lévy frères.*   2 fr.

—— Si jeunesse savait, si vieillesse pouvait. In-4. *Ibid.*   1 fr. 50 c.

—— Le Vicomte de Béziers. In-4. *Havard.*   50 c.

Soullier, Charles. — Paris neuf, ou Rêve et réalité, grande fantasmagorie, composée de quarante-cinq satires, descriptions historiques ou tableaux pittoresques, sur la capitale de la France, vers le milieu du XIXᵉ siècle. Ouvrage orné de nombreuses gravures. Grand in-8. *Barba.*   6 fr.

Sourigues. — De l'achat anticipé des actions des chemins de fer du Dauphiné par la compagnie du chemin de fer de Paris à Lyon et à la Méditerranée. In-8. *Castel.*   4 fr.

Souvenirs de Mᵐᵉ de Caylus. Nouvelle édition, avec une introduction et des notes, par C. Asselineau. In-12, avec portraits et gravures. *Techener.* 8 fr.
La première édition de ce livre a paru en 1770, à Amsterdam ; elle était publiée par les soins de Voltaire, avec une préface et des notes.

Souvenirs d'une douairière, par Mˡˡᵉ Anna-Édianez de Saint-B. 2ᵉ édition, revue et augmentée. In-12. *Bray.*   2 fr.

Souvenirs et correspondance tirés des papiers de Mᵐᵉ Récamier. Nouvelle édition. 2 vol. in-8. *Michel Lévy frères.*   15 fr.

Souvenirs d'un sous-officier. La Fille à Mᵐᵉ Lardin. In-32. *Dillet.*   60 c.

Souvenirs du marquis de Valfons, vicomte de Sébourg, comte de Blandèques, baron d'Helesmes, lieutenant général des armées du roi (1710-1786). Publiés par son petit-neveu, le marquis de Valfons. In-12. *Dentu.* 3 fr. 50 c.

Souvestre, Émile. — Les Derniers paysans. In-12. *Michel Lévy frères.* 1 fr.

Souvestre, Émile. — Récits et Souvenirs. In-12. *Michel Lévy frères.* 1 fr.

——— Scènes et récits des Alpes. In-12. *Ibid.* 1 fr.

——— Souvenirs d'un vieillard. — La dernière étape. In-12. *Ibid.* 1 fr.

——— Trois femmes. — Rêves poétiques. In-12. *Ibid.* 1 fr.

——— Théâtre de la jeunesse. In-12. *Ibid.* 1 fr.
> La loterie de Francfort. — Le Testament de madame Patural. — Comme on fait son lit on se couche. — La Vieille cousine. — L'incognito. — Le cousin Pierre.

Souviron, A. R. — De la culture du lin en Algérie, de ses avantages et de l'utilité de son introduction dans l'assolement des terrains non arrosables. In-8. *E. Lacroix.* 1 fr. 75 c.

Spinoza, B. de. — De la droite manière de vivre. Appendice extrait de la quatrième partie de l'éthique. Traduit en français et annoté, par J. G. Prat. In-12. *Chez le traducteur, 82, rue Saint-Lazare.* 75 c.

Sprecher, A. de. — Dictionnaire géographique de la Suisse. — Voy. *Dictionnaire.*

Springer, A. — Paris au treizième siècle. Traduit librement de l'allemand, avec introduction et notes, par un membre de l'édilité de Paris. In-8. *A. Aubry.* 5 fr.
> Forme le 17e volume du Trésor des pièces rares ou inédites.

Spurgeon, le R. C. H. — Choix de sermons. Traduit de l'anglais. T. I. In-12. (Toulouse.) *Meyrueis et Cᵉ.* 1 fr. 50 c.

Stahl, G. E. — Œuvres médico-philosophiques et pratiques, traduites et commentées par T. Blondin. Augmentées d'arguments, de réflexions et de remarquables travaux inédits, par MM. les professeurs Boyer, Buisson, Tissot et autres savants collaborateurs. T. III, en 2 parties. In-8. (Montpellier, *Patras.*) *Baillière et fils.* 9 fr

Stahl, P. J. — De Paris à Baden. — Voyage d'un étudiant et ses suites variées. In-12. *Hachette et Cᵉ.* 3 fr. 50 c.

——— Voy. aussi : *Chamfort, Pensées, Maximes.*

Stallaert, Ch. — Cours de langue flamande. 3ᵉ édition, revue par l'auteur. In-18. (Gand, *H. Hoste.*) 1 fr. 75 c.

Stamm, Ernest. — Principes et solutions à propos des questions économiques du jour. In-8. *Dentu.* 1 fr.

Stauben, Daniel. — Scènes de la vie juive en Alsace. In-12. *Michel Lévy frères.* 1 fr.

Stein, L. — De la constitution de la commune en France. Traduit de l'allemand par S. E. W. Le Grand. In-18. (Bruxelles, *C. Muquardt.*) 1 fr. 50 c.

Stein d'Altenstein. — Annuaire de la noblesse de Belgique. — Voy. *Annuaire.*

Steinlein, Aimé Charles. — Victor de Bonstetten. Étude biographique et littéraire d'après des documents en partie inédits. In-12. (Lausanne.) *Grassart.* 4 fr.

Stendhal, de (Henri Beyle). — La Chartreuse de Parme. Nouvelle édition, entièrement revue et corrigée. In-12. *Michel Lévy frères.* 1 fr.

——— Histoire de la peinture en Italie. Seule édition complète, entièrement revue et corrigée. In-12. *Ibid.* 3 fr.

Stephano, épisode et scènes de la révolution de Rome sous le pontificat de Pie IX, par M. l'abbé *** , chanoine honoraire. In-12. *Putois-Cretté.* 2 fr.

Stephanus. — Thesaurus græcæ linguæ, ab Henrico Stephano constructus, ediderunt Hase, fratres Guill. et Ludov. Dindorf. Livraisons 60 et 61. In-fol. *Firmin Didot frères*. Prix de chaque livraison sur petit papier, 12 fr.; sur grand papier vélin, 24 fr.

Stewart, John. — Conseils aux acheteurs de chevaux. In-8. (Bruxelles.) *A. Goin*.   5 fr.

Steyert, A. — Le Petit-fils de Brutus, nouvelle. In-12. *Douniol*.   1 fr.

Stoffels, Charles. — Du pape catholique et des papes protestants. In-8. (Metz, *Rousseau-Pallez*.) *Dentu*.   60 c.

Stonehenge. — Le Cheval anglais. Extrait du Manuel du sport, publié à Londres en 1856 par Stonehenge, avec tables généalogiques, traduit de l'anglais par le comte J. de Lagondie. In-8, avec 10 planches. *Ibid*. 7 fr. 50 c.

Stourdza, Alexandre de. — Œuvres posthumes religieuses, historiques, philosophiques et littéraires. Tome IV : Considérations sur la doctrine et l'esprit de l'Église orthodoxe. — Essai sur le pressentiment. — Pensées. In-8. *Ibid*.   2 fr. 50 c.

    T. 1 et 2. 1858. Chaque vol., 2 fr. 50 c. — T. III. 1859. 5 fr.

Stowe, Mme Harriet Beecher. — La Fiancée du ministre. Roman américain, traduit par H. de L'Espine. In-12. *Hachette et C°*.   2 fr. 50 c.

Suarez. — R. P. Francisci Suarez, è Societate Jesu, opera omnia. Editio nova, a Carolo Berton, innumeris veterum editionum mendis expurgata, adnotationibusque in ultimum tomum relegatis illustrata. Reverendissimo Ill. domino Sergent, episcopo Corisopitensi, dicata. T. XV à XX. Grand in-8. *Vivès*.   Chaque volume, 12 fr.

    L'ouvrage aura 26 volumes. Reproduction de l'édition de Venise en 23 volumes in-fol.

Sucquet, le docteur J. P. — De la circulation du sang dans les membres et dans la tête chez l'homme. In-8. *Baillière et fils*.   1 fr. 25 c.

Sue, Eugène. — Gilbert et Gilberte. 3 vol. in-12. *Michel Lévy frères*. 3 fr.

—— Les Sept péchés capitaux. 6 vol. in-12. *Ibid*.   6 fr.

    L'Envie: la Colère, 2 vol. — L'Orgueil, 2 vol. — La Luxure; la Paresse; l'Avarice; la Gourmandise, 2 vol.

—— Le Morne au Diable. Nouvelle édition. In-12. *Panthéon de la librairie*.   1 fr.

—— Fernand Duplessis. — Mémoires d'un mari. — Un Mariage d'argent. In-4. *Michel Lévy frères*.   90 c.

—— Miss Mary, ou l'Institutrice. In-4. *Lécrivain et Toubon*.   90 c.

Suisse (la) dans la question de la Savoie. In-8. *Dentu*.   75 c.

Suites à Buffon. — Voy. *Delafosse, Cours de minéralogie* et *Milne-Edwards, Histoire naturelle des coralliaires*.

Sulpicia. — Fragments. — Voy. *Juvénal et Perse, Œuvres complètes*.

Sumner, Lord J. B. — Divinité du christianisme. Traduit de l'anglais par M. de Fresne. In-12. *Et. Giraud*.   2 fr.

Supersac, A. et A. **Davons**. — Napoléon III et l'armée d'Italie. Grand in-4, avec vignettes par Louis Moullin. *Martinon*.   1 fr.

Supplément à l'Encyclopédie catholique, publié sous la direction de M. Chantrel et de l'abbé Orse, avec la collaboration d'hommes spéciaux dans les lettres, les sciences et les arts, contenant les progrès nouveaux, les découvertes récentes dans les sciences, les lettres et les arts, etc., etc. T. III et dernier. (F-Z.) In-4. *Parent-Desbarres.*
Prix des trois volumes ensemble, 100 fr.

Le T. I du Supplément a paru en 1856, le T. II en 1857. — *L'Encyclopédie catholique* publiée sous la direction de M. l'abbé Glaire et de M. le vicomte Walsh, forme 18 vol. in-4, et coûte 450 fr.

Sus aux gandins! Sus aux biches! A propos de la brochure : Les Étudiants et les Femmes du quartier latin en 1860 ; par un étudiant en droit. In-18. *Marpon.* 50 c.

Swedenborg, Emmanuel. — Index général. — Voy. *Le Boys des Guays.*

Swetchine, Mme. — Œuvres. — Voy. *Falloux.*

Swift. — Opuscules humoristiques, traduits pour la première fois par Léon de Wailly. In-12. *Poulet-Malassis.* 2 fr.

———— Voyages de Gulliver. 4 vol. in-12. *Alph. Leclère.* 20 fr.
Reproduction exacte de l'édition de Pierre Didot, tirée à 150 exemplaires.

Symon de Latreiche, l'abbé. — Voy. *Latreiche.*

Syrie (la) et l'alliance russe. In-8. *Dentu.* 1 fr.

Szemère, B. de. — La Question hongroise (1848-1860). In-8. *Ibid.* 3 fr.

T

Tableau général du commerce de la France avec ses colonies et les puissances étrangères pendant l'année 1859. Direction générale des domaines et des contributions indirectes. Grand in-4. *Imprimerie impériale.* 10 fr.

Tacaille. — Nouvelle comptabilité commerciale sur la tenue des livres démotique en partie double qui s'apprend en quelques heures. 7e édition, revue, corrigée et considérablement augmentée. In-4. *J. Delalain.* 6 fr.

Taglioni, Marie et H. de **Saint-Georges.**— Le Papillon, ballet-pantomime en deux actes et quatre tableaux, musique de Offenbach. (Théâtre de l'Opéra.) In-8. *Michel Lévy frères.* 1 fr.

Taillade. — Les Catacombes de Paris, drame en cinq actes et six tableaux, musique de M. Borsat. (Théâtre Beaumarchais.) In-4. *Barbré.* 20 c.

Taine, H. — Essai sur Tite-Live. 2e édition. In-12. *Hachette et Co.* 3 fr. 50 c.

———— La Fontaine et ses fables. In-12. *Ibid.* 3 fr. 50 c.

———— Les Philosophes français du dix-neuvième siècle. 2e édition, revue et corrigée. In-12. *Ibid.* 3 fr. 50 c.

Tainturier, A.—Notice sur les faïences du seizième siècle, dites de Henri II, suivie d'un catalogue contenant la description de toutes les pièces connues, et ornée d'une planche en couleur. In-8. *Didron.* 2 fr.

Tallemant des Réaux. — Historiettes. 3e édition, revue sur le manuscrit original, et disposé dans un nouvel ordre par MM. de Monmerqué et Paulin Pàris. Tome 8 et 9 (fin). In-8. *Techener.* Chaque volume, 7 fr. 50 c.

Tanghe, C. L. — Traité de physique élémentaire à l'usage des écoles et des familles. 2e édition. In-16. *Lethielleux.* 80 c.

Tapon-Fougas, F. — Les drames historiques. Jérôme Savonarole, drame historique en cinq actes et huit tableaux, en prose. In-18. (Bruxelles, V° *Van Buggenhoudt.*) 4 fr.

Tardieu, le D' Amb. — Voy. *Costallat, Étiologie.*

Tardieu, Jules. — Voy. *Saint-Germain.*

Tarifs et tableaux divers pour le cubage et le classement des bois, publié avec approbation de S. Exc. le ministre de la marine. In-12. *Arthus Bertrand.* 3 fr.

Tarlier, H. — Dictionnaire des communes, hameaux, châteaux, fermes, hauts fourneaux, charbonnages, etc., du royaume de Belgique, rédigé sur les documents officiels du recensement opéré par le gouvernement le 31 décembre 1856. In-8. (Bruxelles, *H. Tarlier.*) 6 fr.

Tarlier, J. et Alph. **Wauters.** — La Belgique ancienne et moderne. Géographie et histoire des communes belges. 1re livraison : Province de Brabant, canton de Genappe. Gr. in-8. (Bruxelles, *A. Decq.*) 3 fr. 20 c.
 Il en paraîtra environ 6 livraisons par an.

Tarnier, E. A. — Voy. *Dieu et Tarnier.*

Tarnier, le docteur S. — Des cas dans lesquels l'extraction du fœtus est nécessaire et des procédés opératoires relatifs à cette extraction. In-8. *Baillière et fils.* 3 fr. 50 c.

Tatistchef. — Testament de Basile Tatistchef, traduit du russe d'après le manuscrit de l'auteur déposé à la bibliothèque impériale de Paris, par le R. P. J. Martýnof. In-8. *Benj. Duprat.* 3 fr.

—— Le même, traduit en anglais par le même. In-8. *Ibid.* 3 fr.

Taulier, Frédéric. — Le vrai Livre du peuple, ou le riche et le pauvre. Histoire et tableau des institutions de bienfaisance et d'instruction primaire de la ville de Grenoble. In-8. (Grenoble, *Maisonville et fils.*) *Hachette et C°.* 6 fr.

Taulier, Jules. — Guide du voyageur à la Grande-Chartreuse, description pittoresque, historique, etc., des quatre routes principales qui y conduisent de la gare de Grenoble, par le Sappey, etc. In-16. *Ibid.* 2 fr. 25 c.

—— Notice historique sur Bertrand-Raymbaud Simiane, baron de Gordes, gentilhomme de la chambre du roi, conseiller en son conseil privé, chevalier de ses ordres, etc. In-8. *Ibid.* 3 fr.

Taylor, le baron J. — Voy. *Justinus.*

Tchihatcheff, P. de. — Asie Mineure; description physique, statistique et archéologique de cette contrée. 3° partie. Botanique. T. I. Grand in-8, avec atlas gr. in-4 de 44 planches. *Gide.* Les deux volumes et l'atlas, 80 fr.
 1re partie : Géographie physique comparée, 1 vol. gr. in-8, avec 12 planches et un Atlas de 28 planches grand in-4 1853. 100 fr.
 2° partie : Climatologie et Zoologie, 1 vol. grand in-8, avec 4 planches, 1856. 50 fr.

—— Nouvelle phase de la Question d'Orient. In-8. *Dentu.* 1 fr.

Teinturier, Ferdinand. — Les Femmes. In-12. *Sartorius.* 3 fr.

—— Les Hommes. In-12. *Alhessard et Bérard.* 3 fr. 50 c.

Teissier, Octave. — Histoire de la commune de Cotignac. In-8. (Draguignan.) *Dumoulin.* 4 fr.
 Bibliothèque provençale.

—— Notice historique et documents statistiques sur les sociétés de secours mutuels. In-8. *Guillaumin et C°.* 25 c.

Témoignage d'vn contemporain svr saint Vladimir, pvblié povr la première fois en français par le prince Avgvstin Galitzin. In-16. *Techener.* 4 fr.

Témoin, le docteur S. — La Maternité de Paris pendant l'année 1859. In-4. *A. Delahaye.* 2 fr. 50 c.

Tempier, P. J. — De la reconvention. 2ᵉ édit., entièrement refondue et considérablement augmentée. In-8. *A. Durand.* 4 fr.

Temple, L. du. — Voy. *Du Temple.*

Ténougi, l'abbé F. — Exercices pour l'adoration perpétuelle du très-saint sacrement; entretiens, affections et prières. In-32. (Marseille, *Chauffard.*) *Bray.* 50 c.

—— La Souveraineté des papes, études historiques. In-8. *Ibid.* 4 fr.

Terninck, Aug. — Promenades archéologiques sur la chaussée romaine d'Arras à Lens et recherches sur les communes et les monuments qui l'avoisinent. 1ʳᵉ livraison. In-4, avec 4 planches. (Arras, *Topino.*) 1 fr. 75 c.
L'ouvrage sera publié en 5 livraisons.

Terquem. — Bulletin de bibliographie, d'histoire et de biographie mathématiques. T. V. In-8. *Mallet-Bachelier.* 2 fr.

—— Éléments de trigonométrie loxodromique. — Voy. *Grunert.*

Terrail, Ponson du. — Voy. *Ponson.*

Terrebasse, Alfred de. — Examen critique de l'inscription de Saint-Donat, relative à l'occupation de Grenoble par les Sarrazins au xᵉ siècle. In-8, avec planche. *Dumoulin.* 3 fr.

Terrière, Auguste. — Manuel du calculateur. — Voy. *Manuels-Roret.*

Terssen, le major E. — Canons rayés. Relation entre les pas des hélices et les calibres des bouches à feu. In-8. *Corréard.* 2 fr.

Terwecoren, Ed. — Le Mois de ma mère, ou Nouveau mois de Marie. In-12. (Bruxelles, *H. Goemaere.*) 1 fr. 50 c.

Testament de Pierre-le-Grand, ou Plan de domination européenne laissé par lui à ses descendants et successeurs au trône de Russie déposé dans les archives du palais de Péterhoff, près Saint-Pétersbourg. Édition suivie de documents historiques et de pièces justificatives. In-8. *Passard.* 1 fr.
Voy. aussi : *Panlatinisme.*

Testarode, E. — Aperçu historique sur les armes à feu. In-8, avec 12 planches. *Corréard.* 6 fr.

Testelin, Aug. — Essai de théorie sur la formation des images photographiques rapportée à une cause électrique. In-8. (Gand.) *Mallet-Bachelier.* 5 fr.

Teulet. A. F. — Les Codes de l'empire français, contenant la constitution du 14 janvier-25 décembre 1852, les décrets les plus récents, une nouvelle corrélation des articles des codes, un supplément par ordre alphabétique (et par ordre chronologique depuis le 2 décembre 1851), renfermant toutes les lois usuelles, et une table générale des matières. 12ᵉ édition. In-18. *Le Signe aîné.* 5 fr.

Texier, l'abbé. — Notice historique et descriptive sur l'abbaye de Solignac. In-4, avec 2 gravures. *Didron.* 3 fr.

Texier, Edmond. — Amour et finance. Nouvelle édition. In-12. *Michel Lévy frères.* 1 fr.

Théâtre contemporain illustré. — Série 87 à 92 (ou livraison 434 à 460).
In-4. *Michel Lévy frères.*   Prix de chaque série, 1 fr.

Chaque série se compose de 5 pièces au prix de 20 centimes chacune; mais ces pièces ne
se vendent pas toutes séparées ; dans la liste suivante, il n'y a que la 5e pièce de chaque série
qu'on donne séparément, tandis que les 4 autres ne se vendent que par deux, la 1re et la
2o ensemble, et la 3e et la 4e.

87e série. — Paris s'amuse ! Soufflez-moi dans l'œil ; Le Maître d'École ; L'Inventeur de
la poudre ; Gaëtan il mammone

88e série. — Les Grands Vassaux ; le Dîner de Madelon ; Fanfan la Tulipe ; Pan, pan, c'est
la fortune ; le Diamant.

89e série. — Cri-Cri ; Orfa ; Quentin Durward ; la Chèvre de Ploërmel ; Robert, chef de
brigands

90e série. — Les Compagnons de la Truelle ; le Capitaine Chérubin ; Songe d'une Nuit
d'été ; Un Fait Paris ; les Frères à l'Épreuve.

91e série. — Les Chevaliers du Pince-Nez ; le Dada de Pambœuf ; le Savetier de la rue
Quincampoix ; Tant va l'Autruche à l'eau ; le Philosophe sans le savoir.

92e série. — Le Roi de Bohême ; Aimons notre prochain ; le Prêteur sur gages ; le Chevalier des Dames ; Adolphe et Sophie.   .

Theil, N. — Grand dictionnaire de la langue latine. — Voy. *Freund.*

Theodoreti opera. — Voy. *Patrologiæ cursus completus.*

Theodori opera omnia. — Voy. *Ibid.*

Thétard aîné. — Du progrès dans les chemins de fer ou de l'abaissement des
tarifs sans préjudice pour les compagnies. In-8, avec planche. *Ledoyen.* 2 fr.

Theulier. — Question italienne. Un ouvrier entre le pape et le congrès. In-8.
Douniol.   50 c.

Thevenin, Évariste. — Conférences de l'association polytechnique. 1re série.
(1859.) In-12. *Hachette et Cie.*   1 fr.

Le chaos, l'homme, l'agriculture, les chemins de fer, par MM. Babinet, Ph. Chasles,
Barral, Perdonnet.

Thiboust, Lambert. — Voy. *Clairville, Siraudin et Thiboust.*

—— Voy. *Dormeuil, Thiboust et Delacour.*

—— Voy. *Grangé et Thiboust.*

Thiboust, Théodore. — Voy. *Masquelier et Thiboust.*

Thiébault, Dieudonné. — Souvenirs de vingt ans de séjour à Berlin. — Voy.
Bibliothèque des Mémoires.

Thierry, Amédée. — Récits de l'histoire romaine au ve siècle. — Derniers
temps de l'empire d'Occident. In-8. *Didier et Cie.*   7 fr.

Thiers, A. — Histoire du Consulat et de l'Empire, faisant suite à l'histoire
de la Révolution française. T. 17 et 18. In-8. *Paulin, Lheureux et Cie.*
                            Prix de chaque volume, 5 fr.

Les T. I à XVI ont paru de 1845 à 1856.—Les vol. 19 et 20 qui termineront l'ouvrage,
paraîtront dans le courant de l'année 1861. — On en publie également une édition illustrée,
qui contient 1 portrait par volume ; le prix de cette édition est de 5 fr. 50 c par volume.

—— Vignettes et portraits pour l'histoire du Consulat et de l'Empire.
Livr. 14e. Petit in-4. *Ibid.*   Prix de chaque livraison, 1 fr. 50 c.

Cette collection de vignettes et portraits, exécutée spécialement pour cet ouvrage, se
composera de 75 planches, et sera publiée en 15 livraisons. Chaque livraison contient 5 planches.

—— Atlas de l'histoire du Consulat et de l'Empire, dressé et dessiné sous
la direction de M. Thiers par MM. A. Dufour et Duvotenay, gravé sur acier
par Dyonnet. Livr. 12e et dernière. In-fol. *Ibid.*   50 c.

Prix des 11 premières livraisons : Livr. 1. 10 cartes, 12 fr. — Livr. 2. 5 cartes, 3 fr.
50 c. — Livr. 3. 2 cartes, 1 fr. 25 c. — Livr. 4. 7 cartes, 3 fr. — Livr. 5. 9 cartes, 3 fr.
50 c. — Livr. 6. 3 cartes, 1 fr. 50 c. — Livr. 7. 6 cartes, 1 fr. 75 c. — Livr. 8. 2 cartes,
1 fr. — Livr. 9. 4 cartes, 1 fr. — Livr. 10. 2 cartes, 50 c. — Livr. 11. 1 carte, 50 c. —
Prix de l'Atlas complet, 30 fr.

Thiéry, Henri. — Les Écoliers en vacances, vaudeville en trois actes et sept tableaux. (Théâtre des Folies-Dramatiques.) Grand in-8. *Barbré.* 30 c.

—— Le Mariage de Fanchon, à-propos en deux tableaux. (Même théâtre.) Grand in-8. *Ibid.*   30 c.

—— Vive la joie et les pommes de terre! revue en trois actes et seize tableaux. (Même théâtre.) Grand in-8. *Ibid.*   30 c.

Thieury, Jules. — L'Espagne et l'Angleterre en 1588. Campagne de l'Armada; documents nouveaux. In-16. *Aubry.*   3 fr.

—— Saint-Gervais de Rouen. Église et paroisse. Grand in-8. (Rouen.) *Ibid.*   5 fr.

Thil-Lorrain. — Cours d'histoire universelle. Seconde édition, entièrement refondue. 1re partie : Histoire ancienne. 2e partie : Histoire du moyen âge et de l'âge chrétien. 3e partie : Histoire moderne et histoire contemporaine. 3 vol. in-16. *Lethielleux.*   Cart., 4 fr. 25 c.

—— Au Foyer de la famille. Récits et nouvelles. Grand in-8, avec gravures. *Ibid.*   1 fr. 20 c.
    Musée moral et littéraire.

Thiroux, le lieutenant-colonel. — Essai sur le mouvement des projectiles dans les milieux résistants. In-8. *Corréard.*   4 fr.

Thomas, André. — Les Crimes à la mode. In-4. *Lécrivain et Toubon.* 50 c.

—— Les Ouvriers de Paris. In-4. *Ibid.*   1 fr. 50 c.

Thomas d'Aquin, saint. — Somme théologique, traduite en français et annotée par F. Lachat, renfermant le texte latin avec les meilleurs commentaires. T. 15. In-8. *Vivès.*   6 fr.

—— Nouvelle traduction en français de la Somme théologique; précédée des éloges du saint docteur et de sa biographie; accompagnée du texte latin en regard. Traduction seule parfaitement intégrale, et dans laquelle seule tous les textes cités de l'Écriture, des SS. PP., etc., ont été collationnés pour l'exactitude des citations, contenant le supplément, et suivie d'une table générale indiquant toutes les questions par ordre alphabétique; par l'abbé J. Carmagnolle. T. I.er. De Dieu, son existence, ses attributs. In-8. (*Chez M. l'abbé Carmagnolle, à La Mourre, près La Gardefreinet.* [*Var.*])   8 fr. 40 c.

—— Indices in divi Thomæ Aquinatis summam theologicam; supradictas indices recognocente J. P. Migne. Grand in-8. *Migne.*   4 fr.

Thomas a Kempis. — Œuvres complètes, traduites du latin par le R. P. Saint-Yves. In-12. *Victor Sarlit.*   Prix de chaque volume, 2 fr. 50 c.
    T. V et VI. Les trois tentes; prières et autres opuscules.
    T. VII. Vie de Sainte Liduvige. — Vie de Gérard le Grand.
    Les Œuvres formeront 8 volumes.

Thomassy, R. — Géologie pratique de la Louisiane. In-4, avec 6 planches. *E. Lacroix.*   40 fr.

Thomson, James. — Arcana naturæ, ou Archives d'histoire naturelle; recueil scientifique de l'empire français, destiné à faciliter aux savants de tous les pays le moyen de publier leurs travaux ou observations sur diverses branches des sciences qui se rapportent à l'étude de la nature. In-folio, avec 13 planches. *Au bureau des Annales de la Société Entomologique.*   Avec planches noires, 60 fr.; color., 75 fr.
    L'ouvrage a été publié en 3 livraisons, aux prix de souscription suivants : Livr. 1re. Noir, 15 fr.; color, 16 fr. — Livr. 2e. Noir, 9 fr. 25 c ; color., 10 fr — Livr. 3e. Noir 6 fr.; color., 7 fr.

Thonissen, J. J. — Quelques considérations sur la théorie du progrès indéfini dans ses rapports avec l'histoire de la civilisation et les dogmes du christianisme. 2ᵉ édition, augmentée. In-12. *Lethielleux.*   2 fr. 50 c.

Thonnelier, Jules. — Vendidad Sadé. — Voy. *Vendidad Sadé.*

Thuillier, Émile. — Voy. *Loizillon et Thuillier.*

Tibulle; traduction de la collection Panckoucke. — Voy. *Catulle, Tibulle et Properce.*

Tillot, E. A. — De la lésion et de la maladie dans les affections chroniques du système utérin. Thèse. In-4. *Coccoz.*   1 fr. 50 c.

Timmermans, A. — Traité de calcul différentiel et de calcul intégral. 2ᵉ édition. In-8. (Bruxelles.) *Mallet-Bachelier.*   10 fr.

Timon. — L'Algérie et ses relations extérieures. In-18. (Alger.) *Challamel aîné.*   50 c.

—— Le Droit de tonnage en Algérie. In-18. (Alger.) *Ibid.*   50 c.

Tisi. — Les Édifices modernes de Paris et leur architecture. In-8. *Dentu.* 1 fr.

Tisserand, l'abbé E. — Histoire de Vence, cité, évêché, baronnie, de son canton et de l'ancienne viguerie de Saint-Vincent de Paul. In-8. *Eugène Belin.*   6 fr.

Tissot, J. — Méditations morales. In-8. *Durand.*   5 fr.

Toby-Flock. — A quoi tient le bonheur. — Une Traversée. — Les Colibris. — Nouvelles. In-12. (Caen, *Legost-Clérisse.*)   2 fr.

Tocqueville, Alexis de. — Œuvres et Correspondance inédites, publiées et précédées d'une notice par Gustave de Beaumont. 2 vol. in-8. *Michel Lévy frères.*   15 fr.

Tolstoy, le comte Dmitry. — Une voix d'Allemagne. Grand in-8. (Bruxelles, *C. Muquardt.*)   1 fr. 25 c.

Tomajo e Baus, don Manuel. — Jeanne la Folle, drame en cinq actes, traduit de l'original espagnol la Locura de Amor, en vers italiens, par François dall' Ongaro, et en prose française par Joseph Filippi. In-8. *Michel Lévy frères.*   1 fr. 50 c.
    Répertoire dramatique de Mᵐᵉ Ristori.

Tombeck, H. E. — Traité d'arithmétique à l'usage des classes de sciences des lycées et des candidats au baccalauréat ès sciences et aux écoles du gouvernement. In-8. *Hachette et Cᵒ.*   4 fr.

Tonnellé, Alfred. — Voy. *Humboldt, De l'origine des formes grammaticales.*

Topinard, le docteur Paul. — Quelques aperçus sur la chirurgie anglaise. In-4. *Coccoz.*   2 fr. 50 c.

Tornauw, Nicolas de. — Le Droit musulman exposé d'après les sources. Traduit en français, par M. Eschbach. In-8. *Cotillon.*   7 fr.

Torrecilla, l'abbé Pédro-Maria de. — Texte espagnol pour l'application de la grammaire, avec la traduction française en regard, avec un indicateur grammatical et une liste des mots du texte classés par ordre des parties du discours. In-8. *Lecoffre et Cᵉ.*   3 fr.

—— Exercices pour l'application du texte espagnol à la grammaire et pour le génie comparé des deux langues. In-8. *Ibid.*   6 fr.

—— Lexicologie espagnole. Essai sur la formation, les racines, les familles des mots, et sur tout ce qui se rattache à la structure et à la dérivation des mots appliqués à ceux des leçons du texte grammatical espagnol. In-8. *Ibid.*   4 fr.

Tosti, dom Louis. — Méalech, ou le Livre du pauvre; traduit, avec la permission de l'auteur, par l'abbé V. Postel. In-32. *Blériot.* 60 c.

—— Le Psautier de Marie; traduit de l'italien par Anatole Bordot. In-32. *Ibid.* 60 c.

Touchard, Th. et **Lacoste**. — Histoire de la gendarmerie d'Afrique et de la colonie, d'après les documents de l'armée, 1830 à 1860. In-8. (Alger.) *Challamel.* 6 fr.

Toulmouche, A. — Des Lésions du crâne et de l'organe qu'il renferme, au point de vue médico-légal. In-8. *Baillière et fils.* 2 fr.

Tounissoux, l'abbé. — L'Homme dans sa triple vie d'être intelligent, social et religieux. In-12. *Sarlit.* 5 fr.

Tourgueneff, N. — Un Dernier mot sur l'émancipation des serfs en Russie. In-8. *Franck.* 3 fr.

Toursel, l'abbé Z. — Histoire de sainte Eugénie, vierge romaine et martyre, et de sa famille (IIIe siècle). In-8. *Victor Sarlit.* 4 fr.

Touzard, J. — Ésope français, ou Fables composées d'après Ésope pour thèmes grecs, à l'usage des classes de sixième et de cinquième. In-12. *Dezobry, Magdeleine et Ce.* 60 c.

Traité de commerce conclu entre la France et la Grande-Bretagne, précédé d'un rapport à l'Empereur, par S. Exc. le ministre des affaires étrangères, et suivi d'un Rapport par les plénipotentiaires de Sa Majesté. In-4. *Panckoucke et Ce.* 1 fr. 50 c.

Tramecourt, le comte de. — Législation des céréales. Les Comices agricoles et le conseil d'État. In-8. *Dentu.* 3 fr.

Traversier, II. — Armorial national de France. — Voy. *Armorial.*

Travier, S. — Précis de l'histoire sainte; suivi d'un Abrégé de la Vie de N. S. Jésus-Christ, à l'usage des écoles protestantes. In-18. (Nimes, *Peyrot-Tinel.*) *Grassart.* 90 c.

Trélat, Émile. — Le Théâtre et l'architecte. In-8. *Morel et Ce.* 2 fr.

Tremoulet. — Le Régime hypothécaire et la sens commun. In-8. *Cotillon.* 5 fr.

Trentowski, Bronislaw. — Trzy skazowki dazen i usilowan moich w Paryzu. In-8. *Librairie polonaise.* 2 fr.
Trois indications sur mes tendances et mes efforts à Paris.

, résor de la douce piété. Mois de Marie, mois angélique. Soixante-quinze Méditations sur la passion. Mois eucharistique, par un religieux de Saint-Benoît. In-32. *Lethielleux.* 1 fr. 20 c.

Tresvaux, l'abbé. — Histoire de l'Église et du diocèse d'Angers. 2 vol. in-8. (Angers, 1858. *Lainé frères.*) 12 fr.

Tribulations (les) de madame Palissy. Traduit de l'anglais par Mme R. C. In-12. (Lausanne, *G. Bridel.*) *Meyrueis et Co.* 2 fr. 50 c.

Triger. — Voy. *Cotteau et Triger.*

Trogoff-Kerbiguet, le comte de. — La Question musicale, épître en vers libres à M. Francis Wey. In-8. *Lebigre-Duquesne frères.* 75 c.

Tronquoy, C. — L'Industrie des résines et fabrication de l'essence de térébenthine. In-8. *E. Lacroix.* 1 fr.

Troubetzkoy, le prince Alexandre. — Réflexions sur la brochure « le Pape et le Congrès. » In-8. (Genève.) *J. Cherbuliez.* 1 fr.

—— La Russie rouge. In-8. *Dentu.* 4 fr.

Trousseau, A. — Clinique médicale de l'Hôtel-Dieu de Paris. T. I. In-8. *Baillière et fils.* 10 fr.
L'ouvrage aura 2 volumes.

Tschudi, Frédéric de. — Les Insectes nuisibles et les oiseaux. Discours sur l'utilité des oiseaux, dédié à la jeunesse et aux Sociétés d'agriculture. Traduit de l'allemand, par Mme C. A. D. 2e édition. In-8. (Neuchâtel.) *A. Morin.* 60 c.

Tudot, Edmond. — Collection de figurines en argile de l'époque gallo-romaine, avec les noms des céramistes qui les ont exécutées. In-8, avec 54 planches et figures dans le texte. *C. Rollin.* 25 fr.

Turck, le docteur Léopold. — Médecine populaire. — Voy. *Bibliothèque utile.*

Turnus. — Fragments. — Voy. *Juvénal et Perse, Œuvres complètes.*

Turquais, l'abbé. — Le Saint-Siége depuis son établissement jusqu'à nos jours, ou Tableau raisonné de l'histoire universelle du souverain pontificat. In-12. *Diard.* 3 fr.

Tyborne. — Esquisse historique de la persécution religieuse sous le règne d'Élisabeth. Traduit de l'anglais sous les yeux de l'auteur, par Sevestre. In-8. (Bruxelles, *H. Goemaere.*) 2 fr. 50 c.

Tytler, William. — Recherches historiques et critiques sur les principales preuves de l'accusation intentée contre Marie Stuart, avec un Examen des histoires de Robertson et de Hume au sujet de ces preuves. Ouvrage traduit de l'anglais en 1772. 2e édition. In-8. *Amyot.* 5 fr.

U

Ubaghs, G. C. — Essai d'idéologie ontologique ou Considérations philosophiques sur la nature de nos idées, et sur l'ontologisme en général. In-8. (Louvain, *Van Linthout et Ce.*) 1 fr. 50 c.

Ubicini, A. — Jacques Cœur en Orient. In-8. *Just Rouvier.* 1 fr. 50 c.
Extrait de la Revue de l'Orient.

Ueberweg, Fred. — Dissertation sur les principes de la géométrie. — Voy. *Delbœuf, Prolégomènes.*

Ulbach, Louis. — L'homme aux cinq louis d'or. In-12. *Libr. nouvelle.* 1 fr.
———— Monsieur et Madame Fernel. In-12. *Michel Lévy frères.* 3 fr.

Ulliac Trémadeure, Mlle S. — Nouvelles. Scènes du monde réel. In-12. *Maillet.* 3 fr. 50 c.

Un amour du Midi; Étude (roman). In-12. *Dentu.* 3 fr.

Une solution de la question romaine, ou la Papauté et la liberté. In-8. *Ledoyen.* 1 fr.

Unité (l') italienne devant la France et devant l'Europe. In-8. *Dentu.* 1 fr.

Université (l') libre de Bruxelles pendant 25 ans. — 1834 à 1860. — Statuts, discours, rapports, tableaux des cours et des professeurs, biographie et bibliographie du corps professoral. Statuts de l'Union des anciens étudiants. In-12. (Bruxelles, *Van Meenen et Ce.*) 5 fr.

Un Mot sur l'Orient à l'occasion du futur congrès. In-8. *Dentu.* 1 fr.

Un Mot sur les quarante-cinq brochures. In-8. *Ibid.* 30 c.

V

Vacherot, Étienne. — La démocratie. 2ᵉ édition, considérablement augmentée
et suivie du texte des jugements rendus en France contre l'ouvrage. In-8.
(Bruxelles, *Van Meenen et Cᵉ*.) 5 fr.
La 1ʳᵉ édition a paru en 1859 chez M. Chamerot, à Paris.

Vachette. — Voy. *Dutertre et Vachette.*

Vaez, Gustave. — Rita, ou le Mari battu, opéra-comique en un acte, musique
de Donizetti. (Théâtre de l'Opéra-Comique.) In-12. *Libr. théâtrale.* 1 fr.

Vaisse, Jean-Louis. — Un apôtre de la vérité à S. M. Napoléon III. In-8.
Dentu. 50 c.

———— Le Spiritualisme, ou le Règne de Dieu et le nouveau monde (nouvelle
doctrine messiale). 2ᵉ partie. Économie naturelle. Agriculture. Industrie.
Commerce. In-8. *Ibid.* 5 fr.

———— Un contre-maître de fabrique à un philosophe de l'École normale,
pamphlet antisocialiste, dédié à M. É. Vacherot, auteur de la démocratie,
et à tous les utopistes passés, présents et futurs, etc. In-16. *Ibid.* 1 fr. 50 c.

Vaisse, Léon. — Armorial national de France. — Voy. *Armorial.*

Valery, Léon. — Heures intimes (poésies). In-12. *Hachette et Cᵉ.* 2 fr.

Valette, E. A. de. — Notice sur la vie de M. Dufriche Des Genettes, curé de
Notre-Dame des Victoires. In-12, avec portrait. *Bray.* 2 fr.

Valfons, le marquis de. — Souvenirs. — Voy. *Souvenirs.*

Vallée. — Annuaire des lignes télégraphiques. — Voy. *Annuaire.*

Valleix, F. L. J. — Guide du médecin praticien, ou Résumé général de pathologie interne et de thérapeutique appliquées; 4ᵉ édition, revue, augmentée et contenant le résumé des travaux les plus récents, par MM. les
docteurs V. A. Racle, et P. Lorain. 5 vol. in-8. *Baillière et fils.* 45 fr.

Vallier. — Calendrier du cultivateur de l'Algérie, présentant mois par mois,
et pour ainsi dire jour par jour, les travaux et les récoltes que comporte
le climat; suivi du calendrier de l'apiculteur, par A. Bensch. In-18. (Alger.)
Challamel aîné. 2 fr.

Vallière, la duchesse de La. — Voy. *La Vallière.*

Valmy, le duc de. — Une Solution. Grand in-8. *Dentu.* 1 fr.

Valois de Forville. — Le Conscrit de l'an VIII. In-4. *Michel Lévy frères.* 90 c.

Valori, le prince Henri de. — L'Autriche et le Piémont, appel à l'histoire.
In-8. *Douniol.* 3 fr.

———— L'Autriche et la situation actuelle. In-8. *Dentu.* 50 c.

———— Le Piémont au ban de l'Europe. In-16. *Douniol:* 20 c.

———— La Question russe, en réponse au parti ultra-libéral de la Russie.
In-8. *Dentu.* 1 fr.

———— Une triple alliance contre l'Angleterre, l'islamisme et la révolution.
In-8. *Ibid.* 1 fr.

Valori, le vicomte de. — Les Droits du peuple. Lettre à M. Henri de Riancey. In-8. *Douniol.* 50 c.

Van Beneden, P. J. — Iconographie des Helminthes ou des vers parasites de l'homme. Vers cestoïdes. In-4, avec 4 planches. (Louvain.) *Baillière et fils.*   3 fr.

Van Damme, Eug. — Le jardin des Hespérides néerlandais, ou les possessions hollandaises des Indes orientales, considérées sous le rapport des avantages qu'elles peuvent produire au commerce et à l'industrie de la Belgique, par une alliance entre les deux pays qui constituaient autrefois le royaume des Pays-Bas. In-8. (Gand, *Verhulst.*)   4 fr.

Van den Bosch, T. G. J. — Notions élémentaires sur la pratique agricole des Flandres. In-8. *Louvier.*   2 fr.

Van den Eynde, Aug. — Tableau chronologique des écoutètes, des bourgmestres et des échevins, depuis 1236 jusqu'à nos jours, ainsi que les sceaux des premiers seigneurs de la ville de Malines. Grand in-8, avec planches. Livr. 7e à 9e. (Malines, *Van Velsen.*)   Prix de chaque livraison, 2 fr.

Vanderhæghen, Ferd. — Bibliographie gantoise. Recherches sur la vie et les travaux des imprimeurs de Gand. (1483-1850.) 2e partie. xviie siècle. In-8. (Gand, *Vanderhæghen.*)

Vanderhæghen, Ph. — Recherches historiques concernant la souveraineté des empereurs d'Allemagne sur la Vivarais, du ixe au xive siècle. In-8. (Tournai.) *Lethielleux.*   3 fr.

—————— La vérité historique. Revue destinée à rétablir les faits altérés par l'ignorance et la mauvaise foi. T. V. Gr. in-8. *Ibid.*   4 fr.

Vanderstraetten, Edmond. — Recherches sur les communautés religieuses et les institutions de bienfaisance, établies à Audenarde, depuis le xiie siècle jusqu'à la fin du xviiie. 2e partie. In-12. (Bruxelles, *chez l'auteur.*).   4 fr.

Van de Velde. — Voy. *Sleeckx et Van de Velde.*

Vandevelde, le capitaine. — Notice sur le théâtre de la guerre en Italie, accompagnée des plans des combats et batailles de Melegnano et Solférino. Livr. 4, 5 et 6. In-8. (Bruxelles, *Muquardt.*)   4 fr.

—————— Précis historique et critique de la campagne d'Italie en 1859. In-8. avec cartes et plans. (Bruxelles.) *Tanera.*   10 fr.

Van Doren, A. — L'ébénisterie à Bruxelles et à Paris. Étude industrielle. In-8. (Bruxelles, *Office de publicité.*)   3 fr.

Van Holsbeeck, le Dr Henri. — Compendium d'électricité médicale. In-12, avec 3 planches lithographiées. (Bruxelles, *A. Schnée.*) *F. Savy.* [6 fr.

—————— Le même. 2e édition augmentée. In-12, avec gravures. *Ibid.*   7 fr.

—————— Le Médecin de la famille. In-12, avec 5 planches coloriées. *Ibid.* 4 fr.

Van Kempen, E. M. — Manuel d'anatomie générale. 2e édition. In-8. (Louvain, *Van Linthout.*)   7 fr. 50 c.

Van Meenen. — Voy. *Lacroix et Van Meenen.*

Vannier, Hippolyte. — Traité des comptes courants portant intérêts, etc. Cours professé à l'Ecole supérieure du commerce. In-12. *Dezobry, Magdeleine et Cie.*   2 fr. 50 c.

Vapereau, G. — L'Année littéraire et dramatique, ou Revue annuelle des principales productions de la littérature française et des traductions des œuvres les plus importantes des littératures étrangères classées et étudiées par genres, avec l'indication des événements les plus remarquables appartenant à l'histoire littéraire, dramatique et bibliographique de l'année. 2e Année. In-12. *Hachette et Cie.*   3 fr. 50 c.

Varcolier. — Voy. *Mazois, Le Palais de Scaurus.*

Varenne, de la. — Voy. *La Varenne.*

Varia. Morale, politique, littérature. In-12. *Michel Lévy frères.*   3 fr.

Varin, A. et E. — L'Architecture pittoresque en Suisse, ou choix de constructions rustiques prises dans toutes les parties de la Suisse. Livr. 1 à 5. In-4. *A. Morel et Cᵉ.*   Prix de chaque livraison, 3 fr. 50 c.
    L'ouvrage sera publié en 12 livraisons composées chacune de 4 planches.

Varin, Charles. — Brumes et soleils (poésies). In-16. *Dentu.*   3 fr.

Varin, Paul. — Le Rhin, à propos de la question d'Orient. In-8. *Ibid.*   1 fr.

—— Le suffrage universel et la papauté. In-8. *Ibid.*   1 fr.

Varin, Laurencin et Michel Delaporte. — Les Trois fils de Cadet Roussel, comédie-vaudeville en trois actes. (Théâtre du Palais-Royal.) In-12. *Michel Lévy frères.*   1 fr.

—— **et Rochefort fils.** — Je suis mon fils, comédie-vaudeville en un acte. (Même théâtre.) In-12. *Ibid.*   60 c.

Varnhagen von Ense. — Correspondance avec Alex. de Humboldt. — Voy. *Correspondance et Lettres.*

Vars, Émilie de. — Une déception. In-12. *Victor Sarlit.*   1 fr.

Varusoltis. — Quatre vues de l'ancien Troyes, gravées sur cuivre, avec notices historiques inédites, publiées par Varusoltis, anagramme de Varlot, antiquaire a Troyes. Grand in-4, avec 4 planches. (Troyes, *Bouquot.*) *Aubry.*   12 fr.

Vasseur-Lombard. — Les Manifestations spirites dévoilées, ou les Mediums et les spirites devant la raison humaine. In-12. *Ledoyen.*   50 c.

Vaucheret. — La Femme adultère. In-12. *Dentu.*   2 fr.

Vaudin, J. F. — Gazetiers et gazettes, histoire critique et anecdotique de la presse parisienne. Années 1858-1859. In-12. *Chez tous les libraires.* 2 fr.

Vaugeois, A. — De la distinction des biens en droit romain et en droit français. In-8. (Caen.) *A. Durand.*   4 fr.

Vauthier, Mˡˡᵉ Euphémie. — Léonie. Essai d'éducation par le roman, précédé d'une lettre de M. de Lamartine. In-12. *Librairie Nouvelle.*   3 fr.

Vauzelles, Ludovic de. — Alceste, tragédie. In-12. *Hachette et Cᵉ.*   1 fr.

Vayssettes, E. — Sauvons les Maronites par l'Algérie et pour l'Algérie. Solution provisoire de la question d'Orient. In-8. (Alger, *Bastide.*) *Challamel aîné.*   2 fr.

Vecellio, Cesare. — Costumes anciens et modernes. — Habiti antichi et moderni di tutto il mondo. — Suivis d'un essai sur la gravure sur bois, par M. Ambroise Firmin Didot. Livraison 34 à 67. In-8. *Firmin Didot frères.*
    Prix de chaque livraison, 70 c.

Vendidad Sadé, traduit en langue huzvaresch du Pehlewic. Texte autographié d'après les manuscrits Zend-Pehlewis de la Bibliothèque impériale de Paris et publié pour la première fois par les soins de M. Jules Thonnelier. Livraison 5 et 6. In-fol. *B. Duprat.*   Prix de chaque livraison, 20 fr.
    L'ouvrage sera publié en 20 livraisons. Les livraisons 1 à 4 ont paru de 1856 à 1858.

Ventura de Raulica. — Voy. *Gougenot des Mousseaux, La magie au XIXᵉ siècle.*

Veret. — Les Veillées de maître Bias, ou Entretiens familiers sur les rapports sociaux. In-16. *Fouraut.*   2 fr.

Vergé, Ch. — Voy. *Zacharie, Le droit civil français.*

Vérité (la) sur les prohibitions, par Henry L. In-8. *Dentu.* 1 fr.

Vermeire, P. — Question belge. La Guerre des langues, ou la Germanisation de la Belgique. In-12. (Gand, *H. Hoste.*) 2 fr.

Vernay, Charles. — Poésies nationales et religieuses françaises, italiennes, turques et persanes; cent quatre-vingt-quinze pièces orientales, leurs traductions, et le texte turc et persan de cinquante-sept pièces. Grand in-8. *A. Franck.* 7 fr.

—— Poésies turques et persanes, qui ne se trouvent point dans le volume oriental de ses poésies turques et persanes à l'âge de 14 à 16 ans, imprimé lithographiquement sur l'Écriture persane manuscrite de l'auteur en 1858-1859, et qui sont en texte et traduction avec celles de ses autres poésies orientales dans le volume de ses poésies françaises, italiennes, turques et persanes, à l'âge de 14 à 16 ans. In-8. *Chez l'auteur, 55, quai des Augustins.* 5 fr.

Vernes, Théodore. — Naples et les Napolitains. 2ᵉ édition. In-12. *Michel Lévy frères.* 3 fr.
  La première édition a paru en 1859 sans nom d'auteur.

Verneuil, A. — Voy. *Jamain, Traité d'anatomie descriptive.*

Vernière, le docteur Ant.— Étude sur l'asthme et l'emphysème pulmonaire, et sur leur traitement par les eaux du mont Dore. In-8. *L. Leclerc.* 2 fr.

Vernois, le docteur Maxime. — Traité pratique d'hygiène industrielle et administrative, comprenant l'étude des établissements insalubres, dangereux et incommodes. 2 vol. in-8. *Baillière et fils.* 16 fr.

Véron, L. — Paris en 1860. — Les Théâtres de Paris depuis 1806 jusqu'en 1860. Illustré de 15 dessins par Bourdelin. In-12. *Libr. nouvelle.* 2 fr.

Véron, Théodore. — William, roman lyrique, suivi de Blanche, ou la Sœur de charité au dix-neuvième siècle. In-12. *Hachette et Cᵉ.* 1 fr.

Vervorst, l'abbé. — A qui la faute? ou Origine de la question romaine. In-8. *Douniol.* 1 fr. 25 c.

Verzier, Horace. — Tissage semi-automatique pour remplacer le tissage à la main dans la généralité des tissus de soie, coton et laine. In-12. (Lyon.) *Guillaumin et Cᵉ.* 1 fr. 50 c.

Vestrepain, Louis. — Las Espigos de la Lengo moundino; poésies languedociennes. In-8. (Toulouse, *Delboy.*) 4 fr. 50 c.

Veuillot, Eugène. — Questions d'histoire contemporaine. In-8. *Gaume frères.* 6 fr.

Veuillot, Louis. — Les libres penseurs. 3ᵉ éd. In-12. *Lecoffre et Cᵉ.* 3 fr. 50 c.

—— Çà et là. 2ᵉ édition, revue et augmentée. 2 vol. in-12. *Gaume.* 8 fr.

—— Mélanges religieux, historiques, politiques et littéraires. 2ᵉ série. T. III et IV. In-8. *Ibid.* Prix de chaque volume, 6 fr.

Viala, Michel. — Étude sur le rôle de l'azote dans la confection des engrais organiques et dans l'alimentation souterraine des plantes. In-8. *Vᵉ Bouchard-Huzard.* 1 fr. 50 c.

Viard, H. — Projet proposé pour la restauration de l'Église catholique primitive. In-8. *Meyrueis et Cᵉ.* 50 c.

Viardot, Louis. — Les Musées d'Allemagne. Guide et memento de l'artiste et du voyageur. 3ᵉ édition, augmentée. In-12. *Hachette et Cᵉ.* 3 fr. 50 c.

Viardot, Louis. — Les Musées d'Angleterre, de Belgique, de Hollande et de Russie. Guide et memento de l'artiste et du voyageur. 3e édition, très-augmentée. In-12. *Hachette et Ce.* 3 fr. 50 c.

—— Les Musées de France. Paris. Guide et memento de l'artiste et du voyageur, faisant suite aux musées d'Italie, d'Espagne, d'Allemagne, d'Angleterre, de Belgique, de Hollande et de Russie. 2e édition, revue et très-augmentée. In-12. *Ibid.* 3 fr. 50 c.

Victor-Emmanuel et Mazzini; par l'auteur de Lamoricière et Garibaldi. In-8. *Dentu.* 60 c.
La brochure est signée : Leluyer-Morvan.

Vidal, Auguste (de Cassis). — Traité de pathologie externe et de médecine opératoire; avec des résumés d'anatomie des tissus et des régions. 5e édition, revue, corrigée avec des additions, et des notes par le docteur Fano. Illustrée de 764 fig. dans le texte. 5 vol. in-8. *Baillière et fils.* 40 fr.

Vidal, Léon. — L'Espagne en 1860. État politique, administration, législation, institutions économiques, statistique générale de ce royaume. In-12. *Ledoyen.* 2 fr. 50 c.

Vidal, Émile. — De la syphilis congénitale. Thèse pour l'agrégation en médecine, présentée et soutenue à la Faculté de médecine de Paris, le 2 mars 1860. In-8. *Masson et fils.* 2 fr. 50 c.

Vie de saint Pierre d'Alcantara, réformateur de l'ordre des frères mineurs en Espagne et coopérateur de sainte Térèse dans la réforme des carmélites; par un membre du tiers ordre de Saint-François. In-12. *Ve Poussielgue-Rusand.* 2 fr. 25 c.

Vie et Correspondance de Merlin de Thionville, publiées par M. Jean Reynaud. In-8. *Furne et Ce.* 7 fr.

Vie de Félix Neef, pasteur dans les Hautes-Alpes. In-18. (Toulouse.) *Grassart.* 60 c.

Vié-Anduze, Henry. — Le dernier amour de Cinq-Mars, roman historique. In-8. (Toulouse, *Delboy.*) 2 fr.

Viel-Castel, Louis de. — Histoire de la Restauration. T. I et II. In-8. *Michel Lévy frères.* Prix de chaque volume, 6 fr.

Viennet (de l'Académie française). — Épîtres et satires. 5e édition. In-12. *Hachette et Ce.* 3 fr. 50 c.

Vierges miraculeuses (les) de la Belgique. Histoire des sanctuaires où elles sont vénérées. Légendes, pèlerinages, confréries, bibliographie, publiées par A. D. R., avec le concours de plusieurs ecclésiastiques et hommes de lettres. 106 notices illustrées de 40 gravures, par Brown. Grand in-8. *Lethielleux.* 12 fr.

Vigneron-Jousselandier, J. V. — Manuel d'agriculture pratique des tropiques. In-8. *Louvier.* 5 fr.

Vignon, Mme Ve. — Le Quadrille perfectionné, méthode pour enseigner la lecture. In-8. *Lecoffre et Ce.* 1 fr.

Viguié, Ariste. — Le Symbolisme du temple protestant. Sermon. In-8. (Nîmes, *Peyrot-Tinel.*) *Grassart.* 50 c.

Villemain. — La France, l'empire et la papauté. Question de droit public. In-8. *Douniol.* 80 c.

—— Discours et mélanges littéraires. Nouvelle édition revue corrigée et augmentée. In-12. *Didier et Ce.* fr.

—— Voy. auss : *Femmes de Shakespeare*

Villeman, J. — Un Patriarche à Provins. In-12. *Fruchard.* 1 fr.

Villemarqué, le vicomte Hersart de La. — Voy. *Hersart de La Villemarqué.*

Villemot, et P. Siraudin. — Le Favori de la Favorite, comédie en deux actes et en prose. (Théâtre de Baden-Baden.) In-12. *Librairie Nouvelle.* 75 c.

Villeneuve, Édouard de. — Epagathus, ou les Martyrs de Lyon. Scènes de la vie chrétienne au xi⁰ siècle. 2⁰ édition, revue et considérablement augmentée. In-12. *Lethielleux.* 1 fi. 50 c.

Villermont, le comte de.—Tilly, ou la Guerre de Trente ans, de 1618 à 1632. T. II. Grand in-8. (Tournai.) *Ibid.* 6 fr.

Prix de l'ouvrage complet, 12 fr. — T. I a paru en 1859.

Villeroy, F. — L'Éleveur de bêtes bovines. In-12. *Libr. agricole.* 1 fr. 25 c.

Nouvelle édition de l'ouvrage du même auteur intitulé : *L'Éleveur des bêtes à cornes.*

Villiers de l'Isle-Adam, Auguste. — Premières poésies, 1856-1858. — Fantaisies nocturnes. — Hermoza. — Les Préludes. — Chant du Calvaire. — In-8. (Lyon, *Scheuring et Cⁱ.*) 7 fr.

Vincent, A. — Du régime de l'hôpital, comprenant les attributions de son personnel et les règlements de ses divers services. In-8. *Castel.* 1 fr. 50 c.

Vincent, A. J. H. — Réponse à M. Fétis et réfutation de son mémoire sur cette question : Les Grecs et les Romains ont-ils connu l'harmonie simultanée des sons? en ont-ils fait usage dans leur musique? In-8, avec 5 planches. (Lille.) *Mallet-Bachelier.* 2 fr. 50 c.

Extrait des Mémoires de la Société impériale des sciences, de l'agriculture et des arts de Lille.

Vinet, A. — Histoire de la prédication parmi les réformés de France au xvii⁰ siècle. In-8. *Meyrueis et Cⁱ.* 6 fr.

Vinet, Élie. — L'Antiquité de Bourdeaus et de Bourg, présentée au roi Charle neufiesme, le treiziesme jour du mois d'avril, l'an mille cinq cens soixante et cinq, à Bourdeaus, et lhors premierement publiée, mais depuis reveuë et augmentée, et à ceste autre impression enrichie de plusieurs figures. Notice sur Elie Vinet, par Henri Ribadieu. In-8, avec deux plans. (Bordeaux, *Chaumas.*) 15 fr.

Vingtain, Léon. — De la liberté de la presse. Avec un appendice contenant les avertissements, suspensions et suppressions encourus par la presse quotidienne et périodique depuis 1848 jusqu'à nos jours. In-12. *Michel Lévy frères.* 3 fr.

Vinot, Joseph. — Récréations mathématiques. Nouveau recueil de questions curieuses et utiles, extraites des auteurs anciens et modernes. In-8. *Larousse et Boyer.* 3 fr.

Violeau, Hippolyte. — La Maison du cap, nouvelle bretonne. 3⁰ édition, revue et corrigée. In-12. *A. Bray.* 2 fr.

La 1ʳᵉ édition a paru en 1848.

—— Récits du foyer. 1ʳᵉ série. In-12. *Ibid.* 2 fr.

Violette, Henri. — Nouvelles manipulations chimiques simplifiées, ou Laboratoire économique de l'étudiant. Ouvrage contenant la description d'appareils simples et nouveaux, suivie d'un cours de chimie pratique à l'aide des instruments. 3⁰ édition, augmentée. In-8. *E. Lacroix.* 7 fr. 50 c.

Viollet-le-Duc. — Dictionnaire raisonné de l'architecture du XIe au XVIe siècle. T. V, livraison 11 à 29 (ou livraison 142 à 160 de l'ouvrage.) In-8. *Bance.*
Prix de chaque livraison, 60 c.

——— Entretiens sur l'architecture. Livr. 7e. Grand in-8. *Ibid.* 6 fr.
Livr. 1 à 6, 1858 et 1859. 15 fr. 50 c.

——— Lettres sur la Sicile, à propos des événements de juin et de juillet 1860. In-8. *Chamerot.* 3 fr. 50 c.

Virchow, le professeur Rudolphe. — Mémoire sur l'embolie. Traduit de l'allemand par le docteur F. Petard. In-8. *Germer Baillière.* 2 fr. 50 c..

——— La Pathologie cellulaire basée sur l'étude physiologique et pathologique des tissus. Traduit de l'allemand, sur la 2e édition, par Paul Ricard. Édition revue et corrigée. In-8, avec 144 fig. *Baillière et fils.* 8 fr.

Virgile. — Œuvres complètes. Traduites en vers par Hippolyte Cournol, avec des notes et un examen des autres traductions en vers. 3 vol. in-12. *Firmin Didot frères.* 12 fr.

Visions (les) d'Isaïe, fils d'Amos, traduites en vers français par l'abbé C. Chabert. In-8. (Lyon.) *Aubry.* 10 fr.

Vital Bussenot-Lalande. — Le Libre échange, comédie en deux actes et en vers. In-16. (Flers, *Folloppe.*) 1 fr. 25 c.

Vitet, L. — Notice sur Ary Scheffer. — Voy. *Scheffer, Œuvres.*

Vitu, Auguste. — Contes à dormir debout. In-12. *Hachette et Ce.* 2 fr.

——— Ombres et vieux murs. In-12. *Poulet-Malassis.* 2 fr.

Vive l'Étudiant! In-32. *Marpon.* 50 c.

Vivès, H. de. — L'Europe, la paix, l'économie politique. In-12. *Arnauld de Vresse.* 3 fr. 50 c.

——— De la Liberté de conscience à propos des affaires religieuses. In-8. *Dentu.* 1 fr.

Vivien, Louis. — Job, les Psaumes, les Proverbes et l'Ecclésiaste de la parole de Dieu, traduits de l'hébreu. 2e édition, revue et corrigée. In-32. (Amiens.) *Grassart.* 2 fr.

Vivien de Saint-Martin. — Étude sur la géographie et les populations primitives du nord-ouest de l'Inde, d'après les hymnes védiques; précédée d'un aperçu de l'état actuel des études sur l'Inde ancienne. Mémoire couronné en 1855 par l'Académie des inscriptions et belles-lettres. In-8. (Imprimerie impériale.) *B. Duprat.* 6 fr. 50 c.

Voermanek, F. X. — Coup d'œil sur le règne de Guillaume Ier, roi des Pays-Bas, suivi d'un essai de l'histoire de la révolution belge de 1830, et de : Nos Souvenirs des campagnes de 1830 et 1831 de l'armée belge. In-12. (Gand, *Vandoosselaere.*) 1 fr.

Vogel, Charles. — Le Portugal et ses colonies, tableau politique et commercial de la monarchie portugaise dans son état actuel, avec ses annexes et des notes supplémentaires. In-8. *Guillaumin et Ce.* 8 fr. 50 c.

Vogué, le comte Melchior. — Les Événements de Syrie. In-8. *Douniol.* 80 c.

Voisin, le docteur Auguste. — De l'hématocèle rétro-utérine et des épanchements sanguins non enkystés de la cavité péritonéale du petit bassin considérés comme accidents de la menstruation. In-8, avec planche. *Baillière et fils.* 4 fr. 50 c.

Voland, Claudius. — Méthode Pestalozzi-Robertson-Voland. Nouvelle méthode pour apprendre à lire, écrire, traduire et parler l'anglais sans maître, avec la prononciation figurée par des lettres. In-8. *E. Belin.* 3 fr.

Voltaire. — Œuvres complètes. T. 9 à 23. In-12. *Hachette et C*.
Prix de chaque volume, 2 fr.
Édition en 25 volumes

—— Rome et Paris, ou la Question romaine. In-4. *Lécrivain.* 1 fr.

Voltaire à Ferney. — Voy. *Bavoux.*

Vorepierre, B. Dupiney de. — Dictionnaire français illustré. — Voy. *Dictionnaire.*

Voyage de Leurs Majestés Impériales dans le sud-est de la France, en Corse et en Algérie. 1860. Dessiné et gravé par MM. Steyert, Rahoult, Letuaire, Crapelet, Galetti, Janet-Lange, etc., d'après les croquis et notes de M. Aug. Marc. Gr. in-4, avec 135 gravures. *Au bureau de l'Illustration.* 6 fr.

—— de LL. MM. l'Empereur et l'Impératrice dans les départements du sud-est, de la Savoie, de la Corse et de l'Algérie. Orné de gravures. In-12. *Renault et C*. 1 fr.

Voyageur (le), les chemins de fer et l'hôtel. — Les Dames en voyage, par M. *** avocat. In-32. *Dezobry, Magdeleine et C*. 50 c.

Vraye. — Du remboursement des offices ministériels et de la suppression de leur vénalité, exposé financier, avantages, opportunité et mode d'exécution de cette mesure. In-8. *Cosse et Marchal.* 4 fr. 50 c.

Vuatiné, C. — Du droit de transmission des offices, des réformes et améliorations à leur appliquer. In-8. (La Rochelle, *Bergault-Cumin.*) *Au bureau des Annales des Justices de paix.* 3 fr. 50 c.

Vuillot, Albert. — Les Humbles poésies. Avec une préface, par M. P. de Lascaux. In-12. *Librairie Nouvelle.* 1 fr. 50 c.

Vulpian, A. — Des pneunomies secondaires. Thèse présentée à la Faculté de médecine (concours pour l'agrégation). In-8. *A. Delahaye.* 2 fr.

W

Wacken, Ed. — Heures d'or. In-12. (Liége, *F. Renard.*) 3 fr. 50 c.

Wade, T. F. — État des forces de la Chine. — Voy. *Picard.*

Wagner, Richard. — Quatre poëmes d'opéra, traduits en prose française, précédés d'une lettre sur la musique. In-12. *Librairie Nouvelle.* 3 fr.
Le Vaisseau-Fantôme. — Tannhäuser. — Lohengrin. — Tristan et Iseult.

Wahu, A. — Annuaire de médecine. — Voy. *Annuaire.*

Wailly, Léon de. — Les Deux filles de M. Dubreuil. 2 vol. in-12. *Hachette et C*. 4 fr.

Waldor, Mme Mélanie. — L'École des jeunes filles, drame en cinq actes. (Théâtre de l'Ambigu-Comique.) Grand in-8. *Barbré.* 20 c.

Wallon, H. — Jeanne d'Arc, 2 vol. in-8. *Hachette et C*. 12 fr.

Walras, Léon. — L'économie politique et la justice. Examen critique et réfutation des doctrines économiques de M. P. J. Proudhon; précédé d'une introduction à l'étude de la question sociale. In-8. *Guillaumin et Ce*. 5 fr.

Walsh, le vicomte. — Histoires, contes et nouvelles. Nouvelle édition. 1re et 2e série. 2 vol. in-12. *J. Vermot*. 4 fr.

——— Tableau poétique des fêtes chrétiennes. Nouvelle édition, illustrée de lithographies par Étienne David. In-8. *Ibid*. 8 fr.

Warrens, Mme de. — Lettres inédites. — Voy. *Bougy, Voyage dans la Suisse*.

Watin, Lucien. — Préludes; poésies. In-12. *Dentu*. 2 fr.

Wauters, Alph. — Voy. *Tarlier et Wauters*.

Weber, Émile Alfred. — Examen critique de la philosophie religieuse de Schelling. In-8. *J. Cherbuliez*. 2 fr. 50 c.

Weckherlin, Aug. de. — Traité des bêtes bovines. Traduit de l'allemand d'après la 3e édition, par Adolphe Scheler. In-12. (Bruxelles.) *Librairie agricole*. 3 fr. 50 c.

Weill, Alexandre. — Mismorismes. In-12. *Dentu*. 2 fr.

——— Si j'avais une fille à marier. In-12. *Amyot*. 3 fr. 50 c.

——— Histoire de la grande guerre des paysans. 3e édition, revue, corrigée et précédée d'une nouvelle préface. In-12. *Poulet-Malassis*. 2 fr.

——— Paris inhabitable. In-12. *Dentu*. 1 fr.

——— Qu'est-ce que le propriétaire d'une maison à Paris? suite de Paris inhabitable. In-12. *Ibid*. 75 c.

——— L'usure est un crime. Mémoire adressé aux rédacteurs en chef des journaux de Paris, de la province et de l'étranger. In-12. *Ibid*. 1 fr.

——— Lettre à Sa Majesté l'empereur sur la ville de Paris. In-12. *Ibid*. 1 fr.

Welte, le docteur. — Voy. *Dictionnaire encyclopédique*.

Wendel Dieterlin. — Le livre de l'architecture. Recueil de planches donnant la division, symétrie et proportion des cinq ordres, appliqués à tous les travaux d'art qui en dépendent. Livraison 1 à 10. In-4. (Liége, *Ch. Claessen*.) Prix de chaque livraison, 3 fr. 50 c.

L'ouvrage sera publié en 40 livraisons qui formeront un grand volume in-4, contenant 200 planches.

Wetherell, Élisabeth. — Le Monde, le vaste monde. Traduit de l'anglais. 5e édition. In-12. *Meyrueis et Ce*. 3 fr. 50 c.

Wetzer et **Welte**. — Dictionnaire de la théologie catholique. — Voy. *Dictionnaire*.

White, C. de. — Procès d'Alexis Pétrovitch. — Voy. *Procès*.

Wichern, le docteur. — Foi et charité; nouveaux récits. Traduit de l'allemand. In-12. *Grassart*. 1 fr. 50 c.

Widal, Auguste. — Études littéraires et morales sur Homère. Scènes tirées de l'Iliade. In-8. *Hachette et Ce*. 5 fr.

Wieland, le docteur. — Leçons cliniques. — Voy. *Guéneau de Mussy*.

Wierix, Jérôme. — L'Enfance de Jésus. — Voy. *Alvin*.

Wihl, Louis. — Les Hirondelles, poésies allemandes. Traduites en français, avec un Essai sur la littérature juive, par Pierre Mercier. In-12. *Hachette et C°.*   3 fr. 50 c.

Windham, G. — Nouvelle grammaire anglaise simplifiée, résumé historique et pratique des meilleurs ouvrages en cette matière qui ont paru jusqu'à ce jour. In-8. (Toulouse, *Privat.*) *Hachette et C°.*   3 fr.

Wiseman, le cardinal. — La Perle cachée. In-12. *Putois-Cretté.* 1 fr. 50 c.

Wisniewski, Jules. — Étude sur les poëtes dramatiques de la France au dix-neuvième siècle. In-8. *Dentu.*   5 fr.

Woestyn, Eugène. — Voy. *Rollin et Woestyn.*

Wogue, L. — Le Pentateuque, ou les cinq livres de Moïse. Traduction nouvelle avec le texte hébreu ponctué et accentué, d'après les meilleures éditions, accompagné de notes explicatives, scientifiques, grammaticales et littéraires, etc., etc. T. I. Genèse. In-8. (Metz.) *Durlacher.*   8 fr.

> L'ouvrage aura 5 volumes.

Wolff, le pasteur Philippe. — Le Baptême, l'alliance et la famille. Grand in-12. *Grassart.*   3 fr.

Wolowska, Tekla. — Historia polska. T. Pierwszy. In-8. *Librairie polonaise.*   7 fr. 50 c.

> Histoire de Pologne, T. I.

Wolters, C. — Histoire financière des chemins de fer français et étrangers dont les actions se négocient à la Bourse de Paris. 1re année. Depuis l'origine des chemins de fer jusqu'au 31 décembre 1859. Grand in-8. *Au bureau du journal l'Industrie.*   5 fr.

> Ce livre est donné en prime aux abonnés du Journal.

Worms de Romilly, Emmanuel. — Voy. *Horace, Odes.*

Wyss. — Le Robinson suisse. Nouvelle traduction par A. Bordot. Grand in-8, avec 22 gravures sur bois. *Morizot.*   8 fr.

——— Le même. Édition in-12, avec 6 gravures. *Ibid.*   3 fr.

——— Le Robinson suisse. Traduction nouvelle illustrée par Hadamard. In-8. *Vermot.*   4 fr.

——— Le même. Édition in-12. *Ibid.*   2 fr.

X

Xivrey, Berger de. — Voy. *Berger de Xivrey.*

Xylander, le chevalier. — Traité des armes. Ouvrage traduit de l'allemand par le colonel P. d'Herbelot et augmenté par le traducteur d'une notice historique sur l'artillerie, et subsidiairement sur l'armée française, et d'un vocabulaire des armes. 4e édition. 2e et 3e partie. In-8, avec planches. *Corréard.*   Prix de chaque partie, 5 fr.

> Prix de l'ouvrage complet en 3 parties, 15 fr.

Y

Yanoski, J. — De l'abolition de l'esclavage ancien au moyen âge, et de sa transformation en servitude de la glèbe; suite à l'Histoire de l'esclavage dans l'antiquité de M. H. Wallon. In-8. *Durand.* 3 fr.

Ymbert, Th. — Essais critiques sur le Code Napoléon. 1re partie. Le Portique du code. Étude sur le titre préliminaire (art. 1 à 7). In-8. *Cosse et Marchal.* 3 fr. 50 c.

Yolande de France. — Chroniques. — Voy. *Chroniques.*

Young, Arthur. — Voyages en Italie et en Espagne pendant les années 1787 et 1789. Traduction de M. Lesage; avec une introduction par M. L. de Lavergne. In-12. *Guillaumin et Cᵉ.* 3 fr. 50 c.

Yriarte, Thomas. — Fables littéraires espagnoles. Traduction nouvelle en vers français, par le commandant Pellet, suivi d'un souvenir biographique par le neveu du traducteur. In-8. *Amyot.* 3 fr.

Ysabeau, A. — Entretiens familiers d'un instituteur avec ses élèves sur les insectes nuisibles. 2 vol. in-12. *Dezobry, Magdeleine et Cᵉ.* 1 fr. 80 c.

—— Entretiens familiers d'un instituteur avec ses élèves sur les insectes utiles. In-12. *Ibid.* 90 c.

Yves, A. — Faust, arabesques en vers et dialogués. In-12. *Dentu.* 1 fr. 50 c.

Z

Zaccaria, le P. — L'Anti-Febronius, ou la Primauté du pape justifiée par le raisonnement et par l'histoire. Traduit de l'italien par l'abbé A. C. Peltier. T. III et IV. In-8. *Victor Sarlit.* Prix de chaque volume, 5 fr.

Ouvrage terminé. — Les T. I et II ont paru en 1859.

Zaccone, Pierre. — Le Conscrit de Palerme (roman inédit). In-4. *Lecrivain et Toubon.* 50 c.

—— Les Mystères de la Chine. In-4. *Ibid.* 50 c.

—— Les mêmes, 2ᵉ série : Le Pirate de Canton. In-4. *Ibid.* 50 c.

—— Les Volontaires de 93. In-4. *Ibid.* 50 c.

—— Les Zouaves. In-12. *Arnauld de Vresse.* 1 fr.

Zachariæ, Ç. S. — Cours de droit civil français, d'après l'allemand, par C. Aubry et C. Rau. 3ᵉ édition, entièrement refondue et complétée. Tome IV. In-8. *Cosse et Marchal.* 8 fr.

L'ouvrage formera 6 vol. dont les vol. 1, 3, 4, 5 et 6 ont paru. Prix de chaque vol. 8 fr.

—— Le Droit civil français. Traduit de l'allemand sur la 5ᵉ édition. Annoté et rétabli suivant l'ordre du code Napoléon, par G. Massé et Ch. Vergé. Tome 5ᵉ et dernier. In-8. *Durand.* 7 fr. 50 c.

Prix de l'ouvrage complet en 5 volumes, 37 fr. 50 c. Les vol. 1 à 4 ont paru de 1854 à 1858.

Za Granica Mòwia o Polsce. In-8. *Librairie polonaise.*   1 fr.
> A l'étranger, on parle de la Pologne.

Zaliwski-Mikorski, le comte. — La Gravitation par l'électricité. In-8. *Leiber.*   1 fr. 50 c.

Zeller, Jules. — L'Année historique, ou Revue annuelle des questions et des événements politiques en France, en Europe et dans les principaux États du monde. 1re année. In-12. *Hachette et Cie.*   3 fr. 50 c.

Zelli-Jacobuzj, D. Francesco Léopold. — Origine et effets admirables de la croix ou médaille de saint Benoît. Traduit de l'italien par P. W. H. A. d'Avrainville. In-16. *Vrayet de Surcy.*   50 c.

Zimmermann, le docteur Wilhelm. — L'Angine couenneuse et le croup. Mémoire sur les affections diphthéritiques. Nouvelle méthode de traitement, expérimentée dans une épidémie (1857). In-8. (Valenciennes.) *Baillière et fils.*   3 fr.

Zirardini, Giuseppe. — Les Assassins de la Syrie et les soldats de la France; ode (texte italien et français). In-12. *Stassin et Xavier.*   1 fr.

—— La Lombardia liberata. Cantica, con note istoriche. In-12. *Chez l'auteur, 408, rue Saint-Honoré.*   3 fr. 50 c.

—— Le même, texte italien et traduction française. In-12. *Ibid.*   5 fr.

Zorza Wiecznosci. In-8. *Librairie polonaise.*   2 fr.
> L'Aurore de l'Eternité, poëme.

Zosimi abbatis alloquia. — Voy. *Patrologiæ cursus completus.*

Zschokke, Henri. — Histoire de la nation suisse. Traduite de l'allemand, par Monnard. Nouvelle édition, revue et continuée jusqu'en 1860 par Louis Favrat. In-12. (Genève.) *Cherbuliez.*   2 fr.

—— Contes et Nouvelles. Traduction revue et corrigée. T. II à IV. In-12. (Berne.) *Ibid.*   Prix de chaque volume, 3 fr.
> T. I a paru en 1859. — Le titre provisoire : *Contes et Nouvelles,* a été changé maintenant en celui de : *Scènes de la Vie.*

Zwickenpflug, C. Z. — Jésus, notre amour, notre victime et notre nourriture dans le très-saint sacrement des autels. In-12. (Bruxelles, *Goemaere.*) 3 fr.

TABLE SYSTÉMATIQUE

SOMMAIRE.

TABLE SYSTÉMATIQUE

N. B Cette Table n'indique pas les numéros des pages, l'ordre alphabétique facilitant suffisamment les recherches.

I. THÉOLOGIE.

Écriture sainte.

Castaing. Le Cantique des cantiques.

Cornelius a Lapide. Commentaria in Scripturam sacram.

Crellier. Le Livre de Job vengé des interprétations de M. Renan.

Évangiles (les Saints), trad. par Lallemant.

Livres (les) du Nouveau Testament, trad. par A. Rilliet.

Lutteroth. Essai d'Interprétation de quelques parties de l'évangile saint Mathieu.

Meignan. M. Renan et le Cantique des cantiques.

Nouveau Testament (le), trad. par Mésenguy.

Renan. Le Livre de Job.

— Le Cantique des cantiques.

Rosny. Le Poeme de Job.

Salvan. L'Apocalypse, traduite et commentée.

Vivien. Job, les Psaumes, les Proverbes, etc.

Wogue. Le Pentateuque, avec le texte hébreu.

Théologie catholique.

Balmès. Le Protestantisme comparé au Catholicisme.

Bard. De la Question liturgique.

Benard. Examen à l'usage du clergé.

Berseaux. L'Évangile et le siècle.

Bluteau. Catéchisme catholique.

Boissieu. De l'Excommunication.

Bonaventure. Les Six ailes du Séraphin.

Bougeant. Exposition de la doctrine chrétienne.

Bourquard. Essai sur la Méthode dans les sciences théologiques.

Bouttier. Les Trois religions jugées par un maquignon.

Cæremoniale episcoporum.

Caillaud. Manuel des dispenses à l'usage du curé.

Carron. La Religion catholique exposée brièvement.

Confession d'un Catholique repoussé du confessionnal.

Conny. Remarque sur une prétendue défense de la liturgie de Lyon.

Cruice. Philosophæmana sive Hæresium omnium confutatio.

Dechamps. La Question religieuse résolue par les faits.

Des Garets. Le curé d'Ars et la Salette.

Dictionnaire encyclopédique de la théologie catholique.

Dieulin. Le Guide des curés, etc.

Dupin. Libertés de l'Église gallicane.

Eglise (l') et l'Apocalypse.

Théologie protestante.

Église grecque.

Table systématique. — I. Théologie.

Culte israélite.

Annuaire parisien du culte israélite.
Bloch. Méditations bibliques.
Klein. Le Judaïsme.
Nicolas. Des doctrines religieuses des juifs.

Prédication. Sermons.

Les ouvrages par des auteurs protestants sont marqués d'une *).

* Berthe. Origine de la réforme en Normandie.
Bordoni. Discours sur divers sujets de la morale chrétienne.
Bossuet. Oraisons funèbres et sermons choisis.
* Boucher. Les Biens inaperçus. Discours.
* Bouvier. Sermons.
* Colani. Sermons.
* — Nouveaux sermons.
* Coquerel. L'Excommunication. Sermons.
* — Observations pratiques sur la prédication.
* Cruvellié. Le Protestantisme. Discours.
* — A qui appartiennent les églises réformées de France.
Discours prononcé à la cérémonie des funérailles du prince Jérôme, par l'évêque de Troyes.
— prononcé par l'évêque de Poitiers, à l'occasion du service pour les soldats de l'armée pontificale.
Discours et instructions pastorales de Mgr l'évêque de Poitiers.
Dupanloup. Oraison funèbre des volontaires catholiques de l'armée pontificale.
Felix. Le Progrès par le christianisme.
* Gasparin. Le Bonheur.
* Gurney. Sermons anglicans.
Herblot. Sermons.
Landriot. Discours et Instructions.
— Discours pour l'anniversaire de la mort de saint Vincent de Paul.
* Leblois. La Paix et l'épée dans l'Eglise.
Le Courtier. Retraite annuelle des Dames.
Léonard de Port-Maurice. Sermons.

Martin. Sermons sur les mystères de N. S. Jésus-Christ.
Mathieu. Souvenirs du carême de St-Quentin.
* Monod. Sermons.
Newmann. Nouvelles conférences.
— Sermons.
* Othenin-Girard. Les Fêtes principales de l'année chrétienne.
Paul. La Religion aisée.
Pioger. Trésors de la prédication.
Plantier. Instruction pastorale.
* Pressensé. Discours religieux.
Prusinowski. Discours sur l'état de l'Église catholique en Pologne.
Répertoire de l'Orateur.
* Spurgeon. Choix de Sermons.
* Viguié. Le Symbolisme du temple protestant.
* Vinet. Histoire de la prédication parmi les réformés de France.

Livres de prière et d'édification.

(Les ouvrages par des auteurs protestants sont marqués d'une *).

Apôtre missionnaire évangélisant toutes les classes de la société.
Augustin, saint. Les Confessions.
Bautain. La Chrétienne de nos jours.
Becel. Souvenir du pèlerinage de Sainte-Anne.
Benoit. Visites de madame Marguerite.
Bernardin. La Communion de Marie.
Berthuel. Lettres à Théotime, ou l'Hérésie religieuse.
Bigoni. Pieuses élévations de l'âme à Dieu.
Bouhours. Consolations spirituelles.
Bretonneau. Les épreuves de la vie.
* Bunyan. Le Voyage du chrétien vers l'éternité.
Cagniard. Nouveaux Chemins de la croix.
Challoner. Le Jardin de l'âme.
Champeau. L'Art de méditer.
Chesnel. Méditations à l'usage des communautés religieuses.
Chevojon. Le Manuel de la jeune fille chrétienne.
* Chrétien (le) devant Dieu.
Congnet. Soldat et prêtre.
Coste. Le Diamant polyglotte en trois langues, grec, latin et français.

COULIN. L'année du pieux fidèle.
— Les Méditations d'un prêtre.
* DARBY. L'Église du Dieu vivant.
DEBENEY. Esprit du très-saint Rosaire.
DEIDIER. Le Mois du très-saint enfant Jésus.
— Le Mois de saint Joseph.
DELAGRANGE. Le Miroir de la famille chrétienne.
DELAPORTE. Bataille au bord du chemin.
— Imitation de saint Vincent de Paul.
DELBET, Mme. Correspondance d'une élève du Sacré-Cœur.
DENIS. Neuvaine en l'honneur de l'Immaculée Conception.
DROHOJOWSKA, comtesse. L'Hiver à la campagne.
— Les Véritables fleurs de mai.
DUMAX. Entretiens et conseils avant et après le catéchisme.
EMEL. Guide de mon pèlerinage.
FABER. Conférences spirituelles.
— Le Créateur et la créature.
— Le Précieux sang.
FÈVRE. Du mystère de la souffrance.
FOURÉ. Fleurs et Fruits de la foi.
FRANÇOIS D'ASSISE. Fioretti.
FRANÇOIS DE SALES. Introduction à la vie dévote.
* FROSSARD. Manuel des chrétiens.
GAULLE, Mme de. Mois de Marie des familles.
GAUME. Bethléem.
GIRAUD. La Bible des travailleurs.
* GIRAUD. Le Pèlerinage du Bonhomme pensif.
GOFFINÉ. Manuel complet pour sanctifier les dimanches.
* GOSSNER. Le Sauveur frappant à la porte.
GUILLEMANT, Mlle. Le Calvaire et l'Autel.
HAHN-HAHN, comtesse. Guirlande à Marie.
— Les Martyrs.
— Les Pères du désert.
HENRY. Le Chef-d'Œuvre de la miséricorde divine.
HOLL. Le Chrétien.
HUGUET. Dévotion à saint Joseph.
— Lectures en famille.
— La Miséricorde de Marie en exemples.
— Le Pouvoir de Marie en exemples.
IMITATION de Jésus-Christ.
* JAMES. La Recherche du salut.
* KILIAN. Guide de la famille chrétienne.
LA VALLIÈRE, duchesse de. Réflexions sur la miséricorde de Dieu.

LEDON. Mes heures de solitude.
— Vie du communiant.
LÉONARD DE PORT-MAURICE. Exercices spirituels.
LIGUORI. La Passion du Sauveur.
— Préparation à la mort.
* LOBSTEIN. L'Année chrétienne.
* MALLET. Prières chrétiennes à l'usage des familles.
MANNOCK. Le Catéchisme du bon pasteur.
MASSÉ. Livre-Souvenir. Première communion.
MAXIMES (les) de saint Ignace, avec les sentiments de saint François-Xavier.
MIÈGE. La Lyre chrétienne.
Mois de Marie (le).
MOITRIER. Le Livre des jeunes filles.
MONMOREL. Pensées sur différents sujets de morale.
MYSTÈRE (le) de la Croix affligeante et consolante.
ONSE. Le Chemin du ciel en pratique.
— Manifestation de la Providence dans la nature.
* OXENDEN. Le Chemin du salut.
PASCAL MARIE. La Perfection chrétienne.
— Méditations sur les souffrances de Jésus-Christ.
PICOT DE CLORIVIÈRE. Neuvaine en l'honneur de saint Stanislas Kostka.
POSTEL. Recueillements du soir.
PRICE. Auprès des malades.
PROTESTANTE (la), convertie au catholicisme.
RAINERI. Cours d'instructions familières.
RAVIGNAN. La Vie chrétienne.
REDIER DE LA VILATTE. Harmonie et Vertu.
RÉFLEXIONS morales et chrétiennes d'une femme du monde.
— sérieuses et morales.
RICARD. La Religieuse en oraison.
ROMPANT. Poésies religieuses.
ROSSIGNOLI. Les Merveilles de Dieu.
SCUPOLI. Le Combat spirituel.
* SMITH. Le Messager de miséricorde.
TERWECOREN. Le Mois de ma mère.
TOCVI. Méaloch ou le Livre du pauvre.
— Le Psautier de Marie.
TRÉSOR de la douce piété.
ZELLI-JACODUZI. Origine et effets admirables de la croix ou médaille de saint Benoît.
ZWICKENPFLUG. Jésus, notre amour.

Table systématique. — I. Théologie.

Histoire de l'Église. Biographie sainte.

(Les ouvrages par des auteurs protestants sont marqués d'une *).

Barthélemy. Études sur la vie de Jeanne-Françoise Frémyot.

Blanc. Cours d'histoire ecclésiastique.

Blanc. Vie de saint Camille de Lellis.

* Bonnechose. Réformateurs avant la réforme.

Brentano. Vie de N.-S. Jésus-Christ.
— Vie de la sainte Vierge.

Broeckaert. Saint Jean-Chrysostome.

Broglie. L'Église et l'Empire romain.

Ceillier. Histoire générale des auteurs sacrés.

Challamel. Histoire inédite des papes.

Chantrel. Histoire populaire des papes.

* Douen. Essai historique sur les églises réformées du département de l'Aisne.

Drioux. Précis de l'histoire de l'Église.

Duquesne. De l'Existence des congrégations religieuses en France.

Durand. Manuel historique des ordres religieux.

Fave. Études critiques sur l'histoire d'Alexandre VI.

Franciscains (les) à Bolbec.

* Gaberel. Les Suisses romands.

Gallois. Histoire de l'Inquisition.

Giry. Vie des saints.

Gobaille. Le Pieux lévite, peint par lui-même.

Gossart. Précis de l'histoire des principaux établissements religieux d'Avesnes.

Grégoire. Histoire ecclésiastique des Francs.

Guidée. Notices sur quelques membres de la société des Pères du Sacré-Cœur et de la Compagnie de Jésus.

Guillaume. Histoire du culte de la très-sainte Vierge en Lorraine.

Guyard. Histoire de saint Antoine de Padoue.

Hansen. Vie de sainte Rose de Lima.

* Hase. Histoire de l'Église.

Hefele. Le cardinal Ximenès et l'Église d'Espagne.

Henrion. Histoire ecclésiastique.

Lacordaire. Sainte Marie-Madeleine.

Largent. Les Anniversaires catholiques.

La Rigaudiere. Histoire des persécutions religieuses.

Lecanu. Histoire de la sainte Vierge.

Lettres de la sainte mère Jeanne-Françoise Frémyot.

Leuridan. Histoire de l'église Saint-Martin de Roubaix.

* Lièvre. Histoire des protestants et des églises réformées du Poitou.

Lorgueilleux. Le Culte intérieur spirituel et la mauvaise queue du moyen âge.

Ludolphe le Chartreux. Vie de N.-S. Jésus-Christ.

Martin. Vie des saints, d'après Lipoman, etc.

Marty. Vies des chrétiens illustres par leurs actions et leur sainteté.

Maynard. Saint Vincent de Paul.

Menault. Biographies bénédictines.

Méray. Les Libres prêcheurs.

Montalembert. Les Moines d'occident.

Morris. La Vie et le Martyre de saint Thomas Becket.

* Olry. La Persécution de l'église de Metz.

Orsini. La Vierge.

Péan-Gatineau. Vie de Mgr Saint-Martin de Tours.

* Peyrat. Les Réformateurs de la France et de l'Italie au xiiᵉ siècle.

Pollet. Histoire ecclésiastique de l'ancien diocèse de Liège.

Potton. Saint Joseph.

* Puaux. Histoire de la réformation française.

Razy. Saint Jean de la Croix, premier carme déchaussé.

* Reuss. Histoire de la théologie chrétienne.

Rohrbacher. Histoire de l'église catholique.

* Ruffet. Saint Paul.

* Schmidt. Histoire du chapitre de Saint-Thomas de Strasbourg.

Seraphin. Judas Iscariote.

Solignac. Une Vie de saint par semaine.

Tisserand. Histoire de Vence.

Toursel. Histoire de sainte Eugénie.

Tresvaux. Histoire de l'Église.

Tyborne. Esquisse historique de la persécution religieuse.

Vie de saint Pierre d'Alcantara.

Vierges miraculeuses (les) de la Belgique.

II. PHILOSOPHIE.

ALAUX. La Raison.

ALBERT. Essai sur la création.

AUGÉ. Philosophie de la religion.

BALMÈS. Art d'arriver au vrai, philosophie pratique.

BARTHEL. Religion scientifique de l'humanité.

BAUTAIN. La Conscience.

— Philosophie des lois au point de vue chrétien.

BERNARD. Les Soirées de M. Jean, ou la Morale du bon sens.

BERTIN. De la liberté dans ses rapports avec le christianisme.

BERTRAND. Le dix-neuvième siècle et l'avenir. Haute synthèse, etc.

BESSE DES LARZES. Fondements du spiritualisme.

BONNETAIN. La Voix des mondes.

BUSSY. Les Philosophes convertis.

CAHAGNET. Méditations d'un penseur.

CARION. Traité élémentaire de logique.

CARLE. Alliance religieuse universelle.

CLAESÈNS. Raison et révélation.

CLARIOND. Philosophie chrétienne. La Loi d'amour.

COGNAT. Polémique religieuse.

COMPENDIUM philosophicum.

CORBLET. De l'influence du protestantisme sur la philosophie, les lettres et les arts.

COURDAVEAUX. Du Beau dans la nature et dans l'art.

DAMIRON. Concours sur la philosophie de Leibnitz.

DESCARTES. Œuvres.

— Œuvres inédites.

DESCHAMPS. Le Bouddhisme et l'apologétique chrétienne.

DEUX LOIS du monde, ou la Vraie religion.

FAURE. Théorie de la spiritualité.

FEUCHTERSLEBEN. Hygiène de l'âme.

FOREST. Essais poétiques de philosophie religieuse.

JANET. Essai sur le médiateur plastique de Cudworth.

— Études sur la dialectique dans Platon et dans Hégel.

JANTET. De la vie et de son interprétation.

JEHAN. Dictionnaire de philosophie catholique.

JOUFFROY. Mélanges philosophiques.

JOURDAIN. Logique de Port-Royal.

LAFERRIÈRE. De l'Influence du stoïcisme.

LAMBERT. Études sur A. Chaho, auteur de la Philosophie des religions comparées.

LARROQUE. Examen critique des doctrines de la religion chrétienne.

— Rénovation religieuse.

LEIBNITZ. Œuvres.

LE NOIR. Dictionnaire des droits de la raison dans la foi.

LE ROY. La Philosophie au pays de Liége.

LOMBANÈS. Du Goût, ou de la Passion du bien-être matériel.

MARCEY. De la vie de famille et des moyens d'y revenir.

MARGERIE. De la famille.

MARNIX DE SAINTE-ALDEGONDE. Le Tableau des différends de la religion.

MATTER. La Morale, ou la Philosophie des mœurs.

MEDIUS. Doctrine hiérarchique fusionnaire.

MÉNARD. De la morale avant les philosophes.

NOURRISSON. La Philosophie de Leibnitz.

— Histoire et philosophie.

PIERRE. Constantinople, Jérusalem et Rome.

PLOTIN. Les Ennéades.

RATTIER. La Santé de l'esprit et du cœur.

RENAN. Averroès et Averroïsme.

ROBINET. Notice sur l'œuvre et la vie d'Auguste Comte.

SCHOEBEL. Mémoire sur le monothéisme primitif.

SERMENT. Le Libéralisme.

SIMON. La Religion naturelle.

SMITH. Théorie des sentiments moraux.

SPINOZA. De la droite manière de vivre.

STAHL. Œuvres médico-philosophiques.

TAINE. Les Philosophes français du XIXᵉ siècle.

THONISSEN. Considérations sur la théorie du progrès indéfini.

TISSOT. Méditations morales.

TOURNISSOUX. L'Homme dans sa triple vie.

UBAGHS. Essai d'idéologie.

VAISSE. Le Spiritualisme.

VEUILLOT. Les libres Penseurs.

WEBER. Examen critique de la philosophie religieuse de Schelling.

III. DROIT.

Jurisprudence. Législation.

ALLA. Manuel des tribunaux militaires.

ARNOUILH. De l'institution contractuelle.

ARNTZ. Cours de droit civil français.

BARRINS. Nouveau manuel de législation usuelle.

BAUDOUIN et MAZINCOURT. Le bon Conseiller en affaires.

BAUTAIN. Philosophie des lois.

BAZINCOURT. Le véritable Conseiller en affaires.

BÉCHARD. Droit municipal dans l'antiquité.

BECOT. De l'organisation de la justice répressive.

BÉDARRIDE. Droit commercial.

BENTZIEN. Lettre aux conseils généraux de France.

BERGSON. Compte rendu : livre I du code Napoléon.

BERODE. Manuel des connaissances usuelles.

BERRIAT-SAINT-PRIX. Mazas; étude sur l'emprisonnement individuel.

BERTHAULT. Introduction à l'histoire des sources du droit français.

BOILEUX. Commentaire sur le code Napoléon.

BOST. Code formulaire des élections municipales

— Encyclopédie du contentieux.

BOULANGER. Étude sur la novation en matière d'enregistrement.

BOURGUIGNON. Guide du propriétaire et du locataire.

BRANDNER. Répertoire des décisions judiciaires.

BURY. Traité de la législation des mines.

CABRYE. Du Droit de rétention.

CACQUERAY. Recherches historiques sur la théorie du rapport.

CAFFIN. Des Droits de propriété des communes, etc.

CASTELNAU. Essai physiologique sur la législation.

CAUSES CÉLÈBRES illustrées.

CAZENAVE. Deuxième mémoire justificatif de l'innocence du frère Léotade.

CHARPIGNON. Rapports du magnétisme avec la jurisprudence.

CHAUVEAU. Code d'instruction administrative.

CHRONIQUES judiciaires.

CONTRAINTE par corps (la) au XIXᵉ siècle.

CORDIER. Le Droit de famille aux Pyrénées.

COTELLE. Cours de droit administratif.

DALLOZ. Jurisprudence générale.

— Explication de la loi modificative du Code forestier.

DEMANGEAT. De la condition du fonds dotal en droit romain.

DEMOLOMBE. Traité des successions.

DENIZOT. De la législation et de la compétence en matière de cours d'eau.

DESMAZE. Des Contraventions à Londres et de leur pénalité.

— Le Parlement de Paris.

— Notice historique sur le traitement des magistrats.

DU BOYS. Histoire du Droit criminel des peuples modernes.

DUPIN. Libertés de l'Église gallicane.

— Manuel du Droit public ecclésiastique français.

DURAND et PAULTRE. Code général des lois françaises.

FRESQUET. Principes de l'expropriation.

FUISSEAUX. Législation industrielle.

GÉRARD. Code civil.

GONDY. Histoire des trois assassinats de Saint-Cyr.

GUILLEMIN. Réplique au manuel Dupin.

HELIE. Traité de l'instruction criminelle.

INSTITUTES du droit fiscal.

KROEDER. Coutumes de Gourdon.

Administration.

LEFEBVRE. Des Établissements charitables de Rome.

LEJAY. La Comptabilité du Notariat.

MALLEIN. Faut-il codifier les lois administratives?

MALOU. De l'administration des cimetières catholiques en Belgique.

MARTIN. Les Justices de paix de France.

MORIN. Principes de bornage.

MUZARD. Dictionnaire administratif, etc.

OUDIN. Comptabilité des notaires.

PARFAIT DOUANIER (le) civil et militaire.

PERROT. Statistique des prisons.

PERSONNEAUX. Recrutement de la bureaucratie publique.

SAINT-CHAMANS. Quelques mots sur les chemins vicinaux.

SOLLIER. Dictionnaire du timbre et de l'enregistrement.

VRAYE. Du remboursement des offices ministériels.

VUATINÉ. Du droit de transmission des offices.

Droit international et maritime.

BARGILLIAT. Notes sur le Droit commercial maritime.

FRIGNET. Traité des Avaries.

GARDEN. Répertoire diplomatique.

GRAGNON-LACOSTE. Précis historique de la législation consulaire.

HAUTEFEUILLE. Propriétés privées des sujets belligérants sur mer.

— Guide des juges marins.

Propriété intellectuelle. Brevets d'invention.

CHAMPAGNAC. Étude sur la propriété littéraire et artistique.

DESCRIPTION des machines consignées dans les brevets d'invention.

HETZEL. La propriété littéraire et le domaine public payant.

LUTHEREAU. Les inventeurs devant la loi.

PROPRIÉTÉ LITTÉRAIRE (la) au XVIIIe siècle.

IV. ÉCONOMIE POLITIQUE ET STATISTIQUE.

(SCIENCES SOCIALES.)

ALMANACH de Gotha.

ANNUAIRE de l'économie politique.

— international du crédit public.

— statistique et historique belge.

AUDIGANNE. Les populations ouvrières.

BAILLY. Un mot sur la vie à bon marché.

BAUDRILLART. Des Rapports de la morale et de l'économie politique.

BLANQUI. Histoire de l'Économie politique en Europe.

BLOCK. Statistique de la France.

BOUCHER DE PERTHES. De la Femme dans l'état social.

BOUDIN ET BLANC. Éléments de statistique et de géographie générales.

BRASSEUR. Manuel d'économie politique.

CARLIER. Les Institutions sociales étudiées dans les édifices religieux.

CAUQUIL. Études économiques sur l'Algérie.

COURCELLE-SENEUIL. Tratado de economia politica.

CRISENOY. Étude sur la situation économique des Antilles françaises.

CUCHEVAL-CLARIGNY. Les Budgets de la guerre et de la marine en France et en Angleterre.

DENIS (de Chateaugiron). L'Anti-Proudhon.

DUCPETIAUX. De l'Association.

DU PUYNODE. Des Lois du travail et de la population.

FITAU. L'Organisation du travail en Algérie.

GARNIER. Traité d'économie politique.

JOURDIER. Des forces productives, destructives et improductives de la Russie.

LAPIERRE. Les Chemins de fer et la Navigation.

LAURENT. Le Paupérisme et les Associations de prévoyance.

LAWRENCE. L'Industrie française et l'Esclavage.

LETTRES sur l'émancipation des serfs.

LEYMARIE. Les Méditations de Jacques Bonhomme. La réforme économique.

LOUVET. Curiosités de l'Économie politique.

MENNESSON. De la Cherté des subsistances.

OLIVIER. L'Économie politique ramenée aux principes du christianisme.

PERNOT. Statistique des prisons.

PLACE. De l'Alimentation des classes ouvrières.

ROCQUANCOURT. Essai sur le paupérisme.

RONDELET. Les Mémoires d'Antoine.

— Du Spiritualisme en économie politique.

SAVARDAN. L'Extinction du paupérisme réalisée par les Enfants.

SOCIALISME (le) en Russie.

STAMM. Principes et solutions à propos des questions économiques du jour.

TAULIER. Le Vrai livre du peuple.

TEISSIER. Notice historique et Documents statistiques sur les Sociétés de secours mutuels.

TOURGUÉNEFF. Un dernier mot sur l'Émancipation des serfs en Russie.

VERET. Les Veillées du maître Bias.

VOGEL. Le Portugal et ses colonies.

VAÏSSE. Un contre-maître de fabrique à un philosophe de l'École normale.

WALRAS. L'Économie politique et la justice.

WEILL. Paris inhabitable.

— Qu'est-ce que le propriétaire d'une maison à Paris ?

— Lettre à Sa Majesté l'Empereur.

YANOSKI. De l'Abolition de l'esclavage.

V. COMMERCE ET FINANCES.

AGNUS. Guide de l'Acheteur en gros.

AILLAUD. Les Bienfaits du libre-échange.

ALMANACH de la Bourse.

AMÉ. Étude sur les tarifs de douanes.

ANNUAIRE-Almanach du commerce.

— de l'industrie, du commerce, etc., en Belgique.

ANTHONIS. Livre des frêts.

ART (l') de gagner à la Bourse.

BARGILLIAT. Notes sur le droit commercial maritime.

BARTHOLONY. Simple exposé de quelques idées financières.

BERTRAND. Correspondance commerciale.

BESQUEUT. Questions économiques. Les Fers en 1860.

BLANC. Des Valeurs étrangères en France.

BOINVILLIERS. Les Tarifs de chemins de fer.

BONTEMPS. Concentration. Avenir de l'industrie, du commerce, etc.

BOURSE (la) est un marché libre.

CABANES. La Levée des prohibitions et le département du Nord.

CAMPAN. La Question de l'or en Belgique.

CAPEFIGUE. Histoire des grandes opérations financières.

CENSIER. Manuel du commerçant.

CÉZARD. Le Traité de commerce et la législation douanière.

CHAPITRE II où l'on demande une réforme à la Bourse.

CHAUVEAU. L'Institution des agents de change.

CHAZELLES. Étude sur le système colonial.

COMPLÉMENT de l'œuvre de 1830. Établissements à créer dans les pays transatlantiques.

CORÉ. Guide commercial des constructeurs mécaniciens.

DAMASCHINO. Traité des magasins généraux (docks).

DELANDRE. Traité pratique des douanes.

DEMEUR. Les Chemins de fer français en 1860.

— Les Sociétés anonymes de Belgique, en 1857.

DESROCHES. Recueil des tarifs des douanes de l'Europe.

— Tarif des douanes de la France.

DICTIONNAIRE universel du commerce et de la navigation.

DOLFUS. De la Levée des prohibitions douanières.

DOLIVET. Nouveaux comptes faits de Barème.

DU MESNIL-MARIGNY. Les Libre-échangistes et les Protectionnistes conciliés.

DU PLACEMENT des petits capitaux.

DUPUIT. La Liberté commerciale.

ELOY et GUERRAND. Marine marchande. Des capitaines, maîtres et patrons.

GILLIS. Tarif de la douane de Saint-Pétersbourg.

GOLDEMBERG. La France et l'Angleterre devant le traité de commerce.

GRIGNAN. Le Patriotisme de la Bourse.

HALPHEN. Question du jour. Libre échange.

HAUT. Les Traités de commerce et l'Angleterre.

HERVIEUX. De la Hausse et de la Baisse des céréales.

HOMMAIRE DE HELL. De la Situation commerciale des producteurs de sucre.

HORN. Les Finances de l'Autriche.

LAROQUE-SAYSSINEL. Des faillites et banqueroutes.

LAVELEYE, A. Histoire financière des chemins de fer français.

LAVELEYE, E. Question de l'or en Belgique.

LEDUC, Léouzon. Les Financiers contemporains.

LE HIR. Forces et Institutions productives de la France.

LÉON. Lettres sur la question des monnaies.

L'ÉTANG. Des Fictions en matière de finances.

LETTRE IMPÉRIALE (la). Les Chemins de fer et les Voies navigables.

MENSON. Des Tarifs différentiels.

MOREL. Encyclopédie commerciale maritime.

NERBONNEAU. Le chemin de fer de Graissessac à Béziers.

PEPOLI. Les Finances pontificales.

PEREIRE. Tables de l'intérêt composé, etc.

PÉRIER. Le Traité avec l'Angleterre.

POUJARD'HIEU. Deuxième étude sur la solution de la question des chemins de fer.

— Du Rachat des chemins de fer par l'État.

PROTIN. La Question des sucres.

— La Réforme commerciale.

SAGOT-LESAGE. Code réglementaire du crédit foncier en Portugal.

SAINT-MARC GIRARDIN. Des Traités de commerce.

SIMON-MAYER. De la Réforme douanière.

SOURIGUES. De l'Achat anticipé des actions du chemin de fer du Dauphiné.

TABLEAU général du commerce de la France.

TACAILLE. Nouvelle comptabilité commerciale.

TERRIÈRE. Nouveau manuel du calculateur.

TIMON. Le Droit de tonnage en Algérie.

TRAITÉ de commerce conclu entre la France et la Grande-Bretagne.

TRAMECOURT. Législation des céréales.

VANNIER. Traité des comptes-courants.

VERITÉ (la) sur les prohibitions.

WEILL. L'Usure est un crime.

WOLTERS. Histoire financière des chemins de fer.

VI. HISTOIRE.

(Et Sciences accessoires.)

Histoire.

ALLUT. Les Routiers au XIVe siècle.

AMADOR DE LOS RIOS. Études sur les Juifs d'Espagne.

ANCILLON. Recueil de ce qui s'est passé à Metz.

ANNUAIRE des Deux Mondes.

— historique.

ARBOIS DE JUBAINVILLE. Histoire de Bar-sur-Aube.

ARDOUIN. Études sur l'histoire d'Haïti.

ASSIER. Légendes, curiosités et traditions de la Champagne.

BALBO. Histoire d'Italie.

BARDY, G. Ordre souverain des hospitaliers réformés de Saint Jean.

BARDY, H. Enguerrand de Coucy et les Grands Bretons.

BARRÈRE. Le général de Tartas.

BARTHÉLEMY. Les Princes de la maison royale de Savoie.

BAZANCOURT. La Campagne d'Italie.

BEAUREPAIRE. Les États de Normandie sous la domination anglaise.

BÉDARRIDE. Les Juifs en France, en Italie et en Espagne.

BELGIOJOSO. Hist. de la maison de Savoie.

BELLECOMBE. Histoire universelle.

BERBRUGGEN. Le Pégnon d'Alger.

BERGER DE XIVREY. Tradition française d'une confédération de l'Italie.

BERGMANN. Les Gètes.

BIBLIOTHÈQUE RUSSE.

BILLET. Les Grandes dates de l'histoire.

BOITEAU. État de la France en 1789.

BORDET. Revue de dix ans.

BORDIER et CHARTON. Histoire de France.

BOUCHER DE PERTHES. De l'homme anté-diluvien.

BRASSEUR DE BOURBOURG. Histoire du patrimoine de saint Pierre.

BRIFFAUT. Histoire de la ville de Fayl-Billot.

BROGLIE. L'Église et l'empire romain.

— Questions de religion et d'histoire.

BROSSET. Les Ruines d'Ani, capitale de l'Arménie.

BULAU. Personnages énigmatiques.

BUSSEROLLE. Recherches hist. sur Fécamp.

CAILLETTE DE L'HERVILLIERS. Le Dernier siége de Pierrefonds.

CANTU. Histoire des Italiens.

CAPEFIGUE. Agnès Sorel et la chevalerie.

— Diane de Poitiers.

CARON et SORLIN. Les Rois catholiques.

CARTULARE monasterii Beatorum Petri et Pauli.

CASTILLE. Histoire de soixante ans.

CAUVIN. Documents relatifs à l'histoire des corporations du diocèse du Mans.

CAVALCADE historique représentant l'entrée de Henri IV dans la ville de Chartres.

CÉSENA. L'Italie confédérée.

— Campagne de Piémont et de Lombardie.

CHALLAMEL. Histoire anecdotique de la Fronde.

— Histoire du Piémont.

— Histoire inédite des papes.

CHANTREL. Nouveau cours d'histoire universelle.

CHRONIQUES de Yolande de France.

COLLECTION des mémoires relatifs à l'histoire de Belgique.

COMETTANT. Histoire d'un inventeur au XVIIIe siècle.

COQUEREL fils. La Saint-Barthélemy.

CORDIER. Martyrs et bourreaux de 1793.

CORRESPONDANCE diplomatique de J. de Maistre.

CORRESPONDANCE du duc de Mayenne.

— de Napoléon Ier.

COSTE. Notice sur la ville de Vieux-Brisach.

COUGNY. Notice archéologique et historique sur le château de Chinon.

COUP d'œil sur l'histoire de la maison d'Autriche.

CRONIQUE du roi Françoys, premier de ce nom.

DAIRE. Histoire du doyenné de Picquigny.

DANGEAU. Journal.

DEMERSAY. Histoire du Paraguay.

DESCAURIET. Histoire des agrandissements de Paris.

DESCENDANTS (les) des Albigeois et des huguenots.

DES ÉTANGS. Études sur la mort volontaire. Du suicide politique.

DESMAZE. Le Parlement de Paris.

DEVELAY. La Bourgogne pendant les Cent jours.

DIEGERICK. Inventaire des chartes et documents appartenant aux archives de la ville d'Ypres.

DOCUMENTS inédits sur l'histoire de France.

— officiels sur la campagne d'Italie en 1859.

— et pièces authentiques laissés par Daniel Manin.

DOZY. Recherches sur l'histoire et la littérature de l'Espagne pendant le moyen âge.

DU BOUZET. La Jeunesse de Catherine II.

DUCHINSKI. Zasady dziejow polski.

DU FRESNE DE BEAUCOURT. Charles VII et Louis XI.

DUMAS. Mémoires de Garibaldi.

— Les mêmes en espagnol.

DUMONT. Histoire de la ville de Saint-Mihiel.

DUMOULIN. Les Vendéens au Luxembourg.

DURAND. Histoire de la guerre d'Italie en 1859.

DUSSIEUX. Les Grands faits de l'histoire de France.

DUVERGIER DE HAURANNE. Histoire du gouvernement parlementaire en France.

ÉTUDE POLITIQUE. M. le comte de Chambord.

FABRE. Recherches historiques sur le pè-

Table systématique. — VI. Histoire.

armées de la République française.
SAINTE AULAIRE. Histoire de la Fronde.
SALLIOR. Pie IX. 1792 à 1860.
SAMAZEUILH. Monographie de la ville de Casteljaloux.
SAULCY. Les Expéditions de César en Grande-Bretagne.
SAURET. Essai historique sur la ville d'Embrun.
SCHAYES. La Belgique et les Pays-Bas avant et pendant la domination romaine.
SIDÉRIUS. Dinant et ses environs.
SIMONET. Résumé de l'histoire de France.
SOUVENIRS de Mme de Caylus.
— et correspondance de Mme Recamier.
— du marquis de Valfons.
STEIN. De la constitution de la commune en France.
SUPERSAC et DAVONS. Napoléon III et l'armée d'Italie.
TARLIER et WAUTERS. La Belgique ancienne et moderne.
TEISSIER. Histoire de la commune de Cotignac.
TÉMOIGNAGE d'vn contemporain svr saint Vladimir.
THIÉBAULT. Souvenirs de vingt ans de séjour à Berlin.
THIERRY. Récits de l'histoire romaine.
THIERS. Histoire du Consulat et de l'Empire.
THIÉURY. L'Espagne et l'Angleterre en 1588.
— Saint-Gervais de Rouen.
THIL-LORAIN. Cours d'Histoire universelle.
TYTLER. Recherches historiques et critiques sur Marie Stuart.
UBICINI. Jacques Cœur en Orient.
VAN DEN EYNDE. Tableau chronologique des Écoutètes, des bourgmestres, etc.
VANDERHAEGHEN. Recherches historiques concernant la souveraineté des empereurs d'Allemagne.
— La Vérité historique.
VANDERSTRAETTEN. Recherches sur les communautés religieuses.
VANDEVELDE. Précis historique et critique de la campagne d'Italie.
VIE ET CORRESPONDANCE de Merlin de Thionville.
VIEL-CASTEL. Histoire de la Restauration.
VILLERMONT. Tilly, ou la Guerre de trente ans.

VINET. L'Antiquité de Bourdeaus et de Bourg.
VOERMANEK. Coup-d'œil sur le règne de Guillaume Ier.
VOYAGE de Leurs Majestés Impériales dans le sud-est de la France, etc.
WALLON. Jeanne d'Arc.
WEILL. Histoire de la grande guerre des paysans.
WOLOWSKA. Historia polska.
ZACCARIA. L'Anti-febronius.
ZELLER. L'Année historique.
ZSCHOKKE. Histoire de la nation suisse.

Mythologie.

ANSELME. Le Monde paien.

Héraldique. Science des Armoiries. Écrits sur la noblesse.

ANNUAIRE de la noblesse de Belgique.
— de la noblesse de France.
ARMORIAL général du Lyonnais.
— national de France.
CHASSANT. Dictionnaire de sigillographie.
CHERGE. Lettres d'un paysan gentilhomme.
CIBRARIO. Précis historique des ordres de Saint-Lazare et de Saint-Maurice.
GOETHALS. Miroir des notabilités nobiliaires de Belgique, etc.
GOURDON DE GENOUILLAC. Dictionnaire historique des ordres de chevalerie.
— Recueil d'armoiries des maisons nobles de France.
KEROY. La Légion d'Honneur.
LA ROQUE. Armorial de la noblesse du Languedoc.
LEGION D'HONNEUR (la).
MAGNY. Nobiliaire universel.
— La Science du blason.
MAZAS. Histoire de l'ordre royal et militaire de Saint Louis.
QUESNEVILLE. La Clef du blason.
SÉMAINVILLE. Code de la noblesse française.
SICILE. Le Blason des couleurs.

Numismatique.

COHEN. Description des monnaies frappées sous l'empire romain.
LANGLOIS. Numismatique géorgienne.
POEY D'AVANT. Monnaies féodales de France.
SABATIER. Description des médaillons contorniates.

VII. POLITIQUE.

VIII. BIOGRAPHIE.

Recueils biographiques.

AUBINEAU. Les Serviteurs de Dieu.
BIOGRAPHIE générale.
— universelle.
BULAU. Personnages énigmatiques.
CARDON. Biographies contemporaines.
CASTILLE. Portraits historiques au XIXe siècle.
FÉTIS. Biographie universelle des musiciens.
FORESTIÉ. Biographie de Tarn-et-Garonne.
GALERIE DES CONTEMPORAINS.
GALERIE DES PORTRAITS de Mlle de Montpensier.
GALIMARD. Les grands Artistes contemporains.
GONCOURT. Les Maîtresses de Louis XV.
GRANDS (les) et les petits Personnages du jour.
GUÉRIN. Les marins illustres de la France.
HOMMES du jour.
HOUSSAYE. Princesses de comédie et déesses d'opéra.
HUGONNET. Français et Arabes en Algérie.
KLUYSKENS. Des Hommes célèbres.
LAGARRIGUE. Les Méridionaux.
MENAULT. Biographie des hommes remarquables d'Angerville-la-Gate.
PLUTARQUE. Vie des Hommes illustres.

Biographies séparées (par ordre alphabétique des sujets traités).

ABD-EL-KADER, par Cardon.
AGNÈS SOREL, par Capefigue.

ANTONELLI (le cardinal), par Castille.
— Galerie des contemporains.
ARGENSON. Journal et Mémoires.
BARNAVE, par Janin.
BAUCHER, messire Jehan, roi d'Yvetot, par Guilmeth.
BEAUTEMPS-BEAUPRÉ. Éloge historique, par Elie de Beaumont.
BECKET, Thomas, par Morris.
— par Gilles.
BÉRANGER, par Lascaux.
— Correspondance.
BONNET, le docteur A. Éloge, par Diday.
BONSTETTEN, par Steinlein.
BOURBON (la dame de), par Lafon.
BROHAN (Mme Madeleine.) Galerie des contemporains.
BUFFON. Correspondance.
BUGEAUD (le maréchal), par Hugonnet.
BYRON, lord, par Mondot.
CALLOT, Jacques, par Meaume.
CARLOS, Don, par Prescott.
CATHERINE II, par Du Bouzet.
— par Jauffret.
CAYLUS, Mme. Souvenirs.
CHAHO, Augustin, par Lambert.
CHAMPIONNET, par Saint-Albin.
CHARLES VII, par Dufresne de Beaucourt.
CHATEAUBRIAND, par Ancelot.
— par Clergeau.
— par Sainte-Beuve.
CURÉ D'ARS (le). Sa vie et sa mort, etc.
DECAMPS. Galerie des contemporains.
DELABY, Ch. Eug., par Gobaille.
DESGENETTES, le curé, par Aubineau.
— par Guérin.
— par Valettes.
DIANE DE POITIERS, par Capefigue.

Table systématique — VIII. Biographie.

WAGNER, Richard, par Champfleury.
WASHINGTON, par Létourneau.

WATTEAU, par Goncourt.
ZINZENDORF, le comte de, par Bovet.

IX. GÉOGRAPHIE ET VOYAGES.

Géographie et Ethnographie.

ABBADIE. Géodésie de la Haute-Éthiopie.
ANNUAIRE oriental et américain.
BEAUPLAN. Description de l'Ukranie.
BELLEL. Les Vosges.
BOUDIN ET BLANC. Éléments de statistique et de géographie générales.
CANAL interocéanique par l'isthme de Suez.
CARNANDET. Géographie du département de la Haute-Marne.
CHASTELLUX. Le territoire du département de la Moselle.
CHINE CONTEMPORAINE, la.
CHOTARD. Le Périple de la mer Noire.
CORNET-PAULUS. Dictionnaire géographique et statistique du département de la Marne.
CORTAMBERT. Tableau général de l'Amérique.
COTTE. Le Maroc contemporain.
CECULY et JACOBS. Géographie historique de la Gaule.
CUZENT. Iles de la Société : Tahiti.
DEVAUX. Les Kebailes du Djerdjera.
DICTIONNAIRE géographique et statistique de la Suisse.
EL-BEKRI. Description de l'Afrique septentrionale.
ÉTUDE politique et militaire sur la Chine.
FAY. Dictionnaire géographique de la Nièvre.
GENÉRAT. Étude géographique sur les peuples, etc.
GÉRARD, J. L'Afrique du Nord.
— Exploration du Sahara.
GODARD. Description et histoire du Maroc.
GUIRAUDET. Dictionnaire universel de géographie.
HAERNE. De la Chine considérée en elle-même, etc.
HEUSCHLING. L'Empire de Turquie.
JABA. Recueil de notices et récits kourdes.
KERVIGAN. L'Angleterre telle qu'elle est.
LA BÉDOLLIÈRE. Le Nouveau Paris.

LA BÉDOLLIÈRE. Histoire des environs du nouveau Paris.
LARCHER. Les Anglais, Londres, etc.
LA TOUR. Scènes de la vie hongroise.
LAVALLÉE. Géographie physique, historique et militaire.
LAVOLLÉE. La Chine contemporaine.
LEPAGE. Dictionnaire géographique de la Meurthe.
LESSEPS. Question du canal de Suez.
LOISEAU. Nouveau cours de géographie moderne.
MALTE-BRUN. Géographie universelle, par Cortambert.
— La même, par Lavallée.
MÉRY. Marseille et les Marseillais.
MILLE et une merveilles (les) de la France.
MOUSSY Description géographique et statistique de la Confédérat. Argentine.
OGER. Géographie de la France.
OUTREY. Dictionnaire de toutes les localités de l'Algérie.
PAUTHIER. La médecine, la chirurgie et les établissements d'assistance publique en Chine.
PEIGNÉ. Annuaire de la Savoie et du comté de Nice.
PRÉTOT. Reconnaissance de l'isthme de Suez.
RAMEAU. La France aux colonies.
RICHARD. Mystères du peuple arabe.
ROCHE. L'Italie de nos jours.
SENIOR. La Turquie contemporaine.
SOULLIER. Paris neuf, ou Rêve et réalité.
TARLIER. Dictionnaire des communes, etc. du royaume de Belgique.
TCHIHATCHEFF. Asie Mineure.
VAN DAMME. Le Jardin des Hespérides néerlandais ou les possessions hollandaises des Indes.
VERNES. Naples et les Napolitains.
VÉRON. Paris en 1860.
VIDAL. L'Espagne en 1860.
VIVIEN DE SAINT-MARTIN. Étude sur la géographie et les populations primitives du nord-ouest de l'Inde.
VOGEL. Le Portugal et ses colonies.

Voyages.

About. Rome contemporaine.

Ampère. Promenade en Amérique.

Auberive. Voyage d'un curieux dans Paris.

— Voyage en Grèce.

Banville. La mer de Nice. Lettres à un ami.

Barth. Voyages et découvertes dans l'Afrique septentrionale.

Basterot. De Québec à Lima.

Beckwourth, le chasseur. Scènes de la vie sauvage en Amérique.

Belamy. Rome, nouveaux souvenirs.

Bell. Voyage en Chine du capitaine Montfort.

Bougy. Voyage dans la Suisse française et le Chablais.

Bourassé. La Terre sainte.

Casalis. Les Bassoutos ou 23 années de séjour au sud de l'Afrique.

Castelnau. Expédition dans l'Amérique du Sud.

Dabadie. Récits et types américains.

Découvertes des Scandinaves en Amérique du xe aux xiiie et xiv^o siècles.

Defontaine. L'Espagne au xixe siècle.

Delamarche. L'Aiguillée de fil. Carnets de voyage. Belgique.

Deville. Excursions dans l'Inde.

Didier. Les Nuits du Caire.

Drohojowska (comtesse). Une Saison à Nice.

Ducamp. Le Nil (Égypte et Nubie).

Dufferin. Lettres écrites des régions polaires.

Dumas. De Paris à Astrakan; nouvelles impressions de voyage.

— L'Arabie heureuse; souvenirs de voyage.

Empire (l') des sources du soleil, ou le Japon ouvert.

Énault. L'Inde pittoresque.

Excursion (une) au Mont-Blanc.

Ferrier. Voyages en Perse.

Gael, Mme. Souvenirs d'Algérie.

Gastineau. Voyage comique et orphéonique.

Gerstaecker. Scènes de la vie californienne.

Gobineau. Voyage à Terre-Neuve.

Gourcy. Voyage dans le nord de l'Allemagne, etc.

Grignon. Voyage à Belle-Isle-en-Mer, etc.

Heine. Voyage autour du monde. Le Japon.

Histoire générale des voyages.

Holinski. L'Équateur, scènes de la vie américaine.

Hommaire de Hell. Voyage en Turquie et en Perse.

Hommaire de Hell, Mme. Voyage dans les steppes de la mer Caspienne.

Huc. Souvenirs d'un voyage dans la Tartarie et le Thibet.

Hun. Promenades en temps de guerre chez les Kabyles.

Italie (l') sans la politique, dédié à tous les voyageurs.

Jaubert. Voyage en Arménie et en Perse.

Laboulaye. Souvenirs d'un voyageur.

La Garrigue. Études et voyages.

La Marmora. Itinéraire de l'île de Sardaigne.

Latour. Tolède et les bords du Tage.

Le Poittevin de la Croix. Excursion d'Anvers à Rotterdam.

Lottin de Laval. Voyage dans la péninsule arabique.

— Voyage dans la péninsule du Sinaï.

Loviot, Mme. Les Pirates chinois.

Malte-Brun. La Destinée de sir John Franklin dévoilée.

— Résumé de l'exploration à la recherche des grands lacs de l'Afrique centrale.

Marvejouls. Agrigente et Girgenti.

Massol. France, Algérie, Orient.

Merlieux. Les Princesses russes prisonnières au Caucase.

Moges. Souvenirs d'une ambassade en Chine.

Nicolle. Courses dans les Pyrénées.

Oliphant. La Chine et le Japon.

Pelerin. Excursion artistique en Dalmatie et au Monténégro.

Poujoulat. Voyage à Constantinople.

Rémy. Voyage au pays des Mormons.

Rey. Voyage dans le Haouran.

Sachot. Voyages du docteur W. Ellis à Madagascar.

Saintine. Trois ans en Judée.

— Le Chemin des écoliers.

Stahl. De Paris à Baden.

Young. Voyages en Italie et en Espagne.

Guides-voyageurs.

ALLIEZ. Les Iles de Lérins, Cannes, etc.
ATHÈNES moderne.
AUFAUVRE. Troyes et ses environs.
BAEDEKER. L'Allemagne et quelques parties des pays limitrophes.
— Paris. Guide pratique du voyageur.
BROCARD. Le Bois de Vincennes.
DELACROIX et CASTAN. Guide de l'étranger à Besançon.
DOLIVET. Royan, La Rochelle, Fouras. Itinéraire des baigneurs.
DU PAYS. Itinéraire de la Belgique.
HÉQUET. De Paris à Mulhouse et à Bâle.

HUBERT. Chemins de fer des Ardennes; guide itinéraire.
JOANNE. Itinéraire de la Savoie.
— et ISAMBERT. Itinéraire de l'Orient.
— et LE PILEUR. Les Bains d'Europe.
LA SAUSSAYE. Blois et ses environs.
MACÉ. Les Chemins de fer du Dauphiné; guide itinéraire.
MONTEMONT. Guide de l'étranger dans Paris.
MORLENT. Le Havre; guide du touriste.
PARIS à vol d'oiseau, son histoire, etc.
RECLUS. Guide du voyageur à Londres.
SERRANO DE WILSON. Guia de los viajeros en la Inglaterra.
TAULIER. Guide du voyageur à la Grande-Chartreuse.

X. LITTÉRATURE.

Belles-Lettres en général. Histoire littéraire, Critique. Œuvres complètes.

ALTENHEYM, Mᵐᵉ. Les Fauteuils illustres.
AUBRYET. Les Jugements nouveaux.
BABOU. Lettres satiriques et critiques.
BARANDEGUY-DUPONT. Béranger devant ses accusateurs.
BARBEY D'AUREVILLY. Les Prophètes du passé.
BARON. Œuvres complètes.
BARTHÉLEMY. Voyage du jeune Anacharsis en Grèce.
BAVOUX. Voltaire à Ferney.
BÉRANGER. Correspondance.
— Œuvres posthumes.
BERTRAND. Les Causeries d'un solitaire.
BESSE DES LARZES. Les Voix du Rhône.
BLANCHET. Le Faust de Gœthe expliqué.
BOILEAU-DESPRÉAUX. Œuvres complètes.
BOITEAU. L'Equité de M. Pelletan.
— Lettre à M. Renan sur son article relatif à Béranger.
BROGLIE. Questions de religion et d'histoire.
CARNEL. Les Sociétés de rhétorique chez les Flamands de France.
CHAMFORT. Pensées, maximes, etc.
CHATEAUBRIAND. Œuvres complètes.
— Mémoires d'outre-tombe.
CHERBULIEZ. A propos d'un cheval.

COLLAVECCHIA. L'Influence de la poésie moderne en Italie.
CORRESPONDANCE d'Alexandre de Humboldt.
— de V. Jacquemont avec sa famille.
CRETINEAU-JOLY. Simples récits de notre temps.
CUVIER. Eloges historiques.
DAUNOU. Discours sur l'etat des lettres au XIIIᵉ siècle.
DELEPIERRE. Histoire littéraire des fous.
DELORD. Les Matinées littéraires.
DOZY. Le Cid, d'après de nouveaux documents.
— Recherches sur l'histoire et la littérature de l'Espagne pendant le moyen âge.
DUFRICHE-DESGENETTES. Œuvres inédites.
DUSSOLIER. Ceci n'est pas un livre.
ESTOURMEL. Derniers souvenirs.
EUSTELLE, Marie. Recueil de ses écrits.
FEUGERE. Caractères et portraits litt. du XVIᵉ siècle.
— Les Femmes poetes au XVIᵉ siècle.
FLOTTE. Bévues parisiennes. Les journaux, les revues, les livres.
FORGUES. Originaux et beaux-esprits de l'Angleterre contemporaine.
FROUT DE FONTPERTUIS. Etude de littérature étrangère.
GALERIE DES PORTRAITS (la) de Mˡˡᵉ de Montpensier.

GASTINEAU. Les Amours de Mirabeau.
GEBHART. Histoire du sentiment poétique.
GIRARDIN, Mme. Œuvres complètes.
GOEPP. Un Aventurier littéraire.
GOETHE. Œuvres.
— Le Renard, illustré.
GONCOURT. Les Hommes de lettres.
GORECKI. Nowe Pisencko.
GRESSET. Œuvres choisies.
GRUN. Frédéric Schiller. Sa vie et ses
     œuvres.
HALÉVY. Souvenirs et portraits.
HATIN. Histoire poétique et littéraire de
     la presse en France.
HÉRICAULT. Essai sur l'origine de l'épo-
     pée française.
HOUSSAYE. Œuvres.
JOLLY. Histoire du mouvement intellec-
     tuel au XVIe siècle.
LAMARTINE. Œuvres complètes.
LA ROCHEFOUCAULT-LIANCOURT. Œuvres
     choisies.
LAVERGNE. La Muse plébéienne.
LE BRUN. Miscellanées maritimes et lit-
     téraires.
LECOEUR. La Vérité chez Corneille.
LESCURE. Eux et Elles.
LETRONNE. Mélanges d'érudition et de cri-
     tique historique.
LETTRES de Alexandre de Humboldt.
LIGNE, prince de. Œuvres.
LIVET. Précieux et Précieuses.
LUCE. De Gaidone carmine disquisitio
     critica.
MAIGROT. Illustrations littéraires de la
     France.
MAISTRE. Lettres et Opuscules inédits.
MARNIX DE SAINTE-ALDEGONDE. Œuvres.
MARON. Histoire littéraire de la Conven-
     tion nationale.
MARTIN. Esprit moral du XIXe siècle.
— Poétes contemporains en Allemagne.
MASSILLON. Œuvres.
MICKIEWICZ. Pisma.
MONDOT. Histoire de la vie et des écrits
     de lord Byron.
MUSSET. Œuvres posthumes.
MUZZARELLI. Œuvres choisies.
NISARD. Les Gladiateurs de la république
     des lettres.
NOEL. Le Rabelais de poche.
NOULET. Recherches sur l'état des lettres
     romanes.
PELADAN. Décentralisation intellectuelle.
PELLETAN. Une Étoile filante. Béranger.

PIRON. Lettres à M. Maret.
PONTMARTIN. Dernières causeries.
PRAT. Études littéraires. XVIIIe siècle.
RABELAIS. Œuvres.
RATISBONNE. Morts et Vivants.
REGNIER. Œuvres complètes.
RIBAN. Des Contrastes.
SAINTE-BEUVE. Chateaubriand.
SCHILLER. Œuvres.
SCHOEBEL. Satan ou la Chute de l'homme
SCOTT. Œuvres.
SÉDAINE. Œuvres choisies.
STOURDZA. Œuvres posthumes.
SWIFT. Opuscules humoristiques.
— Voyages de Gulliver.
TAINE. La Fontaine et ses fables.
TALLEMANT DES RÉAUX. Historiettes.
TATISTCHEF. Testament.
TOCQUEVILLE. Œuvres et Correspon-
     dance inédites.
VAPEREAU. L'Année littéraire et drama-
     tique.
VARIA. Morale, Politique, Littérature.
VAUDIN. Gazetiers et Gazettes.
VEUILLOT, E. Questions d'histoire con-
     temporaine.
VEUILLOT, L. Çà et Là.
— Mélanges.
VILLEMAIN. Discours et Mélanges litté-
     raires.
VOLTAIRE. Œuvres complètes.
WISNIEWSKI. Etude sur les poètes dra-
     matiques de la France au XIXe siècle.

Romans.

ABELOUS. Les Catacombes de Rome.
— Les Jeunes martyrs.
— Le major Gruber. Le Galérien.
ACHARD. La Famille Guillemot.
— Les Séductions. Marguerite de Thieu-
     lay. Clémentine Aubernin.
ADAMS. La Patrie du vieillard.
AIMARD. Balle-Franche.
— L'Eclaireur.
— La Fièvre d'or.
— La Grande flibuste.
— Curumilla.
ALCIME, Esquisses du ciel.
AMIES (les) de pension.
ANCELOT, Mme. Une Faute irréparable.
ANDERDON. Antoine de Bonneval.
ANNA-MARIE. Les Sœurs des anges.
ANNE. Le Cordonnier de la rue de la
     Lune.

Table systématique. — X. Littérature.

Theâtre.

Cavos. Reconstruction du grand théâtre de Moscou.

Colombey. L'Esprit au théâtre.

Contant et Filippi. Parallèle des principaux théâtres modernes.

Detcheverry. Histoire du théâtre de Bordeaux.

Gallois. Histoire des théâtres.

Houssaye. Princesses de comédie et déesses d'opéra.

Lasalle. Histoire des Bouffes-Parisiens.

Manuel du vaudevilliste.

Maurice. Le Théâtre français.

Saint-Marc-Girardin. Cours de littérature dramatique.

Trélat. Le Théâtre et l'architecte.

Vapereau. L'Année littéraire et dramatique.

Véron. Les Théâtres de Paris depuis 1806.

Wisniewski. Étude sur les poètes dramatiques de la France au xixe siècle.

b) Recueil d'œuvres dramatiques et pièces non representées sur les théâtres de Paris.

Ane (l') et les trois voleurs, proverbe garibaldien.

Anot de Maizière. Cromwell, tragédie.

Audiffret. Entre deux paravents; théâtre des salons de famille.

Bayard. Théâtre.

Becq de Fouquières. Drames et comédies.

Dewilkonski. Je vais me marier en France, comédie.

Guillemin. Adélaïde de Bourgogne, tragédie.

Hirsch. Comédies.

Jourdain. Le Panier fleuri, comédie.

— Le Lacet de Berthe, comédie-drame.

Kératry. La Guerre des blasons, comédie.

Laverdant. Grégoire VII, drame.

Lelion-Damiens. Ours et oursons.

Lomon. Une Brèche à la famille.

Olivier. Quentin Metzis, comédie.

Philibert. Le Chêne et le roseau, comédie.

Ristelhuber. Marie Stuart, drame.

Rochetin. Le Querelleur, comédie.

Sand, George. Théâtre.

Schiller. Œuvres dramatiques.

— Don Carlos.

Shakespeare. Œuvres complètes, trad. par Fr. V. Hugo.

Shakespeare. Les mêmes, traduction de M. Guizot.

— Timon d'Athènes, trad. par A. Fleury.

Tapon-Fougas. Les Drames historiques. Jérôme Savonarole.

Théâtre contemporain illustré.

Vauzelles. Alceste.

Vital Bussenot - Lalande. Le Libre échange, comédie.

Wagner. Quatre poèmes d'opéra.

c) Pièces représentées sur les théâtres de Paris (par ordre alphabétique de leurs titres).

A bon chat bon rat! vaudeville, par Séguin.

Almanach comique (l'), comédie, par Flan et Blum.

Amour (l') dans tous les pays, vaudeville, par Masquelier et Thiboust.

Amour (l'), par Niboyet.

Amours (les) de Cléopatre, comédie, par Michel et Delacour.

Andre le Saltimbanque, drame, par Durafour.

Apres nous la fin du monde, comédie, par Montagne et Nanteuil.

A qui la veuve? vaudeville, par Marcy.

A quoi tient l'amour! vaudeville, par Chaigneau et Boverat.

Aventurière (l'), comédie, par Augier.

Aventuriers (les), drame, par Séjour.

Bal (un) sur la tête, vaudeville, par Siraudin, Saint-Yves et Bernard.

Barde gaulois (le), drame, par Fillieu.

Bianca Maria Visconti, tragédie, par Giacometti.

Capitaine Bitterlin (le), comédie, par About et Najac.

Capitaine Georgette (le), vaudeville, par Siraudin et Harmont.

Caprice (un), proverbe, par A. de Musset.

Catacombes (les) de Paris, drame, par Taillade.

Ce qui plaît aux femmes, comédie, par Ponsard.

Ce qui plaît aux hommes, par Meilhac.

Chasse (une) à Saint-Germain, vaudeville, par Deslandes et Moreau.

Chasseurs (les) du plumono, vaudeville, par Avenel et Jallais.

Chateau trompette (le), opéra-comique, par Cormon et Carré.

Cheval fantôme (le), par Bourgeois et Dugué.

Poésies.

WIHL. Les Hirondelles, poésies allemandes.

YRIARTE. Fables littéraires espagnoles.

YVES. Faust.

ZIRARDINI. La Lombardia liberata.

ZORZA. Wiecznosci.

XI. SCIENCES MÉDICALES.

Médecine en général.

AGENDA médical pour 1860.

ALMANACH-Manuel de la santé.

ANCELET. Des Végétations vulvo-anales.

ANDRADE. Essai sur le traitement des fistules.

ANNUAIRE de littérature médicale étrangère.

— médical et pharmaceutique.

— de médecine et de chirurgie pratiques.

— général des sciences médicales.

— de thérapeutique, etc.

ARAN. Leçons cliniques sur les maladies de l'utérus.

AUBURTIN. Recherches cliniques sur le rhumatisme.

AULAGNIER. Des Remèdes contre la goutte.

AUZIAS-TURENNE. Communication sur le traitement de la blennorrhagie.

BARRIER. Observations sur la rupture de l'ankylose.

— Traité des maladies de l'enfance.

BARTH et ROGER. Traité d'auscultation.

BAUCHET. Des lésions de l'encéphale.

BAUDOUIN. Exposé du procédé de multipuncture.

BAZIN. Leçons sur les affections cutanées.

BECKENSTEINER. Études sur l'électricité. Son emploi médical.

BECQUEREL. Traité des applications de l'électricité à la thérapeutique.

BEDFORD. Maladies des femmes.

BÉGIN. Études sur le service de santé militaire.

BERNUTZ et GOUPIL. Clinique sur les maladies des femmes.

BERTHERAND. Campagne d'Italie de 1859. Lettres médico-chirurgicales.

BESNIER. Des Étranglements internes de l'intestin.

BOECK. Traité de la radesyge.

— et DANIELSSEN. Maladies de la peau.

BONNAFONT. Traité des maladies de l'oreille.

BONNET. Nouvelles méthodes de traitement des maladies articulaires.

BOSSU. Agenda des médecins praticiens.

BOUCHARDAT. Nouveau formulaire magistral.

BOUCHUT. Leçons cliniques sur les maladies de l'enfance.

BOURGEOIS. Traité de la pustule maligne.

— Les Passions dans leurs rapports avec la santé et les maladies.

BOURROUSSE DE LAFFORE. Des taches de la cornée.

BUEZ. Du cancer et de sa curabilité.

BURGGRAEVE. Les Appareils ouatés.

— Chirurgie théorique et pratique.

BURIN DU BUISSON. Traité de l'action thérapeutique du perchlorure de fer.

CARRIÈRE. Les Cures de petit-lait et de raisin.

CELSE. Traité de la médecine.

CHARCOT. De la Pneumonie chronique.

CHARPENTIER. Observations de maladies des articulations.

CHATIN. Sur l'Iodisme constitutionnel.

CHAUVET. L'Avenir de l'homœopathie.

CHAUVIN. Des Néoplasmes au point de vue du cancer.

CIVIALE. Traité sur les maladies des organes génito-urinaires.

— Nouvelles recherches sur la fièvre, etc.

COULIER. Manuel pratique de microscopie appliquée à la médecine.

CORCHOD. Essai sur la cure de raisins.

CZERMAK. Du Laryngoscope.

DALLY. De l'État présent des doctrines médicales.

DAVASSE. Études cliniques sur quelques médications nouvelles.

DAVERNE. Des maladies contagieuses.

DELEAU. Traité sur les applications du perchlorure de fer en médecine.

DEMARQUAY. Traité des tumeurs de l'orbite.

— et GIRAUD-TEULON. Recherches sur l'hypnotisme ou sommeil nerveux.

DESCURET. La Médecine des passions.

Anatomie et Physiologie.

XII. SCIENCES NATURELLES.

FORTHOMME. Traité de physique expérimentale et appliquée.

GANOT. Tratado de fisica esperimental.

— Traité de physique expérimentale.

GAVARRET. Télégraphie électrique.

JULIEN. Courants et révolutions de l'atmosphère.

KUPFFER. Correspondance météorologique.

LABOULAYE, Ch. De la production de la chaleur.

LIAIS. Influence de la mer sur les climats.

NICKLÈS. Les Électro-aimants et l'adhérence magnétique.

OHM. Théorie mathématique des courants électriques.

POINSOT. Sur la manière de ramener à la dynamique des corps libres, etc.

— Sur la quantité de mouvement qui est transmise à un corps, etc.

POUILLET. Mémoires sur la densité de l'alcool.

SAINT-EDME. Nouveau recueil de problèmes de physique.

TANGHE. Traité de physique élémentaire.

ZALIWSKI-MIKORSKI. La Gravitation.

Chimie.

BARRUEL. Traité de chimie technique.

BERTHELOT. Chimie organique.

BERTRAND. Essai sur le lait.

BOUSSINGAULT. Agronomie, chimie agricole et physiologie.

BOUTRON et BOUDET. Hydrotimétrie.

CAHOURS. Traité de chimie générale élémentaire.

CHOULETTE. Observations pratiques de chimie, de pharmacie et de médecine légale.

CORNAY. Mémoires sur les causes de la coloration des œufs des oiseaux.

DAILLE. De la force chimique d'insolubilité.

FIGUIER. L'Alchimie et les alchimistes.

GELLÉE. Précis d'Analyses.

GILLES. Falsification des substances médicamenteuses et alimentaires.

GIRARDIN. Leçons de chimie élémentaire.

HERLANT. Précis du cours de chimie usuelle.

LALLEMAND, PERRIN et DUROY. Du rôle de l'alcool.

LUTZ. Du rôle de l'eau dans les phénomènes chimiques.

PELOUZE et FRÉMY. Traité de chimie générale.

REGNAULT. Cours élémentaire de chimie.

ROSE. Traité de chimie analytique.

SAINT-ROBERT. Sur l'analyse du charbon destiné à la fabrication de la poudre.

SANSON. Les principaux faits de la chimie.

SEELIGMANN. Essai chimique sur les eaux potables.

VIOLETTE. Nouvelles manipulations chimiques.

Histoire naturelle en général.

BERTIN et CAZALIS DE FONDOUCE. De la méthode et de l'espèce en histoire naturelle.

BOULOGNE. La morale dans l'histoire naturelle.

BUFFON. Œuvres.

GEOFFROY SAINT-HILAIRE. Histoire naturelle des règnes organiques.

HISTOIRE NATURELLE en tableaux.

HOCQUART. Une Visite au Jardin des Plantes.

KAEPPELIN. Différents modes de reproduction.

MORELET. Histoire naturelle des îles Açores.

PERRIN D'ARC. Le Jardin des Plantes et ses habitants.

Zoologie.

BERNARDI. Monographie des genres Galatea et Fischeria.

BLANCHARD. Organisation du règne animal.

BOURGUIGNAT. Malacologie de l'île du Château d'If.

— Filum Ariadneum. Methodus conchyliologicus.

BROCA. Etudes sur les animaux ressuscitants.

CHENU. Manuel de conchyliologie.

CLAPARÈDE et LACHMANN.. Etudes sur les infusoires.

COMPTES RENDUS des séances et mémoires de la Société de biologie.

CONNAISSANCE générale du bœuf.

CONSTANT. Histoire naturelle des papillons.

DESHAYES. Description des animaux sans vertèbres.

DES MURS. Traité général d'oologie ornithologique.

DROUET. Essai sur les mollusques de la Guyane française.

DUBOIS Les Lépidoptères de la Belgique.

— Planches coloriées des oiseaux de la Belgique.

DUMÉRIL. Entomologie analytique.

FRANKLIN. Vie des animaux.

JACQUELIN DU VAL. Genera des coléoptères d'Europe.

— Glanures entomologiques.

JOURDAIN. Recherches sur la veine porte rénale chez les oiseaux, etc.

LEREBOULLET. Zoologie du jeune âge.

MALHERBE. Monographie des picidés.

MARCOTTE. Les Animaux vertébrés de l'arrondissement d'Abbeville.

MILLIÈRE. Iconographie et description des chenilles.

MILNE-EDWARDS. Histoire naturelle des coralliaires.

MULSANT. Histoire naturelle des coléoptères.

— Opuscules entomologiques.

PRÉVOST. Des Animaux d'appartement et de jardin.

THOMSON. Arcana naturæ.

Botanique.

BAILLON. Recherches sur la fleur femelle des conifères.

BARLA DE NICE. Descriptions de quatre espèces de champignons.

BAUTIER. Tableau de la flore parisienne.

CASTELNAU. Chloris Audina.

CATALOGUE des végétaux et graines.

CHIRAT. Étude des fleurs. Botanique élémentaire.

CRÉPIN. Manuel de la flore de Belgique.

KIRSCHLEGER. Flore d'Alsace.

LE JOLIS. Plantes vasculaires des environs de Cherbourg.

— Lichens des environs de Cherbourg.

MULLER. Les Merveilles du monde végétal.

PAYER. Leçons sur les familles naturelles des plantes.

PAYOT. Catalogue des fougères, etc., des environs du Mont-Blanc.

PHILIPPE. Flore des Pyrénées.

PLEE. Types de chaque famille et des principaux genres de plantes.

Minéralogie. Géologie. Paléontologie.

ADHÉMAR. Révolutions de la mer.

ARCHIAC. Histoire des progrès de la géologie.

BINKHORST. Esquisse géologique et paléontologique des couches crétacées du Limbourg.

BROTHIER. Histoire de la terre.

COTTEAU. Études sur les échinides fossiles du département de l'Yonne.

— et TRIGER. Échinides du département de la Sarthe.

DELAFOSSE. Nouveau cours de minéralogie.

D'ORBIGNY. Paléontologie française.

EBRAY. Étude géologique sur le département de la Nièvre.

FROMENTEL. Introduction à l'étude des éponges.

GOSSELET. Mémoire sur les terrains primaires de la Belgique.

HOGARD. Recherches sur les formations erratiques.

JAUBERT. Matériaux pour la géologie du Var.

LORY. Description géologique du Dauphiné.

MARCOU. Lettres sur les roches du Jura.

MULSANT. Cours élémentaire d'histoire naturelle. Géologie.

PICTET. Matériaux pour la paléontologie suisse.

RAULIN. Statistique géologique du département de l'Yonne.

SCHOEBEL. De l'Universalité du déluge.

SERRES. De la Cosmogonie de Moïse.

— et CAZALIS DE FONDOUCE. Des formations volcaniques de l'Ardèche et de l'Hérault.

THOMASSY. Géologie pratique de la Louisiane.

XIII. SCIENCES MATHÉMATIQUES.

Mathématiques en général.

ABBADIE. Géodésie de la haute Éthiopie.

ADHEMAR. Traité de géométrie descriptive.

— Traité de la coupe des pierres.

AMIOT. Applications de la géométrie élémentaire.

ARNOUX. Recueil de problèmes sur les nombres entiers.

AUBERT. Premières leçons d'arithmétique décimale.

BOUCHÉ. Notice sur un nouveau système de tables trigonometriques.

BOURGET. Théorie des approximations numériques.

BRANVILLE. Cours élémentaire d'arithmétique.

BRIOT. Éléments de géométrie.

— et BOUQUET. Leçons de géométrie analytique.

CATALAN. Traité élémentaire des séries.

CHASLES. Les Trois livres de porismes d'Euclide.

CLAIRAUT. Éléments de géométrie

COMBEROUSE. Cours de mathématiques.

DELBOEUF. Prolégomènes philosophiques de la géométrie.

DIEU et TARNIER. Éléments d'algèbre.

DUHAMEL. Éléments de calcul infinitésimal.

DUMOUCHEL et LUSSON. Premiers éléments d'algèbre.

EXPÉRIENCES faites avec l'appareil à mesurer les bases.

FILACHON. Aperçus fondamentaux de philosophie mathématique.

FREYCINET. De l'Analyse infinitésimale.

GIQUEL. Traité élémentaire de trigonométrie.

GRUNERT. Éléments de trigonométrie loxodromique.

GUILMIN. Cours d'arithmétique et de géométrie.

— Éléments d'arithmétique théorique et pratique.

HANEGRAEFF. Note sur l'équation de congruence.

HATON DE LA GOUPILLIÈRE. Éléments de calcul infinitésimal.

JOUBERT. Sur la Théorie des fonctions elliptiques.

LA GOURNERIE. Traité de géométrie descriptive.

LECOINTE. Précis d'arithmétique.

LEROYER. Géométrie analytique.

LHUILLIER. Notions élémentaires sur la langue des nombres.

MULAT. Traité de géométrie pratique.

OHM. Théorie mathématique des courants électriques.

QUIQUANDON. Notions de topographie.

REGNAULT. Traité de géométrie pratique.

ROGUET. Leçons de géométrie analytique.

SERRET. Théorie des lignes à double courbure.

SNOECK. Cours d'arithmétique.

TERQUEM. Bulletin de bibliographie mathématique.

— Éléments de trigonométrie.

TIMMERMANS. Traité de calcul différentiel.

TONDICK. Traité d'arithmétique.

VINOT. Récréations mathématiques.

Astronomie.

ANNALES de l'Observatoire impérial de Paris.

ANNUAIRE du bureau des longitudes.

BACH. Calcul des éclipses de soleil.

BÉRON. Atlas météorologique.

BRIOT. Cours de cosmographie.

BULARD. Notice sur l'éclipse de soleil du 18 juillet 1860.

CALLAND. La Comète de 1858.

CATALAN. Notions d'astronomie.

CONNAISSANCE des temps ou des mouvements célestes.

DAVID. Parties proportionnées, calculées de seconde en seconde pour la déclinaison du soleil, etc.

DELAUNAY. Cours élémentaire d'astronomie.

ECKSTEIN. Sur les sources de la cosmogonie de Sanchoniathon.

EMMANUEL. Conférences astronomiques.

KUPFFER. Annales de l'Observatoire de Russie.

LAUGIER. Mémoire sur la détermination des distances polaires des étoiles.

LECOUTURIER et CHAPUIS. La Lune.

PONTÉCOULANT. Théorie du système du monde.

ROCHE. Réflexions sur la théorie des phénomènes cométaires.

SERRES. De la Cosmogonie de Moïse.

SNIDER. Les Émanations.

Optique.

BRACHET. Préliminaires sur la restauration du microscope catadioptrique.

CHEVREUL. Explication déduite de l'expérience de plusieurs phénomènes de vision.

GIRAUD-TEULON. De l'influence sur la fonction des verres de lunettes, etc.

SICHEL. Hippocrate de la vision.

Sciences militaires.

ALLA. Manuel des tribunaux militaires.

ANNUAIRE du corps de l'intendance.

— spécial du corps de santé de l'armée de terre.

— militaire de l'empire français.

— militaire de Belgique.

AUGOYAT. Aperçus sur les fortifications, etc.

AZEMAR. Avenir de la cavalerie.

BÉGIN. Études sur le service de santé militaire.

BESNARD. Organisation militaire des sapeurs-pompiers.

BIBLIOTHÈQUE complète des sous-officiers.

BOYER DE SAINTE-SUZANNE. Recrutement.

BRIALMONT. Système de défense de l'Angleterre.

CAMBRELIN. Camp retranché d'Anvers.

CAMPAGNES du feld-maréchal Radetzky.

CONSIDÉRATIONS sur les causes des succès de Napoléon III.

CRI DE GUERRE (le) des Prussiens.

CUCHEVAL-CLARIGNY. Les budgets de la guerre et de la marine en France et en Angleterre.

DE LA BARRE DU PARCQ. Histoire de l'art de la guerre avant l'usage de la poudre.

DELVIGNE. Notice historique sur l'expérimentation et l'adoption des armes rayées, à projectiles allongés.

DIDION. Traité de balistique.

ÉTAT du corps du génie.

ÉTUDE politique et militaire de la Chine.

EXPÉRIENCES sur la fabrication de canons.

FRÉDÉRIC-CHARLES de Prusse. L'art de combattre l'armée française.

GENTY. Les Volontaires anglais.

GERLACH. Fastes militaires des Indes.

HEYDT. Recherches sur l'organisation du corps du génie en Prusse.

— — en France.

HUGON. Essai d'une nouvelle méthode d'analyse des trajectoires.

LANDI. Les nouvelles bombes.

— La Cartouche à plusieurs coups.

LAPORTERIE. Éléments de tactique.

LA VARENNE. Les Chasseurs des Alpes.

LECOMTE. Relation de la campagne d'Italie.

LEFAIVRE. L'armée est une école de moralisation.

— Causes d'affaiblissement de l'infanterie.

— La science de l'ingénieur.

LEROY D'ÉTIOLLES. Note sur les canons rayés.

MANGEOT. Des armes de guerre rayées.

MARÈS. Des nouvelles armes rayées.

MEYNNE. Éléments de statistique médicale militaire.

MONDO. Mémoire sur la dérivation des projectiles.

PICARD. État général des forces militaires et maritimes de la Chine.

PIOBERT. Traité d'artillerie.

POPLIMONT. Lettres sur la campagne d'Italie.

PRITTWITZ et GATRON. De l'emploi de l'infanterie dans la défense, etc.

RATHEAU. Monographie du château de Salses.

RAYMOND. Guide ami du soldat.

RÈGLEMENT sur le service du canon de 4, rayé.

— provisoire sur les manœuvres d'une batterie attelée de canons de 4, rayés.

RÉSUMÉ des épreuves de la Truvia.

ROSALES. Manual de la tactica de las tres armas.

ROUVROY. Études sur la théorie des armes à feu rayées.

SAINT-ROBERT. Considérations sur le tir des armes à feu rayées.

— Note sur le volume d'une embrasure.

— Études sur la trajectoire que décrivent les projectiles oblongs.

SCHMOELZL. Les Canons rayés.

SIEVERBRUCK. Manuel pour l'étude de l'escrime.

TERSSEN. Canons rayés.

TESTARODE. Aperçu historique sur les armes à feu.

THIROUX. Essai sur le mouvement des projectiles.

TOUCHARD et LACOSTE. Histoire de la gendarmerie d'Afrique.

VANDEVELDE. Notice sur le théâtre de la guerre en Italie.

— Précis historique et critique de la campagne d'Italie.

XYLANDER. Traité des armes.

Marine et Navigation.

ALMANACH du marin.

ANNUAIRE des marées des côtes de France.

— de la marine.

BOBOEUF. Gare à nos vaisseaux.

BREVARD. Les sinistres en mer rendus moins fréquents.

CONSOLIN. Manuel du voilier.

COULIER. Description générale des phares et fanaux.

CRUYSMANS. Des droits et obligations des armateurs.

DICTIONNAIRE universel du commerce et de la navigation.

DUBUS. Éphémérides maritimes.

DU TEMPLE. Cours de machines à vapeur appliquées à la navigation.

ÉLOY et GUERRAND. Marine marchande. Des capitaines, maîtres et patrons.

FRANQUET. Le Vaisseau patron.

GIQUEL. Traité de trigonométrie à l'usage des écoles d'hydrographie.

GOURIO DE REFUGE. Tactique des canots armés en guerre.

GUÉRIN, E. Dialogues anglais-français maritimes.

GUÉRIN, L. Les Marins illustres de la France.

HAUTEFEUILLE. Guide des juges marins.

INSTRUCTION médicale pour les capitaines de navires.

JURIEN DE LA GRAVIÈRE. Souvenirs.

— Guerres maritimes.

KERHALLET. Considérations sur l'océan Atlantique.

LAPORTERIE. Éléments de tactique à l'usage des officiers de marine à terre.

LARTIGUE. Instructions nautiques.

— Observations sur les données, etc.

LEGRAS. Phares des mers du globe.

LISSIGNOL. Les accidents de mer.

MOREL. Encyclopédie commerciale-maritime.

ORTOLAN. Extrait du traité des machines à vapeur marines.

— LOTTE et LACARRIÈRE. Cours de machines à vapeur appliquées à la navigation.

RIBELLE. Les Fastes de la marine française.

XIV. TECHNOLOGIE.

Chemins de fer. Machines. Mécanique. Construction. Télégraphes. Métallurgie.

ADHÉMAR. Traité de la construction des chemins de fer à chevaux.

ANNUAIRE officiel des chemins de fer.

— des lignes télégraphiques.

ARMENGAUD. Traité des moteurs à vapeur.

ARNOUX. De la nécessité des économies dans la construction des chemins de fer.

BABAUD-LARIBIÈRE. Utilité d'un chemin de fer de Nantes à Limoges.

BRESSE. Cours de mécanique appliquée.

BRUN. Traité des opérations sur le terrain.

BURAT. Le matériel des houillères.

BURY. Traité de la législation des mines.

CHABAT. Bâtiments de chemins de fer.

CHAMPION. Les Inondations en France.

CHAUDRON. Moyen d'extraction.

CHEMINS (les) à roulettes ou la question des chemins de fer.

CLARINVAL. Expériences sur le marteau-pilon.

CLAUDEL. Formules, tables et renseignements pratiques.

CLEGG. Traité du gaz d'éclairage.

Industrie. Arts et Métiers.

XV. BEAUX-ARTS ET ARCHÉOLOGIE.

Beaux-Arts en général.

ANNUAIRE des artistes et des amateurs.
GAILHABAUD. L'art dans ses diverses branches.
HALÉVY. Souvenirs et portraits.
HOUSSAYE. Histoire de l'Art français au XVIIIe siècle.
PICHAT. L'Art et les artistes en France.

Architecture.

ALMANACH-Annuaire des bâtiments.
BOIS DE BOULOGNE (le) architectural.
BOUCHARD. Traité des constructions rurales.
BOUCOIRAN. Monographie de la fontaine de Nimes.
BURGES. Iconographie de la Ragione.
CALLIAT. Parallèle des maisons de Paris.
CANRON. Le Palais des papes à Avignon.
CASTERMANS. Parallèle des maisons de Bruxelles.
CAVOS. Reconstruction du grand théâtre de Moscou.
CHABAT. Bâtiments de chemins de fer.
CONTANT et FILIPPI. Parallèle des principaux théâtres modernes.
COUTURIER DE VIENNE. Paris moderne. Plan d'une ville modèle.
DALY. L'Architecture privée au XIXe siècle.
DEJARDIN. Routine de l'établissement des voûtes.
DESSINIER. Symétrie des constructions dans les villes.
DIETERLIN. Le Livre de l'architecture.
ÉTUDE sur la coupole du Panthéon de Rome.
FOERSTER. Monuments d'architecture.
HENSZLMANN. Méthodes de proportions dans l'architecture égyptienne.
— Théorie des proportions appliquées dans l'architecture.
PETIT. Châteaux de la vallée de la Loire.
— Parcs et jardins des environs de Paris.
PFNOR. Monographie du palais de Fontainebleau.
RAMÉE. Histoire générale de l'architecture.

REYNAUD. Traité d'architecture.
ROGUET. Palais de Fontainebleau.
RONDELET. Étude sur la question relative aux scamilli impares.
ROUYER. L'Art architectural en France.
SALMON. De la construction des maisons d'école.
SAUVAGEOT. Palais, châteaux et maisons de France, du XVe au XVIIIe siècle.
TISI. Les Edifices modernes de Paris.
TRÉLAT. Le Théâtre et l'architecte.
VARIN. L'Architecture pittoresque en Suisse.
VIOLLET-LE-DUC. Dictionnaire raisonné de l'architecture.
— Entretiens sur l'architecture.
WENDEL DIETERLIN. Le Livre de l'architecture.

Peinture et Sculpture. Livres à gravures.

ADAMS. Recueil de sculptures gothiques.
ADHÉMAR. Traité de perspective linéaire.
ALBUM. Recueil de dessins, etc., photographiés, par Bingham.
ALBUM-MOSAÏQUE. L'Etincelle.
ALBUM VENDÉEN.
ALVIN. L'Enfance de Jésus.
ASTRUC. Beaux-arts. Le Salon intime; exposition du boulevard des Italiens.
BARBET DE JOUY. Étude sur les fontes du Primatice.
BARBIER DE MONTAULT. Peintures claustrales des monastères de Rome.
BELLEL. Les Vosges.
BELLIER DE LA CHAVIGNERIE. Recherches sur Mlle Anne Renée Strésor.
BERTY. La Renaissance monumentale en France.
BLANC. Histoire des peintres.
BURGER. Musées de Hollande.
CASTELLAN. Le Roi des albums.
CHRISTIAN. Les Fleurs du ciel.
COULERU. Nouveau cours élémentaire de coloris et d'aquarelle.
DUMESNIL. Histoire des plus célèbres amateurs.
EYRIÈS. Simart, statuaire.

Photographie.

Musique.

Archéologie. Art du moyen âge.

concernant les travaux de construction publics ou prives, etc.

CHERBULIEZ. A propos d'un cheval.

CHOTARD. Le Périple de la mer Noire par Arrien.

CLERC. Etude complète sur Alaise.

COCHET. Quelques particularités relatives à la sépulture chrétienne au moyen âge.

COFFINET. Trésor de Saint-Étienne.

CONGRÈS archéologique de France.

CORBLET. Etude iconographique sur l'arbre de Jessé.

CORNET. Les Saintes reliques d'Aix-la-Chapelle.

CRÉULY et JACOBS. Géographie historique de la Gaule.

DARCEL. Calice et patène de l'église de Saint-Jean-du-Doigt.

DECLÉVES. Notre-Dame de Bonne-Espérance.

DELACROIX. Alaise et Sequaine.

DELISLE. Lettre de l'abbé Haimon sur la construction de l'église de Saint-Pierre-sur-Dive.

DESJARDINS. Mémoire sur les dernières découvertes archéologiques faites dans la campagne de Rome.

DES VERGERS. Essai sur Marc-Aurèle.

DU MÈGE DE LAHAYE. Archéologie pyrénéenne.

HEUZEY. Le Mont Olympe et l'Acarnanie.

INSCRIPTIONS funéraires et monumentales des provinces d'Anvers et de la Flandre orientale.

KERVYN DE VALKAERSBEKE. Les Églises de Gand.

LA QUÉRIÈRE. Notice sur l'Église de Saint-Jean de Rouen.

LASTEYRIE, F. Description du trésor de Guarrazar.

LEROY. Essai sur les vitraux de Blosseville-ès-Plains.

MANDELGREN. Monuments scandinaves du moyen âge.

MANUSCRIT pictographique américain.

MARCHAL. Les Ruines romaines de Champlieu.

MARIETTE. Lettre sur les résultats des fouilles entreprises par ordre du vice-roi d'Égypte.

MARTIGNY. Etude archéologique sur l'Agneau et le bon Pasteur.

MAZOIS. Le Palais de Scaurus.

MÉMOIRES de la Société des Antiquaires de Picardie.

MONFALCON. Mvsée lapidaire de Lyon.

OUVAROFF. Recherches sur les antiquités de la Russie méridionale.

PARDIAC. Étude archéologique et iconographique de sainte Ursule.

PAYAN-DUMOULIN. Antiquités gallo-romaines découvertes à Toulon-sur-Allier.

PEIGNÉ-DELACOURT. Recherches sur le lieu de la bataille d'Attila en 451.

PRIOUX. La villa d'Ancy et la cense de Bruyères.

ROGER. Catalogue du musée archéologique de Philippeville.

TAINTURIER. Notice sur les faïences du XVIᵉ siècle.

TERNINCK. Promenades archéologiques.

TERREBASSE. Examen critique de l'inscription de Saint-Donat.

TEXIER. Notice historique et descriptive sur l'abbaye de Solignac.

TUDOT. Collection de figurines en argile.

VARUSOLTIS. Quatre vues de l'ancien Troyes.

XVI. PHILOLOGIE ET LINGUISTIQUE.

Langues en général.

FOULC. Discours sur l'importance des langues vivantes.

HUMBOLDT. De l'origine des formes grammaticales.

OPPERT. Remarques sur les caractères des différentes familles linguistiques.

ORIGINE drolatique de la grammaire.

RODET. Remarques sur quelques dialectes de l'Europe occidentale.

Langues et Littératures orientales.

ARAM. Dictionnaire arménien-turc-français.

AVENTURES de Kamrup, texte indoustani, romanisé.
BELLEMARE. Grammaire arabe.
EICHHOFF. Poésie héroïque des Indiens.
ÉNAULT. De la littérature des Indous.
HANOTEAU. Essai de grammaire de la langue Tamacheck.
KALIDASA. Œuvres complètes.
KAZIMIRSKI. Dictionnaire arabe-français.
LA GUÉRONNIÈRE. Portrait politique de l'Empereur (en arabe).
LEGUEST. Moyen de rechercher la signification des racines arabes.
MÉNANT. Les Écritures cunéiformes.
— Recueil d'Alphabets pour servir à la lecture des écritures cunéiformes.
OPPERT. Éléments de grammaire assyrienne.
PIHAN. Exposé des signes de numération usités chez les peuples orientaux.
RODET. Grammaire de la langue sanscrite.
ROSNY. Les Écritures figuratives et hiéroglyphiques.
ROUX. Cours de lecture (avec la traduction arabe).
VENDIDAD SADE, trad. en langue huzvaresch.
VERNAY. Poésies françaises, italiennes, turques et persanes.
— Poésies turques et persanes.

Langues et Littératures grecque et latine.

ARISTOPHANE, trad. par Poyard.
BIBLIOTHECA scriptorum græcorum.
BOULMIER. Corrigé des exercices de la grammaire grecque de Dubner.
CATULLE, poésies complètes, trad. par A. Canel.
— TIBULLE et PROPERCE. Traduction de la collection Panckoucke.
CONGNET. Auteurs chrétiens en latin classique.
COSTE. Le Diamant polyglotte en trois langues, grec, latin et français.
DUBNER. Lexique français-grec.
FREUND. Dictionnaire de la Langue latine.
GEBHART. De Varia Ulyssis, etc.
GIRARD. Essai sur Thucydide.
GRÈCE TRAGIQUE (la). Les Euménides, par Eschyle.
HÉRODIEN. Histoire romaine.
HÉRODOTE. Récits tirés de ses histoires.

HEUZET. Histoires choisies des écrivains profanes.
HOMÈRE. Œuvres complètes par Giguet.
HORACE, trad. en vers par Hipp. Cournol.
— trad. d'après la grande édition d'Orelli par Kayser.
— trad. par Jules Janin.
— trad. de la collection Panckoucke.
— Odes, trad. par Worms de Romilly.
JUVÉNAL. Œuvres complètes.
KAYSER. Théorie de l'accent. grecque.
LAFOND. Mnémonisation des racines grecques.
LECLAIR et FEUILLET. Grammaire de la langue grecque.
— Grammaire abrégée.
LUCAIN. Les Beautés de la Pharsale, traduites par A. Bignan.
MONTÉE. Étude sur Lucrèce.
— Quis et qualis Pindarus moralium auctor exstiterit.
OVIDE. Œuvres choisies. Traduction de la collection Panckoucke.
PASQUET. Cours de thèmes adaptés à la grammaire latine.
— Corrigés pour les mêmes.
PENSE. Œuvres complètes.
PÉTRONE. Œuvres complètes, traduction de la collection Panckoucke.
ROME et ATHÈNES.
SALLUSTE. Œuvres complètes.
SÉNÈQUE. Œuvres avec la traduction de la collection Panckoucke.
STEPHANUS. Thesaurus græcæ linguæ.
TAINE. Essai sur Tite-Live.
VIRGILE. Œuvres, traduction par Hipp. Cournol.
WIDAL. Études littéraires et morales sur Homère.

Langues européennes et modernes.

a) Allemand.

ROTTECK. Nouveau dictionnaire allemand-français et français-allemand.

b) Anglais.

BOAN. Trésor de la langue anglaise.
ELWALL. Nouveau dictionnaire français-anglais.
GOEHIN. Dialogues anglais-français, maritimes et commerciaux.
GUZZI. Dialogues familiers ou introduction à la conversation anglaise.

XVII. ÉDUCATION.

LA GARDE. Considérations sur la liberté d'enseignement.

MAGIE MATERNELLE (la).

MALOU. Règles pour le choix d'un état de vie.

MONOD. Enfance de Jésus ou Éducation chrétienne.

NEVEU. Le Petit collégien bien élevé.

OVERBERG. Manuel de pédagogie.

PORNIN. Gouttes de rosée.

QUICHERAT. Histoire de Sainte-Barbe.

RATISBONNE. Manuel de la mère chrétienne.

RICHARD. Traité sur l'éducation physique des enfants.

UNIVERSITÉ (l') libre de Bruxelles.

Livres classiques. Instruction.

ANNUAIRE de l'instruction publique.

ANOT DE MAIZIERE et EVELART. Exercices sur la composition littéraire en français.

ARENDTS. Éléments d'histoire naturelle et de technologie.

BARRAU. Choix gradué de cinquante sortes d'écritures.

— Livre de morale pratique.

BÉHAGNON. Mémoire sur l'enseignement de la lecture.

BENOID. Études et parallèles des mots.

BROUARD. Agriculture à l'usage des écoles.

CARION. Enseignement de la versification française.

— Traité élémentaire de logique.

CANON. Premières lectures du jeune âge.

CONTE-ATXEM. Atlas géographique.

DELALLEAU et SANIS. Cours normal d'histoire sainte.

DELCAMP. Les Quintessences orthographiques.

DONEAUD. Notions élémentaires de géographie moderne.

DUPUIS. Cinquante leçons sur les éléments d'arithmétique et de calcul.

EXPLICATION familière des principales vérités de la religion.

FÉLINE. Exercices de lecture phonétique pour le premier âge.

GAVET. Exercices sur la grammaire.

— Corrigé des exercices.

GRIGY. Le Guide des mères pour enseigner la lecture.

HENRY. Précis de logique grammaticale.

JOUBERT et GUERIN. Grammaire française enseignée par l'histoire de France.

KILIAN. Syllabaire des Sourds-Muets.

LEBE-GIGUN, Mme. Cours de dictées.

LECHARDEUR. Discours.

LE CLERC. Principes de composition française.

MEINDRE. Galerie historique de France.

MICHEL et RAPET. Cours supérieur de langue française. Livre du maître.

— Même ouvrage. Livre de l'élève.

MOREAU. Les Chansons de l'écolier.

NOEL et CHAPSAL. Grammaire française.

— Exercices pour la grammaire.

— Corrigé des exercices.

— Abrégé de la grammaire française.

— Leçons d'analyse grammaticale.

— Leçons d'analyse logique.

— Nouveau traité des participes.

— Exercices pour le même.

— Corrigé des exercices.

OLIVIER. Grammaire française élémentaire.

— Exercices grammaticaux.

— Grammaire française à l'usage des enfants.

— Exercices élémentaires.

RAFFY. Lectures historiques.

RAPET. Manuel de législation et d'administration de l'instruction primaire.

TRAVIER. Précis de l'histoire sainte.

VIGNON. Le quadrille perfectionné.

Livres pour la jeunesse.

ALMANACH de la mère Gigogne.

AMYOT. Belles actions des enfants.

BASSANVILLE, comtesse. Les Aventures d'une épingle.

— Nouvelles cosmopolites.

BERQUIN. L'Ami des enfants.

BLANCHARD. Abécédaire des enfants.

BOLLE. Souvenirs de l'oncle William.

BORDOT. Les Fleurs qui parlent.

— Histoires et Nouvelles.

BOUYER. Grand alphabet impérial.

— Jean Pacot en Chine.

— et LASSALLE. La Tante Ursule.

CARPENTIER, Mlle. Cent et un petits contes.

— La Ménagerie des enfants.

— Les Souvenirs de mon grand-père.

CELLIEZ, Mme. Les Impératrices.

Roy. Souvenirs et récits d'un mission-
 naire.
— Histoire de Marie-Antoinette.
Ségur, comtesse de. Mémoires d'un âne.
Touzard. Esope français.
Wyss. Le Robinson suisse.

Pièces de théâtre pour la jeunesse.

Bourdon. L'Anneau de paille. Petit
 drame.

Charles VI, drame en trois actes à
 l'usage des jeunes gens.
Deberle. La Leçon de botanique, dia-
 logue en un acte.
Gaulle. Mme de. Théâtre des familles.
Krummacher. Jean Baptiste. Drame.
Portelette. Délassements dramatiques.
— Le Parloir du pensionnat.
— Un bon tour de Vieille tante.
Raggi. Les Fêtes de la pension.
Rimbaut. Judith.
Souvestre. Théâtre de la jeunesse.

XVIII. DIVERS.

Encyclopédies.

Annuaire encyclopédique.
Complément de l'Encyclopédie moderne.
Dictionnaire français, illustré par Dupi-
 ney de Vorepierre.

Mémoires de sociétés savantes.

Annuaire de l'Institut des provinces.
Congrès scientifique de France.
Mémoires de l'Académie des sciences morales et politiques.
— de l'Académie d'Arras.
— de l'Académie impériale des sciences
 de Dijon.
— de l'Académie impériale des sciences
 de Lyon.
— de l'Académie impériale de Metz.
— de l'Académie des sciences de Montpellier.
— publiés par l'Académie royale de Belgique.

Bibliographie, Librairie, Impri-
merie, etc.

Annuaire de la Librairie.
Asselineau. L'Enfer du bibliophile.
Brunet. Manuel du libraire.
Delisle. Recherches sur l'ancienne bi-
 bliothèque de Corbie.
Franklin. Histoire de la bibliothèque Ma-
 zarine.
Frère. Manuel du bibliographe normand.
Graesse. Trésor de livres rares et pré-
 cieux.
Hatin. Histoire de la presse en France.
Hiver de Beauvoir. La Librairie de
 Jean, duc de Berry.

Lande. Catalogue des manuscrits de la
 bibliothèque de Bruges.
Mangeart. Catalogue des manuscrits de
 la bibliothèque de Valenciennes.
Moulinet. Album du typographe.
Perennès. Dictionnaire de bibliographie
 catholique.
Quérard. Les Supercheries littéraires
 dévoilées.
Vanderhaeghen. Bibliographie gantoise.
Vapereau. L'année littéraire et drama-
 tique.
Vaudin. Gazetiers et gazettes.
Vingtain. De la Liberté de la presse.

Style épistolaire.

Philipon de la Madelaine. Manuel épistolaire.

Sciences hippiques et Chasse.

Almanach-Manuel du chasseur.
Aure. Encore la question chevaline.
Auzoux. Insuffisance des chevaux forts
 et légers.
Béchade. La Chasse en Algérie.
Beckwouth, le chasseur. Scènes de la vie
 sauvage en Amérique.
Blaze. Le Chasseur conteur.
Bombonnel, le tueur de panthères.
Calendrier officiel des courses de che-
 vaux.
Cunrieu. Leçons de science hippique gé-
 nérale.
Dax. Nouveaux Souvenirs de chasse et
 de pêche.
Du Hays. Dictionnaire généalogique de
 la race pure (de chevaux).
Franconi. L'Écuyer.

GÉRARD, J. L'Afrique du Nord.

GRANDES chasses d'Afrique (les).

GUÉRIN. Dressage du cheval de guerre.

HOUDETOT. La petite vénérie.

HOUEL. Les chevaux de pur sang en France et en Angleterre.

— L'industrie privée et l'administration des haras.

KARR, A. La Pêche.

LA NEUVILLE. La Chasse au chien d'arrêt.

LAVALLÉE. La Chasse à tir.

LE MASSON. Souvenirs d'un chasseur.

LEMICHEL. Leçons d'hippologie.

LÉVÊQUE. Nouveau système pour maîtriser les chevaux fougueux, etc.

MAUGER. Les secrets, les mystères, etc., de la chasse aux animaux nuisibles.

MEGNIN. Essai sur les proportions du cheval.

NACÉRI. La perfection des deux arts ou traité complet d'hippologie.

PELTIER. L'équitation pratique.

QUESTION chevaline.

RÉVOIL. Chasses dans l'Amérique du Nord.

ROBINSON. L'âge du cheval.

— Le chien de chasse.

SAVARY DE LANCOSME-BRÈVES. Théorie de la centaurisation.

STEWART. Conseils aux acheteurs de chevaux.

STONEHENGE. Le cheval anglais.

Jeux et Danse.

ALMANACH-MANUEL de la danse.

— des jeux de cartes, etc.

— des jeux de société.

AUX MÈRES, à leurs filles, etc. Appréciations des danses et des bals d'aujourd'hui.

FANFAN. Paris qui danse.

JOURNOUD. Recueil de problèmes d'échecs.

NOUVEAU Manuel illustré du jeu des échecs.

PHYSIOLOGIE (la) du Billard.

POIRSON. La Magicienne moderne.

Livres sur les femmes et l'Amour.

A BAS Rigolboche!

AMOUR (l'), par un catholique.

BOUCHER DE PERTHES. De la femme dans l'état social.

CES DAMES.

CHANTEPIE. La figure féminine au XIXe siècle.

CLARIOND. Philosophie chrétienne. La loi d'amour.

DASH, comtesse. Le Livre des femmes.

DAX, vicomtesse. L'amour et la femme.

ESQUIROS, Mme. L'amour.

EYMA. Les femmes du nouveau monde.

FOS, Mme. Dieu, c'est l'amour.

FOURNIVAL. Le bestiaire d'amour.

HAAS. L'amour.

— La femme.

HÉRICOURT. La femme affranchie.

JUNCA. L'Amour devant la raison.

LARCHER. L'Art de rendre les femmes fidèles.

— La Femme jugée.

— Satires et diatribes.

MAROCCO. La Femme ennoblie par l'Évangile.

MOELLER. La Femme telle qu'elle est.

MOKE. Du sort de la femme.

QUINZE (les) joies du mariage.

QUITARD. Proverbes sur les femmes, l'amitié, etc.

SCHOLL. L'Art de rendre les femmes fidèles.

TEINTURIER. Les Femmes.

Curiosités. Anecdotes.

COMMERSON. Petite encyclopédie bouffonne.

ENFANT (l') sage à trois ans.

FOURNIER. Enigmes des rues de Paris.

— L'Esprit dans l'histoire.

FRONTON DU DUC. Histoire tragique de la Pucelle d'Orléans.

GAVAZZI. Sermons.

LOUVET. Curiosités de l'économie politique.

MONNAND. L'Année anecdotique.

PRIVAT D'ANGLEMONT. Paris-anecdote.

ROBINSON. Tableaux comiques.

SPRINGER. Paris au XIIIe siècle.

Magnétisme et spiritisme.

ALLAN KARDEC. Le Livre des esprits.

BELL. Le Miroir de Cagliostro.

BRASSEUR. Enseignement de la vraie doctrine du magnétisme.

CAHAGNET. Méditations d'un penseur.

CHARPIGNON. Rapports du magnétisme avec la jurisprudence.

DEMARQUAY et GIRAUD-TEULON. Recherches sur l'hypnotisme.

DUFAUX. Évocation des esprits. Histoire de Jeanne d'Arc.

Dunand. Magnétisme; somnambulisme; hypnotisme.

Figuier. Histoire du merveilleux dans les temps modernes.

Gigot-Suard. Mystères du magnétisme.

Gougenot des Mousseaux. La Magie au xixe siècle.

Lafontaine. L'Art de magnétiser.

Le Boys des Guays. Index des passages de la divine parole cités dans les écrits de Swedenborg.

Levi. La Clef des grands mystères.

Loyy. Souvenirs des banquets de Mesmer.

Maury. La Magie et l'astrologie dans l'antiquité.

Monin. Magie du xixe siècle.

— Magnétisme.

— Du Magnétisme et des sciences occultes.

Philips. Cours de braidisme, ou hypnotisme nerveux.

Rancé. Révélation d'un esprit familier.

Vasseur-Lombard. Les Manifestations spirites dévoilées.

Almanachs, etc., etc., etc.

A bas les hommes!

A bas le quartier latin!

Almanach de la chanson.

— chantant.

— du Charivari.

— comique.

— de la cour.

— des dames et demoiselles.

— des Deux Mondes.

— encyclopédique.

— du Figaro.

— de France.

— du Fumeur et du priseur.

— des Gloires nationales.

— de l'Illustration.

— d'illustrations modernes.

— imperial (petit).

— du Magasin pittoresque.

— du Magicien des salons.

— du Monde illustré.

— du Musée des familles.

— de Napoléon.

— de l'Oracle des dames.

— parisien.

— pour rire.

Almanach pour tous.

— prophétique.

— religieux.

— des salons.

— de l'Univers illustré.

— des victoires de Napoléon III.

— du Voleur.

Andrieu. Chiromancie.

Balesta. Absinthes et absintheurs.

Baudelaire. Les Paradis artificiels, ou opium et haschisch.

Boissière. Éloge de l'ennui.

Claye. Les Talismans de la beauté.

Étudiants (les) et les femmes du quartier latin.

Eusèbe. L'École du scandale.

Fourgeaud. Physiologie des voyageurs du commerce.

Gagne. Histoire des miracles.

Gaudriole de 1860 (la).

Gruet. Trois bustes à relever et une statue à élever à Marseille.

Hamilton. Soirées fantastiques.

Jannin. L'Art d'élever et d'attraper les oiseaux de volière.

Lacou. Les Heures d'un prisonnier.

Le Même. Mortis remedium.

Maillard. Recherches historiques et critiques sur la Morgue.

Mané. Paris aventureux.

Markowski et ses salons.

Mémoires de l'hippopotame.

— de Léotard.

— de Rigolboche.

Miroy. La Lune rousse.

Mosont. Sous les pavots; physiologie du sommeil.

Paris vivant. Le Gandin.

Pelin. Rigolboche et Garibaldi.

Perrin. Moyens de faire diminuer les loyers à Paris.

Pisciculture. Instructions pour le repeuplement des cours d'eau.

Ragon. Franc-maçonnerie.

Réponse à la brochure rose : les Étudiants et les femmes du quartier latin.

Robert. Petits mystères du quartier latin.

Sus aux gandins! Sus aux biches!

Venturier. Les Hommes.

Vive l'étudiant!

Voyageur (le), les chemins de fer et l'hôtel.

www.ingramcontent.com/pod-product-compliance
Lightning Source LLC
LaVergne TN
LVHW012004170726
843503LV00001B/219